2019

天津调查年鉴

Tianjin Survey Yearbook

国家统计局天津调查总队　天津市统计局　编

NBS Survey Office in Tianjin　Tianjin Municipal Bureau of Statistics

图书在版编目（CIP）数据

天津调查年鉴. 2019 : 汉英对照 / 国家统计局天津调查总队, 天津市统计局编. -- 北京 : 中国统计出版社, 2019.11
ISBN 978-7-5037-8814-7

Ⅰ. ①天… Ⅱ. ①国… ②天… Ⅲ. ①统计资料—天津—2019—年鉴—汉、英 Ⅳ. ①C832.21-54

中国版本图书馆 CIP 数据核字（2019）第 091198 号

天津调查年鉴 -2019

作　　者 / 国家统计局天津调查总队　天津市统计局
责任编辑 / 李　冲　张　洁
装帧设计 / 李雪燕
出版发行 / 中国统计出版社
通信地址 / 北京市丰台区西三环南路甲 6 号　邮政编码 /100073
电　　话 / 邮购（010）63376909　书店（010）68783171
网　　址 / http://www.zgtjcbs.com/
印　　刷 / 河北鑫兆源印刷有限公司
经　　销 / 新华书店
开　　本 / 880mm×1230mm　1/16
字　　数 / 432 千字
印　　张 / 14.75　0.5 彩页
版　　别 / 2019 年 11 月第 1 版
版　　次 / 2019 年 11 月第 1 次印刷
定　　价 / 280.00 元　280.00yuan(RMB)

本书附同版本 CD-ROM 一张，光盘内容以书面文字为准。
如有印装差错，由本社发行部调换。

2018年全市居民人均可支配收入构成

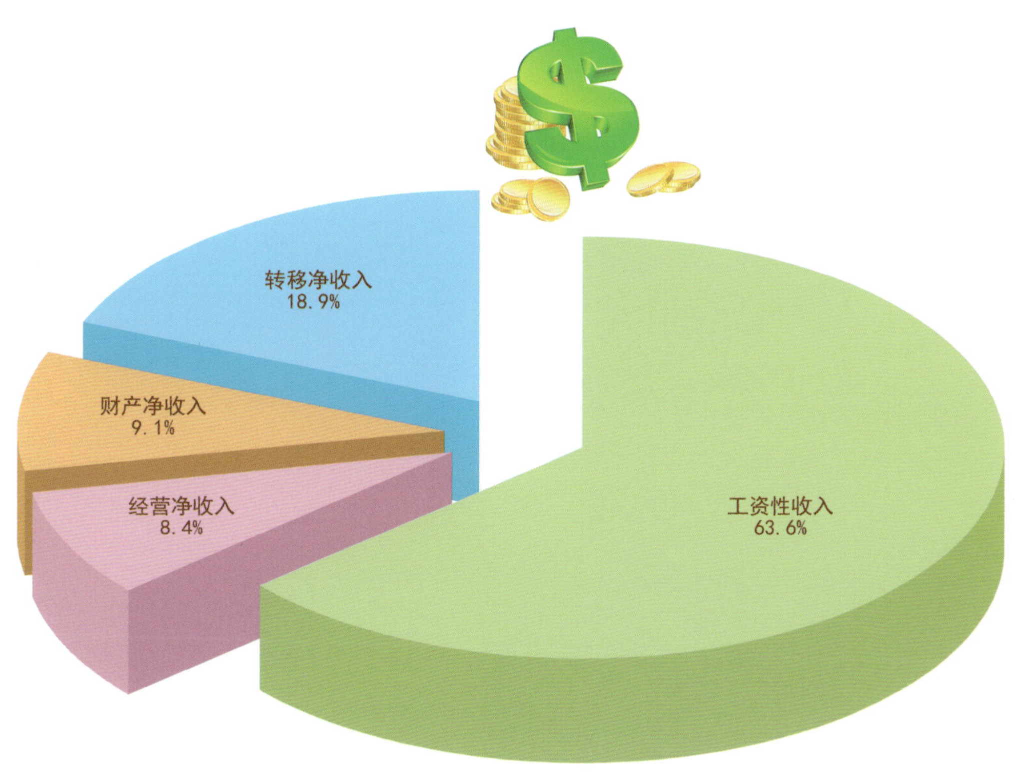

2018年城镇居民人均可支配收入构成

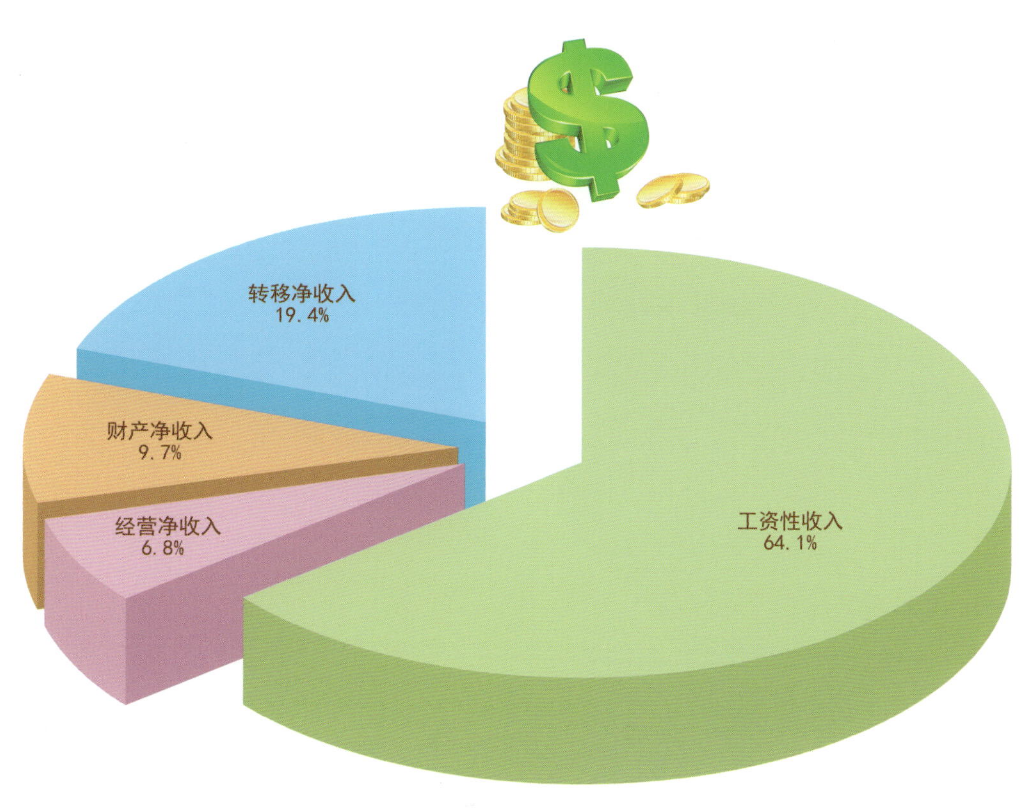

2018年农村居民人均可支配收入构成

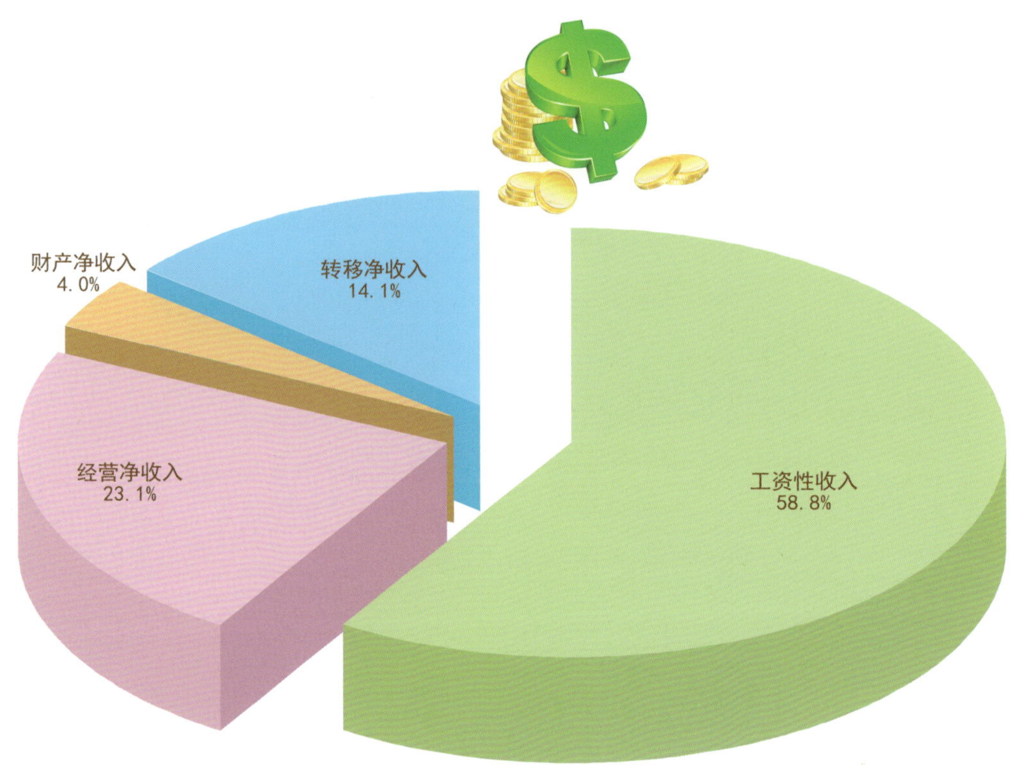

2018年全市居民人均消费支出构成

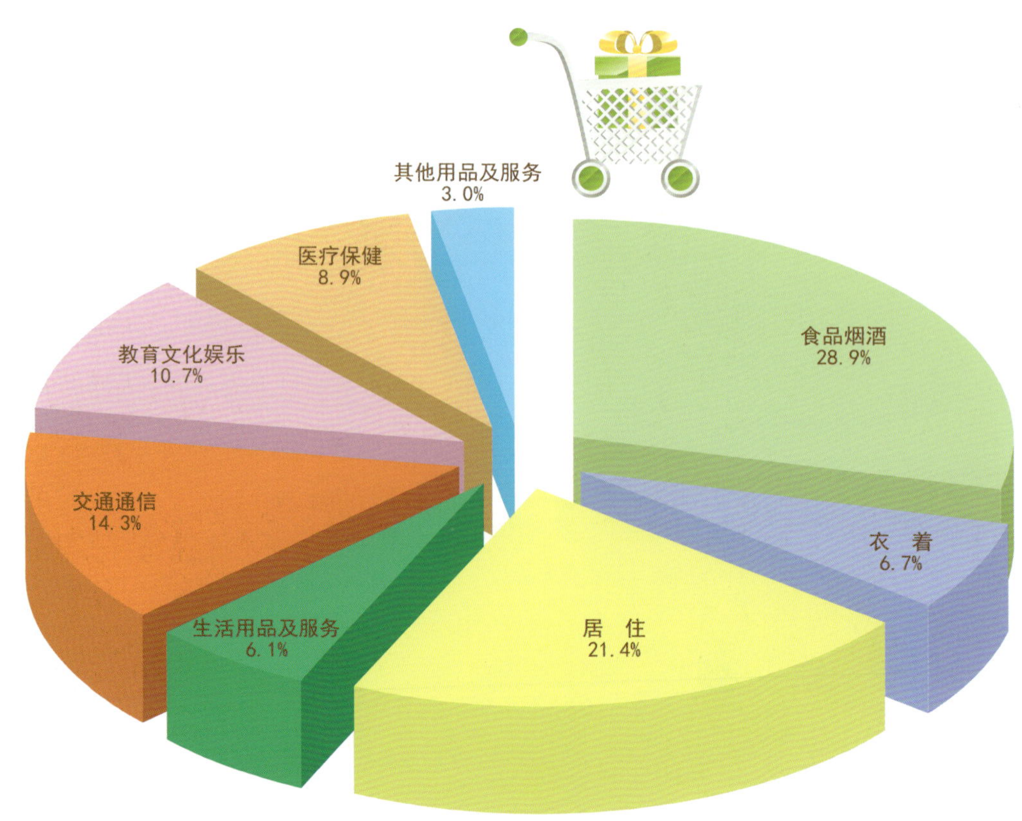

2018 年城镇居民人均消费支出构成

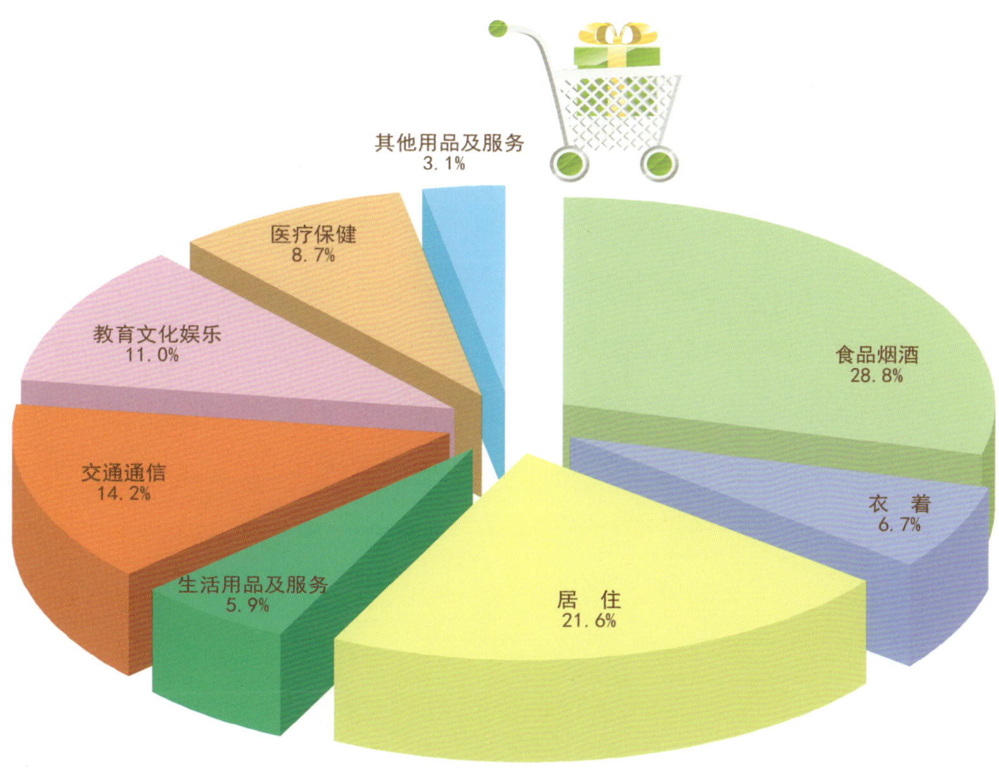

2018 年农村居民人均消费支出构成

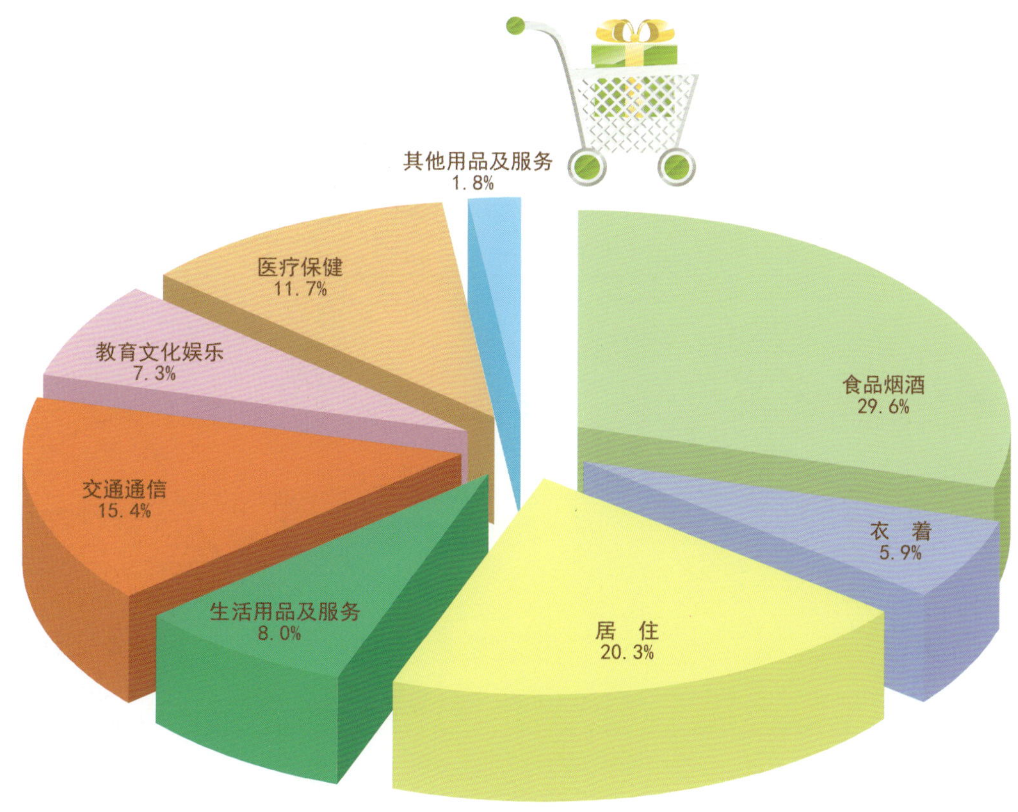

2006-2018年商品零售价格指数和居民消费价格指数

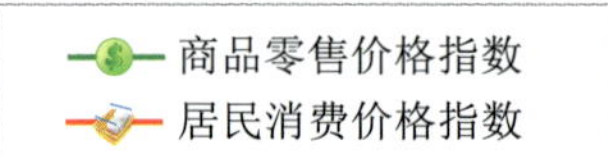

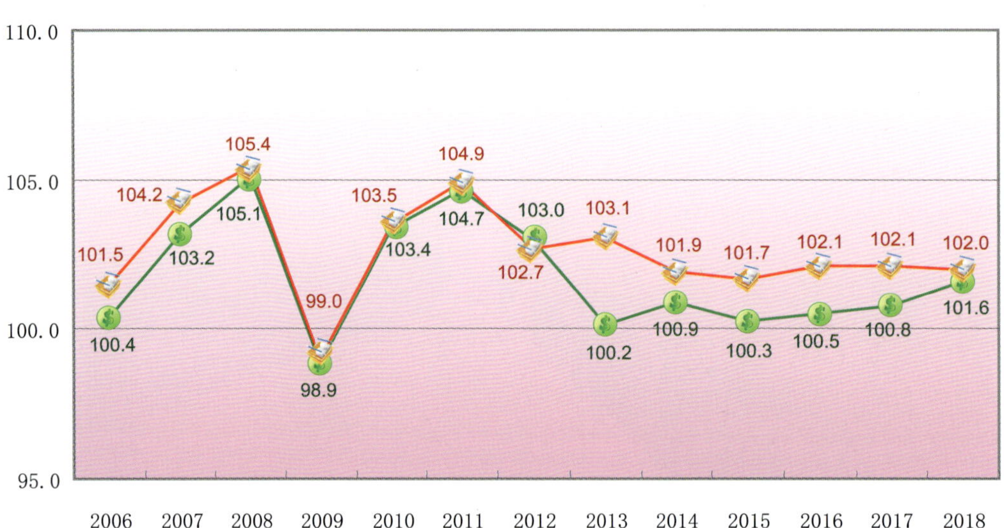

2006-2018年工业生产者出厂价格指数和购进价格指数

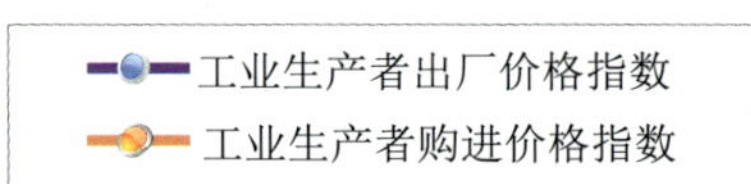

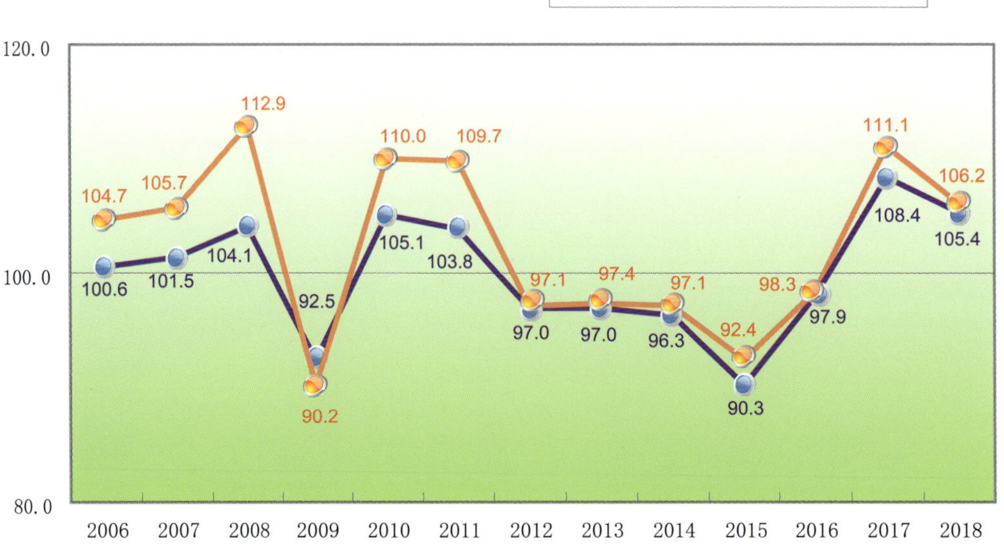

2018年1-12月住宅销售价格指数（新建商品住宅）

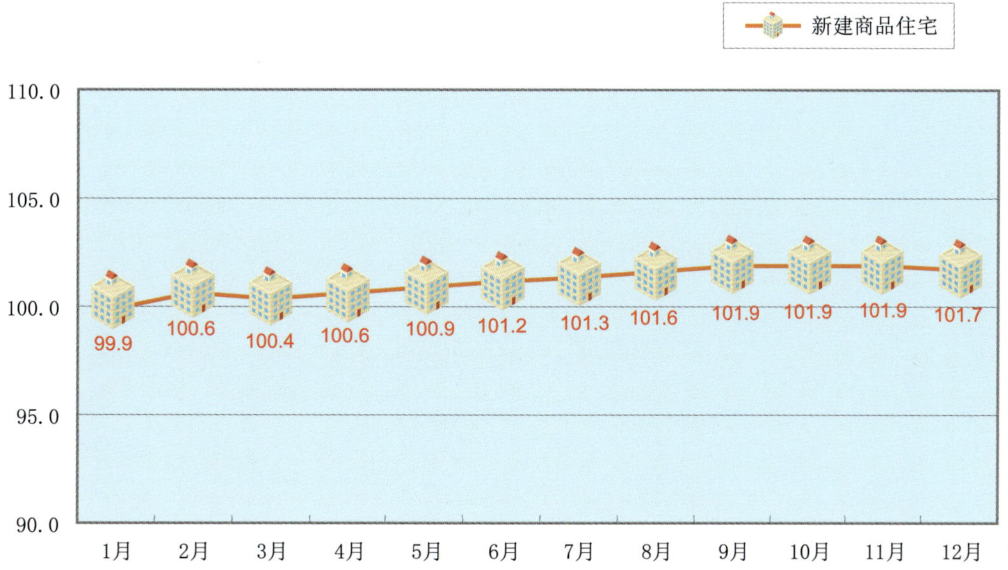

2018年1-12月住宅销售价格指数（二手住宅）

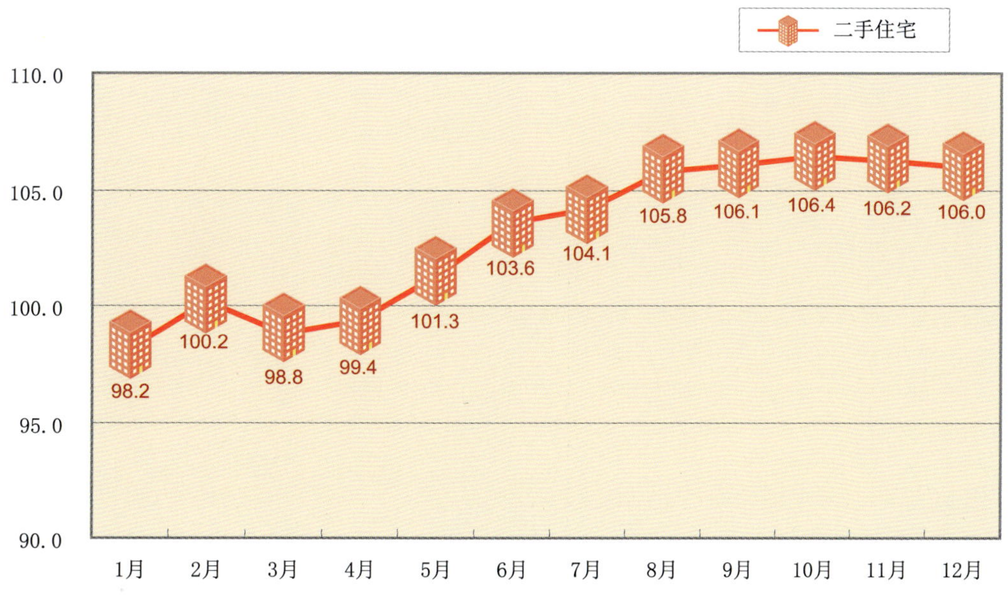

天津调查年鉴—2019
编辑委员会

Tianjin Survey Yearbook 2019
Editorial Board and Staff

编者说明

一、《天津调查年鉴》是一部反映天津城乡居民生活、居民消费价格、工业生产者价格、房地产价格、固定资产投资价格、农村与农业发展情况的统计资料工具书，创刊于2006年，逐年出版。本书以翔实的抽样调查资料与统计资料向社会各界展现天津经济与民计民生发展状况，成为社会各界了解天津、认识天津和分析研究天津经济和社会发展的权威性资料工具书。

二、《天津调查年鉴2019》载有综合篇、人民生活篇、价格及价格指数篇、农业篇四个篇目。为方便读者使用，在书中每篇后注明统计指标解释。

三、本年鉴数据资料所使用的计量单位，除部分面积单位使用亩或万亩外，其他均为国际统一标准计量单位。

四、本年鉴统计图表中，“#”表示其中的主要项，“空格”表示统计指标无数据，“…”表示数据不足本表最小计量单位数。

五、由于与不同年份有关专业的普查结果相衔接，以及国家统计制度变化等原因，年鉴中部分指标的历史年度数据会有变动。读者在使用历史资料时，凡以前的年鉴与本年鉴数据有出入的，均以本年鉴为准。

六、感谢广大读者对《天津调查年鉴》编辑出版工作的支持和帮助，欢迎继续提出宝贵意见，使《天津调查年鉴》的形式和内容更趋完善。

EDITOR'S NOTES

Ⅰ.*Tianjin Survey Yearbook* is a statistics publication, which reflects various aspects of the livelihood of urban and rural Tianjin residents, consumer prices, industrial producer prices, real estate price, fixed-asset investment prices, purchasing managers' index, rural and agricultural development. It was created in 2006 and published annually ever since. Possessing plentiful and detailed Sampling survey and statistical materials to reflect various aspects of Tianjin's economic and the development of people's livelihood, the yearbook has become the most authoritative statistics publication for various circles to get to know Tianjin and to analyze Tianjin's economic and social development.

Ⅱ. There are four chapters in *Tianjin Survey Yearbook 2019* including General Survey, People's Living Conditions, Price and Price Indices, Agriculture. To facilitate and ensure comprehension, there are explanatory notes attached after each chapter.

Ⅲ. The units of measurement used in this yearbook are internationally standard measurement units except for partial area units which used mu or million mus.

Ⅳ. In the charts of this yearbook: "#" indicates a major breakdown of the total; (blank space) indicates the data is not available; and "…" indicates the figure is not large enough to be measured with the smallest unit in the table.

Ⅴ. Some data in this yearbook is different from former yearbook for the reason of keeping consistent with data of census as well as changes of national statistics system. The data of this yearbook should be considered as authoritative.

Ⅵ. The readers' support and help during the editing and publishing work of *Tianjin Survey Yearbook* is very much appreciated. And we hope for your valuable suggestions to make the form and content of *Tianjin Survey Yearbook* more perfect.

目 录

Contents

一、综合

GENERAL SURVEY

二、人民生活

PEOPLE'S LIVING CONDITIONS

三、价格及价格指数
PRICE AND PRICE INDICES

四、农 业
AGRICULTURE

COMMODITIES

一、综　合

Chapter 1
GENERAL SURVEY

2018 年天津市国民经济和社会发展统计公报

天津市统计局
国家统计局天津调查总队

2018 年，天津市以习近平新时代中国特色社会主义思想为指导，深入贯彻党的十九大和十九届二中、三中全会精神，以习近平总书记对天津工作提出的“三个着力”重要要求为元为纲，坚持稳中求进工作总基调，深入贯彻新发展理念，主动担当作为，统筹做好稳就业、稳金融、稳外贸、稳外资、稳投资、稳预期工作，经济运行整体保持平稳，结构优化持续推进，质量效益稳步提升，市场活力不断增强，民计民生明显改善，高质量发展态势正在形成。

一、综合

2018 年，全市生产总值（GDP）18809.64 亿元，比上年增长 3.6%。其中，第一产业增加值 172.71 亿元，增长 0.1%；第二产业增加值 7609.81 亿元，增长 1.0%；第三产业增加值 11027.12 亿元，增长 5.9%。三次产业结构为 0.9∶40.5∶58.6。

财政收入质量明显提高。全年一般公共预算收入 2106.19 亿元。其中，税收收入 1624.84 亿元，占一般公共预算收入的比重为 77.2%，比上年提高 7.7 个百分点。从主体税种看，增值税 698.43 亿元，增长 6.7%；企业所得税 319.51 亿元，增长 3.1%；个人所得税 129.78 亿元，增长 11.4%。全年一般公共预算支出 3104.53 亿元。其中，社会保障和就业支出 504.08 亿元，增长 9.7%；教育支出 446.67 亿元，增长 3.3%；医疗卫生支出 192.55 亿元，增长 5.7%；住房保障支出 91.71 亿元，增长 43.1%。

供给侧结构性改革年度任务全面落实。去产能扎实推进，2018 年四季度，全市规模以上工业产能利用率为 78.5%，比上年同期提高 1.4 个百分点，粗钢产量增长 6.4%，比上年回落 13.4 个百分点，生铁产量下降 0.5%。去杠杆成效明显，2018 年末，规模以上工业资产负债率为 57.9%，比上年末降低 1.9 个百分点，处于 2013 年以来的最低水平。企业成本逐步降低，出台新一批降成本政策措施，已出台的降成本政策措施全年为企业减轻负担约 600 亿元，2018 年规模以上工业企业百元主营业务收入成本 84.01 元，比上年降低 0.91 元。

民营经济保持活跃。牢固树立“产业第一，企业家老大”理念，全面落实“天津八条”及 61 个实施细则，营商环境不断向好，市场主体继续增加。2018 年，全市新登记市场主体 22.11 万户，其中民营市场主体 21.88 万户，占全市的比重为 98.9%，日均新登记 599 户。主要领域发展势头良好。全市民营经济增加值 8551.76 亿元，增长 1.5%，占到全市经济的 45.5%。规模以上民营工业企业工业增加值增长 2.5%，工业总产值增长 8.3%，分别比上年加快 6.6 个和 6.7 个百分点，占全市工业的比重分别为 22.8%和 31.3%。民间投资增长 4.4%，快于全市投资 10 个百分点，其中，房地产开发经营民间投资增长 30.5%，租赁和商务服务业增长 99.2%，电力、热力、燃气及水生产和供应业增长 56.6%，交通运输、仓储和邮政业增长 2.1%。民营企业出口增长 42.0%，快于全市出口 33.4 个百分点，占全市出口的比重为 32.7%。

消费价格温和上涨。2018 年，全市居民消费价格上涨 2.0%，涨幅比上年回落 0.1 个百分点。其中，食品价格上涨 3.4%，非食品价格上涨 1.7%；消费品价格上涨 2.3%，服务价格上涨 1.6%。

工业生产者价格涨幅回落。2018 年，全市工业生产者出厂价格上涨 5.4%，涨幅比上年回落 3.0 个百分点；工业生产者购进价格上涨 6.2%，回落 4.9 个百分点。

二、农业

农业生产基本稳定。全年农业总产值 391.00 亿元，比上年下降 0.2%。其中，种植业产值 187.75 亿元，下降 3.4%；林业产值 12.73 亿元，增长 50.2%；畜牧业产值 96.45 亿元，下降 4.8%；渔业产值 80.40 亿元，增长 18.7%；农林牧渔服务业产值 13.67 亿元，增长 7.5%。启动实施小站稻振兴计划，菜肉蛋奶等主要“菜篮子”产品供给保持稳定。

现代都市型农业快速发展。出台全市乡村振兴战略规划，搭建产业发展、改革创新、民生保障、环境建设、乡村治理、政策支持“六大体系”。田园综合体、现代农业产业园、共享农庄等新业态加快发展，物联网种养殖应用示范基地达到 800 个。建成 10 个中以农业科技合作示范园区，开展 100 个规模化规范化设施园区和 10 个绿色循环畜产品生产基地建设。市级以上农村龙头企业达到 182 个，一村一品专业村 79 个。建成美丽村庄 150 个。

三、工业和建筑业

2018 年，全市工业增加值 6962.71 亿元，比上年增长 2.6%；建筑业增加值 663.38 亿元，下降 16.7%。

工业生产保持平稳。全年规模以上工业增加值增长 2.4%，比上年加快 0.1 个百分点。分经济类型看，国有企业增加值增长 1.0%，民营企业增长 2.5%，外商及港澳台商企业增长 4.4%。分三大门类看，采矿业增加值下降 1.4%，制造业增长 3.2%，电力、热力、燃气及水生产和供应业增长 5.4%。从主要行业看，农副食品加工业增加值增长 19.1%，电气机械和器材制造业增长 18.5%，金属制品业增长 18.3%，专用设备制造业增长 12.6%，医药制造业增长 8.8%，汽车制造业增长 7.1%，石油、煤炭及其他燃料加工业增长 2.0%。

企业效益较快增长。全年规模以上工业企业主营业务收入增长 6.5%，比上年加快 1.2 个百分点，利润总额增长 11.1%，主营业务收入利润率为 6.8%，比上年提高 0.4 个百分点。其中，石油和天然气开采业、煤炭开采和洗选业、医药制造业、烟草制品业和食品制造业盈利能力突出，主营业务收入利润率均达到两位数水平。

建筑业生产继续下行。全年建筑业总产值 3791.10 亿元，下降 11.1%。建筑业企业房屋施工面积 13379.88 万平方米，其中新开工面积 4249.25 万平方米。截至年末，全市具有特级、一级和二级资质的总承包和专业承包建筑业企业 988 家，比上年末增加 134 家。

四、批发零售和住宿餐饮

2018 年，全市批发和零售业增加值 2361.45 亿元，增长 0.8%；住宿和餐饮业增加值 327.94 亿元，增长 4.5%。

商贸市场平稳发展。全年批发和零售业商品销售额增长 3.1%。社会消费品零售总额 5533.04 亿元，增长 1.7%。限额以上商品中，石油及制品类零售额增长 10.8%，比上年加快 6.8 个百分点，拉动全市限上零售额增长 1.7 个百分点；服装、鞋帽、针纺织品类增长 10.5%；家具类增长 6.1%；粮油、食品类增长 2.9%。全市交易额亿元以上批发市场共 60 家，全年交易额 1970 亿元。

大众餐饮市场持续活跃。全年住宿和餐饮业营业额增长 10.8%，保持两位数增长。其中，限额以下住宿餐饮业营业额增长 12.1%，快于全市 1.3 个百分点；限额以上快餐营业额增长 8.8%，餐饮配送服务营业额增长 45.8%。

五、固定资产投资

固定资产投资小幅下降。2018 年，固定资产投资（不含农户）按可比口径计算，比上年下降 5.6%。分产业看，第一产业投资下降9.1%；第二产业投资下降6.3%，第三产业投资下降5.3%。制造业投资下降22.0%，其中计算机通信和其他电子设备制造业增长11.2%，汽车制造业增长7.0%。

2018年，全市严格执行国家各项调控政策，逐步建立和完善房地产市场发展的长效机制，房地产开发投资增长8.6%。商品房销售面积1249.87万平方米，下降15.7%，降幅比上年收窄29.6个百分点；销售额2006.62亿元，下降11.7%，比上年收窄23.0个百分点。

六、交通、运输和邮电

2018年，全市交通运输、仓储和邮政业增加值816.33亿元，增长3.1%。

交通运输稳步发展。全年货运量53548.07万吨，比上年增长1.0%。其中，公路34711.14万吨，铁路9247.70万吨，水运8260.94万吨。货物周转量1984.28亿吨公里，增长2.3%。其中，公路404.10亿吨公里，铁路245.02亿吨公里，水运1326.60亿吨公里。客运量1.92亿人次，增长0.3%；旅客周转量553.49亿人公里，增长4.9%。港口货物吞吐量5.08亿吨，增长1.4%；集装箱吞吐量1600.69万标准箱，增长6.2%。机场旅客吞吐量2359.14万人次，增长12.3%；货邮吞吐量25.87万吨，下降3.6%。截至年末，全市民用汽车保有量298.69万辆，其中私人汽车250.14万辆；民用轿车192.02万辆，其中私人轿车173.88万辆。

邮电业务量成倍增长。全年邮电业务总量851.05亿元，增长1.1倍。其中，电信业务总量735.71亿元，增长1.4倍，比上年加快73.4个百分点；邮政行业业务总量115.34亿元，增长8.7%。年末移动电话用户1648.5万户，增长4.3%。互联网宽带接入端口909.3万个，增长14.3%。移动互联网用户1421.8万户，固定互联网用户437.9万户，分别增长8.6%和29%。

七、金融

2018年，全市金融业增加值1966.89亿元，增长7.2%。

金融存贷款余额保持增长。截至年末，全市金融机构（含外资）本外币各项存款余额30983.17亿元，比年初增加42.36亿元，比上年末增长0.1%；各项贷款余额34084.90亿元，比年初增加2439.09亿元，增长7.9%。

证券交易市场平稳发展。2018年，全市新增境内外上市和新三板挂牌企业18家，累计达到259家。年末证券账户516.78万户，比上年末增长8.2%。全年各类证券交易额37183.74亿元，下降14.6%。其中，股票交易额17661.73亿元，下降20.8%；债券交易额16930.48亿元，下降13.5%；基金交易额2526亿元，增长58.1%。期货市场成交额66614.89亿元，增长10.2%。

保险市场稳定发展。全年原保险保费收入559.98亿元，比上年下降0.9%。其中，人身险保费收入415.54亿元，下降1.9%；财产险保费收入144.44亿元，增长2.0%。全年赔付额164.14亿元，比上年增长5.7%。其中，人身险赔付83.75亿元，增长3.1%；财产险赔付80.39亿元，增长8.5%。截至年末，全市共有保险类机构3936家，保险从业人员9.86万人。

八、开发开放

招商引资扎实推进。2018年，全市共引进内资项目3339个，实际利用内资2657.06亿元。引进制造业项目524个，到位资金176.63亿元，占比6.6%；引进服务业项目2625个，到位资金2414.36亿元，占比90.9%，其中租赁和商务服务业、金融业到位资金分别增长64.2%和32.2%。全市新批外商投资企业1088家，增长14.4%，合同外资额246.49亿美元，实际直接利用外资48.51亿美元。

对外开放取得积极成效。与“一带一路”沿线国家和地区加强经贸合作，建设双向产业合作基地，持续推进中埃苏伊士经贸合作区扩展区建设，中欧先进制造产业园建设取得阶段性进展。全年新设境外企业机构 132 家，中方投资额 21.05 亿美元。对外承包工程新签合同额 44.5 亿美元，完成营业额 53 亿美元。截至年末，对外承包工程和劳务合作在外人员 1.69 万人。

外贸出口增幅提升。2018 年，全市外贸进出口总额 8077.01 亿元，增长 5.6%。其中，进口 4869.85 亿元，增长 3.8%；出口 3207.16 亿元，增长 8.6%，增幅比上年提高 7.4 个百分点。一般贸易出口 1555.71 亿元，增长 8.3%，比上年加快 4.6 个百分点；加工贸易出口 1426.38 亿元，增长 6.9%，比上年加快 6.9 个百分点。对“一带一路”沿线的俄罗斯、东盟出口分别增长 60.5%和 23.0%，对美国、欧盟出口分别增长 7.2%和 2.0%。

自贸试验区改革创新持续深化。90 项改革任务和两批 175 项制度创新基本完成。“深改方案”获中央批准实施，128 项任务已完成 84 项，率先落地企业经营许可一址多证、融资租赁特殊目的公司外债便利化等创新政策。自贸试验区累计新登记市场主体 5.1 万户，是设立前历年总和的 2.2 倍；2018 年实际直接利用外资 15.51 亿美元，占全市的 32%。融资租赁、平行进口汽车业务继续保持全国领先水平。

旅游业发展较快。全年接待入境旅游者 198.31 万人次，其中外国人 175.98 万人次，入境旅游外汇收入 11.10 亿美元。接待国内游客 2.27 亿人次，比上年增长 9.1%；国内旅游收入 3840.89 亿元，增长 16.7%。全市居民出国旅游 89.75 万人次，增长 85.1%。年末全市共有星级宾馆 82 家，A 级及以上景区 104 个。

九、京津冀协同发展

服务非首都功能疏解和雄安新区建设成效明显。积极承接北京非首都功能疏解，滨海—中关村科技园累计注册企业 941 家，京津合作示范区、宝坻京津中关村科技城、武清京津产业新城等承接平台建设提速，国家会展中心项目启动建设，中交建京津冀区域总部、中国核工业大学等一批项目签约。主动服务雄安新区建设发展，津冀合作协议 8 方面事项加快落实。全年京冀企业来津投资到位资金 1233.88 亿元，占全市实际利用内资的 46.4%。

重点领域突破进展顺利。基础设施协同加快推进，津雄城际纳入国家规划，京滨、京唐铁路加快建设，天津至北京新机场联络线前期工作提速推进，京秦高速冀津连接线开通，津石高速天津东段开工，天津港与曹妃甸港首条环渤海内支线开通。对来津北京牌照小型、微型客车限行实行同城化管理，京津冀交通“一卡通”覆盖全部公交和地铁线路。京津冀（天津）检验检疫综合改革试验区挂牌运营，天津口岸进出口总额 13846.04 亿元，增长 9.2%，其中来自京冀的货物比重达到 30.2%，比上年提高 0.4 个百分点。产业对接协作继续深化，京津冀大数据协同处理中心、西青电子城数据中心等项目顺利推进。生态环保联防联控联治不断强化，出台 2018-2019 年秋冬季大气污染综合治理攻坚行动方案，区域大气、水、土壤协同治理不断深化。

十、新经济

新产业加速成长。2018 年，规模以上工业中，高技术产业（制造业）增加值增长 4.4%，快于全市工业 2.0 个百分点，占比 13.3%；战略性新兴产业增加值增长 3.1%，占比 21.8%，比上年提高 1.0 个百分点。规模以上服务业中，战略性新兴服务业、高技术服务业、科技服务业营业收入分别增长 9.2%、11.9%和 12.2%，利润率分别达到 8.5%、7.3%和 7.5%。

新产品产量增势较好。新能源汽车产量增长 4.1 倍，服务机器人和工业机器人分别增长 94.3%和 20.0%，集成电路圆片、锂离子电池、电子元件和电子计算机整机分别增长 44.1%、23.7%、22.8%和 12.4%。

新业态蓬勃发展。“互联网+”促进线上线下融合发展，2018 年，快递业务量 5.76 亿件，增长 14.7%。新零售加快布局，京东便利店、天猫小店、苏宁小店、便利蜂、小麦铺、京东 X 无人超市等新零售便利店迅速兴起，京东 7FRESH、绿地 G-Super、宝燕到家等新零售生鲜超市落户开业，全国首家京东 X 未来餐厅在天津生态城开门迎客。

十一、城市建设和公用事业

城市载体功能持续提升。地铁建设提速，地铁5、6号线通车运营，1号线东延线完成跑图测试，李楼、双林两站开通试运营，全市地铁通车线路增加到6条，运营总里程达到220公里。城市交通路网持续完善，整修城市道路49条190万平方米，光荣道等主干道路通车，新开优化公交线路95条，天津市成为首批国家公交都市示范城市。全年公共交通客运量15.05亿人次，其中轨道交通客运量4.08亿人次，增长15.9%。新建提升北宁、天津湾等8座城市公园，全市最大的城市公园水西公园建成开放。新建改造公厕375座。截至年末，全市公路里程16257公里，其中高速公路1262公里。

公用事业发展取得实效。完成水气热旧管网改造230公里，实施208万平方米既有居住建筑节能改造、171万平方米既有公共建筑供热计量及节能改造，连续第三年提前启动集中供热。海绵城市、地下管廊建设持续推进，解放南路海绵城市PPP项目开工。全社会用电量861.44亿千瓦时，其中城乡居民生活用电量111.62亿千瓦时。

十二、教育和科学技术

教育事业稳步发展。新建改扩建112所幼儿园，完成300所义务教育学校第三轮现代化标准建设，天津市成为国家首批“三全育人”综合改革试点市。截至年末，全市共有普通高校56所，中等职业教育学校92所，普通中学536所，小学879所。全年研究生招生2.48万人，在校生6.81万人，毕业生1.72万人。普通高校招生15.27万人，在校生52.33万人，毕业生13.88万人。中等职业教育学校招生3.45万人，在校生11.22万人，毕业生3.77万人。普通中学招生14.61万人，在校生44.01万人，毕业生12.94万人。小学招生12.73万人，在校生67.32万人，毕业生9.89万人。幼儿园2223所，在园幼儿26.29万人。

创新驱动战略深入实施。成功举办第二届世界智能大会。全面创新改革向纵深拓展，高标准建设国家自主创新示范区，加快建设一批先进制造业产业技术研究院，推动中国工程科技发展战略研究院、中国新一代人工智能发展战略研究院等高端智库建设。全市8项科技成果获得国家科学技术奖，其中，国际合作奖1项，自然发明奖1项，科技进步奖6项。市级科技成果登记数2331项，其中，属于国际领先水平94项，达到国际先进水平262项。“天河三号”百亿亿次超算原型机研制成功，12英寸半导体硅单晶体打破国际垄断，水下滑翔机下潜深度再创新高。国家高新技术企业达5038家，科技领军企业达到55家，新认定市级“杀手锏”和重点新产品279项。启动市级技术创新中心建设，新备案25家市级众创空间，新认定24家市级工程技术研究中心、8家市级科技企业孵化器。全年受理专利申请9.90万件；专利授权5.47万件，其中发明专利5626件；年末有效专利16.89万件，其中发明专利3.21万件。年末全市共有国家级重点实验室13个，国家级工程（技术）研究中心12个，国家企业技术中心61家。全年签订技术合同11315项，合同成交额725亿元，增长10.2%；技术交易额553亿元，增长11.3%。

引才步伐明显加快。“海河英才”行动计划引进人才13.3万人，其中技能型、资格型人才4.7万人，一批顶尖领军人才和急需紧缺的高层次人才汇聚天津。在津院士37人，新建博士后工作站10个，年末博士后流动站、工作站339个，新进站博士后394人。

十三、卫生、文化和体育

公共卫生服务水平持续提升。分级诊疗格局基本形成，全市所有二、三级医院和基层医疗卫生机构参加医联体建设，组建10个专业的专科医联体。“天津健康体育云平台”上线启动，动态监测市民体质状况。家庭医生签约服务进一步提升，签约失能老人4.3万人，入户服务22.5万人次。截至年末，全市共有各类卫生机构5686个。其中医院、卫生院566个。卫生机构床位6.82万张，其中医院、卫生院6.46万张。卫生技术人员10.44万人，其中执业（助理）医师4.30万人，注册护士3.94万人。

文化事业快速发展。大力实施文化惠民工程，举办第三届市民文化艺术节，发放市民终身学习卡2万余张。推出庆祝改革开放40周年系列文化活动，电视剧《换了人间》全国热播。建成区级公共图书馆分馆100个，基层服务点900个，举办各类展览464个，接待观众899万人次。截至年末，全市共有艺术表演团体103个，文化馆17个，博物馆65个，公共图书馆29个，街乡镇综合文化站244个。全市影院共计101家，银幕总数684块，座位数超过10万个；全年城市电影实现票房收入8.82亿元（含服务费），放映场次超过130万场，观影人次超过2500余万人次。全年出版图书9200万册，杂志2692万册，报纸3.21亿份。

体育事业成绩优异。2018年，全市运动员在国内高水平比赛中获得35枚金牌，在国际高水平比赛中获得14枚金牌，其中在雅加达亚运会上取得7金、6银、3铜。天津女排第11次勇夺全国联赛冠军。全民健身丰富活跃，发行体育惠民卡5万张，新建改造健身园、健身广场、体育公园1200多个，成功举办天津市第十四届运动会。

十四、人口、就业和人民生活

常住人口小幅增长。截至2018年末，全市常住人口1559.60万人，比上年末增加2.73万人。其中，外来人口499.01万人，占全市常住人口的32.0%。常住人口中，城镇人口1296.81万人，城镇化率为83.15%。常住人口出生率6.67‰，死亡率5.42‰，自然增长率1.25‰。年末全市户籍人口1081.63万人。

就业质量进一步提升。实施22项促进大学生创业就业政策，妥善安置化解过剩产能企业职工，保证零就业家庭、低保家庭至少有1人实现就业，全市新增就业49万人，年末城镇登记失业率3.5%。截至年末，全社会就业人口896.56万人。其中，外来就业人口359.78万人，增加1.6万人；城镇就业人口714.21万人，增加4.1万人。第一产业就业人口60.07万人，第二产业就业人口285.02万人，第三产业就业人口551.47万人。

居民收支稳定增长。实施17项增收措施。全市居民人均可支配收入39506元，增长6.7%。按常住地分，城镇居民人均可支配收入42976元，增长6.7%；农村居民人均可支配收入23065元，增长6.0%。全市居民人均消费支出29903元，增长7.4%，其中，教育文化娱乐、交通通信、医疗保健支出分别增长18.4%、14.3%和12.0%。

十五、社会保障和社会救助

社会保障体系不断完善。提高失业保险待遇标准、城乡居民基础养老金补助标准、城乡老年人生活补助标准，推进医保提标扩面，大幅上调基本医保门急诊报销限额。截至年末，全市参加基本医疗保险人数1116.72万人，比上年末增加28.27万人；参加基本养老保险人数844.31万人，增加32.49万人；参加城镇职工工伤保险人数398.52万人，增加3.19万人；参加城镇职工失业保险人数323.44万人，增加12.14万人；参加城镇职工生育保险人数330.42万人，增加33.47万人。建成保障房2万套，完成棚户区改造57万平方米，提升老旧小区及远年住房1300个片区、4000万平方米，65万户家庭受益。农村危房改造5000户，累计3万户困难农民家庭住上放心房、暖心房。

社会救助服务水平持续提升。提高城乡低保、低收入家庭救助、特困供养、优抚对象抚恤等标准，建成老年日间照料中心30个，医养结合覆盖95%以上养老机构。截至年末，全市老年日间照料服务中心（站）达1301个、床位1万张；全市低保对象14.25万人，救助站12个，提供救助服务7656人次。提供住宿的社会服务机构拥有床位5.33万张，各类服务机构年末收养人员3.18万人。全年医疗救助资助参加基本医疗保险29.96万人，直接医疗救助72.66万人次，医疗救助资金支出6.46亿元。为6.2万名符合条件的残疾人发放了水、电、燃气补贴。

十六、脱贫攻坚和生态环保

精准脱贫深入推进。加强全市困难村结对帮扶，安排1000个困难村发展经济扶持资金11.2亿元，累计向 14.8 万户中低收入住房困难家庭发放租房补贴。制定实施全市推进东西部扶贫协作和对口支援三年行动方案，足额安排对口支援省市帮扶预算 25.7 亿元，扎实推进对口帮扶 82 个县（市、区）工作，实施帮扶项目 842 个，选派干部人才 1100 余人，帮扶 2 万名贫困群众实现就业增收，助力 10 个贫困县率先脱贫摘帽。

污染防治成效明显。完成全国首批生态保护红线划定，实现了一条红线管控生态空间。积极实施煤改电、煤改气等环保治理工作，建设资金总投入超过 300 亿元，涉及 121.3 万户居民。在中心城区和滨海新区之间规划建设 736 平方公里“双城夹绿”生态屏障，完成起步区 7400 亩绿化任务。全市新增植树造林 38 万亩，新建提升绿地 1500 万平方米。深入落实湿地自然保护区“1+4”规划，对七里海、北大港、团泊、大黄堡等 875 平方公里的湿地进行全面升级保护。空气质量明显好转，全市 PM2.5 年均浓度 52 微克/立方米，比上年下降 16.1%，重污染天数比上年减少 13 天，创 2013 年监测以来最好水平。劣Ⅴ类地表水比例比上年下降 15 个百分点。

注：1. 本公报中数据均为初步统计数。

2. 全市生产总值、各产业增加值绝对数按现价计算，增长速度按不变价格计算。根据第三次全国农业普查结果，对全市生产总值、三次产业增加值比重等历史数据进行了修订。

3. 规模以上工业企业是指年主营业务收入 2000 万元及以上的全部法人工业企业。

4. 规模以上服务业企业是指年营业收入 1000 万元及以上，或年末从业人员 50 人及以上的交通运输、仓储和邮政业，信息传输、软件和信息技术服务业，房地产业（不含房地产开发经营），租赁和商务服务业，科学研究和技术服务业，水利、环境和公共设施管理业，教育，卫生和社会工作法人单位；年营业收入 500 万元及以上，或年末从业人员 50 人及以上的居民服务、修理和其他服务业，文化、体育和娱乐业法人单位。

5. 限额以上批发业企业是指年主营业务收入 2000 万元及以上的批发业企业；限额以上零售业企业是指年主营业务收入 500 万元及以上的零售业企业；限额以上住宿和餐饮业企业是指年主营业务收入 200 万元及以上的住宿和餐饮业企业。

6. 根据第三次全国农业普查结果及有关制度规定，对 2017 年社会消费品零售总额基数进行修订，2018 年增速按可比口径计算。

7. 固定资产投资（不含农户）统计口径范围为计划总投资 500 万元及以上的固定资产项目投资及全部房地产开发项目投资。

8. 电信业务总量按 2015 年价格计算。

9. 邮政行业业务总量按 2010 年价格计算。

天津居民收入平稳增长　生活水平持续提升

2018 年，天津坚持以习近平新时代中国特色社会主义思想为指引，以“三个着力”为元为纲，抢抓历史性窗口期，闯关口、度关山，坚持稳中求进工作总基调，坚持新发展理念，坚持以供给侧结构性改革为主线，坚持以人民为中心的发展理念，推动高质量发展，着力改善人民群众生活，千方百计促进居民增收，拓宽收入渠道，克服不利因素影响，全年居民收入继续保持平稳增长态势，居民生活水平持续提升。

一、稳增长惠民生，收入增长快于地区生产总值

2018 年全市砥砺奋进，全面落实稳增长、促改革、调结构、惠民生等重大决策部署，克服种种困难，有效保障了居民收入的平稳增长。全市居民人均可支配收入为 39506 元，比上年增长 6.7%，其中城镇居民人均可支配收入为 42976 元，增长 6.7%；农村居民人均可支配收入为 23065 元，增长 6.0%。扣物价因素后，全市居民可支配收入实际增长 4.6%，其中城镇居民实际增长 4.6%，农村居民实际增长 3.9%，均快于地区生产总值增长。

（一）稳就业带动工资性收入快速增长

工资性收入继续成为拉动居民收入增长的主动力。2018 年，天津居民人均工资性收入 25119 元，增长 8.4%，拉动人均可支配收入增长 5.3 个百分点。其中，城镇居民人均工资性收入 27557 元，增长 8.9%；农村居民人均工资性收入 13568 元，增长 3.3%。

一是增资政策助力。如行业工资指导线的提高、防暑降温费的上调、社区工作者待遇提升以及机关单位绩效奖励和创文创卫奖励的发放等。二是坚持就业优先战略和积极就业政策，加大岗位开发力度，鼓励创业带动就业，加强职业技能培训，促进农民转移就业。实施促进大学生创业就业政策，妥善安置化解过剩产能企业职工，保证零就业家庭、低保家庭至少有 1 人实现就业。三是构建和谐劳动关系，治理农民工工资问题，保障农民工工资支付。

（二）第三产业助力经营净收入小幅增长

2018 年全市居民人均经营净收入为 3344 元，增长 2.5%，其中城镇居民人均经营净收入为 2924 元，增长 5.5%；农村居民人均经营净收入为 5335 元，下降 4.1%。

全市服务业平稳增长，同时全市大力实施乡村振兴战略，休闲农业和乡村旅游不断提档升级，带动关联产业融合发展，从而促进第三产业经营净收入增长 7.0%，成为拉动经营净收入增长的重要力量。不过由于小麦、稻谷最低收购价下调，生猪等农产品价格疲软，农资价格上涨、种植成本上升压缩利润空间以及生猪受非洲猪瘟疫情影响出栏受限，多种因素影响导致一产收入有所下降。

（三）红利收入促进财产净收入持续增加

2018 年全市居民人均财产净收入为 3587 元，增长 2.3%，其中城镇居民人均财产净收入为 4150 元，增长 2.8%；农村居民人均财产净收入为 921 元，下降 8.5%。

红利收入是促进财产净收入持续增长的主要因素，比 2017 年增加 76 元。这主要得益于城镇居民投资收益不断增加，而农村居民从村集体得到的分红收入也实现较快增长。此外，随着“三权分置”制度的完善，土地流转规模继续扩大，出租土地价格稳中有升，农民出让土地经营权收入继续增加，也对居民财产净收入的增长起到积极作用。

（四）惠民政策推动转移净收入较快增长

2018年，全市居民人均转移净收入为7456元，增长5.2%，其中城镇居民人均转移净收入为8345元，增长2.2%；农村居民人均转移净收入为3241元，增长58.4%。

2018年市委市政府继续着力保障和改善民生，不断完善社会保障体系，出台多项政策推动转移净收入增长。一是提高退休人员基本养老金和城乡居民基础养老金标准。二是推进医保提标扩面，上调医保门诊急诊报销限额，人均报销医疗费增长30.6%。三是城乡低保、低收入家庭救助、特困供养、优抚对象抚恤等标准都有提高，带动社会救济和补助等收入快速增长。四是推进农村地区完成煤改气、煤改电，并为居民实现清洁取暖提供补贴，政策性生活补贴等相关收入大幅增长。

二、重品质调结构，居民生活水平持续提升

2018年天津居民人均消费支出29903元，比上年增长7.4%，其中，城镇居民人均消费支出32655元，增长7.8%；农村居民人均消费支出16863元，增长2.9%，城乡居民消费支出总体保持稳定增长。同时，居民消费结构逐步优化，生活条件、配套设施等进一步完善，生活水平持续提升。

（一）恩格尔系数进一步降低

2018年人均食品烟酒支出8648元，与上年基本持平，占消费支出的比重（恩格尔系数）为28.9%，较上年下降2.2个百分点。饮食消费高质量化倾向愈发明显，在饮食结构上更加注重营养健康，人均蔬菜、奶类、干鲜瓜果类消费量有所增加，而谷物、油脂类消费量略有下降；受鸡蛋、蔬菜价格上涨影响，人均蛋类消费支出增加16元、人均蔬菜食用菌类消费支出增加34元。同时，居民更加认同禁烟限酒的理念，相关产品消费明显下降，人均烟草消费量下降9.2%，酒类消费量下降7.6%。

（二）教育文化娱乐消费持续领跑居民消费增长

2018年文化教育相关服务价格延续涨势，居民对自身以及子女教育的关注度持续提高，托幼费、家教费、各种培训费支出日益增多，全年人均教育支出1665元，增长22.9%。2018年全市新建改造健身园、健身广场、体育公园1200多个，为居民体育健身活动提供更多选择，居民的业余活动也更加丰富多彩，旅游休闲、健身活动等服务性消费成为文娱消费中的亮点，保持较高热度，人均文化娱乐支出1522元，增长13.8%。

（三）惠民政策让居民得到更多实惠

居民人均医疗保健支出增长12.0%。受提高城乡医保标准政策影响，居民享受到更多的医疗服务，大部分支出可通过医疗保险制度报销。受煤改清洁能源政策影响，居民免费得到了取暖设施，生活用品及服务支出增长9.8%。电信行业提速降费举措有效降低了居民通信成本，2018年居民人均通信支出下降9.1%。

（四）服务消费增长势头强劲

居民服务消费增长势头强劲，继续成为拉动消费增长的重要动力，人均服务性消费13574元，增长10.1%，拉动人均消费支出增长4.5个百分点。其中，人均饮食服务增长8.4%，交通费支出增长27.7%，旅馆住宿支出增长56.4%。居民文体活动更加丰富，人均体育健身活动支出增长54.3%，观看电影话剧演出支出增长66.1%。同时，教育培训仍然是居民消费的热点，成人教育及学龄各阶段的教育培训等方面的消费支出均呈现快速增长。

（五）生活条件和设施继续完善

2018年天津市围绕20项民心工程，下大力气完善社会公共服务，改善城乡居住环境，不断提升居民生活水平。

各类公共服务设施更加完善。2018年末，95.3%的社区（村）饮用水经过集中净化处理，比上年提高5.5个百分点；99.8%的住户实现了管道供水入户，提高2.0个百分点；99.1%的社区（村）内主要道路为水泥或柏油路面，比上年提高4.3个百分点；97.1%的社区（村）有健身器材，比上年提高5.5个百分点。

供气供热更加环保。全面推进居民冬季清洁取暖，实施“煤改电”“煤改气”，与上年相比，86.6%的社

区（村）开通了管道燃气，提高 9.5 个百分点；78.7%的社区（村）有市政或小区集中供暖，提高 2.3 个百分点；住户采用市政或小区集中供暖率达到 77.8%，提高 5.6 个百分点，自行取暖的住户中有 51.4%采用天然气或电，提高 30.1 个百分点；人均天然气和电消耗分别上涨 47.7%和 10.7%，而煤炭消耗下降 29.1%。

居住环境更加优美。通过推进厕所革命和农村人居环境整治，所有社区（村）都已实现垃圾集中处理，比上年提高 1.2 个百分点；住户使用卫生厕所的比重达到了 90.0%，比上年提高 2.0 个百分点。

居住社区更加安全。创建美丽平安社区，74.7%的社区（村）设有专职安全保卫人员，比上年提高 4.5 个百分点；治安环境持续优化，83.3%的社区（村）全年未发生过盗窃或其他刑事案件，比上年提高 14.2 个百分点。

2018年天津市城镇居民收支情况分析

一、城镇居民收支总体情况

2018年，在外部环境挑战和内部结构调整的双重压力下，全市坚持稳中求进工作总基调，始终把全面建成小康社会和满足人民对美好生活的向往作为奋斗目标，不断推动经济向高质量发展模式转变。国家统计局天津调查总队抽样调查结果显示，2018年天津市城镇居民人均可支配收入为42976元，同比名义增长6.7%，扣除价格因素实际增长4.6%，高于同期GDP增速1.0个百分点；人均生活消费支出32655元，同比增长7.8%。

在全国31省（市）中，城镇居民收入绝对值水平位居第6位，排在上海、北京、浙江、江苏和广东之后，高于全国平均水平3725元；消费绝对值水平位居第4位，仅次于上海、北京和浙江，高于全国平均水平6543元。居民收入增速排位与辽宁并列第25位，超过吉林、山西、新疆、黑龙江和广西各省。

从收入来源看，工资性收入、经营净收入、财产净收入和转移净收入占比分别为64.1%、6.8%、9.7%和19.4%，仅工资性收入占比较去年略有提高；从收入增长看，工资性收入增速与去年基本持平，经营净收入增速有所提高，财产净收入和转移净收入增速则有所回落。

从消费构成看，食品烟酒、衣着和生活用品及服务等基础性消费支出占比较去年有所下降。教育文化娱乐、交通通信和医疗保健等发展享受型消费支出占比则有所提高；从消费增长看，八大类消费除食品烟酒支出较去年略有下降外，其余均呈现不同程度增长，其中：教育文化娱乐和交通通信支出增长较快。另外服务性消费支出增长迅速，快于商品性消费支出。

二、城镇居民收入变动特点

（一）工资性收入增速和贡献率仍居首位

城镇居民人均工资性收入为27557元，同比增长8.9%，占可支配收入的比重为64.1%，对收入增长的贡献率达83.5%，拉动可支配收入增长5.6个百分点。工资性收入增长主要得益于两方面。一方面是正常工资增长机制的拉动，如行业工资指导线的提高、公积金缴存基数和防暑降温费的上调以及机关单位绩效奖励和创文创卫奖励的发放等。另一方面是天津将就业作为最大的民生，不断完善落实各项就业创业政策。如：新型城镇化建设、大众创新创业政策扶持以及“海河英才”等人才引进计划的落实，吸引大批青壮年劳动力进城务工；利用京津冀协同发展、自贸区建设等机遇，吸引投资创造就业岗位；帮扶零就业和困难户家庭实现至少一人就业等。2018年全市实现新增就业49万人，比去年增长0.1%，超过年初预期目标。

（二）经营净收入增速和贡献率提高

城镇居民人均经营净收入为2924元，同比增长5.5%，占可支配收入的比重为6.8%，对收入增长的贡献率为5.6%，增速和贡献率较去年分别提高1.5个和2.2个百分点。2018年，部分在“小散乱污”专项治理活动中被关停的小企业经过整改后开始恢复生产，经营效益有所提高；另有部分二产经营户转为三产经营，拉动第三产业人均经营净收入增长7.1%。其中的批发零售业、住宿餐饮业以及居民服务修理和其他行业均呈现两位数增长。但二产中的制造业和建筑业、三产中的交通运输仓储邮政业和租赁商务服务业经营效益有所下降。

（三）财产净收入增长有所恢复

城镇居民人均财产净收入为 4150 元，同比增长 2.8%，增幅较 2018 年一季度已由负转正，占可支配收入的比重为 9.7%，对收入增长的贡献率为 4.2%。红利收入成为拉动财产性收入增长的主要因素，同比增长 31.5%，这主要得益于集体分配的红利和个人投资产生的其他红利收入的增长。而房贷利息支出的增加、出租房屋收入和土地承包收入的减少，共同拉低了财产性收入的增幅。

（四）转移净收入小幅增长

城镇居民人均转移净收入为 8345 元，同比增长 2.2%，占可支配收入的比重为 19.4%，对收入增长的贡献率为 6.7%。转移净收入的增长主要源于 2018 年职工和城乡居民养老待遇提高，医保提标扩面和低收入群体保障水平的提高。但由于工资性收入的增长使得个人所得税和社保支出增加，转移净收入增长趋缓。

三、城镇居民消费变动特点

（一）基础型消费占比下降

城镇居民人均食品烟酒支出为 9421 元，同比略降 0.4%，恩格尔系数为 28.8%，较去年下降 2.4 个百分点，其中奶制品、干鲜瓜果类食品消费量增长，高脂肪高热量食品消费量减少；人均衣着支出为 2201 元，同比增长 3.9%，服装及加工支出增加；人均生活用品及服务支出为 1916 元，同比增长 8.0%，家庭服务及个人用品支出拉动增长。三者占比之和为 41.5%，较去年下降 2.6 个百分点。居民消费逐渐向发展享受型支出转移，消费结构持续优化。

（二）教育文化娱乐和交通通信支出增势强劲

城镇居民人均教育文化娱乐和交通通信支出分别为 3598 元和 4637 元，同比增长分别为 20.8%和 18.2%，增幅分别位居消费八大项第一位和第二位。两者占比之和为 25.2%，较去年提高 2.4 个百分点。学前和小学教育支出、各类文娱服务和消费品支出增长迅速，使得人均教育和文化娱乐支出分别增长 27.3%和 14.7%。交通工具和配套费用支出较快增长，通信服务费支出则下降较多，使得人均交通支出增长 31.5%，通信支出下降 8.8%。

（三）医疗、居住和其他用品服务支出平稳增长

城镇居民人均医疗保健支出为 2825 元，同比增长 8.7%，医药卫生体制改革持续深化，医保提标扩面，带动医疗服务支出增长；人均居住支出为 7037 元，同比增长 8.8%，房租支出、住房配套生活支出拉动增长；人均其他用品服务支出为 1020 元，同比增长 6.1%，旅馆住宿及美容美发洗浴支出增长较快。

（四）服务性消费增速快于商品性消费

随着居民收入水平的提高，多元化和个性化的消费需求正在增长，注重体验追求服务的消费观念已经盛行。2018 年城镇居民人均服务性消费支出同比增长 12.2%，快于商品性消费支出 7 个百分点。其中：其他用品和服务类、食品烟酒类、医疗保健类及教育文化娱乐类服务性消费支出增速比同类型商品性消费支出分别快 20.4、11.8、11.6 和 2.7 个百分点。居民个人护理、在外饮食服务、医疗服务、教育、休闲娱乐等服务支出均保持较快增长。

四、促进居民收入和消费增长仍需多管齐下

党的十九大报告提出，中国特色社会主义进入新时代，我国社会主要矛盾已经转化为人民日益增长的美好生活需要和不平衡不充分的发展之间的矛盾。这一矛盾在居民收入和消费上都会有直接体现。要想实现人民对美好生活的向往，还需多管齐下持续发力。

（一）多方政策发力，优化收入结构

2018 年城镇居民收入稳定增长，但受总体经济下行压力的影响，居民收入增长较去年低 1.8 个百分点，增速有所放缓。收入增长的多元化支撑力度不足，除工资性收入增长跑赢全国平均水平外，其余三项收入增速均落后，且经营净收入和财产净收入占比也低于全国水平。因此，需要多方施策优化收入结构，提升

内在增长动力。一是多措并举，进一步提高就业水平和质量。通过提高企业补贴、优化创业环境、调整产业结构以及引进高层次人才，振兴实体经济，稳定企业岗位供给，以创业带动就业，不断激发重点群体活力，为高质量发展提供人才红利。二是优化营商环境，为创业者和经营者提供有力的政策支持。同时以京津冀协同发展为契机，做好产业承接，吸引优质投资，加快新旧能转换，发挥天津优势。三是完善金融宏观政策环境，加强监管，规范金融市场秩序，让百姓的“钱袋子”更安全。同时通过金融产品的创新，提升群众投资意愿，提高财产性收入。

（二）深化供给侧改革，释放消费潜能

天津城镇居民消费增速略高于全国平均水平，消费升级趋势明显，消费潜能需要进一步释放。要深化供给侧结构性改革，增加有效供给，补齐短板才能满足城镇居民日益增长的消费需求。一是提升消费质量。通过传统产业的创新和新兴产业的发展，不断提高产品质量，促进消费升级。同时加大对健康、养老、旅游、体育、家政等生活服务业的税收优惠政策，将优质商品和满意服务深度结合，满足高品质消费需求。二是改善消费环境。强化产品和服务标准体系的建设，打造具有知名度的品牌产品，大力培植基于互联网的消费。通过有效的市场监管，严格的失信惩戒机制，维护消费者的合法权益。三是提高消费潜力。通过个人所得税专项扣除政策的落实，完善的社会保障和公共服务体系的建立，降低居民对未来的不确定性预期，提升消费潜力。

2018 年天津市农村居民收支情况分析

一、农村居民收支总体情况

国家统计局天津调查总队抽样调查结果显示，2018 年，天津农村居民人均可支配收入 23065 元，比上年增长 6.0%；人均消费支出 16863 元，比上年增长 2.9%。

从全国情况对比看，2018 年，全国农村居民人均可支配收入 14617 元，增长 8.8%；人均消费支出 12124 元，增长 10.7%。天津农村居民收入水平在 30 省市区[①]中排在上海（30375 元）、浙江（27302 元）之后，列居第三位，位次相对稳定，但收入增速落后于全国平均水平；消费支出的排位与收入水平一致，比上海、浙江分别低 3102 元和 2844 元，列居第三位，增速也落后于全国平均水平。

二、农村居民收入增长特点

（一）促进就业、保障工资支付，工资性收入实现增长

天津市积极开展职业技能培训，不断完善就业创业服务，坚持多措并举促进农民转移就业，把治理拖欠农民工工资问题、保障农民工工资支付作为重要民生工作，为农民增收创收保驾护航。2018 年农村居民人均工资性收入 13568 元，占人均可支配收入的 58.8%，为农村居民第一大收入来源；同比增长 3.3%，增速较前三季度有明显提升。

（二）农产品盈利空间有限，经营净收入小幅下降

2018 年农村居民经营净收入呈现一产大幅下降，二产基本持平，三产略增的格局，全年人均经营净收入为 5335 元，下降 4.1%，占人均可支配收入的 23.1%，其中，人均一产经营净收入 1807 元，人均二三产经营净收入 3528 元。小麦、稻谷最低收购价下调，农资价格上涨、种植成本上升压缩利润空间，加之非洲猪瘟疫情影响，多重因素导致农产品的盈利空间有限，农户一产收入下降；得益于乡村振兴战略的大力实施，全市休闲农业和乡村旅游不断提档升级，带动关联产业融合发展，人均三产经营净收入增长 6.5%。

（三）亟待拓宽增收渠道，财产净收入有所下降

2018 年农村居民人均财产净收入 921 元，较上年减少 87 元，仅占人均可支配收入的 4.0%。天津市继续稳妥推进农村集体产权制度改革，引导农村土地有序流转，进一步盘活农村集体资产和土地资源，有效带动集体分配红利和转让承包土地经营权租金收入增加，但财产性收入整体根基较为薄弱，增长点略显不足。

（四）民生保障政策效果明显，转移净收入快速增长

2018 年农村居民人均转移净收入 3241 元，占人均可支配收入的 14.1%，占比比上年提高 4.7 个百分点。为居民实现清洁取暖提供补贴、继续提高基本养老金待遇和各项社会救助标准、加大困难村帮扶力度、全面提高农村居民保障水平等多项民生保障政策高效拉动农村居民转移净收入快速增长。

三、农村居民消费主要特征

（一）消费水平持续提高

2018 年农村居民消费支出比上年人均增加 477 元，增长主要是由医疗保健支出拉动。从消费结构来看，

[①] 北京市不公布农村居民收支数据。

食品烟酒、居住、交通通信支出为农村居民消费支出的前三大项，占比分别为29.6%、20.3%和15.4%。

（二）消费增速有所放缓

2018年农村居民人均消费支出增速比上年下降0.1个百分点，增速放缓主要是受交通通信、衣着消费支出减少影响。相较于城镇较为成熟的消费市场环境，农村消费市场仍有较大提升优化的空间，2018年天津农村居民消费增速落后于城镇居民4.9个百分点。

（三）服务性消费热度提升

主要是收入水平的提高和消费观念的转变，带动各类生活服务消费实现较快增长。2018年农村居民人均饮食服务支出增长7.3%，家庭服务支出增长71.4%，旅馆住宿和美容美发洗浴支出增长25.2%。

四、增加农民收支的重点难点及建议

（一）工资性收入增速放缓，持续增收有一定困难

工资性收入一直是农村居民收入的第一大来源，但增速较上年下降较多，增收拉动作用明显减小。且随着人口老龄化趋势的加剧，农村青壮年劳动力相对减少，老年劳动力在体力和技能等方面相对较弱，工资性收入的稳定增长缺乏持续力。建议持续加大促进农民转移就业的政策扶持力度，为更多农村居民获取稳定的薪资收入提供保障。

（二）一产收入波动较大，增收形势不够稳定

农户一产经营收入更易受季节性因素影响，容易出现较大波动，加之农产品价格波动、农资成本上升等因素，压缩了农产品的盈利空间，农户一产增收形势不够稳定。建议坚持深入推进农业供给侧改革，抓住乡村振兴战略机遇，加大对农业基础设施的投入，鼓励发展规模化生产，增加农产品产量、提高农产品品质、稳定农产品价格，同时不断完善农业保险制度，解决农民的后顾之忧。

（三）财产性收入根基较弱，增长点较为单一

2018年天津农村居民人均财产净收入占可支配收入的比重较上年下降0.6个百分点，增长主要靠转让承包土地经营权租金净收入拉动，绝对量最小且增长点单一。建议在发展壮大集体经济，完善“三权分置”制度的同时，加快创新发展农村金融服务，为种养大户等农业经营主体缓解资金压力，进一步促进土地有序健康流转；鼓励具有一定旅游资源或民俗文化的村庄，充分发挥优势，盘活闲置农房，打造更多具有特色的田园生活、度假养生休闲地。

（四）消费动力不足，增长缓慢

2018年天津农村居民消费增速仅为2.9%，远落后于全国平均水平。从消费能力看，2018年天津农村居民人均可支配收入增速落后全国平均水平2.8个百分点，收入增速相对较低，直接导致农民消费信心不够强，消费动力不够足；从消费意愿看，2018年医疗保健支出的增长率高达40.3%，虽然得益于医疗保险制度的普及和落实，大部分支出可通过医疗保险制度报销，相应地报销医疗费占医疗保健支出的比重比上年提高4.0个百分点，但依靠储蓄养老防病的保守型消费观念较为普遍，同时在消费能力相对有限的前提下，医疗保健支出的大量增加在一定程度上挤占了其他消费类别的增长空间，限制了消费意愿的提升；从消费环境看，调查显示，在2018年天津居民收支调查抽中调查小区涉及的80个乡村中，仍有43.9%的行政村到最近集市的距离超过2公里，41.8%的行政村到最近快递收发点的距离超过2公里，农村居民通过互联网购买商品和服务年人均只有1.88次，远低于城镇居民的6.36次。建议进一步完善居民收入分配机制，在提高农村居民收入水平的同时，加强居民养老、医疗等公共服务的保障力度，提振居民消费信心，积极拓宽农村快递业务，挖掘农村网购消费潜力，助力农村消费提质升级。

2018 年天津市居民消费价格平稳运行

2018 年以来，天津市居民消费价格保持平稳运行态势，各月涨幅围绕 2%上下波动，极差值达历史最小，八大类对总指数的贡献较为均衡。然而平稳运行格局下的物价表现形式和内容发生了一些变化值得关注，拉动物价上涨的内部构成和外部动力有所转换。2019 年，在宏观经济形势总体稳定和翘尾影响有所弱化的综合影响下，物价将继续保持平稳运行走势，涨幅总体可控。

一、CPI 平稳运行 2 时代

2018 年天津市居民消费价格继续保持平稳运行态势，全年上涨 2.0%，连续三年稳定在 2%左右的区间内。其中食品价格上涨 3.4%，非食品价格上涨 1.7%；消费品价格上涨 2.3%，服务价格上涨 1.6%。在总水平 2.0%的涨幅中，滞后因素约为 0.5 个百分点，新涨价因素约为 1.5 个百分点。

（一）月度同比指数平稳运行，极差值最小

2018 年天津市 CPI 月度同比指数保持平稳运行态势，极差达历史最小值，为 1.3%（最高为 2 月份的 2.5%，最低为 1 月份的 1.2%），2014-2018 年极差值分别为 2.7%、1.8%、1.7%、1.9%和 1.3%。受 2018 年春节与 2017 年错月的影响，全年最高点出现在 2 月份，最低点出现在 1 月份，从 5 月份开始，各月同比指数围绕 2%上下波动，呈现平稳运行态势。

（二）月度环比指数受食品价格影响季节性特征明显

从环比指数看，各月价格变化季节性特征明显，受食品价格涨跌影响较大，几乎呈一致性变化。1 月份鲜菜鲜果价格上涨影响全月指数走高，环比上涨 0.9%；2 月份食品价格涨幅扩大，带动环比价格攀升至 1.2%；3 月份食品价格迅速回落带动 CPI 断崖下跌，全月下降 0.9%；4-6 月份食品价格季节性下降，各月指数平稳运行；7-9 月天气因素影响食品价格涨幅偏高，带动总指数涨幅较高；10-11 月份食品价格季节性走低，总指数迅速转降；12 月份食品价格上涨，CPI 随即上涨。

（三）八大类价格涨幅均高于 1%，食品烟酒领涨

从八大分类价格走势来看，历史上第一次出现价格均呈现上涨态势，且涨幅均高于 1%。其中，食品烟酒类价格上涨 3.1%，涨幅居八大类之首，上拉总指数 0.79 个百分点；医疗保健类、教育文化和娱乐类价格分别上涨 2.6%、2.4%，分别上拉总指数 0.23 和 0.27 个百分点，以上三类对总指数的贡献率超过 60%，各大类对总指数的影响较往年更均衡。

（四）与全国及部分省市对比

2018 年全国居民消费价格上涨 2.1%，天津低于全国 0.1 个百分点，在全国 31 个省市价格指数排位中居第 16 位。从月度同比指数来看，天津市居民消费价格走势与全国基本一致。在直辖市价格指数对比中，天津分别比北京低 0.5 个百分点，与重庆持平，比上海高 0.4 个百分点。各主要分类指数中，天津食品烟酒类价格涨幅最高，生活用品及服务类、教育文化和娱乐类涨幅最低。在京津冀三地价格指数对比中，天津分别比北京、河北低 0.5 个和 0.4 个百分点。

二、CPI 运行的主要特点

（一）食品烟酒价格重新成为上拉 CPI 的第一因素

2018 年，天津市食品烟酒价格上涨 3.1%，重新成为上拉 CPI 的第一因素，对总指数的贡献率接近 40%。

1．粮、油、豆、奶价格保持稳定。粮食、奶类价格累计分别下降 0.8%和 0.1%，食用油、豆类价格累计分别上涨 0.7%和 0.4%，以上四类由于市场供应充足、需求总体平稳，价格保持稳定。

2．鸡蛋、鲜菜、禽肉类价格由降转升且涨幅较高。鸡蛋价格累计上涨 15.0%，结束连续三年下降走势，2018 年各月同比指数除 12 月外均处于上涨周期内，主要为恢复性上涨。鲜菜价格累计上涨 10.1%，各月同比指数年内出现 10 次上涨，2 次下降，夏季暴雨洪灾天气助推鲜菜价格上扬，8-9 月同比指数超过 20%。禽肉类价格上涨 4.1%，其中鸡价格上涨 5.3%，为 2014 年以来最高涨幅。

3．鲜瓜果、水产品价格延续涨势且涨幅扩大。鲜瓜果价格累计上涨 7.1%，涨幅较上年扩大 4.5 个百分点，主要由香蕉、木瓜等热带水果价格涨幅过高带动。水产品价格累计上涨 4.5%，主要受春节期间虾蟹类货源紧张、需求高涨，价格涨幅过高影响。

4．畜肉类价格走势不一。畜肉类价格累计上涨 4.1%，主要受羊肉、牛肉价格涨幅较大影响，累计分别上涨 12.0%和 5.6%，均为近五年最高点。猪肉价格延续上年降势，累计下降 6.5%，2018 年以来各月同比指数仍继续处于下降通道。

5．副食品价格涨幅创新高。糖果糕点类、调味品、茶及饮料、其他食品类价格涨幅均超过 2%，除调味品外涨幅均为近五年新高。在外餐饮价格累计上涨 2.9%，涨幅也为近五年新高，各月环比指数均保持小幅上涨走势。

（二）服务价格温和上涨，主要受市场因素推动

2018 年，天津市服务价格上涨 1.6%，继续保持温和上涨态势，且主要受市场因素推动。

1．文化教育消费持续活跃，相关服务价格延续涨势。如旅行社收费、课外教育、学前教育、专业技能培训、健身活动价格分别上涨 7.6%、4.7%、3.0%、3.0%和 1.7%，均延续上年的较强涨势。

2．劳务消费需求不断增长，相关服务价格持续走强。如养老服务、装潢维修费、家政服务、洗浴、车辆修理与保养、美发价格分别上涨 16.0%、9.5%、6.5%、5.9%、4.5%和 4.2%。

3．私房房租价格平稳上涨。全年私房房租价格累计上涨 1.4%，涨幅较上年扩大 1.0 个百分点，但在近五年中处于中下水平。2018 年以来，各月环比涨幅季节性特征明显，2-3 月处于春节过后的租房需求高峰期，环比涨幅分别为 0.6%和 2.1%；6-8 月为毕业租房季，环比涨幅在 0.4%-0.8%之间；10-11 月份为租房淡季，环比降幅在 1%左右。

4．政策性因素影响部分服务价格变动。如车牌费和年检费上调带动车辆使用费价格上涨 8.4%；5A 级景区盘山门票价格由 100 元下调至 78 元，但是其他景点如动物园、海昌极地海洋公园门票价格上涨，带动景点门票价格累计上涨 2.6%；6 岁及以下儿童部分医疗服务价格调整加上翘尾因素共同影响医疗服务价格累计上涨 1.1%。在“提速降费”的号召下，上网费、移动通信费均有所下降，带动通信服务价格累计下降 2.3%。

（三）工业品价格强势增长，助推指数上升

2018 年全球经济保持温和增长，复苏态势明显，国内供给侧改革持续深入推进，在此大背景下，工业品价格强势增长，全年累计上涨 1.6%，涨幅达到 2013 年以来最高点。

1．国际原油价格走强是最大的影响因素。2018 年以来，国际油价经历了过山车式的大起大落，影响国内成品油价格波动明显，全年天津市油价共经历 23 次调整，12 涨 11 降，92 号汽油价格由年初的 6.83 元/升下降至年末的 6.43 元/升，但是汽油价格累计上涨 13.1%，影响 CPI 上涨约 0.26 个百分点。

2．药品价格保持较强涨势。受药材产量下降、需求增加、质量管控严格等多重因素影响，中药价格涨势明显，全年累计上涨 7.5%，涨幅与上年持平。受原料紧缺、生产成本增加等因素影响，西药价格累计上涨 5.2%，涨幅较上年扩大 1.8 个百分点。

3．住房装潢材料、衣着等部分工业品价格温和上涨。受原料价格、人工成本上涨的带动，住房装潢材料、家用纺织品、衣着、家具等价格均有所上涨，涨幅分别为 3.3%、1.4%、1.1%和 0.8%。

（四）市场自发因素增强，政策性影响弱化

近五年 CPI 涨幅均围绕 2%左右波动，但是 2018 年的涨幅主要由市场因素推动。2014-2017 年的 CPI 涨幅中，政策性调价因素的影响均超过 25%，有的年份甚至超过 50%。而 2018 年涉及的政策性调价项目主要包括汽油、管道燃气、儿童医疗服务价格调整等，对 CPI 的影响程度不到 15%，与前几年相比，政策性影响大大弱化。

（五）翘尾影响减弱，新涨价因素占主导

2018 年翘尾影响对总指数的贡献率为 25%，2014-2017 年翘尾因素贡献率分别为 42%、29%、24%、48%，2018 年的 25%处于较低位置，低于近五年平均水平，说明 2018 年的 CPI 主要由新涨因素主导，也从侧面反映出市场需求稳中有升，价格增长动力尚足。

三、影响 CPI 变动的因素

（一）宏观经济形势为价格整体走势稳定提供有利条件

2018 年，全球经济复苏态势明显，主要发达经济体经济维持相对强劲增长，新兴经济体实现不同程度的复苏；天津国宏观经济运行总体平稳、稳中有进，供给侧结构性改革深入推进，经济结构不断优化，新旧动能接续转换，质量效益稳步提升；天津国货币政策继续保持稳健中性。这些都为 CPI 平稳运行提供了有利的条件。

（二）市场供求因素对价格起到决定性作用

2018 年影响 CPI 上涨的最大因素来自食品，而食品价格主要受供求因素影响，对供求的反映也最为灵敏。如鲜菜价格涨势明显主要由于个别月份极端天气造成供给短缺，价格直线上扬；羊肉、鸡蛋、禽肉类价格涨势明显，主要受整体货源偏紧影响，供给不充裕，直接推高价格。

（三）人民对美好生活的向往带动升级类消费价格上涨

随着人民生活水平的提高，消费需求不断多元化，追求更高层次的消费体验，尤其是教育以及文化娱乐性消费渐趋活跃。2018 年教育文化和娱乐类价格上涨 2.4%，对 CPI 的拉升作用在八大类中稳定保持在第三位，旅游、文化娱乐服务、教育服务等升级类消费价格延续较强上涨态势。

（四）国际市场价格传导对 CPI 影响较大

2018 年，虽然国际经济复苏态势明显，但是国际局势复杂，贸易摩擦加剧，大宗商品价格波动频繁。布伦特原油价格由年初的 65 美元/桶降至年末的 55 美元/桶，期间冲高至 86 美元/桶。纽约黄金由 1300 美元/盎司降至年末的 1270 美元/盎司，期间跌至 1200 美元/盎司。受国际市场价格影响，天津市汽柴油价格年内出现 23 次调整，金饰品、飞机票等价格波动明显。

（五）人工成本上涨影响广泛

人工成本上涨不仅直接带动相关服务行业如家庭维修服务、家政服务、美发、车辆修理与保养等价格上涨明显，而且还会产生传导作用，传导至各行各业，形成成本—价格螺旋式上升的状态。

四、2019 年 CPI 走势预判

2019 年，影响 CPI 变动的确定因素和不确定因素并存，具体包括：

（一）确定因素

1．国内宏观经济形势总体稳定。2019 年经济工作仍将坚持稳中求进的工作总基调，坚持新发展理念，坚持推动高质量发展，坚持以供给侧结构性改革为主线，统筹推进稳增长、促改革、调结构、惠民生、防风险工作，保持经济运行在合理区间。从货币环境来看，国家坚持稳健中性的货币政策，广义货币 M2 余额增速连续几个月处于 8%左右，屡创新低，通胀压力不大。这些都为物价平稳运行提供良好的外部条件。

2．消费升级趋势依然强劲。随着人民对美好生活的向往日益强烈，消费升级趋势不断增强，教育文化、休闲娱乐、健康养老消费需求不断增加，相关服务价格仍将继续保持温和涨势。

3．翘尾因素较上年有所减弱。据测算，2019 年全年翘尾因素仅 0.3 个百分点，较上年减少 0.2 个百分点，且处于历史较低值，对全年物价影响有限。

（二）不确定因素

1．食品价格走势不确定性增强。食品尤其是鲜活食品价格受天气因素影响较大，生产、运输等多个环节均受影响，而且还存在一些不可控因素，如 2018 年的非洲猪瘟疫情对猪肉价格的影响深远，推迟了本轮猪周期的结束。

2．国际大宗商品价格走势不确定较大。2019 年全球经济增长动能减弱、下行风险加大，国际贸易摩擦的负面影响将进一步显现。石油方面，欧佩克能否落实减产协议仍存疑问，同时美国石油产量恐持续增加，石油价格走势不明朗。黄金方面，全球不断加剧的地缘政治紧张局势可能会助长避险情绪，黄金持续走强的可能性较大，但也不能排除短期受美元加息的影响出现震荡走势。

3．政策性调价影响不确定。2018 年天津市已推进天然气、儿童医疗服务的价格改革，2019 年将推进出租车运价的调整，及其他资源和公共服务领域的改革，对 CPI 的影响尚不确定。

综合以上分析，预计 2019 年天津 CPI 仍将继续保持平稳运行态势，总体涨幅可控。

2018 年天津市工业生产者价格运行分析

2018 年，天津市工业生产者价格指数涨幅回落，生产资料产品价格高位回调依然是拉动天津市工业生产者价格回落的主要因素。根据当前大宗商品价格走势初步预计，2019 年初天津市工业生产者价格指数将较为平稳。

一、2018 年工业生产者价格运行情况

据国家统计局天津调查总队抽样调查资料显示：2018 年天津市工业生产者出厂价格平均同比上涨 5.4%，涨幅较去年缩小 3.0 个百分点，购进价格平均同比上涨 6.2%，涨幅较去年缩小 4.9 个百分点。

（一）月度环比涨多降少

从各月环比数据来看，天津市工业生产者出厂价格呈震荡走势，2、3、11、12 月份环比分别下降 1.0%、0.2%、1.3%和 2.6%，其余月份均为上涨，其中 5 月份和 9 月份环比涨幅较大，环比均上涨 1.0%。购进价格环比走势与出厂价格相似，2、4、11、12 月份下降，其余月份均为上涨，其中 6、9、10 月份上涨幅度较大。

（二）月度同比下半年回落

从各月出厂价格同比数据来看，2-6 月份涨幅逐月扩大，7 月份之后开始逐月回落，12 月份天津市出厂价格同比由升转降，下降 0.3%。购进价格与出厂价格运行轨迹相似，月度同比涨幅先扩大后收窄，12 月份同比上涨 1.7%，为全年最低。

（三）生产资料类产品价格冲高回落

2018 年天津市生产资料出厂价格同比平均上涨 7.4%，影响总指数上涨 5.7 个百分点。其中采掘业、原料业和加工业同比平均分别上涨 20.5%、12.0%和 3.4%。从各月同比来看，生产资料出厂价格自 6 月份逐月回落，12 月份由升转降；从各月环比来看，生产资料出厂价格与总指数走势相同，2、3、11、12 月份下降，其余月份均为上涨。

（四）生活资料类产品价格小幅下降

全年天津市生活资料出厂价格同比平均下降 1.0%，其中食品、衣着和一般日用品同比平均分别上涨 0.1%、0.8%和 2.4%，耐用消费品同比平均分别下降 3.8%。各月环比涨跌幅在±0.5%以内波动，各月来看涨跌各半。

（五）九大类购进价格“八升一降”

2018 年九大类原材料购进价格中有八大类同比上涨，其中建筑材料及非金属类上涨幅度最大，涨幅为 16.9%；其次是燃料、动力类，黑色金属材料类，同比分别上涨 11.4 和 11.2%，这三大类共拉动总指数上涨 4.5 个百分点。木材及纸浆类、化工原料类、有色金属材料及电线类、其他工业原料及半成品类和纺织原料类价格同比也均上涨。农副产品类全年同比平均下降 1.6%，拉动总指数下降 0.1 个百分点。

二、工业生产者价格区域比较

（一）高于全国平均水平

据国家统计局反馈数据资料显示：2018 年，全国工业生产者出厂价格平均同比上涨 3.5%，天津市为 5.4%，高于全国 1.9 个百分点，在 31 个省、区、直辖市排位中，天津市居第 9 位；全国购进价格平均同比

上涨 4.1%，天津市为 6.2%，高于全国 2.1 个百分点，在 30 个省、区、直辖市（不含西藏）排位中，天津市居第 6 位。

从各月同比来看，前 11 个月天津市出厂价格同比均高于全国，12 月份，天津市价格同比由升转降，全国则依然为上涨，天津市低于全国 1.2 个百分点。

（二）高于北京市低于河北省

比较 2018 年京津冀三地的工业生产者出厂价格，河北省同比平均上涨 6.2%，高于天津市；北京市持平，低于天津市。从各月同比走势看，上半年河北省各月同比均高于天津市，下半年各月指数接近；北京市各月价格同比均低于天津市和河北省。

三、工业生产者价格运行的主要特点

（一）国际原油价格大幅震荡

2018 年年初杜里原油现货价格约为 60 美元/桶，一路震荡上行，到 10 月上旬涨到 76 美元/桶左右，涨幅超过 25%。此后，开始急剧下降，到年底杜里原油现货价格约为 45 美元/桶，两个多月时间内下降幅度将近 40%。天津市石油开采企业原油出厂价格紧随国际原油价格变动，11、12 月份环比分别下降 15.0%和 15.2%。下游的石油、煤炭及其他燃料加工业，化学原料和化学制品制造业价格走势相似。

（二）金属类价格涨幅明显回落

2018 年黑色金属冶炼和压延加工业价格同比平均上涨 9.9%，比 2017 年涨幅回落 16.4 个百分点；有色金属冶炼和压延加工业同比平均上涨 3.2%，比 2017 年涨幅回落 13.3 个百分点；金属制品业同比平均上涨 6.2%，比 2017 年涨幅回落 7.4 个百分点。

（三）建筑材料价格震荡上行

环保政策、运输管理趋严等因素，推高了建筑材料成本价格，天津市建筑材料工业出厂价格上涨明显，全年同比平均上涨 9.4%。其中水泥制造业同比平均上涨 12.7%，水泥制品制造同比平均上涨 18.1%。

（四）上年翘尾因素较大

2018 年全年各月平均翘尾是 4.4 个百分点，占八成以上，新涨价仅占 1.0 个百分点。新涨价因素主要来自石油和天然气；石油、煤炭及其他燃料加工业；非金属矿物制品业；废弃资源综合利用业以及食品制造业。

四、2019 年工业生产者价格走势预测

2018 年钢铁价格绝对水平已经偏高，年末出现价格下跌，预计天津市黑色金属价格将稳中有降。再结合国际原油价格走势、翘尾因素等，初步预计 2019 年天津市工业生产者价格将较为平稳。

2018 年天津市房地产市场运行总体平稳 住宅销售价格窄幅波动

2018 年，天津市市委市政府坚决落实习近平总书记“房子是用来住的，不是用来炒的”指导思想，继续加强房地产市场调控，稳定市场预期，全年房地产市场运行平稳，市场成交活跃。新建商品住宅价格各月环比指数围绕 100.0 窄幅波动，二手住宅价格波动略大于新建商品住宅，9 月份以后价格有所回落，存在一定下行压力。

自 2016 年 9 月和 2017 年 3 月连续 2 次出台调控房地产实施意见后，天津市房地产市场保持了长期稳定，得到有序发展。根据全国 70 个大中城市住宅销售价格资料显示：2018 年天津市新建商品住宅销售价格、二手住宅销售价格环比最高涨幅分别为 0.5%和 1.7%，新建商品住宅销售价格指数始终围绕 100.0 上下波动运行，二手住宅销售价格月度环比涨跌互现，下半年各月环比指数连续四个月在 100.0 以内运行。

一、住宅销售价格稳中有降

（一）新建商品住宅销售价格平稳，同比涨幅在 1.9%内

从各月环比来看，2018 年天津市新建商品住宅销售价格总体保持平稳，环比指数在 100.0 上下小幅波动，涨幅最高点出现在 1 月份和 5 月份，为上涨 0.5%；降幅最大出现在 11 月份，为下降 0.3%，是全年唯一一次价格月度环比下跌。其他各月均围绕 100.0 上下波动，整体保持了相对平稳，未出现明显大涨大落。

从各月同比来看，由于天津市住建部门对新建商品住宅进行价格指导，2018 年，新建商品住宅价格同比指数在 101.9 以内运行，其中 1 月份，价格同比出现下降态势，为下跌 0.1%。9、10、11 月份为全年价格同比涨幅最高的三个月份，涨幅均为 1.9%。2-5 月份，价格同比指数均在 101.0 内运行，12 月份价格同比指数为 101.7。

（二）二手住宅销售价格同比有涨有落，月度环比先扬后抑

从各月环比来看，2018 年，天津市二手住宅销售价格环比指数上下半年呈现截然相反态势。1-6 月份，价格环比呈现上涨态势，其中 4 月份是全年涨幅最高，为 1.7%；从 7 月份起，价格月度环比出现下跌，虽然在 8 月份有一个小幅的上涨 0.8%，但是自 9 月份开始，价格环比连续下跌，跌幅在 0.1%-0.3%之间波动。

从各月同比来看，2018 年天津市二手住宅销售价格除 1、3、4 月份同比下跌外，其他各月份均为同比上涨态势，最高涨幅出现在 10 月份，为 6.4%，由此月份开始持续回落至 12 月份的 6.0%。本年度的最大跌幅出现在 1 月份，同比下跌 1.8%。

二、十五个热点城市新建商品住宅销售价格指数比较

从 2018 年 12 月份新建商品住宅同比价格指数来看，与年初的 1 月份相比，15 个热点城市（北京、天津、上海、南京、无锡、杭州、合肥、福州、厦门、济南、郑州、武汉、广州、深圳、成都）新建商品住宅同比价格指数在 70 个大中城市排位变化明显，年初 15 个热点城市的排位均在 48 位之后，处于下游位置，到了 12 月份，济南、成都两市同比价格指数位次变化明显，已回到 70 个大中城市的第 10 和第 23 位，位于上游位置。厦门 12 月份价格同比下降，排在 70 个大中城市末位。

15 个城市中同比价格指数变化幅度最明显是济南市，波动达到 15.0 个百分点，变化最小是上海市，为

0.6 个百分点。天津在 15 个热点城市中变化幅度排在第 14 位，波动 1.8 个百分点。说明天津市调控政策扎实有效，房价保持了稳定。

三、房地产市场变化特点及原因

2018 年，天津市委市政府进一步深化房地产市场调控，6 月 1 日，天津市政府办公厅发布《天津市人民政府办公厅关于进一步做好天津市房地产市场调控工作的通知》，强调要严格执行房地产调控政策。天津市住建部门加大了对天津市房地产市场的监管力度，在销售许可证办理、房地产市场秩序整顿、舆情监测等方面开展了卓有成效的工作，稳定了天津市房地产市场秩序，引导天津市房地产市场保持健康发展。2018 年天津市住宅市场新建商品住宅成交量小幅下降、二手住宅成交量小幅上升。

（一）新建商品住宅成交小幅下降

2018 年，全市新建商品住宅销售面积为 1109.8 万平方米，同比下降 4.2%，成交 10.06 万套，同比下降 3.7%。全年来看，一季度新建商品住宅成交较少，成交 1.27 万套。三、四季度则达到了 3 万套左右，下半年的成交套数占全年总成交的 60.2%。

全市二手住宅成交 11.46 万套，同比上涨 13.1%。从各月情况来看，6、7、8、12 四个月份的成交套数均在万套以上，其中 6 月份成交达到了 1.57 万套，为全年成交最高点。2 月份成交 0.46 万套，为 2018 年成交套数最少的月份。

（二）“海河英才行动计划”对短期楼市产生积极影响

5 月中旬，天津公布“海河英才行动计划”，广揽四方英才，对天津市楼市成交起到了短期的拉升作用，6 月份新建商品住宅、二手住宅成交量双双成为全年成交量的最高点，扭转了 2018 年前五个月成交低迷态势。

（三）二手住宅价格月度环比下降明显

新建商品住宅销售价格保持相对稳定，天津市住建部门对新建商品住宅坚持价格指导不动摇，新建商品住宅销售价格全年 12 个月价格环比指数波动在 1.0 以内，最大降幅 0.3%，最大涨幅 0.5%，年底个别楼盘出现打折促销情况，部分区域价格有所回落。

二手住宅价格则在下半年出现了明显的下降态势，9-12 月份，价格环比指数均在 100.0 以下运行，最大降幅 0.3%，下行压力显现。

（四）滨海新区成为全市楼市主要成交区

从全年成交量看，滨海新区新建商品住宅成交 2.5 万余套，占全市 16 个区总成交套数的 25.4%，成交量占据全市成交套数的四分之一，滨海新区良好的发展前景预期、相对较低的价格、限购政策相对宽松等构成了滨海新区成交的利好因素。

市内六区成交 5000 余套，占全市成交的 5.3%，环城四区成交近 3.7 万套，占比为 36.7%。京津城市间交通便捷的武清区成交套数 9300 余套，占全市成交的 9.4%。蓟州、宝坻、静海、宁河四区成交 2.3 万余套，占全市成交的 23.2%。市内六区新推项目相对较少，成交量放缓。

（五）90-144 平方米户型继续成为新建商品住宅成交主体

从全市成交住房面积看，90（含）平方米以下户型成交 2.7 万余套，占总成交套数的 27.1%，占比较去年下降 0.3 个百分点；90-144 平方米户型成交近 6.5 万套，占总成交套数的 64.8%，占比较去年上升 1.9 个百分点；144（不含）平方米以上户型成交 0.8 万余套，占总成交套数的 8.1%，占比较去年下降 1.6 个百分点。中等户型住宅始终是近两年天津市新建商品住宅成交的主力户型。

（六）区域价格差异明显

2018 年，和平、河东、河西、南开、红桥、河北市内六区新建商品住宅成交平均价格为每平方米 3.75 万元；东丽、西青、北辰、津南环城四区成交平均价格为每平方米 1.68 万元；滨海新区成交平均价格为每平方米 1.42 万元；武清、宝坻、静海、宁河、蓟州五个远郊区的平均价格为每平方米 1.24 万元。结构性差异明显，房价在地段优劣上有着显著的价格落差。

四、对 2019 年住宅价格走势的初步判断

总体来看，2019 年，天津市房地产市场将延续 2018 年房价基本走势，在当前严格调控政策的大背景下，预计天津市住宅销售价格将保持稳定，大幅上涨及大幅下降的可能性较小。

2018年天津市固定资产投资价格指数走高

2018年，天津市固定资产投资价格指数继续呈小幅上扬走势，其中建筑安装、装饰工程价格受人工费价格和钢材、水泥等建筑材料价格上涨的影响涨幅较大；设备工器具购置价格较为平稳，其他费用价格保持稳中有涨。

据国家统计局天津调查总队抽样调查资料显示：2018年天津市固定资产投资价格比上年上涨4.5%。涨幅比上年扩大0.2个百分点。其中：建筑安装、装饰工程价格上涨6.9%，设备工器具购置价格上涨1.0%，其他费用价格上涨0.5%。从各季度情况看，一至四季度天津市固定资产投资价格同比分别上涨4.4%、4.3%、4.7%和4.7%。

一、建筑安装、装饰工程价格涨幅较大

2018年天津市建筑安装、装饰工程价格比上年上涨6.9%，涨幅比上年扩大0.3个百分点。从各季度看，同比分别上涨6.8%、6.7%、7.0%和7.3%。

（一）建筑材料价格上涨较快

2018年天津市建筑工程中材料费价格比上年上涨8.3%，涨幅比上年扩大0.1个百分点。从各季度看，同比分别上涨8.5%、8.2%、8.2%和8.3%。

2018年全年，钢材、水泥和地方建筑材料等主要产品价格呈现持续上涨态势，且涨幅较大，致使材料费价格不断走高，成为拉动固定资产投资价格上升的主要因素。从分类情况来看，在建筑工程材料中占比重较大的钢材，受去产能、环保取缔“地条钢”、上游铁矿石价格上涨等多种因素影响，2018年价格仍然保持较大涨幅，钢材价格全年上涨9.9%，成为拉动材料费价格上升的主要因素；因治理乱开采、环保限产、油价上涨等因素，水泥、混凝土等建筑施工主要材料市场供货趋紧，水泥和地方建筑材料价格上涨较为明显，2018年比上年分别上涨9.8%和7.5%；木材、化工材料、电料和其他材料价格比上年分别上涨2.0%、2.9%、3.0%和3.3%，与上年相比涨幅均有所扩大。

（二）普通工人薪酬涨幅最大

2018年人工费继续保持稳步上升趋势，比上年上涨4.3%，涨幅比上年扩大0.8个百分点。人工费价格持续稳步上涨的主要原因：一是受市场工资上调的影响，务工人员仍有较强的加薪预期；二是因建筑施工行业工种特殊，工作时间长劳动强度大，普通工人相对短缺，存在招工难问题，施工企业不得不以提高待遇的方式招人留人；三是上年四季度因环保原因多数施工单位处于停工或半停工状态，工人工资被压制，2018年同期政策调整停工时间缩短，且部分项目存在赶工现象，人员工资上涨幅度较大。从各季度看，一至四季度人工费同比分别上涨2.4%、3.4%、5.0%和6.4%，三、四季度较上年同期涨幅明显扩大。

分人员看，2018年工程管理人员人工费比上年上涨3.3%、工程技术人员人工费上涨3.8%；普通工人人工费上涨4.5%，涨幅最大。

（三）机械费价格涨幅扩大

2018年机械费价格比上年上涨2.4%，涨幅比上年扩大1.6个百分点。从各季度看，一至四季度同比分别上涨2.7%、1.9%、2.3%和2.4%，涨幅均比上年同期有所扩大。机械费价格涨幅扩大主要是受人工费、水电费以及汽油、柴油价格上涨影响。部分机械费受文明施工的要求，遇雾霾天气、重大节日或重大社会活动需要停止施工，作业时段压缩较大，台班费价格较高。

在各类机械费中，其他机械价格比上年上涨 3.5%，涨幅为最高，土石方及筑路机械、泵类机械、船舶机械、起重机械、混凝土及砂浆机械价格分别上涨 2.9%、2.7%、2.4%、2.3%和 2.3%；运输机械、加工机械和打桩机械价格分别上涨 1.8%、1.5%和 1.3%。

二、设备工器具购置价格较为平稳

2018 年天津市设备工器具购置价格比上年上涨 1.0%，涨幅比上年扩大 0.5 个百分点。从各季度看，一至四季度设备工器具购置价格同比指数分别为 1.3%、1.2%、0.9%和 0.4%，总体呈现平稳态势。

三、其他费用价格小幅上涨

2018 年其他费用价格比上年上涨 0.5%，涨幅比上年回落 0.2 个百分点。从各季度看，一、二季度同比保持持平，三、四季度同比分别上涨 1.3%和 0.6%。土地费用涨幅略有回落，前期工程费涨幅有所扩大。

2018 年天津市畜牧业生产形势分析

据国家统计局天津调查总队调查资料显示，2018 年天津市畜牧业生产在下降中逐步趋稳。存栏方面：截至四季度末，天津市生猪存栏同比增长 9.4%，牛、羊存栏同比分别下降 4.9%和 3.6%，家禽存栏同比略增 1.6%；出栏方面，2018 年天津市各畜种全年出栏均同比下降，生猪、肉牛、羊和家禽出栏同比分别下降 6.3%、14.4%、11.0%和 11.4%。

一、2018 年天津市畜牧业生产特点

（一）环保整治持续发力，畜牧业发展有序调减

2017 年以来，环保标准持续提升，畜禽养殖行业清拆整治力度加大，全市养殖行业发展形势严峻，位于禁养区范围内的养殖场面临关闭或搬迁，2018 年，环保政策持续发力，对村内养殖进一步加强限制，在此背景之下，天津市畜牧业生产逐步淘汰落后散养生产方式，生产经营主体向规模化、标准化发展，规模养殖场（户）占比稳中有升，畜牧业产业结构在调整中持续优化。全年来看，天津市畜牧业生产有序调减，且逐步趋稳。

2017 年以来，生猪、牛羊和家禽养殖规模变动趋势：生猪存栏除 2018 年四季度受到非洲猪瘟影响压栏较多带动明显增加外，2018 年前三个季度生猪存栏同比分别下降 3.1%、3.2%和 1.0%，2017 年一季度到 2018 年三季度呈现出稳中微降的态势；牛、羊存栏趋稳态势则较为明显，尤其 2018 年，在下降的总趋势下逐步趋稳；活家禽存栏则呈现出稳中小幅回调的趋势。

（二）生猪行市持续欠佳，多因素带动年末存栏增长

2018 年以来，生猪养殖行市持续欠佳。上半年，由于猪周期处于下行通道，生猪价格跌势不减，养殖户一度陷入亏损状态，直到 5 月份，生猪价格有所回升，但仍处于低位运行；下半年，非洲猪瘟在全国多个省份相继出现，加剧了生猪养殖市场的动荡，尤其是天津市蓟州、宁河两个生猪养殖大区先后出现非洲猪瘟疫情，生猪调出市外受限，疫区受到封锁和限制交易，影响了天津市生猪交易市场的稳定，市场上猪肉需求转冷，生猪养殖效益提升更加乏力，养殖户情绪低落，养殖形势依然严峻。

从出栏看，调查数据显示，2018 年天津市生猪出栏 278.56 万头，同比下降 6.3%。一方面，蓟州、宁河两个生猪大县受非洲猪瘟疫情和禁运政策影响，四季度生猪出栏明显减少，全年生猪出栏改变了前三季度逐步趋稳的态势，出栏进一步减少；另一方面，受政策影响，天津市仔猪销售较为困难。如西青区某大型种猪养殖场反映，由于出现非洲猪瘟，销售市场受到影响，活体不能跨省调运，仔猪出售困难，集中压栏，只得将仔猪育肥后销往市场。

从存栏看，与上年相比，全市生猪存栏有所增加，截至四季度末，天津市生猪存栏为 196.91 万头，同比增幅为 9.4%。存栏同比增加的原因主要有以下几点：一是全年来说，上半年生猪养殖行情不佳，价格持续下跌，下半年受猪瘟影响生猪价格难以回转，养殖户选择压栏惜售，导致存栏增加；二是个别大型生猪养殖场户扩大养殖规模，例如西青区的某大型养殖场四季度新购进生猪近万头，宝坻区的某大型养殖场也扩大了养殖规模，存栏同比增幅较大；三是受疫情影响，蓟州和宁河区分别于 10 月份、11 月份发生非洲猪瘟，按照政策规定，两个区的生猪不允许销售，所以分别压了两个月和一个月的生猪没有出栏，导致全年生猪存栏数同比增幅较大。

（三）牛羊养殖需求上升，牛羊肉价格年末创新高

牛羊养殖规模受全年限养禁养政策影响，全年保持下降趋势，年末存栏数、全年出栏数不及上年。截至四季度末，全市活羊存栏为 41.93 万只，同比下降 3.6%；肉牛存栏为 13.27 万头，同比下降 4.1%，奶牛存栏为 11.30 万头，同比下降 5.4%。肉牛全年出栏为 16.69 万头，同比下降 14.4%；活羊全年出栏 49.17 万只，同比下降 11.0%。

养殖规模的持续缩减，限制了牛羊肉的市场供应量，受供求关系影响加上非洲猪瘟的替代效应拉动了牛羊肉价格的上涨，养殖户养殖效益稳中有升。受消费需求旺盛以及价格带动，四季度的肉牛羊出栏同比明显增加。与前三季度相比，全年肉牛羊出栏降幅进一步收窄，肉牛、羊出栏同比降幅分别收窄 11.1 和 8.6 个百分点。

奶牛养殖规模下降，牛奶产量同比减少。截至四季度末，全市奶牛存栏为 11.30 万头，同比下降 5.40%，牛奶产量为 48.04 万吨，同比减少 7.7%。

（四）家禽养殖形势转好，蛋鸡适时补栏产能恢复

受家禽年末价格上涨因素影响，家禽养殖形势逐步转好。家禽存栏规模与上年相比稳中略增，截至四季度末，天津市活家禽存栏为 2330.98 万只，同比增长 1.6%，其中，活鸡存栏同比增加 4.2%。出栏方面，家禽出栏全年呈下降趋势，出栏同比降幅逐步减小，全年家禽出栏 5435.66 万只，同比减少 11.4%。

2017 年受到环保政策和禽流感疫情的影响，蛋鸡养殖规模一再削减，2018 年随着疫情影响的消失，鸡蛋产量和价格逐渐回升，鸡蛋行情转好，尤其是五一前后及中秋节前出现鸡蛋价格两次小幅高峰，使养殖户补栏积极性有所增加，蛋鸡产能逐步恢复。截至四季度末，天津市蛋鸡存栏为 1359.33 万只，同比增加 6.7%，全年鸡蛋产量为 19.08 万吨，同比增长 7.5%。

二、畜牧业后市预测

生猪养殖方面，各区对村内养殖限制进一步加强，清拆力度进一步加大，加上 2018 年生猪养殖形势持续欠佳，预计 2019 年生猪养殖规模将进一步缩减，价格上升空间较大；牛羊养殖方面，受当前养殖效益带动，加上供给偏紧，预计 2019 年牛羊养殖规模可能会有所增加；家禽养殖方面，当前养殖形势较好，但是受到冬季养殖成本增加以及环保限制用煤等因素限制，预计短期内家禽养殖情况保持稳定。

2018年天津市种植业生产综述

2018 年，天津市以习近平新时代中国特色社会主义思想为指导，全面落实党中央关于实施乡村振兴战略重大决策部署，按照中央一号文件精神和中央农村工作会议要求，着力推进供给侧结构性改革，种植业生产结构加速调整。

一、种植业生产结构加速调整

2018 年，天津市主动调整农业种植结构，优化区域布局，着力增加高产、优质、高效农作物品种种植面积。从主要农作物品种种植占比情况来看，主要呈现以下特点：

（一）粮食作物占比有所提升，品种结构明显优化

2018 年全市粮食播种面积 525.3 万亩，比上年减少 1.8 万亩，减幅为 0.3%，在农作物总播种面积中的占比为 81.6%，比上年增加 2.0 个百分点。

1．玉米播种面积明显减少

随着玉米价格优势消失，种植效益大幅下降，种植户纷纷改种其他作物。玉米播种面积为 280.2 万亩，较上年减少 22.0 万亩，减幅达 7.3%，在农作物总播种面积中的占比为 43.5%，比上年减少 2.1 个百分点。

2．小麦播种面积有所提升

由于玉米种植收益下滑，种植户通过增加一季小麦种植来提升种植效益的情况有所增加。2018 年全市小麦播种面积为 166.3 万亩，比上年增加 3.1 万亩，同比增长 1.9%，在农作物总播种面积中的占比为 25.8%，比上年增加 1.2 个百分点。

3．水稻播种面积大幅增加

为贯彻落实习近平总书记对天津小站稻的关切，天津市加大投入力度，推进落实低产田改造、土地整改、水利设施建设、基质育秧补贴发放、病虫害绿色统防统治等一大批促进水稻生产发展的政策措施，为水稻生产发展创造有利条件。水稻播种面积为 59.8 万亩，比上年增加 14.1 万亩，同比增长 30.9%，在总播种面积中的占比为 9.3%，比上年增加 2.4 个百分点。

4．粮豆轮作政策促进大豆播种面积增长

2018 年天津市开始实施粮豆轮作试点，对大豆种植达到一定规模的农户在粮补的基础上每亩增加 200 元补贴，受此影响，静海区新增大豆种植面积达到 3 万余亩。同时，在国家增加优质食用大豆政策的鼓励下，广大种植户对大豆市场前景普遍看好。2018 年全市大豆播种面积达到 9.3 万亩，比上年增加 4.2 万亩，同比增长 83.9%，在总播种面积中的占比为 1.4%，比上年增加 0.7 个百分点。

（二）蔬菜占比小幅增长

2018 年全市蔬菜播种面积 74.6 万亩，比上年增加 0.7 万亩，增长 1.0%，在农作物总播种面积中的占比为 11.6%，比上年增加 0.4 个百分点。

（三）棉花占比有所回落

受棉花市场价格低迷影响，2018 年棉花播种面积有所回落，为 25.6 万亩，比上年减少 5.4 万亩，减幅为 17.2%，在农作物总播种面积中的占比为 4.0%，比上年减少 0.7 个百分点。

（四）油料和其他农作物占比减少

由于葵花籽种植热潮的消退和规模化程度提升对散户种植小品种作物的影响，2018 年天津市油料和其

他农作物播种面积占比明显减少。其中，油料作物播种面积为 3.1 万亩，比上年减少 5.2 万亩，减幅超过六成。其他农作物播种面积为 15.2 万亩，比上年减少 7.0 万亩，减幅超过三成。

二、不利气候条件导致部分作物单产下降

2018 年，天津市农作物先后遭遇了旱灾、沥涝等多种不利气候因素影响，导致多种农作物的单产出现不同程度下降。其中，2018 年玉米单产在有利因素和不利因素的共同作用下保持在 394.6 公斤/亩，与上年基本持平，有利因素包括下半年好于常年、种植条件持续改善等，不利因素包括上半年干旱、授粉期降雨等；受播种期降雨、越冬期干旱、“倒春寒”、大风倒伏、收获期降雨等不利气候因素影响，为 343.6 公斤/亩，每亩产量比上年下降 38.9 公斤，小麦单产降幅达 10.2%；由于生长期雨水充足，2018 年水稻单产达到 625.1 公斤/亩，同比增长了 8.6%；棉花、蔬菜和大豆也不同程度受到了气候因素影响，单产分别减少了 11.7%、6.7%和 5.1%，分别降至 71.2 公斤/亩、3403.4 公斤/亩和 145.6 公斤/亩。

新中国成立70年天津居民收入大跨越式增长

一、天津居民收入水平显著提高

新中国成立70年来，伴随着天津市经济的快速发展，居民收入不断提高。2018年，天津市居民人均可支配收入达到39506元，较1949年增长406.3倍，扣除价格因素，年均实际增长5.8%[①]。70年来，天津居民人均可支配收入经历了“五个阶段”。

第一阶段（1949-1978年）：新中国成立初计划经济主导期的天津居民收入

1949年新中国成立到1978年党的十一届三中全会召开之前，天津市居民面对百业待兴的局势，在社会经济发展起伏曲折的外部环境制约下，经过艰苦努力，依然获得了了不起的成果。在1949-1978年间，天津经历新中国成立后三年经济恢复期，“一五”计划经济迅速发展期，“二五”至“四五”大跃进、自然灾害和“文化大革命”时期，而1976年大地震灾害，使得“五五”计划前三年天津经济发展受到明显影响。但1978年天津全体居民年均收入仍达到269元，扣除价格因素较1949年实际年均增幅2.7%。

由于在三年经济恢复期和“一五”计划时期，天津顺利完成对农业、手工业和私营工商业的社会主义改造，此时期内天津工业发展迅速、内外贸易活跃、与外地经济广泛联系，经济效益一跃成为全国先进水平，为天津后续的经济总增长态势打下坚实的基础。因此，到1978年天津城镇居民年均收入达388元，扣除价格因素较1949年实际年均增幅2.4%；农村居民收入年均达153元，扣除价格因素实际年均增幅3.4%。

第二阶段（1979-1991年）：经济体制转型期的天津居民收入

1978年党的十一届三中全会确立了“解放思想、开动脑筋、实事求是、团结一致向前看”的指导方针，确定了以经济建设为中心的工作重心转移。

天津积极响应号召，在调整工业结构、提高国民经济整体效益、以城市建设为重点加快对外开放为方针进行商品经济体制改革的过程中，充分依托天津北方经济中心以及港口优势，取得积极成效。与此同时，在包产到户、包干到户为主要形式的家庭联产承包责任制作用下，天津认真落实中央政策，充分调动农民生产积极性，农村经济得到快速发展，1984年，国家开始在全国农村范围内实行政社分开，开展农产品价格改革并逐步取消农产品统购统派制度，确定农户独立的市场主体地位，而天津也在当年的乡镇企业工作会议上将社队企业改名为乡镇企业，提出了“统一思想，依托城市，城乡结合，相互协作，相得益彰，比翼齐飞”的方针，后又在1986年提出城乡一体化发展战略。经过8年努力，1991年天津居民人均年收入达1640元，扣除价格因素较1978年实际年均增幅8.3%。其中，城镇居民年收入达1845元，扣除价格因素实际年均增幅6.2%；农村居民年收入达1169元，扣除价格因素实际年均增幅10.2%。

第三阶段（1992-2002年）：建立市场经济体制期的天津居民收入

1992年邓小平南方谈话后，市场经济体制正式走入全面建设时期，中国经济进入快车道。在此期间，天津抓住契机，创新性地积极落实各项中央政策，在城镇和农村“双开花”，获得巨大成果。至2002年，天津居民人均年收入达7648元，扣除价格因素较1991年实际年均增长7.6%。

---

① 天津市2013年之前居民收支数据分城乡发布，从2013年居民收支调查城镇一体化改革之后开始全体居民收支概念。因目前可查天津常住居民城镇化率仅为2000年以后，故2000-2012年全体居民数据根据天津常住居民城镇化率推算得出。本文中1949-1978年数据按照天津城乡户籍比率推算得出。1949年的天津消费价格指数数据无法获得，假设相对于1949年，1950年的天津消费价格指数为100。

在城镇，轻工业和重工业的迅速发展，到2002年末，天津国内生产总值达2151亿元，是1991年的343亿的6倍多；全年工业总产值3718亿元，是1991年787亿的4.7倍。城镇居民劳动生产积极性迅速提升，劳动生产率2002年人均41820元，11年间增加4.8倍。至2002年，天津城镇居民人均可支配收入达8969元，扣除价格因素较1991年实际年均增幅8.0%。

在农村，为扶植引导乡镇企业持续健康发展，维护乡镇企业合法权益的《乡镇企业法》（1996年）出台，促使天津大部分乡镇企业与民营企业开始转制和重组，乡镇企业蓬勃发展，企业数量、从业人数、固定资产原值出现显著增长。至2002年，天津农村居民人均可支配收入达4229元，扣除价格因素较1991年实际年均增幅5.2%。

第四阶段（2003-2012年）：完善市场经济体制期的天津居民收入

2002年十六大提出“完善社会主义市场经济体制”“推动经济结构战略性调整”，在十六届三中全会上提出大力发展混合所有制经济，允许非公有资本进入法律法规未禁入的基础设施、公共事业及其他行业和领域。同时，2004年的《宪法修正案》和2007年的《物权法》，完善对私有财产保护等一系列措施的出台，使非公有制经济迅速发展，也使得市场经济优胜劣汰促使生产效率提升的优势得以充分发挥。而在农村，十六大以后，中央高度重视“三农”问题，相继出台了一系列旨在解决“三农”突出问题的重要政策和措施，包括调整收入分配结构，加大对“三农”的扶持力度，全面取消农业税，进一步放开农产品市场和价格等政策。在多方作用的合力下，2012年天津市居民人均可支配收入24030元，扣除价格因素较2002年实际年均增长9.3%。

在此期间天津市委市政府，主要从鼓励自主创业、提升就业支持、完善民生保障、规范工资制度和大力支持示范小城镇发展上下功夫，到2012年天津市城乡居民医疗保险参保人数已达502.23万人，养老保险参保人数达102.6万人。到2011年天津市已经先后批准四批示范小城镇建设项目，天津社会主义新农村建设得到快速发展。至2012年，天津城镇居民人均可支配收入达26586元，扣除价格因素较2002年实际年均增幅8.7%；农村居民人均可支配收入达13593元，扣除价格因素实际年均增幅9.6%。

第五阶段（2013年至今）：经济结构转型期的天津居民收入

党的十八大以来，在以习近平同志为核心的党中央的领导下，中国经济发生了深刻的变革，具体体现在经济结构转型速度加快，人民生活水平明显提高，人民幸福感显著增强。天津作为“京津冀”一体化的重要组成部分，也乘势而为，不仅在产业结构上实现升级，更是加大落实各项民生保障政策。至2018年，天津居民人均年收入达39506元，扣除价格因素较2012年实际年均增幅6.4%。

在城镇，保障民生规范工资构成以及扶持产业结构升级成为工作重点。连续提升离退休人员工资，坚持公布最低工资标准，规范公务员事业单位工资津补贴，鼓励航空航天、电子网络、3D模具智能等高科技含量企业发展，逐步淘汰低产能、高污染的产业，并通过政策激励企业、就业人员通过培训学习提升整体素质，同时，积极鼓励大学生创业，扶持有创新有技术有发展的中小企业，为经济转型升级奠定扎实基础。至2018年，天津城镇居民人均可支配收入达42976元，扣除价格因素实际年均增幅6.1%。

在农村，天津市委市政府深入贯彻落实习近平系列讲话精神特别是习近平在天津考察时提出的“三个着力”重要要求，适应把握经济发展新常态，全面落实精准扶贫政策，大力推动乡村振兴战略。紧紧围绕示范工业园区建设和中小企业发展，为农民开发更多就业岗位的同时积极推进农村结构调整，通过调减低效作物改种高效益经济作物，大力发展农产品电子商务，积极稳妥推进村集体产权股份合作制改革，实现城乡低保标准和补贴标准的统一。至2018年，天津农村居民人均可支配收入达23065元，扣除价格因素实际年均增幅6.9%。

二、天津居民收入构成发生明显变化

收入构成不仅能体现居民收入来源的转变方向，也可以反映出居民生活水平的提高，更能从侧面反映出经济发展的态势。2018年，天津市居民收入构成中，工资性收入占比达63.6%，经营净收入占比8.5%，财产净收入占比 9.1%，转移净收入占 18.8%。天津居民固定收入占比八成以上[①]，有稳定收入来源，同时收入渠道不断拓宽为天津居民生活改善提供了强有力的支持。居民收入多样化是天津市经济发展居民参与度提升的表现。

（一）城镇居民收入构成日趋合理

新中国成立 70 年，特别是改革开放四十多年以来，天津城镇居民收入构成出现了突飞猛进的变化，收入构成结构日趋合理。1949 年天津城镇居民收入工资占比 100%，到 2018 年，天津市城镇居民工资性收入占比已经降至 64.1%，经营净收入、财产净收入和转移净收入总占比也明显上升。

工资性收入稳步增加，比率逐步下降且趋稳。2018 年天津城镇居民人均工资性收入 27557 元，是 1949 年的 182.5 倍，扣除价格因素年均增幅 4.5%。工资性收入占可支配收入比重比 1949 年下降 35.9 个百分点，但在城镇居民家庭中，70 年来，工资性收入主导地位没有改变，比重维持在 55%以上。工资性收入的稳定增长一方面得益于就业机会和岗位的稳步增加，另一方面则得益于工资制度、工资增长机制的建立和不断完善。2013 年以来，随着天津市经济转型步伐的加快，新产品新技术的不断涌现，三产服务业的蓬勃发展，劳动密集型、人才密集型行业在吸纳各层级的劳动力资源上展现出明显优势，企业不断从小到大，从弱到强的发展趋势，使得居民就业趋势呈现出稳定升级式发展，2018 年末，全社会就业人口 896.56 万人，比 1949 年增加 761.96 万人，年均增长 2.8%，高于同期户籍人口增长率 1.4 个百分点。

经营净收入从无到有，市场经济成效显著。新中国成立 70 年，我国完成从计划经济到市场经济转型，产业结构不断调整、国企改革深入推进、私营企业主群体从无到有快速发展。特别是天津在党的十八大以后持续深化“放管服”改革，出台营造企业家创业发展良好环境的“天津八条”，使更多居民参与到主动创业中来，市九次党代会后，民营企业发展成为经济增长新亮点。截止到 2018 年底，天津市民营经济市场主体达 111.61 万户，民营企业达 49.78 万户，民营经济增加值占全市生产总值比重达 45.5%。2013 年以来，随着天津市经济转型的深入推进，城镇居民经营净收入呈现稳步上升，经营项目整体呈现“生活类创业、技术类创业增多，高污染小作坊低效率创业减少”的发展态势，居民经营净收入可持续增收生命力更强。2018 年天津市城镇居民人均经营净收入 2924 元，占可支配收入 6.8%。

财产净收入渠道增多，金融发展助力增收。新中国成立 70 年，特别是改革开放 40 年，我国金融行业获得蓬勃发展。天津作为北方近代金融中心，居民对于金融产品接触较早，因此，新中国成立后随着金融行业的发展，天津居民对于多类型金融产品以及其衍生产品有较高的投资参与度。尽管在党的十七大以前，居民财产收入来源的主要渠道仍相对单一，以银行存款为主，且金额较少。2006 年党的十七大首次提出：“让更多群众拥有财产性收入”以后，随着劳动收入的增加和投资意识的提升，城镇居民财产性收入来源日趋多元化，居民财产净收入呈现突破式增长。2018 年天津城镇居民人均财产净收入为 4150 元，占可支配收入比重 9.7%，扣除价格影响，十七大以来年均增幅 18.7%，其中，红利和出租房屋收入占比达 24.1%。

各类保障制度完善，助推转移净收入快速增长。新中国成立 70 年以来，中国共产党始终以为人民服务为宗旨，在改善和提高民生，提高居民生活水平，解决居民后顾之忧上下功夫，出实招。特别是改革开放 40 多年以来，基本医疗、养老、工伤、失业等保险体系和困难群体价补联动机制、大病和意外伤害保险制度不断建立和完善，天津社会保险覆盖范围不断扩大，社会保障能力不断增强。抽样调查数据显示，2018 年城镇参加养老保险人数占比接近 90%，参加医疗保险人口比例超过 99%。与此同时，市委市政府持之以恒保障和改善民生，及时提高最低生活保障、最低工资标准、失业金标准和离退休人员的离退休金标准，同时，低收入家庭救助标准、城市特困人员供养标准等也在逐年提高。各类保障制度完善助推转移净收入快速增长，2018 年天津城镇居民转移净收入为 8345 元，扣除价格因素较 1978 年年均增长 12.5%。

（二）农村居民收入来源呈现多样化

新中国成立 70 年，特别是改革开放四十多年以来，天津农村居民收入从单一收入来源呈现多样化变化

[①] 据 2018 年国家住户收支与生活状况调查结果显示，天津居民工资性收入年人均 25119 元，离退休金年人均 8601 元，此二部分作为居民家庭固定收入来源整体占总收入比值为 85.4%。

趋势。1949年天津农村居民收入来源以一产经营收入为主，到2018年，天津农村居民有了工资性收入，且工资性收入稳定升至58.8%，经营净收入占比稳定下降、财产净收入和转移净收入总占比稳步上升。收入稳定度的不断上升，对农民提升生活信心，提高生活质量有极大的推动作用。

工资性收入占比逐步提升并稳定。2018年天津农村居民人均工资性收入13568元，扣除价格因素较1949年年均增幅10.2%。新中国成立70年，天津农村居民工资性收入占比经历了从低到高再逐步平稳的过程，出现此趋势的原因是，新中国成立初期天津市农村经济以计划经济为主，主要收入依靠生产队收入，因此农民工资性收入急剧上涨，但从1978年开始，天津市经济逐步由计划经济转向市场经济，农民从事农业以及农作物买卖收入开始上涨，工资性收入占比呈现下降态势。从1990年开始，天津逐步开始加快城镇化进程，到2005年，天津村镇体系一体化格局在新农村建设政策的影响下开始成为规划与建设的趋势，到2012年天津城镇化率超过 80%。由于大量农民工进城打工以及村集体经济的蓬勃发展，农村居民按月拿固定工资的人数逐渐增多，农村居民人均工资性收入占比逐步稳定在55%以上。

经营净收入二三产比例逐步提升。2018年天津市农村居民经营净收入年人均达23065元，其中二三产占比达66.1%。新中国成立70年以来，农村居民生活发生了巨大变化，农民从最初的“靠天吃饭”逐步过渡到多种方式增收。仅从经营上看，传统一产经营占比呈现逐年下降态势，从2013至2018年，一产经营收入占经营收入比重下降13.3个百分点。

经营净收入结构转变主要得益于两方面因素：一是天津市大力推进新农村建设取得显著成效。自十六届五中全会召开以来，天津市在新农村建设上出实招，按照“城镇化地区带动”“基础设施建设推进”“生态保护”“安全性”“因地制宜、分类考虑”等五个村庄布局原则进行村庄调整，在不踩耕地面积红线的条件下，最大限度的利用好空间人员布局，大力发展村集体经济，切实扩展农村居民收入渠道。二是天津市大力发展三产服务业，建设现代化农业，提升一二三产融合度，互相促进成效显著。抓住供给侧改革契机，结合互联网大数据平台等，打造生产、加工、销售一体化新农业，促使农民收入不断提升。

集体经济升级助推农民财产净收入升高。2018年天津市农村居民财产性净收入年人均922元，其中转让承包土地经营权租金净收入占比60.6%，集体分配红利收入占比24.7%。2016年天津市聚焦2015年中央一号文件精神出台《天津市人民政府办公厅关于积极稳妥推进村集体产权股份合作制改革试点工作的指导意见》，意见要求村集体针对集体资产和部分有条件的资源性资产开展产权股份合作制改革，将村集体资产资源的产权按一定规则分配给组织成员，形成村集体资产股份合作或村集体土地股份合作的新型农村集体经济组织。截至2018年底，天津市宝坻区、武清区以及其他区部分具备改革条件的村已经完成了此项工作，极大助推了农民财产性净收入的提高。

养老医疗保障范围扩大提升农民转移性净收入。2018年天津市农村居民转移性净收入年人均3241元，其中，养老金、离退休金年人均2094元，扣除价格因素较2013年年均增幅16.4%，报销医疗费年人均269元，占农村居民医疗消费近20%，显著减轻了农民“看病贵”的压力。抽样调查数据显示，2018年农村参加养老保险人数占比达65.3%，参加医疗保险人口比例超过99%。低保标准和城乡补贴标准的统一，使农村居民享受到了和城镇居民同样的待遇，不仅提高转移性净收入，更进一步改善了农民家庭的生活品质，一定程度上解决了农民生活的“后顾之忧”，提高了农民参与天津经济建设的积极性。

三、天津居民收入城乡差距明显缩小

经济发展不平衡是导致城乡结构二元化问题的主要原因。二元化的格局对城乡之间要素的平等交换、公共资源的均衡配置、人力、资金等各生产要素流动等产生制约，一定程度上削弱经济发展普惠于民的效果，也会对经济发展的速度产生制约。新中国成立70年来，特别是改革开放40年来，天津在城乡一体化发展、减小城乡居民收入差距上获得巨大成效。

城乡统筹发展是一体化的最终目的，由于城市在经济总量以及经济运行上比乡村具有绝对优势，因此，城市带动乡村共同发展是城镇化乃至城乡一体化的总体发展方向。从天津城镇化发展历程来看，1990年天

津城镇化建设进入高速发展期，以2005年天津正式开展示范小镇建设为界，前期以城市体系发展为主，后期村镇体系格局在新农村建设政策影响下使农村成为规划和建设的“主阵地”，农村经济民生情况迅速提升改善。1990-2005年间，由于大规模的城市体系建设，市内六区以及滨海新区的快速发展使得城镇居民收入快速提高，城乡人均可支配收入差距扩大；2005年至今，在示范小镇建设总体推进过程中，城乡居民收入差距逐渐减少且趋于稳定。自2014年起，城乡居民可支配收入比值基本保持在1.85左右，其主要原因是由于天津已处于高度城市化阶段[①]，农村经济整体进入稳定发展时期。此时期主要表现为城乡经济联系越发紧密，各类生产要素流动速度加快，城乡一体化经济发展模式初步形成。其中，农民工人数的稳定性促使农村居民收入构成以及增长模式与城镇居民逐步趋同，2014-2017年间，天津市农民工人数增幅保持在7.0%以内[②]，2018年受农民工人数出现小幅下滑等影响，导致农村居民收入增幅稍低于城镇增幅，城乡居民收入比略有回升。

四、天津居民收入中社会保障收入快速提高

新中国成立70年来，社会主义中国的公有制为主体、多种所有制经济共同发展的基本经济制度，决定了收入分配领域必然实行按劳分配为主体、多种分配方式并存的分配制度。二次分配中来自政府的转移收入，通俗地讲，即社会保障收入，正是其中保障改善民生的重要方式之一。其中，养老金从2005年起，连续增长14年；医疗门诊住院报销制度逐步完善并适时提升报销比例和上限；提高低保、特困、优抚等标准等措施，使居民可支配收入稳步提升。调查资料显示，从2013-2018年居民离退休金扣除价格因素年均增幅5.7%，报销医疗费收入扣除价格因素年均增幅12.6%。2018年，通过政府二次分配，向居民提供的社会保障性收入较2013年绝对值增长57.2%[③]，扣除价格因素增长42.7%。

---

① 根据诺瑟姆（Northam）的城市化进程曲线，当一个地区的城市化水平进入70%以后，将进入缓慢增长稳定时期。

② 农民工相关数据由国家统计局天津调查总队住户监测处提供。

③ 居民获得政府二次分配收入口径主要包括养老金和离退休金、社会救济补助、政策性生活补贴、报销医疗费、从政府和组织得到的实物产品和服务折价和政策性惠农补贴。

70年天津居民从温饱不足走向富裕生活

新中国成立70年来，中国共产党始终坚持全心全意为人民服务为宗旨，带领全国人民不懈努力，走出了一条适合中国国情的中国特色社会主义道路。70年来，天津市人民在中国共产党领导下，紧紧围绕党中央各项工作部署有步骤创新性开展各项工作，在居民生活改善上获得瞩目成果。

一、天津人民从温饱不足走向富裕生活

新中国成立70年来，天津居民的消费水平随着收入的不断提升逐步升高。2018年，天津市居民人均消费达29903元，较1949年增长346.7倍，扣除价格因素，实际增长39.7倍，年均实际增长5.5%。70年来，天津居民人均消费变化情况可大致划分为“四个阶段”。

第一阶段（1949-1980年）从温饱不足走向初步温饱

新中国成立初期，人民生活温饱不足，一般群众处于极度贫困之中。1949年1月15日天津解放。与全国一样，刚刚经历了十四年抗战三年内战，天津经济与民生满目疮痍。1949年，天津居民可支配收入仅97元，天津居民人均消费支出达86元，消费占可支配收入比重为88.7%。一是生活消费的“大头”用于努力争取温饱。其中，天津城镇居民食品消费支出占生活消费支出的比重为65.9%，农村居民的恩格尔系数高达86.0%。根据一般规律，生活水平越高，食品消费支出占生活消费支出的比重（即恩格尔系数）就越低，相反，恩格尔系数越高，生活水平也越低。在国际上，这被称为恩格尔定律。新中国成立之初，天津城乡居民恩格尔系数如此之高，说明当时规定城镇居民总体上处于贫困之中；而农村居民总体上处于极度贫困中。二是食品消费量远低于我国现行农村贫困标准。1949年天津城镇居民人均粮食年消费量168.0公斤，鲜菜90.0公斤，肉禽蛋和水产品9.1公斤，鲜瓜果1.0公斤。国家统计局在2010年测算的农村现行贫困标准中，基本的食品消费量是每天1斤粮食、1斤菜（果）、1两肉（1个蛋），用于维持健康生存，恩格尔系数约为60%。因此，无论是从食品消费量看，从食品消费支出比重看，新中国成立之初天津城镇居民的平均生活水平都低于现有农村贫困标准，农村居民生活水平差得更远。

改革开放初期，天津居民城镇居民生活总体达到温饱水平，农村居民仍需为温饱而努力。从新中国成立后的三十多年里，天津市政府积极响应国家政策，大力发展工业、农业、手工业和私营工商业，使居民的收入水平明显提升。1980年，天津居民可支配收入409元，天津居民人均消费支出348元，消费占可支配收入比重为85.1%。与1949年相比，人均收入增长3.2倍，人均消费增长3.0倍，扣除价格因素，实际人均收入增长2.1倍，人均消费增长2.0倍。同时，在计划经济的大背景下，通过加强与各兄弟省、市、自治区的经济联系，最大限度地保证资源的合理配置，使天津人民的生活水平有所提高。一是城乡居民恩格尔系数双双低于60%，达到初步温饱标准。说明在必须果腹的食品之外，有了消费其他生活必需品的能力。1980年天津居民恩格尔系数为55.5%，实现初步温饱，其中，城镇恩格尔系数为54.9%；农村恩格尔系数为56.7%[①]，首次降到60%以下。二是城镇居民食品消费开始多样化，总体生活水平接近但仍未达到现有国家农村贫困标准。1980年城镇居民人均粮食年消费量达155.5公斤，鲜菜148.0公斤，猪牛羊禽鸡蛋和水产品30.7公斤，鲜瓜果23.1公斤。城镇居民平均食品消费水平基本达到了贫困标准。三是农村居民食品消费仍然单一，从食品消费量判断总体未达到现有农村贫困标准。1980年农村居民人均粮食年消费量达238.0公

① 本文恩格尔系数的各阶段标准均是以城农居民恩格尔系数同时满足阶段要求的年份进行划分确定。

斤，鲜菜88.0公斤，猪牛羊禽鸡蛋和水产品人均年消费量为10.8公斤。粮食达到吃饱标准，但菜、肉消费量严重低于现有农村贫困标准，饮食结构仍较为单一。

第二阶段（1981-1998年）从初步温饱走向基本小康

1981-1998年，基本涵盖了我国从计划经济彻底转型为市场经济的时期。这段时期由于市场的逐步放开，居民的生产生活积极性逐步提升，又经历改革开放后外来文化的交汇影响，居民消费意识以及消费习惯从一定程度上有了较为明显的改善。与此同时，世界经济正处在第三次工业革命阶段，我国改革开放政策使得工业革命成果迅速转化为生产生活动力，天津作为港口直辖市，工业革命的先进成果也迅速转化为生产力。1998年天津市社会从业人员数达508.1万人，较1980年年均增幅1.4%。1998年天津市汽车、自行车和港口货物吞吐量分别占全国总产量的9.5%，13.4%和7.4%。劳动力和生产率的提升，直接带动居民收入提升。1998年天津居民可支配收入6009元，天津居民人均消费支出4492元，消费占可支配收入比重为74.8%。与1980年相比，人均收入增长13.7倍，人均消费增长11.9倍，扣除价格因素，实际人均收入增长2.4倍，人均消费增长2.0倍。加之改革开放政策的实施，市场供给产品种类和数量日趋丰富，对居民消费方式产生直接影响，在满足基本食品生活需求之后，居民对于丰富物质文化生活提出了进一步的要求。一是恩格尔系数进一步下降，食品消费呈现多样化。1998年天津居民恩格尔系数为43.9%，其中，城镇43.6%，农村46.1%，都稳定降到50%以内。1998年，城镇居民人均粮食年消费量达98.2公斤，鲜菜118.6公斤，猪牛羊禽鸡蛋和水产品52.0公斤，干鲜瓜果82.2公斤。农村居民人均粮食年消费量达193.0公斤，鲜菜78.0公斤，猪牛羊禽鸡蛋和水产品31.4公斤，干鲜瓜果35.7公斤。无论是恩格尔系数看，还是食品消费量看，天津城乡居民生活水平总体进入基本小康或者说稳定温饱阶段。二是耐用消费品大量进入家庭，洗衣机、电冰箱和彩色电视机成为家庭必配设备。调查资料显示，1998年天津城镇居民洗衣机、电冰箱和彩电百户拥有量分别达到97台、99台和121台，而1980年洗衣机百户拥有量为0.2台，几乎没有冰箱和彩电；农村居民洗衣机、电冰箱和彩电百户拥有量也分别达到82台、60台和88台，而1980年天津市农村几乎没有洗衣机、电冰箱和彩色电视机。

第三阶段（1999-2002年）从基本小康走向初步富裕

1999-2002年，在内外良好经济环境以及各项有效政策共同推动作用下，天津居民实现从基本小康走向初步富裕的迅速过渡。1997年亚洲金融危机对全球经济造成巨大影响，但中国在此次“金融风暴”中以有效的应对政策，展现出强有力的抗风险能力。加之改革开放政策进一步深化落实，大量外资涌入中国进行投资生产，自1998年开始，中国经济开始进入飞速发展的“黄金十年”。天津作为港口型开放城市，在外商投资、外资企业建设等诸多领域，展现出较强的竞争优势，天津经济因此乘势而上。自1998年开始，天津GDP和人均GDP开始呈现出两位数增长，社会劳动生产率2002年人均达41820元，扣除价格因素与1998年相比年均增长17.2%。经济迅猛发展，市场环境向好，促使居民收入增加，加上天津属于港口城市，居民本身消费观念融合度较高，居民消费积极性明显提升。2002年天津居民可支配收入7648元，人均消费5892元，消费占可支配收入比重为77.0%。与1998年相比，人均收入增长27.3%，人均消费增长31.2%，扣除价格因素，实际人均收入增长28.3%，人均消费增长32.1%。一是生活水平快速提高，食品消费占比迅速下降，食品消费构成日渐合理。1998-2002年间，天津居民恩格尔系数急剧下降，说明这一阶段居民生活水平正在快速提高。2002年天津居民恩格尔系数为35.4%，其中，城镇居民恩格尔系数为35.2%，农村居民恩格尔系数为36.8%，稳定进入40%以内的初步富裕阶段。2002年，城镇居民人均粮食年消费量达86.7公斤，鲜菜125.0公斤，猪牛羊禽鸡蛋和水产品63.0公斤，鲜瓜果68.4公斤。较1998年粮食消费量减少11.7%，鲜菜、猪牛羊禽蛋水产品分别增长5.4%和21.2%。农村居民人均粮食年消费量达199.0公斤，鲜菜132.4公斤，猪牛羊禽鸡蛋和水产品35.7公斤，干鲜瓜果32.4公斤。较1998年粮食、鲜菜、猪牛羊禽蛋水产品分别增长3.1%、69.7%和13.7%。二是耐用消费品升级换代，电脑、空调、热水器大量进入家庭。在家庭耐用消费品方面，调查资料显示，2002年，天津城镇居民家用电脑、空调、热水器百户拥有量分别达26台、81台和79台，比1998年分别增长20台、36台和23台；农村居民洗衣机、电冰箱和彩电的百户拥有量分别达 86 台、72 台和 105 台，比 1998 年分别增长 4 台、12 台和 17 台。三是居住、交通通信、教育文化娱乐、医疗保健、其他用品和服务等发展享受型消费开始在居民消费中占据“半壁江山”。2002 年，天津居民居住、交通通信、医疗保健、教育文化娱乐以及其他消费人均 2956 元，占消费总额 50.2%，比 1998 年上升 15.2 个百分点。其中，受天津整体经济快速发展的影响，城镇居民发展享受型消费占比为 50.0%，较 1998 年上升 15.7 个百分点；农村居民发展享受型消费占比为 51.8%，较 1998 年占比上升 12.4 个百分点。

第四阶段（2003 年至今）从初步富裕正在走向富足生活

2003 年至今，天津居民收入水平持续快速增长，消费水平进一步提高，吃穿用等基础型消费逐渐达到相对稳定，发展享受型消费的居住、交通通信、医疗保健、教育文化娱乐消费迅猛增加。2018 年天津居民可支配收入 39506 元，人均消费 29903 元，消费占可支配收入比重为 75.7%。人均收入是 2002 年的 5.2 倍，人均消费 5.1 倍，扣除价格因素，实际人均收入为 2002 年的 2.2 倍，人均消费 3.5 倍。一是恩格尔系数首次降低 30%之下，说明生活水平又达到新的阶段。2018 年，天津居民恩格尔系数为 28.9%，其中，城镇居民恩格尔系数为 28.9%，农村居民恩格尔系数为 29.5%，说明天津城乡居民生活正在向富足迈进。二是汽车、家用电脑和移动电话等现代三大件全面进入家庭。2018 年，天津城镇居民汽车、家用电脑和移动电话的百户拥有量分别达 46 辆、77 台和 233 部，比 2002 年分别增长 45 辆、51 台和 188 部；天津农村居民汽车、家用电脑和移动电话的百户拥有量分别达 43 辆、36 台和 233 部，比 2002 年分别增长 40 辆、31 台和 197 部。其中，汽车百户拥有量还受到 2014 年起天津开始对私家车限购之后，私家车增幅放缓的因素影响。三是消费结构全面升级，发展享受型占比全面超过基础型消费成为居民消费侧重方向。2018 年，天津居民居住、交通通信、医疗保健、教育文化娱乐以及其他消费等发展享受型人均 17447 元，占消费总额 58.4%，比 2002 年上升 8.1 个百分点。其中，城镇居民发展享受型消费人均 19117 元，占消费总额 58.5%，比 2002 年上升 8.3 个百分点；农村居民发展享受型消费人均 9530 元，占消费总额 56.5%，比 2002 年上升 4.7 个百分点。

二、天津居民消费结构升级明显

消费结构升级是居民生活水平改善的重要表现，从消费结构转变中能看出居民在不同时期生活消费的侧重点，也能从侧面反映出市场和产品供给情况。2018 年，天津市居民人均消费 29903 元，其中，食品、衣着、生活用品及服务等基础型消费和居住、交通通信、教育文化娱乐、医疗保健、其他用品和服务等发展享受型消费占比比值为 1∶1.4。70 年来，天津市居民从基础消费为主逐步升级过渡到偏重发展享受型消费。

（一）城镇居民消费结构向发展享受型消费结构提升

新中国成立 70 年来，天津城镇居民消费结构发生了翻天覆地的变化，1949 年基础性消费占比高达 71.9%，2018 年下降为 41.5%。与之相反，发展享受型消费 1949 年占 28.1%，2018 年达到 58.5%。城镇居民的消费结构变化体现出城镇居民对于生活品质提升的不断追求，同时也对生活持续向好发展提出更高要求。

食品选择消费方式更多，在外饮食成为新潮流。新中国成立 70 年城镇居民消费结构变化中，食品作为基础消费中最重要的部分，其变化反映出天津城镇居民生活条件的提高。新中国成立初期，天津城镇居民食品消费占总收入的 57.6%，占总消费 65.9%，即除开居住消费和少量其他消费，绝大部分的收入都用于吃饭上，贫困程度可见一斑。而随着 1978 年我国改革开放，全国粮食产量超过三万万吨，天津也稳定在 110 万吨以上，天津城镇居民粮食消费开始有所保障，并且随着天津农业的发展，以及物流运输的兴盛，天津居民餐桌上的蔬菜、肉禽蛋、水产等也日渐丰富。2008 年以后，随着各大餐饮业、商圈经济的迅猛发展以及近几年“饿了么”“美团”等外卖行业的兴起，天津城镇居民在外就餐的占比明显提升，2018 年天津城镇居民食品消费年人均 9421 元，而其中外卖消费占比 27.0%。

网购成为衣着、生活用品及服务消费新热点。新中国成立 70 年来，基础消费中衣着和生活用品及服务消费的提升，也是居民生活越来越好的重要表现。新中国成立初期，居民衣着和生活用品及服务消费仅占消费总额的6.0%。而1978年改革开放后，食品消费的逐步稳定使居民衣着和生活用品及服务的消费也迅速增多起来。到2018年，天津城镇居民年人均衣着消费2201元，占消费总额的6.7%。而近几年随着智能手机以及4G网络、智能WiFi等的普及，移动购买支付的迅速发展，居民衣着和生活用品及服务消费的网络购买迅速提升。在衣着和生活用品消费品选择上，主要是由于网络商品价格优势明显，无限货架可以满足消费者大量对比购买的需求。抽样调查数据显示，2018年天津城镇居民衣着网购频次占比达13.8%[①]。

居住条件改善成为居民享受优质生活的主要证明。新中国成立70年，在天津市政府和天津人民的不懈努力下，天津市容市貌、公共设施等有了明显的提升，特别是有关居民生活的住宿、出行、环境等方面，都有了翻天覆地的变化。尤其是1992年天津全面启动城镇住房改革后，居民的居住水平快速提高。调查资料显示，截至2018年末，天津城镇居民人均居住面积达30.1平方米，其中，82.4%的住户居住在两居室及以上的住房中，83.2%的住户拥有了自己的产权。与此同时，天津着力提升城市载体工程，促进城市综合环境质量改善，截至2018年底，96.9%的住宅外道路已经铺布上水泥或柏油路面，100%的住宅使用管道供水入户，100%实现饮用水为过滤或桶装水，91.1%的住宅实现市政或小区集中供暖，87.5%的住宅以管道天然气作为主要炊用能源，社区九成以上配备有健身器材，97.0%以上的社区幼儿园小学配备合理，77.1%的社区配有社区医院或卫生站。

公共交通发展以及交通通信工具升级促使居民交通通信消费占比上涨。新中国成立70年，特别是改革开放四十年以来，天津在公路建设以及公共交通建设上成果斐然。1949年，天津市铺装道路年仅283公里，2018年，铺装道路已达年近8000公里。2013年天津市开始创建“公交都市”，仅五年时间，公交线网累计开、延、调公交线路超过600条，公交站点500米站点实现100%全覆盖，2018年天津获得首批“国家公交都市建设示范城市”。在城市轨道交通方面，自2006年6月天津地铁1号线开始正式运营，先后开通了6条地铁线路，至2018年末，天津城市轨道交通线路长度达到了217公里、运营站点达到138个。公共交通和公路建设的发展，极大刺激了城镇居民交通消费的上涨。同时，随着近几年智能手机的更新换代，提速降费的政策落实，城镇居民的通信消费也出现明显提升。2018年，天津市城镇居民交通通信消费4637元，扣除价格因素是1978年的69.4倍，年均增11.2%。

精神文化需求提升使教育文化娱乐消费升级。新中国成立70年来，特别是1999年以来天津城镇居民进入基本小康阶段后，对于精神文化的需求日益高涨。城镇居民教育消费可以大致分为两个明显阶段，2007年之前，居民教育消费主要以自费为主，而2007年后天津市城镇正式执行义务教育“两免一补”工作，居民子女教育基础消费学费的支出明显减少。但由于城镇居民本身对于教育需求较高，特别是对于自身和子女的教育提升需求明显，加之近几年来教育培训领域呈现多领域多元化发展，城镇居民在自身及子女教育上的投资也“水涨船高”，以近五年城镇教育培训支出为例，2018年城镇居民教育人均支出1832元，扣除价格因素比2013年年均增长15.2%。同时，由于近几年天津市着力发展惠民文化娱乐活动，也得益于全国旅游行业的飞速发展，天津城镇居民文化娱乐支出也迅速增长，2018年城镇居民文化娱乐支出人均1766元，扣除价格因素比2013年年均增长10.8%。

医保报销政策助力医疗保健消费上涨。新中国成立70年来，天津市居民医保政策从无到有，不断完善，为改变居民就医态度和医疗保健观念起到了巨大作用。新中国成立初期，城镇居民医疗保健消费仅占总消费额的0.2%，虽然天津市城镇居民有看病就医的意识，但由于收入较低，且全市卫生机构仅127所，全市每万人事业卫生事业机构仅0.31个，因此居民医疗保健消费处于极低发展水平。但随着天津市医疗行业的不断发展，特别是改革开放四十年来，天津市已经逐步形成了一级、二级、三级医疗卫生机构整体合理规划布局，并且建立了城乡统一的居民基本医保政策，使得天津城镇居民医疗保健消费迅速上升。抽样调查资料显示，2018年天津市城镇居民医疗保健消费年人均2825元，扣除价格因素较2013年年均增

① 网购频次=网购衣着次数/购买衣着次数×100%。

长 10.4%，同时，居民医保报销额年人均 688 元，扣除价格因素较 2013 年年均增长 15.0%。

（二）农村居民消费结构向均衡发展型消费结构转变

新中国成立 70 年来，天津农村居民的消费结构从以基础型消费为主（1949 年农村居民基础型消费占比达 93.0%）逐渐转变为均衡发展型消费（2018 年农村居民基础型消费和发展享受型消费比 1∶1.3）。农村居民消费结构的变化一方面体现出农村居民生活水平的提升，同时从和城镇居民结构的比较上来看，农村居民在城镇化的影响下，消费观念上已经逐步和城镇居民靠拢。

食品消费从生存向营养转变。新中国成立 70 年，特别是改革开放四十年以来，随着社会主义市场经济的逐步建立，消费品市场不断完善，农村居民收入的持续增长，天津农村居民食品消费呈现出明显的从以生存为主到逐步注重营养化、健康化。2018 年农村居民人均食品消费达到 4984 元，扣除价格因素比 1978 年增长 8.5 倍，年均增长 5.8%[1]。天津农村居民食品消费结构不断改善，膳食搭配日益优化。尤其近几年，随着健康生活合理饮食消费观念的不断普及，农村居民的食品结构消费已经从改革开放初期以粮食为主，逐渐向种类繁多、营养优质、搭配合理的优质饮食结构转变。2018 年，农村居民人均粮食消费量从 1978 年的 245.0 公斤下降到 160.0 公斤；肉禽蛋奶水产品消费量从 1978 年的 4.5 公斤上升到 71.0 公斤；干鲜瓜果从无到有，2018 年达到 77.0 斤。

衣着消费逐渐多元化。新中国成立初期，天津农村居民衣着市场几乎不成规模，农村居民由于生活贫困，“新三年，旧三年，缝缝补补又三年”的穿衣观念成为主流，农村居民整体衣着消费增速较慢。90 年代，随着改革开放的逐渐深入，服装生产力水平不断提高，服装材质逐渐增多，轻工业的繁盛使衣着供给逐渐告别短缺，成衣购买模式逐渐成为主流，农村居民从穿暖转向穿着舒服、穿着漂亮，时尚化、个性化发展趋势明显，且逐步向城镇居民靠拢。近些年，随着农村移动支付的普及，农村居民网络购买衣着的热情也迅速提升。2018 年农村居民人均衣着消费 992 元，扣除价格因素，较 1978 年增长 6.5 倍，年均增长 5.2%，占消费支出的比重为 5.9%，比 1978 年下降 9.3 个百分点。

居住条件和生活环境更加清新优美。从 1984 年起，天津市委市政府坚持每年为农村居民办实事，不断推动基础设施建设向农村覆盖，特别是 2005 年后天津市正式开展示范小镇建设，农村各项基础设施迅速发展。抽样调查数据显示，2018 年农村电网覆盖率达 100%，自来水普及率达 77.3%，垃圾集中处理率达 100%，24.9%的村有绿化园林景观设计，42.2%的村开通了管道燃气，8.9%的村实现了集中供暖。农村居民居住条件也随之发生了明显变化，2018 年，农村居民人均居住面积达 34.4 平方米，比 1978 年增长了 2.8 倍，人均居住消费支出 3415 元，扣除价格因素是 1978 年的 36.9 倍，占总消费的比重由 1978 年的 10.6%提升到 20.3%。随之带来的家庭耐用消费品也不断升级更新换代。2018 年，农村居民人均生活用品及服务支出 1357 元，扣除价格因素比 1978 年增长 16.1 倍，年均增长 7.4%。

交通和通信发生质的飞跃。新中国成立 70 年来，特别是改革开放四十年来，天津农村居民交通通信消费发生巨大变化。改革开放初期，农村居民基本没有交通通信支出，到 1992 年人均仅 18 元的消费。随着交通、道路、通信等基础设施建设的不断完善，为农村居民的出行和沟通提供了便利。抽样调查数据显示，2018 年农村道路硬化率 100%、通公路、通电话、通宽带、通有线电视，农村电网覆盖率达 100%，80.3%的村可以便利乘坐公共汽车。农村居民出行工具，从步行到自行车、摩托车再到如今的助力车、轿车，路修好了，出行方式也就有了更多的选择。同时，随着电话、手机、宽带的普及，农民与外界联系更加紧密。特别是近十年，随着智能手机的普及，交通通信消费水平保持高速增长，2008-2018 年，农村居民人均交通通信消费从 451 元增至 2595 元，扣除价格因素年均增长 16.5%。

精神文化消费需求不断释放。教育是国之大计、党之大计。新中国成立以来，特别是改革开放以后，天津农村基础教育的投入不断加大，农村教育环境不断改善，义务教育和“两免一补”政策，使农民的基础教育水平不断提高，农村职业教育和成人教育体系也日臻完善。抽样调查数据显示，2018 年 94.4%的村

---

[1] 天津农村居民食品、耐用消费品等的数额，仅 1978 年以后有相关记载，因此本文在分类阐述的时候主要以 1978 年以后相关数据为主。

幼儿园或学前班就学便利，91.9%的村小学就学便利。同时，政府积极引导文化消费，实现村村通有线电视，公园、体育健身场所、图书馆、文化站等文化设施不断完善，2018 年，92.2%的村有政府组织的文化服务，93.2%的村有健身器材。受收入水平和消费观念的影响，农村居民的教育文化娱乐消费在较长一段时间内都集中在教育消费上。但近十年，随着农村居民收入的提高，农村居民越来越关注发展享受型消费，文化和娱乐消费增多，2018 年，人均教育文化娱乐消费 1237 元，比 2008 年扣除价格因素年均增长 10.7%，占总支出比重为 7.3%，其中，教育消费占 5.2%，文化娱乐消费占 2.1%。

保健防病意识日益增强。新中国成立初期，由于生活资料极度缺乏，农村居民对医疗保健需求极低，不少居民都存在“小疼小病不医治，大病大痛医不起”的现象，对于医院甚至有明显的畏惧感。改革开放以后，随着医疗机制的不断完善，特别是 2002 年起天津开始逐步开展农村医疗卫生体制改革，农村医疗队伍建设不断强化，基层医疗卫生服务网络逐步健全，医疗卫生服务资源布局逐渐均衡。2004 年，天津农村开展新型农村合作医疗试点，并在此基础上 2009 年率先在全国范围内建立统筹城乡居民的基本医疗保险制度，保险覆盖面不断扩大，农村医疗卫生服务能力和水平迅速提高。抽样调查数据显示，2018 年 99.4%的农村居民参加了医疗保险，81.3%的村设有卫生站。近几年，随着医疗药品市场的逐步规范，加上农村居民对医疗保健重视程度的提升，带动农村医疗保健消费支出快速增长。2018 年，农村人均医疗保健消费 1975 元，扣除价格因素是 1978 年的 149.2 倍，年均增 13.3%。

新中国成立 70 周年，天津居民生活发生了翻天覆地的变化，成果显著：从温饱不足逐步走向富裕生活，从基础型消费为主到基础发展享受型混合消费模式的形成，从努力满足“天津人民基本物质生活需要”到现如今进一步满足“天津居民物质文化精神生活需求”。随着天津市经济社会发展和人民生活水平不断的提高，未来的天津将会朝着满足“新时代天津居民对美好生活向往”的目标不断前进。

从价格视角看新中国成立70年来天津发展历程

栉风沐雨七十年，劲风扬帆谱新篇！新中国成立70年来，天津市委市政府认真贯彻落实党中央国务院各项决策部署，经济社会事业取得了翻天覆地的变化，素有经济运行“晴雨表”之称的价格客观详细记录了各个阶段的变化历程。七十年来，天津市物价指数在不同的经济背景下，呈现出各异的运行特点，但波动幅度逐渐趋缓，同时民生领域的各项改革稳步推进，医疗、教育、住房等体制变革持续深入，价格波动轨迹也与各阶段的改革相对应，印证天津的时代变迁。

一、新中国成立70年来天津物价变动轨迹

新中国成立70年来，天津物价变动大体经历四个阶段。

（一）第一阶段：1949—1978年，从“通胀”到“冻结”

从新中国成立初期到改革开放前期，天津物价在严格的价格管控体制下，经历了初期的通货膨胀，到中期的小幅走高，到“文革”时期的价格冻结。新中国成立初期，面对恢复国民经济的艰巨任务，政府不得不采取大量发行货币的措施，导致当时物价涨幅过高，1951年天津市零售物价指数上涨15.1%。随后，政府在稳定物价方面采取了许多措施，如实行粮油“统购统销”、适当调整批零差价、降低部分消费品价格等，“一五”时期物价逐步回落。1958—1961年，受大跃进和三年自然灾害影响，天津市物价涨幅较大，1961年职工生活费用指数上涨4.3%。进入三年调整期，国民经济逐渐恢复发展，天津市物价平稳回落，1962—1965年，职工生活费用指数分别为101.0、101.1、97.3和97.1。1966—1976年为特殊时期，天津市物价政策与全国物价政策一致，实行价格冻结，十年间，职工生活费用指数几乎维持在100左右。

（二）第二阶段：1979—1991年，从“改革”到“波动”

这一阶段正式进入价格改革期，对长期积累下来的不合理价格进行重大调整与改革，取得了明显效果。但是由于种种原因，价格水平出现了较大的波动，其中，最突出地表现在1985年和1988年的物价过渡上涨，1985年天津市职工生活费用指数上涨13.1%，1988年职工生活费用指数上涨16.9%。出现价格涨幅过高与当时的经济过热、信贷失控、管理不善等有着密切关系，具体原因主要包括：价格实行结构性调整，价格放开的商品品种多、影响面广；农副产品价格大部分放开，计划外工业生产资料价格上涨，带动部分消费品价格上涨等。

（三）第三阶段：1992—2011年，从“波动”到“平稳”

这一阶段为市场价格体制逐步形成和完善时期，价格运行由初期的大幅走高到逐渐平稳。市场价格体制初步建立时，价格改革全面展开，物价涨势偏高，1992—1995年，职工生活费用指数（1994年后为居民消费价格指数以下简称CPI）连续四年涨幅均超过10%，1994年达到24%。随着市场价格体制的日趋完善，政府对价格的调控手段不断成熟，物价运行趋向平稳。期间经历了两次国内外经济形势的重大变化，物价相应出现了波动，1998—2000年以及2009年，价格水平出现罕见的负增长。

（四）第四阶段：2012年至今，保持低速增长新常态

2012年以来，天津市委市政府主动适应经济发展新常态，坚持以供给侧结构性改革为主线，以习近平总书记视察天津提出的“三个着力”重要要求为元为纲，全面深化价格改革，价格调控成效明显，天津CPI一直围绕2%上下波动，保持与各项宏观经济指标相匹配的低速增长新常态，而且波动幅度也趋于平稳，2012-2018年，天津CPI最高涨幅（3.1%）与最低涨幅（1.7%）相差1.4个百分点，为历史各阶段最小值。

这一时期，天津出台了《关于推进价格机制改革的实施意见》（津党发[2016]17 号），对执行了 13 年的政府定价目录进行修订，价格形成机制不断完善与深化。

二、食品价格波动趋缓，对物价指数的影响减弱

在计划经济时期，食品价格主要由政府制定，市场经济时期，食品价格主要受供求影响，新中国成立 70 年来，天津市食品价格波动主要经历了四个时期。

1951—1978 年，处于计划经济体制下，食品价格主要实行政府定价，除新中国成立初期食品价格有所波动以外，其余年份都较为平稳，年均仅增长 1.3%。新中国成立初期，粮油实行自由购销，加上政府的调控手段有限，食品价格涨幅较大，1951—1953 年分别上涨 9.7%、2.0%和 15.5%。随后各年份食品价格虽然有涨有跌，但幅度均不超过 5%，总体较为平稳。

1979—1997 年，处于价格不断调整与放开时期，食品价格逐年上涨、涨势较强，年均增长 9.9%，且有 8 年涨幅超过 10%。1979 年，全国统一提高粮食收购价格，同时提高 8 种主要副食品的收购价格与零售价格，1985 年进一步放开猪肉、水产品、家禽、鲜菜等鲜活食品价格，1992 年放开鲜菜、猪牛羊肉价格，1993 年放开粮油、牛奶价格，1996 年提高食盐价格，相对应，各年份食品价格涨幅分别为 2.4%、19.7%、13.4%、16.7%和 6.7%。

1998—2011 年，处于市场经济体制初期，食品价格主要受市场供求影响，涨跌互现、波动较大，年均增长 3.9%。1998—2000 年，食品价格连年下降，一方面由于天津市不断推进“米袋子”“菜篮子”工程建设，各类农副产品供应充足，一方面由于亚洲金融危机时期，国内需求不足，粮食及主要食品价格均呈下降走势。从 2003 年开始，粮食价格止跌回升，带动食品价格上涨，同时受非典疫情对部分养殖业的影响，猪肉、禽蛋等主要食品价格开始恢复性上涨，2003 年和 2004 年食品价格分别上涨 3.3%和 9.9%。2007 年开始，国际农产品价格上涨带动国内粮油价格大幅度上涨，连续两年食品价格涨幅超过 10%。2010 年开始，国家提高粮食收购价格，保障农民收入，粮食及相关农产品价格快速上涨，食品价格连续两年涨幅接近 10%。

2012 年以来，随着对农产品价格波动规律的认识与掌握更加深入，农业种植技术的不断提高，物流运输的发展，加上天津市“米袋子”“菜篮子”工程不断推进，农产品价格波动渐趋平稳，2012—2018 年，食品价格年均增长 3.3%，是除计划经济时代外的各阶段最低点，而且波动幅度仅相差 6.5 个百分点，也是历史各阶段最小值。与此同时，食品价格对物价总指数的影响作用开始减弱，从 2015 年开始，食品价格对 CPI 的贡献率连续四年低于 40%，拉动物价上涨的首要动力开始发生实质性变化。

与此同时，随着人们生活水平的不断提高，对食品的需求，逐渐由量的满足转向质的提高。据统计，2018 年，天津市城镇居民人均消费鲜菜 113.2 公斤、鲜瓜果 78.8 公斤、肉及制品 26.9 公斤、奶和奶制品 18.6 公斤、蛋类及蛋制品 17.7 公斤、水产及制品 16.7 公斤，饮食结构更加优化合理。另外，天津市城镇居民恩格尔系数由新中国成立初期的 50%以上逐步下降到目前的 30%左右的水平。

三、衣着消费向个性化、舒适化转变

衣着作为一种独特的物质文化载体，反映出不同时期人们的生活方式、审美观念，也折射出一定时期的政治、经济、文化制度。新中国成立以来，全市居民的衣着消费大致经历了三个阶段：

新中国成立初至 1978 年，衣着消费以蔽体取暖为特征，主要有以下几个特点：一是衣着消费档次较低，棉布是主要材料，1949 年天津市人均年消费棉布 4.77 米，60 年代呢绒、绸缎、化纤开始进入人们的消费领域，1965 年人均年消费棉布为 4.35 米，绸缎 0.2 米，呢绒 0.1 米，1978 年人均年消费棉布 4.74 米，棉花化纤混纺布 1.25 米，化纤布 1.25 米，绸缎 0.44 米，布料选择日趋多样；二是成衣消费较少，以自制服装为主，受当时经济发展水平限制，衣着消费多以买料自己加工为主，1957 年天津市人均年消费布制服装 0.44 件，而棉布消费为 6.16 米；三是衣着色彩单一，款式简单统一，该时期阶级意识、革命意识普遍浓厚，着装也

受此影响，全市乃至全国都比较统一，衣服颜色以蓝、绿、灰为主，款式以中山装、劳动服为主。该时期处在计划经济体制内，布料凭票定量供应，市场价格没有形成，据统计，衣着类价格年均上涨 0.5%，各年之间基本没有变化。

1979—1992 年，衣着消费以追风赶潮为特征，主要体现以下几个特点：一是棉布及制品需求下降，被化纤及其他布料所代替，棉布消费量由 1980 年人均 4.3 米下降到 1989 年 1.58 米，化纤布消费量从 1980 年人均 0.94 米上升到 1989 年 1.49 米；二是成衣消费不断增加，化纤布服装消费量从 1980 年人均 0.6 件上升到 1989 年 1.15 件，其他材质的成套服装消费量也不断上升；三是追求潮流现象突出，衣着消费趋同化严重，长期压抑的审美追求不断得到释放，着装易受电影明星的影响，喇叭裤、“瓦尔特衫”、“高子衫”等都曾经风靡一时，“文革”结束后，西装流行开来，成为青年人的首选服装。这个时期，衣着价格经历了从平稳到上涨阶段，年均上涨 5.5%，1983 年，布票制度终结，棉布价格上涨，带动天津市衣着价格由降转升，1988 年和 1989 年，受价格改革全面放开影响，全市衣着价格涨幅较高，连续两年超过 20%。

1993 年至今，衣着消费以追求舒适和个性为特征，主要有以下几个特点：一是化学纤维受冷落，舒适的衣着材料受追捧，近十几年来，日本服饰品牌优衣库和无印良品在中国扩张迅速，原因之一是他们品牌传递的简约舒适的理念颇受消费者喜爱；二是衣着消费多样化，更加体现个性和品位，在不同的场合会选择不同的服饰，上班、下班、开会、做家务、散步、睡觉对应不同的着装的“一日多衣”模式已经形成；三是衣着档次大幅度提升，品牌化趋势十分明显，如鞋子消费经历了杂牌——安踏、特步——阿迪、耐克——某体育明星同款战靴的轨迹，2018 年天猫服装品牌销售额前十分别是优衣库、波司登、太平鸟、南极人、GXG、恒源祥、森马、ONLY、花花公子和 VERO MODA，合计市场份额达到 13.7%。这段时期各年份衣着价格有涨有跌，但总体涨多跌少，1993—2000 年，衣着价格涨跌互现特征最为明显，年均上涨 3.2%；2001—2009 年，受多方面因素影响，衣着价格主要以降为主，年均下降 5%；2002 年至今，衣着价格连续小幅上涨，年均上涨 2.1%。

四、住房改革有序推进，居住价格平稳上涨

新中国成立以来，住房制度改革几经变迁，大致可分为六个阶段：

新中国成立初至 1978 年，在计划经济体制下，住房供给主要由国家统筹管理调配，通过公有住房实物福利分配的方式满足居民住房需求，企业职工只需缴纳较低的租金，便可享受单位公房的使用权。据统计，这段时期天津市房租价格除 1951 年上涨 40%以外，各年均没有变化。

1979—1987 年，进入住房商品化探索阶段。80 年代初期，开始以“公房出售”为主要内容的住房制度改革，从全价出售政策到“三三制”补贴售房，进行了一系列探索。这个阶段住房制度改革的主要特点是以中央政府为主导的自上而下改革，目的是缓解政府和企业住房投资的压力。统计数据显示，这段时期天津市房租价格没有变化。

1988—1997 年，房地产市场初步建立。1988 年，国务院印发《关于在全国城镇分期分批推行住房制度改革的实施方案》，逐步改革住房福利分配制度。1992 年天津市城镇住房制度改革全面启动，建立住房公积金制度并发放住房补贴，同时调整公有住房租金，调整后每平方米使用面积月租金为 0.3 元，同年天津市房租价格上涨 220.6%。1995 年，根据《天津市贯彻＜国务院关于深化城镇住房制度改革的决定＞的实施方案》的要求，继续推进住房租金改革，全市公有住房租金调整为每平方米使用面积月租金为 0.78 元，并规定从 1996 年开始，公有住房租金每年 1 月 1 日调整一次，1996—1998 年，连续上调至 1 元、1.4 元和 2.1 元，带动房租价格从 1995 年开始连续四年上涨，涨幅分别为 87.5%、50.3%、24.6%和 12.5%。

同时 1994 年，居民消费价格统计的调查目录也进行了大幅修订，居住类成为单独一类，调查内容包括房租、建筑材料和水电燃料。除了房租价格连年上涨以外，水电燃料价格也在不断调整，从 1994 年至 1997 年，居住类价格年平均上涨 20.2%，主要由房租和水电燃料价格上涨带动。

1998—2003年，实现住房完全市场化，确立房地产支柱产业的地位。1998年国务院发布《城市房地产开发经营管理条例》，政府不再对商品住房价格进行管控。1999年天津市出台《天津市进一步深化城镇住房制度改革实施办法》，宣布停止住房实物分配，推行住房货币分配，继续推进公房租金改革，2001—2003年，天津市房租价格分别上涨15.8%、9.6%和4.6%，已较前期涨幅有所回落。同期，居住类[①]价格涨幅也大幅回落，年平均上涨3.6%。

2004—2015年，房地产市场以价格调控为主。从2000年之后，房地产市场价格受多方面因素影响明显上涨，随之价格调整成为房地产市场建设的重要内容。2005年，国务院下发《关于切实稳定住房价格的通知》，首次将稳定房价上升到政治高度，2006年，"国六条"出台，此后，各类价格调控政策不断出台，房屋贷款利率成为调控手段之一，从2004年至2008年，房屋贷款利率连年上调，带动自有住房价格连续上涨，加上水电燃料、房租价格上调，该时期居住类价格年平均上涨2.9%。

2016年至今，房地产市场发展的新阶段。2016年去库存成为房地产市场发展的主基调，同年9月和2017年3月，天津市连续两次出台房地产调控的实施意见。2016年底中央经济工作会议首次提出"房住不炒"的定位，这一概念在十九大报告中正式被确立为房地产市场发展的新思路，同时提出"加快建立多主体供给、多渠道保障、租购并举的住房制度，让全体人民住有所居"。新时期，天津市居住类价格年平均仅上涨1.8%，实现平稳运行。

五、教育体制改革不断推进，价格稳中上涨

以1977年重新恢复全国统一高考制度为起点，教育的发展改革已历经四十多年，天津市教育体制改革也紧跟全国改革方向，大致可划分为四个阶段。

1977—1984年，拨乱反正、恢复整顿。该时期，国家提出培养"四有人才"，教育指导方针是"三个面向"。1977年正式恢复高考；1978年恢复大规模派遣留学生和职称制度，并恢复和新增一批高等学校；1980年，教育部先后颁发了关于中学、小学、重点高等学校工作条例，将中小学学制由10年恢复为12年；1981年开始允许自费出国留学。这一时期，从1983年开始，学杂保育费[②]作为服务项目中的一个内容纳入物价指数的编制中，连续两年未有调整。

1985—1989年，全面开展教育体制改革。1985年，中央颁布《关于教育体制改革的决定》，提出教育必须为社会主义建设服务，确定实施九年义务教育制度，并提出政府教育经费"两个增长"指标[③]；1986年通过《义务教育法》；1988年进行高等教育改革，扩大高等学校办学自主权，改革高校招生和毕业分配制度。这一时期，义务教育阶段的学杂费制度继续实行，1989年高等教育正式建立学费制度，这一年天津市学杂保育费上涨13.7%，是该时期中唯一上涨的一年，其余各年份均为持平。

1990—2003年，教育产业化阶段，教育改革以扩大规模和总量增长为主要追求。1993年，国家颁布《中国教育改革和发展纲要》，明确教育在发展中的优先战略地位；1999年，国家颁布《关于深化教育改革全面推进素质教育的决定》，鼓励和支持社会力量以多种形式办学，将民办学校由此前的"补充"地位提高为"和公办学校共同发展"；2001年，国家颁布《关于基础教育改革与发展的决定》，确定对部分符合条件的公办学校可以进行民办学校机制的改革试验；2003年，《民办教育促进法》出台。该时期教育改革的总体思路是沿着产业化发展方向，通过确立民办教育的合法性及确立公办学校转为民办经营的合法性，赋予学校获取教育经营收入的制度合法性，不断满足人民群众的教育需求。这一时期也是教育收费上涨最为突出的一个时期，天津市根据国家的方针政策，不断调整教育收费，学杂保育费（2001年改为学杂托幼费[④]）年均上涨39.3%，1991年、1993年和1994年涨幅甚至超过200%。

---

① 2001年，居住类调查目录继续修订，增加自有住房一项，调查内容包含住房贷款利率。

② 包含义务教育杂费、托幼费、其他教育学杂费。

③ 中央和地方政府的教育拨款的增长要高于财政经常性收入的增长，并使按在校学生人数平均的教育费用逐步增长。

④ 包含义务教育杂费、非义务教育学杂费、技能培训学费、托幼费和其他。

2004 年以来，教育改革更注重公平。由于之前的教育改革是在教育经费短缺的背景下进行的，所以开辟新的筹资渠道增加教育经费是教育体制改革的一个重要目标，而这一阶段财政收入的高速增长为增加政府教育投入提供了可能性。这时期教育投入体制改革重点在两方面展开：一方面通过完善学生资助制度、减轻家庭教育负担，提高教育财政公平；另一方面通过大幅度增加政府教育投入，强制实现 4%[①]的目标，提升教育财政充足性。2010 年，天津出台《天津市中长期教育改革和发展规划纲要（2010-2020 年）》，明确提出把促进公平作为基本的教育政策，加大教育投入，完善投入机制；2016 年，天津出台《天津市教育综合改革方案（2016—2020 年）》，以促进教育公平、提高教育质量为主线，建立以经常性经费为主的投入机制；2016 年天津市出台《关于推进价格机制改革的实施意见》，提出推进教育收费改革，强化基础教育普惠性和公平性，继续实施公办义务教育学校“两免一补”政策，从 2016 年秋季开始，将民办义务教育学校纳入“两免一补”政策范围。该时期，天津市学杂托幼费（2011 年改为教育服务[②]）总体平稳运行，年均上涨 1.8%，价格调整频率和幅度都大大下降，仅 2014 年、2015 年受高等教育学费调整影响，涨幅超过 3%，分别为 4.8%和 9.1%。但是该时期教育消费呈现出多样化发展的特征，特别是 K12 阶段（学前教育至高中教育）是家庭教育消费需求最为旺盛的时期，调查数据显示：2018 年天津市人均教育消费支出增长 27.3%，高于人均生活消费支出 19.5 个百分点。家长越来越舍得增加教育投入，尤其是课外教育方面，需求与日俱增，助推课外教育价格持续上涨，自 2016 年以来，涨幅连续三年超过 4%。

六、医疗改革持续深化，价格波动上涨

医疗卫生体制改革伴随着经济体制的改革不断深化，总体脉络是从计划经济体制转向市场经济体制，具体改革方向从政府是医疗卫生资源的配置者到扩大医疗机构经营权和自主权，再到建立全民医疗保障体系，最后到对医疗资源的供给方医疗机构进行综合改革，主要经历了六个时期。

1949—1978 年，建立公费医疗等福利性医疗保障制度，同时政府对药品实行严格的监管政策，对医疗服务的提供实行垄断，因而药品和医疗服务价格受到了国家的全面控制。据统计，这一时期天津市药及医疗用品价格有 19 年为下降，累计下降了约 50%，尤其是“文革”十年，药及医疗用品价格连年下降，最高降幅超过 10%。

1979—1984 年，国家提出“运用经济手段管理卫生事业”，相继出台《关于加强医院经济管理试点工作的通知》《医院经济管理暂行办法》《关于加强卫生机构经济管理的意见》等文件，开始扭转卫生机构不善于经营核算的局面，天津市医疗卫生改革也紧紧遵循国家方针政策。这一时期，天津市药品及医疗服务价格仍实行政府管控，药及医疗用品价格开始止跌转涨，年均上涨 1.9%。

1985—1991 年，正式启动医改，扩大医院自主权。1985 年是全国医疗卫生体制改革元年，天津市也加入改革大潮，1984 年底，天津市出台《当前医疗卫生改革的意见》，提出要搞活医疗卫生工作，发展医疗卫生事业，讲求经济效益，处理好医疗卫生单位利益和群众利益的关系，试行承包责任制。这一时期，全市医疗保健价格涨幅较大，1988 年和 1989 年，药及医疗用品价格涨幅均超过 20%，该时期年均上涨 10.4%；1991 年，医疗保健费上涨 45.8%，该时期年均上涨 11.4%。

1992—1999 年，国家确定实行医药分业，同时 1992 年下发《关于深化卫生医疗体制改革的几点意见》，要求医院在“以工助医、以副补主”方面取得新成绩，并进一步调整医疗卫生服务收费标准。这一时期，物价指数的编制也进行了改革，1994 年，国家统计局正式编制居民消费价格指数，同时对调查目录也进行了调整，将药及医疗用品、医疗保健费合并为医疗保健类，1993 年和 1994 年，医疗保健类价格涨幅分别为 21.9%和 15.5%，该时期年均上涨 7.0%。

2000—2008 年，确定“市场化非医改方向”，2000 年，国务院公布《关于城镇医疗卫生体制改革的指

① 财政性教育经费占 GDP 的比例。
② 包含学前教育、中等教育、高等教育、专业技能培训、其他。

导意见》，将医疗机构分为非营利性和营利性两类进行管理，放开营利性医疗机构医疗服务价格，公立医疗机构内部引入竞争机制，改革药品流通体制，实行医药分家。这一时期，过高的医疗保健价格基本得到了控制并逐步下降，天津市九年间有五年医疗保健价格指数低于 100，年均下降 1.3%。

2009 年至今，国家启动新一轮医改，2009 年国务院公布《关于深化医药卫生体制改革的意见》，天津市于 2015 年发布《关于推进公立医院综合改革试点工作的若干意见》，在取消药品加成、调整医疗服务收费标准、实行医疗保险支付总额预算管理等方面采取了一系列改革措施，逐步理顺医疗价格形成机制，取得初步成效。这一时期，天津市医疗保健价格波动上涨，2016 年和 2017 年涨幅较高，分别为 8.8%和 15.4%，该时期年均上涨 4.1%。

七、交通发展迅速，价格走势分化

新中国成立以来，人们的出行方式经历了翻天覆地的变化，交通工具不断升级换代，购置价格逐渐走低，出行方式丰富多样，交通费用波动上涨，旅游理念不断转换，出行费用逐渐走高。

新中国成立初期，日常出行基本靠“双脚丈量”，人们的活动半径大约不超过 5 公里。到了七八十年代，随着自行车的普及，自行车成为人们主要的交通出行工具，尤其是天津生产了新中国第一辆自行车——飞鸽牌自行车，天津市居民家庭每百户自行车拥有量从 1965 年的 60 辆增加至 1982 年的突破 200 辆，直到今天，自行车在天津人的生活中仍然扮演着重要角色。随着改革开放的发展，摩托车开始进入人们的生活，但是普及率远不及自行车，到 1989 年，天津市居民家庭每百户摩托车拥有量仅为 2.1 辆，和 222.6 辆的自行车拥有量形成鲜明对比。到了 90 年代，小轿车开始进入人们的视野，天津夏利汽车也是当时响当当的知名品牌，但是小汽车的私人拥有量几乎为零，到了 2018 年，天津市居民家庭每百户家用汽车拥有量从 2000 年的 0.2 辆增加至 44.8 辆。

公共交通也经历了飞速的发展，新中国成立初期，有轨电车是天津市主要的公共交通工具，1949 年底，天津开始计划发展无轨电车，1950 年天津研制生产了全国第一辆无轨电车，50 年代至 80 年代是天津无轨电车发展的鼎盛时期，到了 1995 年，无轨电车全部被汽车所取代，电车退出了历史舞台。1984 年，天津地铁 1 号线正式通车，当时仅开设了西北角站和西站，全程 7.4 千米，天津成为全国除北京外第二个通地铁的城市。如今，天津地铁已开通 1、2、3、5、6、9 号线共 6 条运营线路，运营里程 219 千米，日均客运量 111.55 万人次（2018 年）。近年来，共享汽车、共享单车的出现为居民出行提供了更多的选择，既方便又环保。

城市间交通出行方式也经历了一番巨大的变化，新中国成立初期至 80 年代，绿皮火车是天津人出行的主要交通工具，时速在 80—120 千米左右，当时去北京车程在 2—3 小时左右。2008 年，中国第一条高铁——京津城际开通了，从此，京津通行时间缩短至半小时。天津人铁路出行方式经历了从绿皮火车到高铁动车组列车，从“闷罐车”到全程 WiFi，从时速 80 千米到时速 350 千米的变化，初步实现了京津保唐 1 小时交通圈，京津冀主要城市 1—2 小时通达。飞机出行也越来越成为重要的出行方式之一，1950 年，新中国第一条民用航线在天津机场开通；1979 年，天津机场开辟 7 条始发航线，包括去北京的“子爵号”飞机，当时票价 10 元，相当于人均月生活费收入的 1/3，飞行时间 28 分钟；到 2018 年，天津机场旅客吞吐量为 2359.14 万人次，比 1979 年增长 1856 倍，共开通国内外航线超过 250 条，通航城市超过 160 个。

1983 年，交通费作为服务项目中的一个类别纳入职工生活费用价格指数的编制中，到 2000 年，交通费累计上涨 2.5 倍，年均上涨 7.7%。2001 年，国家统计局对调查目录进行大幅修订，交通作为一个中类，调查内容包括交通工具、车用燃料及零配件、车辆使用及维修费、市区公共交通费和城市间交通费，交通价格在 2001 年至 2018 年之间年均上涨 0.9%，交通工具价格以降为主，交通费价格以涨为主，如飞机票价格在 2006 年至 2018 年间累计上涨 43%。

随着人们生活水平的不断提高，全民旅游时代正在到来，旅游消费方式和观念也经历了较大的转变，从早期的探亲游、求学游到如今的跟团游、自由行、私人订制的演变，旅游消费呈现出个性化、高端化趋势。新中国成立初期，受经济发展水平和生活水平的限制，加上国内旅游景点不多，没有开发旅游产业，旅游只是极少数人的选择，出行目的多是以探亲为主。改革开放后，天津市旅游业开始有了较大的发展，1978 年至 1998 年，天津市各类旅行社由 2 家增至 154 家，涉外饭店由 6 个增至 88 个，接待海外旅游者增至 30.49 万人次，天津市民出境旅游人数接近万人。1999 年，“黄金周”制度开始实施，度假旅游成为主流选择，当年天津市接待游客 2600 万人次，实现旅游收入 269 亿元。2001 年，旅游及外出费用被纳入居民消费价格调查目录中，出行费用震荡走高，到 2018 年，累计上涨 20%，年平均上涨 1.3%，尤其是近几年受出行需求增加、经营成本上涨的影响，旅游费用涨幅较高，2017 年和 2018 年分别上涨 8.6%和 6.9%。

价格是经济运行的晴雨表，七十年的价格运行轨迹折射出天津经济发展走过的峥嵘岁月，更反映出天津人历经风雨不断前行的坚韧品质。如今的天津，正在加快建设“五个现代化天津”的道路上坚定前行，我们相信，在党中央和国务院的坚强领导下，在市委市政府的正确带领下，在全体海河儿女勠力同心下，天津各项经济社会事业必能取得预期目标，以优异成绩迎接中华人民共和国成立 70 周年！

70年天津从渴望“居者有其屋”到迈向“居者乐其屋”

2019年是新中国成立七十周年，七十载冬去春来、寒暑交替，更迭的不单单是时间，更在根本上改变了中国人民传统的旧有生活方式。尤其在居住条件方面，天津居民已经从渴望“居者有其屋”的低端需求向“居者乐其屋”的更高需求转换。七十年岁月如歌，七十年人居条件翻天覆地。天津人民随着共和国的跨越式发展步伐走上了居住更舒适、更现代、更绿色的新时代住宅道路。

一、天津市城市住宅发展的主要阶段

（一）新中国成立后的初步建设期（1949-1965年）

1949年1月15日，天津胜利解放，从此天津回到了人民手中。据统计，1949年末，天津市城市实有住宅建筑面积1080.5万平方米，人均居住面积为3.77平方米。

新中国成立伊始，天津人民积极投身恢复重建工作。市政府在新中国成立初期改造了大量的“滚地龙”“三级跳坑”住宅。在“一五”期间建成了以尖山、德才里为典型的居住小区，主要为3-4层为主的住宅。“大跃进”及国民经济调整时期，天津建设了中山门“实验街坊”、天拖等特色居住区。

1953-1965年，天津市城市新建住宅建筑面积为419.66万平方米。该阶段，天津市政府主要以解决城镇职工居住基本需求为主，与当时的经济条件相结合，主要适应当时工业初步发展的历史环境。

（二）十年半停滞期（1966-1976年）

“文革”时期，天津市城市建筑活动处于半停滞状态，住宅建设速度远低于人口增长速度。1966年末，天津市常住人口为640.85万人，到了1976年末，人口增加到706.5万人，而这十年新建住宅建筑面积仅为337.21万平方米，1976年末人均居住面积仅为3.52平方米。

（三）改革开放后的初步发展期（1977-1993年）

1977年开始，随着政治经济环境的新变化，天津市城市住宅建设进入新阶段。该时期，天津城市住宅建设向着大型综合居住区方向发展，对旧有落后的住宅建设模式进行了改造，比如1984-1985年对25.21万平方米“三级跳坑”的改造。本着提高土地使用效率的原则，高层住宅在这一时期内逐渐兴起。

1977-1993年，天津市城市新建住宅建筑面积4105.14万平方米，是1953-1976年新建住宅建筑面积的5.42倍，建设发展进入快车道，到了1993年末，天津市城市人均居住面积达到6.90平方米，与“文革”结束时相比，接近翻番。据抽样调查资料显示，与1978年比，1993年天津市城市原有的无房户、拥挤户半数以上已不同程度地得到了解决，人均居住面积不足4平方米的拥挤户比重由1978年的66.0%降至13.0%；4至8平方米的户数比重则由30%上升至54.0%；8平方米以上的户数比重也由4.0%迅速增至33.0%。

城市居民抽样调查数据还显示：城市居民住房附属设施状况在1993年也得到了明显改善，独用自来水的户数在当年已达80.8%；独用厕所等卫生设备的户数占58.2%；有暖气的户数已占22.4%；使用管道煤气和液化石油气的户数共占90.0%。

（四）对危陋进行改造的快速发展期（1994-2000年）

1994年，天津市委市政府决定力争用5至7年的时间基本完成成片危陋平房改造。始于该年的市区危陋平房改造工程持续了六年，到1999年底，市区危陋平房改造工程在市内六区实际拆除危陋房屋836万平方米，竣工1635万平方米，还迁安置居民30.8万户，市内成片危陋平房改造任务基本完成，百万人的居住条件得到了显著改善。

到2000年末，天津市城市实有住宅建筑面积达到8404万平方米，是1949年的7.78倍，人均居住面积8.90平方米。抽样调查数据显示，有47.3%家庭住房水平超过人均居住面积12平方米的小康标准，34.9%家庭实现了拥有一套住房的梦想。

（五）百花齐放的繁荣发展期（2001-2019年）

1998年7月，国务院发布了《关于进一步深化住房制度改革加快住房建设的通知》（国发[1998]23号），1999年6月份，天津市政府印发《天津市进一步深化城镇住房制度改革实施办法》，停止长达近50年的住房实物分配制度，使人们的住房观念发生根本转变，个人成为购房置业主体。住房制度改革促进了房地产市场的繁荣发展，人民群众日益增长的居住需求得到满足。2001-2018年，天津市城市累计新建住宅建筑面积28446.02万平方米，是1949年至2000年50年总和的3.4倍。

到2017年末，天津市城市实有住宅建筑面积达到29814.82万平方米，是1949年的27.6倍，是1978年的16.9倍。抽样调查资料显示，到2018年末，天津城镇居民人均住房建筑面积达30.1平方米。

二、天津城市房地产市场发展特点

天津市作为四个直辖市之一，北方最大的港口城市，有着1500多万的常住人口，城镇化率达到83.15%，其房地产市场也有着鲜明的城市特点。

（一）惠民生，中心城区老旧改造力度逐步加大

2012-2015年，天津市对中心城区老旧小区进行了提升改造，主要集中在居住功能方面。

2017年3月，天津市政府专题研究改善城乡居民居住条件有关工作，审议通过了《中心城区老旧小区及远年住房改造工作方案》，对20世纪末前建成、房屋及其设施设备老化、建设标准不高的住宅房屋等老旧小区及1999年12月31日前建成的商品房、少量公产房等（含平房）远年住房进行提升改造。共涉及天津市3069个片区、22496幢、127.58万户、8310.90万平方米，其中老旧小区2127片区、14986幢、107.74万户、6665.42万平方米；远年住房942片区、7510幢、19.84万户、1645.48万平方米。中心城区老旧及远年小区居民的小区居住环境和住房内部水、电、气设施状况得到明显提升。

（二）更宜居，环城四区逐渐成为置业热点

随着天津市中心城区土地资源逐渐走向稀缺，新建商品住宅日益减少，由于近些年地铁等轨道交通的迅速发展，距离上带来的不便因素在逐渐变小，更短的通勤时间使越来越多的置业者选择在天津环城四区购置住房。同时，由于城市功能区的重新划分，许多工业企业从市区搬出，选择在近郊建厂，这些企业的就业人员选择在单位附近购置住房。第三个因素是相对于中心城区较高的价格，环城四区的价位优势比较明显。重重利好成就了环城四区新建商品住宅的销售持续火热。据最新的统计数据显示，2019年上半年，东丽、西青、津南、北辰四个环城区的新建商品住宅成交套数占到了天津市整个新建商品住宅成交套数的33.1%。在过去的2018年，这一比例更是高达36.7%。

以东丽区华明镇、津南区海河教育园、西青区中北镇、张家窝镇、北辰区瑞景片区等为代表的环城四区新崛起居住区，吸引了很多年轻人置业，日益成为天津市的区域居住中心。

（三）向未来，滨海新区成为住宅销售交易的新亮点

滨海新区地处天津市东部沿海，面积2270平方公里，有5个国家级开发区和21个街镇，是北方首个自由贸易试验区、全国综合配套改革试验区、国家自主创新示范区。进入21世纪，特别是2005年10月，党的十六届五中全会把滨海新区开发开放正式纳入国家发展战略，滨海新区经济得到长足发展，形成了产业优化升级，高新产业集聚的发展格局，许多企业扎根落户滨海新区，有了企业就有了劳动人口，就有了住房需求，随着滨海新区城市品质的快速提高，宜居、便捷、高性价比等诸多利好因素使滨海新区成为了许多置业者购房的首选区域。

中新天津生态城、经济技术开发区、滨海旅游区等居住区的繁荣发展使滨海新区成为天津市房地产市场销售的新亮点。2019年上半年，滨海新区新建商品住宅成交套数占到了全天津市的23.7%。

（四）准定位，远郊区各具独自发展特色

与中心城区、环城四区、滨海新区的发展一样，天津市远郊区的房地产市场也都有着自己的发展特色，取得了较快发展，随着高速公路、高铁等便捷交通的发展，空间距离逐渐缩小，以前几乎乏人问津的远郊区，逐渐成为天津市房地产未来发展的强有力后蓄力量。

蓟州区房地产市场以生态、绿色为主打，武清区、宝坻区毗邻北京、高铁为抓手，静海区以团泊湖为优势，宁河区以未来科技城为区域亮点，形成了各具特色的区域房地产市场发展特点。一大批配套住宅在这些区域拔地而起，购房者逐渐由满足居住基本需求向舒适、高品质、现代化生活的住房需求转变。

（五）严调控，住宅销售价格保持稳定

从 2016 年 9 月开始，为贯彻落实好党的十九大提出的“房子是用来住的，不是用来炒的”的定位，天津市政府出台了一系列房地产调控政策，住建、金融等部门积极抓落实，严格按照土地出让价格、新建商品房价格、二手房价格“三价联控”原则，稳定住房市场价格预期，使天津市房地产市场保持健康平稳发展，截至 2019 年 6 月份，新建商品住宅销售价格一直维持在 2016 年 10 月份的水平，保持了长期稳定。

（六）重落实，住房保障力度增强

2012 年，天津市人民政府出台了《天津市基本住房保障管理办法》等政策法规，同时每年天津市的 20 项民心工程都对住房保障方面有着具体要求，逐渐加大了各类保障性住房建设，住房保障制度不断完善。继经济适用房、廉租房等社会保障性住房建设后，天津不断开展探索住房保障机制，形成廉租房、公租房和租金补贴等多种方式并行的保障机制，解决了低收入、人均住房面积较低的城市居民的住房问题。在过去的 2018 年，天津市建成保障房 2 万套，完成棚户区改造 57 万平方米，提升老旧小区及远年住房 1300 个片区、4000 万平方米，65 万户家庭受益。

从 2017 年开始，天津市连续三年将棚户区改造纳入 20 项民心工程，截至 2018 年底，棚户区“三年清零”计划改造任务已完成 108.1 万平方米，占到了总任务量的 74%，棚改工作取得了阶段性巨大成果。

三、现代、宜居、高品质住宅进一步发展

随着时代的变迁，科技的发展，理念的进步，绿色、高效、节能、舒适、现代、便捷的“以人为本”高品质居住需求逐步成为置业者的购房共识。

（一）居住面积越住越大

从 2019 年上半年天津市成交新建商品住宅面积结构看，90（含）平方米以下户型成交占总成交套数的 26.4%；90-144 平方米户型成交占总成交套数的 65.5%；144（不含）平方米以上户型占总成交套数的 8.1%。

数据显示出天津市新建商品住宅购房者选择中等以上户型的占到了 7 成以上，表明购房者对住宅空间宽敞度上有了更高的要求。据抽样调查显示，到 2018 年末，82.4%的住户居住在两居室及以上的住房中。

(二)居住环境越住越优雅

目前，从天津市新建住宅建设来看，绝大多数楼盘对于自身的环境设计越来越重视，强调人与环境共生，强调景观对身心健康的影响，绿化率不断提高，人车分流等使新建商品住宅小区的居住环境越来越优雅，很多小区成为花园式小区标杆，业主足不出户就可以享受公园标准。比如：位于天津市南部的第六田园生态住宅区项目，地处自然环境优美的梅江南地区，多层、低密度住宅为主打，以整体起伏的地势动感姿态使居住者的生活不仅局限于平面的限制，生活更加生动、立体。小区设计外高内低，周边为多层住宅，小区中心为低层社区，带状绿化贯穿小区，强调绿色田园意境，有着私有庭院的领地感和自豪感，专属性、独特性强烈。社区内起伏的丘陵状环境设计极具特色，高低起伏的建筑群有着强烈的视觉美感。

（三）居住理念越住越先进

当代生活，人们更加追求品质，尤其互联网+的时代，现代科技，以人为本，精工匠心等理念越来越深入人心，赋予住宅意义的已不仅仅局限于砖头瓦块，更多的是未来人居的精神追求。以沿海河而建的金茂府项目为例，强调“十二大科技系统、四大智慧系统”，以未来视角审视当下，打造出量级科技、差别需求、

返璞归真的最有生命力的人居体系、最有包容性的私人空间、最有人性化的细节，打造的人居生活引领了住宅建设的新方向。房子承载着中国人“家”的情怀，经济越发展、社会越进步，人们对居住的需求就会越来越高层次。在现代居住理念提高上，天津人走在了时代的前沿。

（四）对自然越来越敬重

天津市有着丰富的自然资源基础，与自然和谐相处，互为依托，一些住宅小区起到了引领示范作用。不影响自然环境、合理适度开发，形成人与自然的共同发展，在海河沿线、潮白河河岸、东丽湖、团泊湖等风景区建造宜居绿色生态住宅，满足了城市居民对环境的更高要求。比如泰悦豪庭项目借助海河沿线优势，打造小区海河景观，将静态海河加入动态人居，增强了城市的景观人文融合度，提升了海河的空间活力，对沿海河的建筑底层进行架空处理，海河观河视野更为开阔。充分利用绿化带，将海河沿线打造成滨河花园，尊重人与自然的共同发展。

天津 70 年房地产市场发展成就显著，天津人民的居住条件发生了翻天覆地的变化，居住需求得到了极大满足，展望未来，我们坚信，在习近平新时代中国特色社会主义思想的指引下，天津人民的生活将更加幸福美好！

注：1. 本文数据主要来源于天津统计年鉴、统计公报及国家统计局天津调查总队参考文献。
2. 新建住宅建筑面积年度数据从 2005 年开始以年度城镇住宅竣工面积替代。
3. 人均住房面积：2000 年及以前为全面统计数据，指标为城市人均居住面积；2018 年为城乡住户抽样调查数据，指标为城镇居民人均住房建筑面积。

主要参考文献：

[1] 路红，王月．新中国城市住宅 70 年（1949—2019）之天津．
[2] 中国统计出版社．天津四十年（1949—1989）．
[3] 天津人民出版社．历史性的跨越（天津市“三五八十”的成功实践）．
[4] 天津市城调队．天津市城市居民生活及物价调查资料汇编．

津沽风雨七十载仓廪渐实

内容提要：新中国成立 70 年来，天津粮食生产方式、生产条件、品种结构都发生了翻天覆地的变化。粮食总产量超 200 万吨，比新中国成立初期翻了三番以上。粮食亩产达到近 400 公斤，增长超过 11 倍。三大主要粮食作物小麦、玉米、稻谷的播种面积占粮食总面积的比例由新中国成立初期的不到二分之一，提升至目前的九成以上。机械化、科技化、产业化建设取得突破性进展，综合生产能力不断跃上新台阶，粮食生产实现跨越发展。

粮食是农业生产发展的根本，更是经济发展的基础。虽然天津农业体量较小，基础薄弱，但各级领导和相关部门高度重视粮食生产，不断加大农业投入力度，新中国成立 70 年来，天津粮食生产取得了辉煌成就：粮食年总产量由新中国成立初期的 23.3 万吨跃升到 2018 年的超 200 万吨，翻了三番以上；粮食亩产水平由新中国成立初期的不足百斤增长到 2018 年的近 400 公斤，增长超过 11 倍；主要粮食品种小麦、玉米、稻谷播种面积占粮食总面积的比例由 1949 年的不到二分之一提升至 2018 年的九成以上。

一、改革开放以前，粮食生产曲折发展

新中国建立之初，天津市农业生产条件比较落后，耕地贫瘠，盐渍化面积大，旱涝灾害频繁。在改革开放前的近三十年间，各级政府和广大农民群众发扬自力更生、艰苦奋斗的精神，不断加大农业投入力度，粮食生产条件有所改善、生产能力有所提高。1978 年，全市粮食总产量达到 117.1 万吨，是新中国成立初期的 5 倍；粮食亩产达到 129.9 公斤，是新中国成立初期的 4.2 倍。然而，由于计划经济体制下广大农民生产积极性不高，加上抗灾能力较弱，全市粮食生产发展较为曲折。

（一）粮食总产量增长显著，发展历程一波三折

1949—1957 年，粮食生产处于恢复阶段。新中国成立初期，全市粮食生产摆脱了战争阴霾和封建土地制度的制约，广大农民群众在市委、市政府领导下积极发展粮食生产，生产能力得以快速恢复。土改运动彻底废除了封建生产关系、解放了生产力，充分激发了农民的生产积极性。与此同时，全市先后采取兴修水利、开垦荒地、增施肥料、推广精耕细作等多种措施促进粮食生产。1956 年，《全国农业发展纲要》公布，全市广大农村干部群众备受鼓舞，掀起农业生产新的高潮，通过平整土地、兴修水利，使全市有效灌溉面积达到 14.3 万公顷，比 1949 年增加了 1.2 倍。经过九年的努力，1957 年全市粮食产量达到了 72.2 万吨，是新中国成立初的 3.1 倍；平均亩产达到 86.7 公斤，是新中国成立初的 2.8 倍。

1958—1962 年的五年间，粮食产量低位徘徊。“大跃进”、人民公社化运动浪费大量人力物力，影响正常的农业生产，盲目深翻土地、使土壤肥力下降，破坏粮食生产基础。加之 1959 至 1961 年连续三年的自然灾害，粮食产量大步倒退，低于 1952 年的水平。1961 年全市粮食总产量 47.2 万吨，比 1952 年减少 8.6 万吨，减产 15.5%，农村粮食供应十分紧张。特别是 1962 年，全市粮食总产量只有 44.3 万吨，比 1957 年的 72.2 万吨减少 27.9 万吨，下降了 62.9%。

1963—1965 年，粮食生产进入调整发展时期。为了扭转粮食生产的不利局面，天津市积极总结经验教训，贯彻“调整、巩固、充实、提高”八字方针，继续坚持“以粮为纲”，加强水稻生产，推广新技术，使农业生产得到了发展。经过几年努力，到 1965 年粮食总产达到 117.2 万吨，创当时历史最高水平，比 1961 年增长 1.5 倍，平均亩产达到 140.6 公斤。

1966—1978 年，全市粮食生产在挫折中缓慢发展。十年的“文化大革命”运动和自然灾害的影响，使

全市农业生产再一次受到挫折，这一时期粮食产量始终在110万吨左右起伏。其中1973年因严重干旱缺水，水稻大幅减产，全市粮食总产量仅为98.5万吨。虽然遭受了一些挫折，但广大干部群众仍然积极采取补救措施发展生产，一方面全力根治海河、兴修水利、平整土地，农业抗灾能力有所增强，粮食供给总体平稳；另一方面积极应对水源供给不足的情况，改旱田增加小麦面积，全市小麦总产由1966年的12.0万吨增加到1978年的48.0万吨，增长了3倍。1978年在遭受涝灾的情况下，粮食总产量仍然达到了117.1万吨。

（二）农村水利建设成效显著，农业机械化进展较为缓慢

农田水利建设推动产量提高。水利是农业的命脉，新中国成立后天津市不断加强农村农田水利建设，首先对遭到破坏的农村水利设施进行恢复整修，随后开展排蓄工程建设，兴建水库拦蓄地表水源，提高河道防洪能力，发展灌溉农田，建成了一大批水利工程。全市有效灌溉面积从1949年的72.3万亩增加到1978年的578.7万亩。通过兴修水利，全市粮食种植条件得到极大改善，生产能力大幅提高。

受自然灾害影响严重。改革开放前，由于天津地处海河下游，旱涝灾害频发，耕地贫瘠，加之农业基础设施不足、科技水平不高，“靠天吃饭”是粮食生产的常态，因自然灾害造成大幅减产的情况时有发生。除三年自然灾害时期粮食产量一直保持低位以外，1958年、1966年、1972年、1977年的自然灾害均造成全市粮食产量减少四分之一以上。

机械化进程相对缓慢。全市农业机械化在20世纪50年代开始发展，最初采取从国外聘请专家、引进设备的方式进行机械化建设，随后逐步建立起了自己的拖拉机站，截至1959年，机耕面积已经达到155万亩，农业机械开始在生产中发挥作用。但在1960年以后，由于农村人口增加迅速，农村剩余劳动力较多，农村机械化推进动力不足，全市农业机械化仅在机耕方面有所进展，其他农业机械发展缓慢。

二、改革开放后，粮食生产实现跨越式发展

党的十一届三中全会开启了改革开放历史新时期。1982年至1986年中央连续五年、2004年至2019年又连续十六年发布以“三农”为主题的中央一号文件，对农村土地制度改革和农业农村发展作出具体部署。天津市委、市政府相继出台了一系列繁荣农村、发展农业、富裕农民的重大举措。在系列体制改革和惠农政策的支持下，改革开放四十多以来，全市粮食总产量接连跨上新台阶，确保了粮食安全。2018年，全市粮食播种面积达到525.3万亩，在受到灾情影响的情况下，全年粮食总产量仍然达到209.7万吨，比1978年增长79.1%，平均每年增长1.5%；粮食平均亩产达到399.2公斤，比1978年增长了2.1倍，平均每年增长2.8%。农业生产条件也得到极大改善，在节水灌溉、机械化、土壤改良、生态农业等方面均实现了根本性变革。

（一）体制改革带来农业新气象，粮食和多种经营不断迈上新台阶

1978—1984年，家庭联产承包责任制解放了农村生产力，粮食生产效率明显提高。1978年起，随着人民公社体制改为实行以家庭承包为主的联产责任制，农民获得了生产经营自主权，生产积极性被调动起来，使全市种植业特别是粮食生产效率大幅提高。据了解，天津市部分村在实行家庭联产承包责任制的当年，农业生产效率就提升近3倍，粮食单产提升了三分之一，人均纯收入增加了45.8%。1984年，全市家庭联产承包责任制改革全面完成，虽然粮食播种面积因棉花种植的增加而减少为730万亩，比1978年减少了19.0%，但由于农民生产积极性提高，粮食单产大幅提升，产量不减反增。1984年全市粮食平均单产达到179.9公斤/亩，比1978年增加38.5%，在单产提升的带动下，粮食总产量达到131.3万吨，比1978年增长12.1%。

1985—1990年，粮食开始商品化，生产条件改善，生产能力显著提高。1985年中央一号文件明确取消了实施32年的农产品统购统销政策，全市积极加大农产品流通体制改革和农产品市场培育力度，实行粮食合同定购，定购以外的粮食可以自由上市。粮食生产从自给自足开始向商品经济过渡，极大地激发了广大农民的生产热情。为夺取粮食的更大丰收，广大干部群众因地制宜调整种植结构，推广良种，到1990年，全市优种化面积达664.8万亩，占播种面积的98%。同时，农业生产条件持续改善，为粮食单产提升创造条

件。这一时期，商品经济带来了经济作物的蓬勃发展，导致粮食作物播种面积减少。1990 年，全市种植业商品率达到 57.0%，粮食播种面积减少至 678.4 万亩，比 1984 年减少了 7.1%。而粮食亩产则比 1984 年增长了 54.7%，达到 278.2 公斤。在亩产快速增长的带动下，粮食总产量达到 188.8 万吨，比 1984 年增长了 43.8%。

1991—1998 年，粮食流通体制向社会主义市场经济体制转轨，粮食生产再上新台阶。20 世纪 90 年代，市场机制逐步取代计划手段成为调节农产品供求和资源配置的主导，与社会主义市场经济体制相适应的农产品流通体制在天津市基本建立，全市粮食生产持续稳定发展。随着全市全面放开粮食收购和销售市场，提高粮食收购价格政策出台后，农民发展粮食生产的积极性得到了进一步提高，加之生产条件持续改善，全市粮食产量再度跃上新台阶。1998 年，全市粮食总产量达 210.1 万吨，比 1990 年增加 11.3%；粮食播种面积为 666.8 万亩，比 1990 年减少 1.7%；平均亩产达到 315.1 公斤，比 1990 年提高 13.3%。

1999—2003 年，种植业生产更趋多元化，粮食播种面积有所减少。随着市场经济的深入发展，广大农民为提升种植效益，粮食改种经济作物的情况越来越普遍。棉花播种面积迅速从 1998 年的 5.2 万亩增加到 2003 年的 105.9 万亩，占农作物总播种面积的比例达到 14.1%，蔬菜播种面积也由 1998 年的 15.3 万亩增加到 2003 年的 26.8 万亩。2003 年粮食播种面积则减至 387.2 万亩，比 1998 年减少四成以上，受此影响，粮食总产量也减少到 119.3 万吨。

2004 年以来，粮食生产再次步入快车道。党中央、国务院坚持“多予、少取、放活”的方针，不断加强支农惠农政策。经过不懈努力，全市全面取消了“三提五统”，减免了农业税。同时，实施以工辅农的政策措施，实行粮食直补、良种补贴、农机具购置补贴和农资综合直补等补贴政策，并逐年加大补贴额度，对主要粮食品种按照保护价收购等。随着这些政策措施的贯彻执行，农民种粮积极性得到显著提高。2018 年，全市粮食播种面积比 2003 年增加 138.1 万亩，增幅达 35.7%；总产量比 2003 年增加 90.4 万吨，增幅为 75.8%；平均亩产比 2003 年提高 91.1 公斤，增幅为 29.6%。

（二）农业生产条件大幅度改善，农村科技水平不断升级

农田水利建设向节水方向发展。天津市作为全国水资源最为紧缺的城市之一，农田水利设施建设的发展由改革开放前的兴修水利、增加有效灌溉面积向科学用水、提升节水灌溉率的方向发展，2018 年末，天津市有效灌溉面积为 457.1 万亩，其中节水灌溉面积为 368.6 万亩，节水灌溉面积占比超过八成。节水灌溉的快速发展，使有限的水资源得到了更加充分的利用。

农业机械化由上数量向上水平转变。1978—2002 年，全市农业机械总动力由 182.1 万千瓦迅速提升至 612.7 万千瓦，农用拖拉机数量由 1.7 万台增加至 4.5 万台。得益于农业机械化的发展，2002 年全市农田机耕率达 90.7%，农田机播率 45.2%，机收面积占总收获面积的比重为 20.4%，其中小麦机收率达 97%，水稻机收率达 62%。2002 年至今，农业机械快速向集约化、科技化方向发展，农业机械数量有所减少但水平加速提升。2018 年，天津市农业机械总动力调整至 348.0 万千瓦，农用拖拉机数量调整至 1.7 万台。虽然农业机械总动力、数量均有所下降，但由于管理更加集约化，科技含量更高，农机作业水平得到明显提升。2018 年，小麦种植已实现全程机械化，机耕、机播、机收率均达到 100%；水稻耕种收综合机械化率达到 99.3%；玉米耕种收综合机械化率达到 98.8%。

盐碱地治理利用成效明显。改革开放后，全市继续通过改进“深渠河网”“抽咸补淡”“暗管排水”等传统技术治理盐碱地，为粮食增产做出了积极贡献。党的十八大以后，全市积极参与科技部、中科院主持的“渤海粮仓科技示范工程”国家科技支撑计划项目，市农业技术推广站、市农科院等部门引进筛选了数十个耐盐碱、耐贫瘠的粮食品种，完善了中低产田土壤深松深耕、土壤养分活化等关键技术，并将技术进行组装配套，形成多套增产技术模式，辐射带动了全市的粮食增产。

绿色农业、生态农业深入人心。改革开放初期，化肥、农药的推广使用曾经极大地促进了天津农业的快速发展。但是近年来，人们更加注重身体健康，对绿色、有机、无公害农产品需求显著增加，为满足市场需求，农户使用化肥、农药的数量开始逐渐减少。2006 年起，全市开始承担农业农村部、财政部测土配方施肥补贴资金项目，大力推广测土配方施肥技术。2012 年，全市印发了《2012 年天津市测土配方施肥工

作方案》和《2012年天津市测土配方施肥补贴项目实施方案》。2015年，印发了《天津市到2020年化肥使用量零增长实施方案》和《天津市到2020年农药使用量零增长实施方案》，一系列政策措施的推进，既保护了土壤肥力，减少了环境污染，又节约了种植成本，提升了农产品品质。2018年，天津市化肥施用折纯量为17.0万吨，比2009年时的最高值26.0万吨减少了34.7%；农药使用量为0.2万吨，比2009年时的最高值0.4万吨减少了42.4%。

70年来，天津粮食种植条件彻底改观，种植结构不断优化，高新农业、生态农业得到空前发展。未来，在国家乡村振兴战略的指导下，在市委市政府的正确领导下，随着《天津市乡村振兴战略规划》《天津小站稻产业振兴规划》等项目的实施，党中央“藏粮于地、藏粮于技”的指导思想在津沽大地上落地生根，天津一定能够完成稳定粮食生产，确保粮食安全的战略目标。

二、人民生活

Chapter 2
PEOPLE'S LIVING CONDITIONS

2-1 全市居民家庭基本情况
Basic Conditions of Citywide Households
(2014-2018)

项 目	Item	单位	Unit	2014	2015	2016	2017	2018
一、调查样本户数	**Number of Households Surveyed**	户	**household**	**3916**	**3929**	**3958**	**3970**	**4000**
1. 城镇住户	Urban	户	household	2931	2943	3014	3018	3200
2. 农村住户	Rural	户	household	985	986	944	952	800
二、调查样本户结构	**Structure of Household**							
1. 城镇住户	Urban	%		74.8	74.9	76.1	76.0	80.0
2. 农村住户	Rural	%		25.2	25.1	23.9	24.0	20.0
三、住户基本情况	**Basic Conditions of Households**							
户均常住成员	Average Number of Permanent Residents Per Household	人/户	person/household	2.93	2.90	2.93	2.92	2.89
户均就业成员	Average Number of Employees Per Household	人/户	person/household	1.62	1.55	1.56	1.51	1.44
平均每户就业人口比重	Average Employment Proportion Per Household	%		55.3	53.7	53.2	51.6	50.0
平均每一就业者负担人口	Average Number of Dependents Per Employee	人	person	1.81	1.86	1.88	1.94	2.01
四、住户常住成员户口登记地	**Registered Location of Permanent Residents**							
1. 本村(居委会)	Home Village or Residents' Committee	%		78.8	80.3	79.8	80.7	73.5
2. 村外乡(镇、街道)内	Outside Home Village	%		6.9	6.2	4.8	4.8	7.8
3. 乡外县(区)内	Outside Home Township Residential District	%		4.1	4.2	4.8	3.4	5.7
4. 县外市内	Outside Home County (District)	%		5.6	5.8	6.2	6.2	7.3
5. 市外省内	Outside Home Municipality	%						
6. 省外	Outside Home Province	%		4.6	3.5	5.6	4.9	5.7
7. 其他(如户口待定)	Others	%						
五、住户6周岁及以上成员受教育程度	**Education Level of Residents Above 6-Year-Old**							
1. 未上过学	Non-Educated	%		2.0	1.8	1.5	1.4	1.8
2. 小学	Primary School	%		15.8	15.4	15.5	15.5	15.5
3. 初中	Junior Middle School	%		37.6	37.2	36.6	36.7	31.3
4. 高中	Senior Middle School	%		23.7	24.1	22.9	22.9	20.8
5. 大学专科	Junior College	%		11.5	12.1	11.8	11.8	14.0
6. 大学本科	Undergraduate College	%		8.8	8.7	10.6	10.6	15.0
7. 研究生	Graduate	%		0.6	0.7	1.1	1.1	1.6
六、住户从业人员参加养老保险情况	**Pension Insurance**							
1. 新型农村社会养老保险	The New Rural Community Pension Insurance	%		0.9	1.2	1.0	0.8	0.9
2. 城镇职工基本养老保险	Urban Employee Pension Insurance	%		54.8	53.8	55.7	55.4	62.2
3. 城乡居民基本养老保险	Urban-Rural Residents Basic Pension Insurance	%		18.6	21.6	24.4	25.2	22.0
4. 商业养老保险	Business Pension Insurance	%		0.6	0.7	0.9	0.9	1.3
5. 其他养老保险	Others	%						
6. 没有参加任何养老保险	No Pension Insurance	%		25.1	22.7	18.0	17.7	13.6
七、住户从业人员参加医疗保险情况	**Medical Care Insurance**							
1. 新型农村合作医疗	The New Rural Cooperative Medical Care Insurance	%		0.9	1.4	1.3	0.8	1.0
2. 城镇职工基本医疗保险	Urban Employee Basic Medical Care Insurance	%		44.1	50.8	53.3	52.7	59.2
3. 城乡居民基本医疗保险	Urban-Rural Residents Basic Medical Care Insurance	%		51.5	45.0	43.1	44.0	37.0

2-1 续表 1 continued

项目	Item	单位	2014	2015	2016	2017	2018
4. 公费医疗	Socialized Medical Care	%					
5. 商业医疗保险	Business Medical Care Insurance	%	1.2	0.8	0.7	0.9	1.4
6. 其他医疗保险	Others	%					
7. 没有参加任何医疗保险	No Medical Care Insurance	%	2.3	2.0	1.6	1.6	1.4
八、住户从业人员行业分布	**Industry Distribution**						
1. 第一产业	Primary Industry	%	7.9	6.6	5.5	4.9	4.9
2. 第二产业	Secondary Industry	%	36.7	37.0	34.6	34.8	29.8
3. 第三产业	Tertiary Industry	%	55.4	56.4	59.9	60.3	65.3
九、住户从业人员职业分布	**Profession Distribution**						
1. 国家机关、党群组织、企业、事业单位负责人	Directors of Government Agency, CPC or Mass Organizations, Enterprises and Institutions	%	2.1	1.7	1.4	1.3	1.0
2. 专业技术人员	Professional Staff	%	15.9	17.3	19.0	18.9	19.3
3. 办事人员和有关人员	Clerks	%	18.8	20.1	22.1	22.9	27.6
4. 商业、服务业人员	Commercial and Service Personel	%	23.8	24.1	24.8	24.5	25.7
5. 农、林、牧、渔、水利业生产人员	Primary Industry and Irrigation Workers	%	8.9	7.1	5.6	5.1	5.1
6. 生产、运输设备操作人员及有关人员	Equipment Operators	%	30.4	29.5	26.9	27.2	21.2
7. 军人	Soldiers	%	0.1	0.2	0.2	0.1	0.1
8. 不便分类的其他从业人员	Others	%					
十、住户从业人员就业分布	**Employment Distribution**						
1. 雇主	Employers	%	0.9	0.2	0.4	0.3	0.3
2. 公职人员	Public Servants	%	1.6	1.5	1.9	1.9	2.0
3. 事业单位人员	Institutions Staff	%	5.4	4.5	5.4	5.0	7.9
4. 国有企业雇员	State-Owned Enterprise Employees	%	11.8	13.5	13.0	12.3	11.5
5. 其他雇员	Other Employees	%	63.1	65.0	64.5	66.7	66.0
6. 农业自营	Agricultrual Managers	%	7.6	6.1	4.9	4.3	4.1
7. 非农自营	Secendary and Teriary Industry Managers	%	9.6	9.2	9.9	9.5	8.2
十一、住户成员健康状况	**Health Condition**						
1. 健康	Healthy	%	87.1	87.6	89.9	89.6	89.9
2. 基本健康	General Healthy	%	10.3	9.8	8.0	8.4	7.7
3. 不健康，但生活能自理	Unhealthy but Independent	%	2.3	2.2	1.8	1.8	2.0
4. 生活不能自理	Dependent	%	0.3	0.4	0.3	0.2	0.4
十二、常住居民收入与支出	**Income and Expenditure**						
全体居民人均可支配收入	Per-Capita Disposable Income	元/人	28832	31291	34074	37022	39506
全体居民人均消费支出	Per-Capita Consumption Expenditure	元/人	22343	24162	26129	27841	29903
平均消费倾向	Average Propensity to Consume	%	77.5	77.2	76.7	75.2	75.7
十三、住户现住房居住空间样式	**Housing Style**						
1. 单栋楼房	Single Building	%	0.5	0.6	0.7	0.5	0.9
2. 单栋平房	Single Bungalow	%	26.5	26.0	23.9	24.3	22.7
3. 四居室及以上单元房	Apartment with 4 Bedrooms or More	%	0.2	0.2	0.2	0.3	0.5
4. 三居室单元房	Apartment with 3 Bedrooms	%	8.4	8.6	9.0	9.1	12.7
5. 二居室单元房	Apartment with 2 Bedrooms	%	42.3	44.5	45.9	46.3	48.2
6. 一居室单元房	Apartment with 1 Bedrooms	%	15.0	13.9	14.2	13.5	12.9
7. 筒子楼或连片平房	Tube-Shaped Apartment or Cottage	%	7.0	5.4	5.5	5.4	2.1
8. 其他	Others	%	0.1	0.8	0.6	0.6	
十四、住户现住房房屋来源	**Source of House**						
1. 租赁公房	Rent Public House	%	15.7	13.3	10.6	10.4	8.2
2. 租赁私房	Rent Private House	%	3.6	2.7	2.9	2.3	4.4
3. 自建住房	Self-Help House	%	28.1	27.2	25.7	25.6	23.2
4. 购买商品房	Purchased Commercial House	%	28.3	30.0	30.2	31.0	41.5

2-1 续表 2 continued

项 目	Item	单位	2014	2015	2016	2017	2018
5. 购买房改住房	Purchased Public House	%	10.5	12.9	14.2	14.5	10.9
6. 购买保障性住房	Purchased Social House	%	1.1	1.8	2.4	2.5	1.9
7. 拆迁安置房	Resettlement House	%	7.2	8.0	10.0	10.1	8.2
8. 其他	Others	%	5.5	4.1	4.0	3.6	1.7
十五、住户主要饮用水来源情况	**Source of Drinking Water**						
1. 经过净化处理的自来水	Tap Water	%	90.2	95.7	96.6	96.5	95.6
2. 受保护的井水和泉水	Protected Wells and Springs	%	8.8	3.4	2.4	2.3	2.4
3. 不受保护的井水和泉水	Unprotected Wells and Springs	%					
4. 江河湖泊水	River and Lake Water	%					
5. 收集雨水	Collected Rain Water	%					
6. 桶装水	Bottled Water	%	1.0	0.9	1.0	1.2	2.0
7. 其他水源	Others	%					
十六、住户主要取暖用能源状况	**Fuel for Heating**						
1. 柴草	Firewoods	%					
2. 煤炭	Coal	%	28.6	28.3	26.2	20.8	13.5
3. 罐装液化石油气	Canned Liquefied Petroleum Gas	%					
4. 管道液化石油气	Pipeline Liquefied Petroleum Gas	%					
5. 管道煤气	Pipeline Coal Gas	%					
6. 管道天然气	Pipeline Natural Gas	%				2.9	11.0
7. 电	Electricity	%	1.9	0.8	1.3	3.7	3.5
8. 燃料用油	Fuel Oil	%					
9. 沼气	Methane	%					
10. 其他	Others	%					
11. 集中供暖	Central Heating	%	69.5	70.9	72.5	72.6	72.0
十七、住户主要炊用能源状况	**Fuel for Cooking**						
1. 柴草	Firewoods	%	1.5	1.4	0.2	0.2	0.2
2. 煤炭	Coal	%	1.7	2.4	2.1	1.7	1.0
3. 罐装液化石油气	Canned Liquefied Petroleum Gas	%	26.0	25.3	24.8	23.2	20.8
4. 管道液化石油气	Pipeline Liquefied Petroleum Gas	%					
5. 管道煤气	Pipeline Coal Gas	%					
6. 管道天然气	Pipeline Natural Gas	%	64.8	65.5	67.3	69.7	74.8
7. 电	Electricity	%	2.1	2.1	2.3	2.2	2.2
8. 燃料用油	Fuel Oil	%					
9. 沼气	Methane	%					
10. 其他	Others	%					
11. 无炊用行为	No Cooking Behavior	%	3.9	3.3	3.3	3.0	1.0
十八、住户厕所类型	**Toilet Type**						
1. 水冲式卫生厕所	Sanitary Water Flush Toilet	%	81.7	82.5	83.4	85.3	87.9
2. 水冲式非卫生厕所	Non-Sanitary Water Flush Toilet	%					
3. 卫生旱厕	Sanitary Dry Toilet	%	5.6	5.3	5.2	4.4	2.1
4. 普通旱厕	Common Dry Toilet	%	8.7	7.8	7.1	6.1	4.9
5. 无厕所	No Toilet	%	4.0	4.4	4.3	4.2	5.1
十九、住户洗澡设施情况	**Bath Facilities**						
1. 统一供热水	Unified Supply of Hot Water	%	7.6	6.2	6.4	5.7	4.8
2. 家庭自装热水器	Water Heater Installed by Household	%	85.2	87.9	88.2	88.4	91.6
3. 其他	Others	%	1.5	1.9	0.6	1.4	0.5
4. 无洗澡设施	No Bath Facilities	%	5.7	4.0	4.8	4.5	3.1

2-2 全市居民人均食品消费量
Per Capita Consumption of Foods of Citywide Households (2014-2018)

单位：公斤 (kg)

项 目	Item	2014	2015	2016	2017	2018
粮食	Grain	116.6	119.6	119.9	120.1	118.3
#谷物	Cereal	108.0	110.5	110.7	109.7	107.9
薯类	Tuber	2.5	2.7	2.8	3.1	3.2
豆类	Beans and the Products	6.2	6.4	6.4	7.3	7.2
食用油	Oil and Fats	12.1	12.1	12.0	11.9	9.9
蔬菜及菜制品	Vegetables and Edible Fungi	114.3	115.1	117.5	118.3	116.8
#鲜菜	Fresh Vegetables	111.3	111.9	113.9	114.8	113.2
肉及制品	Meat and Meat Products	24.0	25.2	26.3	26.5	26.9
#猪肉	Pork	15.3	15.8	16.1	15.8	16.8
牛羊肉	Beef and Mutton	4.8	5.6	6.1	6.2	5.6
家禽及制品	Poultry and Poultry Products	4.8	4.9	5.6	5.6	5.7
水产及制品	Aquatic Products	16.3	16.6	16.9	16.9	16.7
蛋类及蛋制品	Eggs and Related Products	16.8	16.8	17.8	18.3	17.7
#鲜蛋	Eggs	15.9	16.0	17.0	17.5	17.0
奶和奶制品	Milk and Dairy Products	18.2	18.0	18.3	18.4	18.6
干鲜瓜果类	Dried and Fresh Melons and Fruits	69.3	72.7	73.8	75.3	86.2
#鲜瓜果	Fresh Melons and Fruits	63.1	66.3	67.5	68.8	78.8
糖果糕点类	Confectionery	8.2	8.3	8.2	8.4	9.6
白酒	Wine	3.5	3.6	3.6	3.8	3.4

2-3 全市居民家庭年末每百户主要耐用消费品拥有量
Main Durable Goods Owned Per 100 Households Citywide (2014-2018)

项 目	Item	单位	unit	2014	2015	2016	2017	2018
摩托车	Motorcycle	辆	unit	14.2	12.6	10.1	6.4	4.4
助力车	Electric Bicycle	辆	unit	46.1	43.5	45.4	47.9	45.8
家用汽车	Automobile	辆	unit	30.1	36.5	39.7	41.2	44.8
洗衣机	Washing Machine	台	set	99.1	99.8	99.7	99.9	101.1
电冰箱(柜)	Refrigerator	台	set	102.4	101.6	101.5	101.0	103.3
彩色电视机	Color Television Set	台	set	116.6	117.4	118.1	118.8	111.5
家用电脑	Micro-Computer	台	set	66.6	68.1	69.3	70.2	70.6
摄像机	Vidicon	台	set	9.1	10.4	9.8	—	—
照相机	Camera	架	set	36.4	31.1	28.5	29.6	20.7
微波炉	Microwave Oven	台	set	70.7	69.4	70.9	71.5	71.9
空调器	Air Conditioner	台	set	125.9	124.3	126.4	129.8	140.9
热水器	Water Heater	台	set	93.2	91.8	92.3	93.7	96.4
固定电话	Telephone	部	set	60.7	55.5	54.2	38.9	35.4
移动电话	Mobile Telephone	部	set	214.3	217.6	219.3	222.8	233.1

2-4 城乡居民家庭人均可支配收入和消费支出
Per Capita Disposable Income and Consumption Expenditure of Urban and Rural Households (1978-2018)

单位：元 (yuan)

年 度 Year	人均可支配收入 Per Capita Disposable Income			人均消费支出 Per Capita Consumption Expenditure		
	城镇居民 Urban Residents	农村居民 Rural Residents	城乡居民收入比 (农村居民收入＝100) Ratio of Urban-Rural Residents' Income (Rural Residents' Disposable Income=100)	城镇居民 Urban Residents	农村居民 Rural Residents	城乡居民消费支出比 (农村居民消费＝100) Ratio of Urban-Rural Residents' Consumption Expenditure (Rural Residents' Consumption Expenditure=100)
1978	388	153	253.6	345	132	261.4
1979	425	179	237.4	385	135	285.2
1980	527	278	189.6	475	208	228.0
1981	540	298	181.3	486	249	195.0
1982	577	326	176.9	497	267	186.4
1983	604	412	146.7	521	336	154.8
1984	728	505	144.3	600	371	161.7
1985	876	565	155.2	771	426	180.9
1986	1070	635	168.5	949	480	197.6
1987	1187	749	158.4	1071	539	198.8
1988	1330	891	149.2	1279	714	179.1
1989	1478	1020	144.9	1291	781	165.2
1990	1639	1069	153.3	1440	733	196.6
1991	1845	1169	157.9	1586	796	199.3
1992	2238	1309	171.0	1907	847	225.3
1993	2769	1473	188.0	2322	938	247.6
1994	3982	1836	216.9	3301	1161	284.4
1995	4930	2406	204.9	4064	1548	262.5
1996	5967	3000	198.9	4680	1957	239.1
1997	6609	3244	203.8	5204	1882	276.5
1998	7053	3388	208.2	5482	2008	273.1
1999	7527	3396	221.7	5875	1963	299.3
2000	7946	3598	220.9	6158	2088	294.9
2001	8672	3911	221.7	7045	2179	323.4
2002	8968	4229	212.1	7265	2334	311.2
2003	9823	4502	218.2	7964	2543	313.2
2004	10831	4938	219.4	8930	2945	303.2
2005	11839	5475	216.2	9813	3442	285.1
2006	13266	6096	217.6	10745	3850	279.1
2007	15062	6845	220.1	12280	4142	296.5
2008	17726	7705	230.0	13732	4550	301.8
2009	19371	8441	229.5	15174	5167	293.7
2010	21800	9764	223.3	17015	6072	280.2
2011	24158	11941	202.3	18928	8273	228.8
2012	26586	13593	195.6	20572	10254	200.6
2013	28980	15353	188.8	22306	12491	178.6
2014	31506	17014	185.2	24290	13739	176.8
2015	34101	18482	184.5	26230	14739	178.0
2016	37110	20076	184.8	28345	15912	178.1
2017	40278	21754	185.2	30284	16386	184.8
2018	42976	23065	186.3	32655	16863	193.6

注：本表2013年及以后为一体化住户调查新口径数据，2012年及以前数据为按可比口径回溯获得。表2-5至2-6同。

Note: The data of the year 2013 and later in the table are integrated household survey data in new scope, the year 2012 and before are reckoned at comparable coverage. Same as table 2-5 to 2-6.

2-5 城乡居民人均可支配收入和消费支出实际指数
Real Indices of Per Capita Disposable Income and Consumption Expenditure of Urban and Rural Households (1978-2018)

年 度 Year	人均可支配收入指数 Real Index of Per Capita Disposable Income (1978=100)		人均消费支出指数 Real Index of Per Capita Consumption Expenditures(1978=100)	
	城镇居民 Urban Households	农村居民 Rural Households	城镇居民 Urban Households	农村居民 Rural Households
1978	100.0	100.0	100.0	100.0
1979	108.4	115.8	110.6	101.3
1980	127.8	171.2	129.6	148.7
1981	129.2	180.9	131.0	175.6
1982	137.5	197.2	133.3	187.0
1983	143.4	247.7	139.1	234.9
1984	169.8	298.2	157.4	254.4
1985	180.5	294.9	178.8	258.2
1986	206.5	310.8	206.3	272.4
1987	214.5	343.5	218.1	286.3
1988	205.5	349.7	222.6	324.4
1989	199.1	349.0	196.1	309.8
1990	214.5	354.9	212.4	282.2
1991	219.2	352.4	212.2	278.0
1992	238.7	354.2	229.2	265.5
1993	251.1	338.9	237.4	250.1
1994	291.3	340.6	272.3	249.6
1995	312.8	387.3	290.9	288.8
1996	347.6	443.1	307.2	335.0
1997	373.3	464.3	331.4	312.6
1998	400.1	487.1	350.6	335.1
1999	431.8	493.4	380.1	331.4
2000	457.7	524.5	399.9	353.9
2001	493.4	563.3	451.8	364.9
2002	512.1	611.2	467.7	392.6
2003	555.1	644.2	507.4	423.2
2004	598.4	690.6	556.1	479.1
2005	644.5	754.8	602.3	551.9
2006	711.5	828.0	649.9	608.2
2007	774.9	892.6	712.9	628.3
2008	865.5	953.3	756.4	655.3
2009	955.5	1055.3	844.1	751.6
2010	1038.7	1179.9	914.2	853.1
2011	1096.8	1375.7	969.0	1107.3
2012	1175.8	1524.3	1025.2	1336.5
2013	1242.8	1669.1	1077.5	1578.4
2014	1326.1	1814.3	1151.9	1703.1
2015	1411.0	1937.7	1223.3	1796.8
2016	1504.1	2061.7	1295.5	1901.0
2017	1598.9	2189.5	1355.0	1918.1
2018	1672.4	2274.9	1432.3	1935.4

2-6 城乡居民平均消费率和恩格尔系数
The Average Consumption Rate & Engel's Coefficient of Urban and Rural Households (1978-2018)

单位：% (%)

年 度 Year	城镇居民 Urban Households		农村居民 Rural Households	
	平均消费率 Average Consumption Rate	恩格尔系数 Engel's Coefficient	平均消费率 Average Consumption Rate	恩格尔系数 Engel's Coefficient
1978	88.9	58.1	86.3	59.8
1979	90.6	57.0	75.4	64.4
1980	90.1	54.9	74.8	56.7
1981	90.0	55.8	83.8	50.6
1982	86.1	58.5	81.9	50.6
1983	86.2	61.2	81.7	48.7
1984	82.4	60.9	73.8	49.2
1985	88.0	54.4	75.5	47.4
1986	88.7	54.5	75.6	49.0
1987	90.2	54.0	72.0	49.9
1988	96.2	52.1	80.1	46.1
1989	87.4	58.6	76.6	47.8
1990	87.9	57.9	68.6	54.0
1991	85.9	58.6	68.1	52.4
1992	85.2	57.6	64.7	51.0
1993	83.9	54.6	63.7	50.6
1994	82.9	52.1	63.2	56.3
1995	82.4	52.1	64.3	57.0
1996	78.4	51.3	65.3	52.3
1997	78.7	46.7	58.0	51.1
1998	77.7	43.6	59.3	46.1
1999	78.1	41.8	57.8	47.6
2000	77.5	39.8	58.0	39.5
2001	81.2	36.3	55.7	42.0
2002	81.0	35.2	55.2	36.8
2003	81.1	36.0	56.5	36.8
2004	82.4	35.3	59.7	36.4
2005	82.9	34.5	62.9	36.0
2006	81.0	32.6	63.2	33.5
2007	81.5	32.9	60.5	35.4
2008	77.5	34.4	59.1	37.4
2009	78.3	33.7	61.2	39.5
2010	78.1	32.9	62.2	37.3
2011	78.4	32.9	69.3	30.6
2012	77.4	33.2	75.4	32.0
2013	77.0	32.6	81.4	30.9
2014	77.1	33.2	80.8	31.4
2015	76.9	32.2	79.8	29.5
2016	76.4	30.6	79.3	31.3
2017	75.2	31.2	75.3	29.6
2018	76.0	28.8	73.1	29.6

2-7 全市居民人均可支配收入及构成
Per Capita Disposable Income and Component of Citywide Households (2014-2018)

项　目	Item	2014	2015	2016	2017	2018
人均可支配收入(元)	**Per Capita Disposable Income (yuan)**	**28832**	**31291**	**34074**	**37022**	**39506**
工资性收入	Income of Wages and Salaries	17162	19256	21218	23165	25119
经营净收入	Net Business Income	2876	2906	3137	3262	3344
财产净收入	Net Income from Property	2782	2928	3217	3505	3587
转移净收入	Net Income from Transfer	6012	6201	6502	7090	7456
#养老金或离退休金	Pensions and Retirement Pay	6592	7083	7562	8349	8601
人均可支配收入构成(%)	**Component of Per Capita Disposable Income (%)**	**100.0**	**100.0**	**100.0**	**100.0**	**100.0**
工资性收入	Income of Wages and Salaries	59.5	61.5	62.3	62.6	63.6
经营净收入	Net Business Income	10.0	9.3	9.2	8.8	8.4
财产净收入	Net Income from Property	9.6	9.4	9.4	9.5	9.1
转移净收入	Net Income from Transfer	20.9	19.8	19.1	19.1	18.9
#养老金或离退休金	Pensions and Retirement Pay	22.9	22.6	22.2	22.6	21.8

2-8 全市居民人均消费支出及构成
Per Capita Consumption Expenditure and Component of Citywide Households (2014-2018)

项　目	Item	2014	2015	2016	2017	2018
人均消费支出(元)	**Per Capita Consumption Expenditure (yuan)**	**22343**	**24162**	**26129**	**27841**	**29903**
食品烟酒	Food, Tobacco and Liquor	7377	7900	8020	8647	8648
衣　着	Clothing	1859	1949	1931	1945	1990
居　住	Residence	4873	5138	5655	5922	6406
生活用品及服务	Household Facilities, Articles and Services	1296	1514	1562	1655	1818
交通通信	Transportations and Communications	2905	3186	3752	3745	4281
教育文化娱乐	Education, Cultural and Recreation	1834	2005	2404	2691	3187
医疗保健	Health Care and Medical Services	1584	1757	2023	2390	2677
其他用品及服务	Miscellaneous Goods and Services	615	713	782	846	896
人均消费支出构成(%)	**Component of Per Capita Consumption Expenditure (%)**	**100.0**	**100.0**	**100.0**	**100.0**	**100.0**
食品烟酒	Food, Tobacco and Liquor	33.0	32.7	30.7	31.1	28.9
衣　着	Clothing	8.3	8.1	7.4	7.0	6.7
居　住	Residence	21.8	21.3	21.6	21.3	21.4
生活用品及服务	Household Facilities, Articles and Services	5.8	6.2	6.0	5.9	6.1
交通通信	Transportations and Communications	13.0	13.2	14.4	13.4	14.3
教育文化娱乐	Education, Cultural and Recreation	8.2	8.3	9.2	9.7	10.7
医疗保健	Health Care and Medical Services	7.1	7.3	7.7	8.6	8.9
其他用品及服务	Miscellaneous Goods and Services	2.8	2.9	3.0	3.0	3.0

2-9 全市居民人均消费支出
Per Capita Consumption Expenditure of Citywide Households (2014-2018)

单位：元 (yuan)

项 目	Item	2014	2015	2016	2017	2018
人均消费支出	**Per Capita Consumption Expenditure**	**22343**	**24162**	**26129**	**27841**	**29903**
(一)食品烟酒	Food, Tobacco and Liquor	7377	7900	8020	8647	8648
1. 食品	Food	4797	5039	5230	5453	5338
2. 烟酒	Tobacco and Liquor	735	774	762	816	727
3. 饮料	Drink	180	214	193	209	231
4. 饮食服务	Catering Services	1664	1873	1835	2169	2352
(二)衣着	Clothing	1859	1949	1931	1945	1990
1. 衣类	Clothes	1385	1472	1450	1468	1546
2. 鞋类	Shoes	475	477	481	477	444
(三)居住	Residence	4873	5138	5655	5922	6406
1. 租赁房房租	Rent of Rental Housing	195	183	195	220	330
2. 住房维修及管理	Housing Maintenance and Management	438	471	593	639	700
3. 水电燃料及其他	Water, Electricity, Fuel and Others	1194	1240	1293	1223	1321
4. 自有住房折算租金	Imputed Rents of Owner-occupied Dwelling	3046	3244	3574	3840	4055
(四)生活用品及服务	Household Facilities, Articles and Services	1296	1514	1562	1655	1818
1. 家具及室内装饰品	Furniture and Interior Decoration	190	242	221	244	275
2. 家用器具	Household Appliances	350	473	435	439	417
3. 家用纺织品	Home Textiles	108	108	121	116	107
4. 家庭日用杂品	Family Daily Groceries	382	384	420	447	476
5. 个人用品	Personal Products	217	266	317	363	414
6. 家庭服务	Family Services	50	41	48	46	129
(五)交通通信	Transportations and Communications	2905	3186	3752	3745	4281
1. 交通	Transportations	1826	2072	2563	2525	3173
2. 通信	Communications	1079	1114	1189	1220	1108
(六)教育文化娱乐	Education, Cultural and Recreation	1834	2005	2404	2691	3187
1. 教育	Education	835	935	1231	1354	1665
2. 文化娱乐	Cultural and Recreation	998	1070	1173	1337	1522
(七)医疗保健	Health Care and Medical Services	1584	1757	2023	2390	2677
1. 医疗器具及药品	Medical Equipment and Medicine	622	662	677	723	753
2. 医疗服务	Medical Services	962	1095	1346	1667	1924
(八)其他用品及服务	Miscellaneous Goods and Services	615	713	782	846	896
1. 其他用品	Other Goods	397	448	414	448	427
2. 其他服务	Other Services	218	265	368	398	469

2-10 城镇居民家庭基本情况
Basic Conditions of Urban Households
(2014-2018)

项目	Item	单位 Unit	2014	2015	2016	2017	2018
一、住户基本情况	**Basic Conditions of Households**						
户均常住成员	Average Number of Permanent Residents Per Household	人/户	2.80	2.78	2.82	2.81	2.85
户均就业成员	Average Number of Employees Per Household	人/户	1.49	1.43	1.46	1.41	1.38
平均每户就业人口比重	Average Employment Proportion Per Household	%	53.2	51.4	51.8	50.2	48.6
平均每一就业者负担人口	Average Number of Dependents Per Employee	人	1.88	1.94	1.93	1.99	2.06
二、住户常住成员户口登记地	**Registered Location of Permanent Residents**						
1. 本村(居委会)	Home Village or Residents' Committee	%	74.9	76.9	76.3	77.4	68.3
2. 村外乡(镇、街道)内	Outside Home Village	%	8.1	6.9	5.4	5.4	9.1
3. 乡外县(区)内	Outside Home Township Residential District	%	4.9	4.9	4.2	4.0	6.8
4. 县外市内	Outside Home County (District)	%	6.7	7.1	7.4	7.5	8.9
5. 市外省内	Outside Home Municipality	%					
6. 省外	Outside Home Province	%	5.4	4.2	6.7	5.7	6.9
7. 其他(如户口待定)	Others	%					
三、住户6周岁及以上成员受教育程度	**Education Level of Residents Above 6-Year-Old**						
1. 未上过学	Non-Educated	%	1.7	1.6	1.4	1.3	1.6
2. 小学	Primary School	%	13.0	13.0	13.6	13.6	13.0
3. 初中	Junior Middle School	%	34.4	33.6	32.8	33.0	26.8
4. 高中	Senior Middle School	%	26.7	27.0	25.3	25.3	22.9
5. 大学专科	Junior College	%	13.3	13.9	13.5	13.4	16.2
6. 大学本科	Undergraduate College	%	10.2	10.0	12.1	12.1	17.6
7. 研究生	Graduate	%	0.7	0.9	1.3	1.3	1.9
四、住户从业人员参加养老保险情况	**Pension Insurance**						
1. 新型农村社会养老保险	The New Rural Community Pension Insurance	%	1.1	1.4	1.2	1.0	1.0
2. 城镇职工基本养老保险	Urban Employee Basic Pension Insurance	%	64.7	62.5	64.7	64.3	72.6
3. 城乡居民基本养老保险	Urban-Rural Residents Basic Pension Insurance	%	16.4	19.4	20.6	21.2	16.1
4. 商业养老保险	Business Pension Insurance	%	0.5	0.7	0.8	0.8	1.1
5. 其他养老保险	Others	%					
6. 没有参加任何养老保险	No Pension Insurance	%	17.3	16.0	12.7	12.7	9.2
五、住户从业人员参加医疗保险情况	**Medical Care Insurance**						
1. 新型农村合作医疗	The New Rural Cooperative Medical Care Insurance	%	1.2	1.6	1.5	1.1	1.2
2. 城镇职工基本医疗保险	Urban Employee Basic Medical Care Insurance	%	53.3	60.0	62.4	61.5	69.7
3. 城乡居民基本医疗保险	Urban-Rural Residents Basic Medical Care Insurance	%	41.5	35.2	33.2	34.5	26.1
4. 公费医疗	Socialized Medical Care	%					
5. 商业医疗保险	Business Medical Care Insurance	%	1.4	0.8	0.8	1.0	1.5
6. 其他医疗保险	Others	%					
7. 没有参加任何医疗保险	No Medical Care Insurance	%	2.6	2.4	2.1	1.9	1.5
六、住户从业人员行业分布	**Industry Distribution**						
1. 第一产业	Primary Industry	%	2.7	1.9	1.6	1.3	1.3
2. 第二产业	Secondary Industry	%	35.0	35.1	32.0	32.1	27.7
3. 第三产业	Tertiary Industry	%	62.3	63.0	66.4	66.6	71.0
七、住户从业人员职业分布	**Profession Distribution**						
1. 国家机关、党群组织、企业、事业单位负责人	Directors of Government Agency, CPC or Mass Organizations, Enterprises and Institutions	%	2.4	1.9	1.4	1.4	1.1

2-10 续表 1 continued

项　　目	Item	单位 Unit	2014	2015	2016	2017	2018
2. 专业技术人员	Professional Staff	%	16.6	18.0	19.7	19.4	21.1
3. 办事人员和有关人员	Clerks	%	21.2	23.1	24.7	25.4	32.2
4. 商业、服务业人员	Commercial and Service Personnel	%	26.9	26.9	27.3	26.9	27.0
5. 农、林、牧、渔、水利业生产人员	Primary Industry and Irrigation Workers	%	3.1	2.2	1.7	1.5	1.3
6. 生产、运输设备操作人员及有关人员	Equipment Operators	%	29.7	27.7	25.0	25.3	17.2
7. 军人	Soldiers	%	0.1	0.2	0.2	0.1	0.1
8. 不便分类的其他从业人员	Others	%					
八、住户从业人员就业分布	**Employment Distribution**						
1. 雇主	Employers	%	1.0	0.3	0.4	0.3	0.3
2. 公职人员	Public Servants	%	1.9	1.8	2.3	2.3	2.5
3. 事业单位人员	Institutions Staff	%	6.6	5.4	6.4	6.0	9.5
4. 国有企业雇员	State-owned Enterprise Employees	%	15.0	16.9	16.0	15.1	14.0
5. 其他雇员	Other Employees	%	63.5	65.1	64.2	66.1	65.1
6. 农业自营	Agricultural Managers	%	2.5	1.6	1.3	1.0	1.0
7. 非农自营	Secondary and Tertiary Industry Managers	%	9.5	8.9	9.4	9.2	7.6
九、住户成员健康状况	**Health Condition**						
1. 健康	Healthy	%	86.1	86.6	89.2	88.9	90.2
2. 基本健康	General Healthy	%	11.5	10.8	8.8	9.1	7.8
3. 不健康，但生活能自理	Unhealthy but Independent	%	2.1	2.2	1.7	1.8	1.7
4. 生活不能自理	Dependent	%	0.3	0.4	0.3	0.2	0.3
十、常住居民收入与支出	**Income and Expenditure of Urban Households**						
城镇居民人均可支配收入	Per-Capita Disposable Income of Urban Households	元/人	31506	34101	37110	40278	42976
城镇居民人均消费支出	Per-Capita Consumption Expenditure of Urban Households	元/人	24290	26230	28345	30284	32655
平均消费倾向	Average Propensity to Consume of Urban Households	%	77.1	76.9	76.4	75.2	76.0
十一、住户现住房居住空间样式	**Housing Style**						
1. 单栋楼房	Single Building	%	0.5	0.6	0.6	0.5	0.9
2. 单栋平房	Single Bungalow	%	16.2	15.6	13.8	14.0	8.5
3. 四居室及以上单元房	Apartment with 4 Bedrooms or More	%	0.2	0.2	0.2	0.3	0.6
4. 三居室单元房	Apartment with 3 Bedrooms	%	9.7	9.8	10.1	10.3	15.0
5. 二居室单元房	Apartment with 2 Bedrooms	%	49.0	51.5	53.3	53.7	57.4
6. 一居室单元房	Apartment with 1 Bedroom	%	17.8	16.3	16.7	15.8	15.4
7. 筒子楼或连片平房	Tube-Shaped Apartment or Cottage	%	6.5	5.0	4.6	4.7	2.2
8. 其他	Others	%	0.1	1.0	0.7	0.7	
十二、住户现住房房屋来源	**Source of House**						
1. 租赁公房	Rent Public House	%	18.6	15.7	12.5	12.3	9.8
2. 租赁私房	Rent Private House	%	4.2	3.2	3.4	2.7	5.1
3. 自建住房	Self-Help House	%	16.2	15.5	13.8	13.9	8.8
4. 购买商品房	Purchased Commercial House	%	33.2	34.9	35.3	35.7	49.5
5. 购买房改住房	Purchased Public House	%	12.4	15.2	16.6	17.1	13.1
6. 购买保障性住房	Purchased Social House	%	1.3	2.1	2.8	2.9	1.9
7. 拆迁安置房	Resettlement House	%	7.6	8.5	10.9	11.2	9.8
8. 其他	Others	%	6.5	4.9	4.7	4.2	2.0

2-10 续表 2 continued

项 目	Item	单 位 Unit	2014	2015	2016	2017	2018
十三、住户主要饮用水来源情况	**Source of Drinking Water**						
1. 经过净化处理的自来水	Tap Water	%	92.9	96.3	97.1	96.8	95.7
2. 受保护的井水和泉水	Protected Wells And Springs	%	5.9	2.7	1.8	1.8	2.3
3. 不受保护的井水和泉水	Unprotected Wells And Springs	%					
4. 江河湖泊水	River And Lake Water	%					
5. 收集雨水	Collected Rain Water	%					
6. 桶装水	Bottled Water	%	1.2	1.0	1.1	1.4	2.0
7. 其他水源	Others	%					
十四、住户主要取暖用能源状况	**Fuel for Heating**						
1. 柴草	Firewood	%					
2. 煤炭	Coal	%	17.4	17.1	14.5	11.8	5.6
3. 罐装液化石油气	Canned Liquefied Petroleum Gas	%					
4. 管道液化石油气	Pipeline Liquefied Petroleum Gas	%					
5. 管道煤气	Pipeline Coal Gas	%					
6. 管道天然气	Pipeline Natural Gas	%				1.5	7.2
7. 电	Electricity	%	2.0	0.8	1.2	2.7	1.6
8. 燃料用油	Fuel Oil	%					
9. 沼气	Methane	%					
10. 其他	Others	%					
11. 集中供暖	Central Heating	%	80.6	82.1	84.3	84.0	85.6
十五、住户主要炊用能源状况	**Fuel for Cooking**						
1. 柴草	Firewood	%	0.3	0.3			
2. 煤炭	Coal	%	1.3	1.7	1.5	1.3	0.7
3. 罐装液化石油气	Canned Liquefied Petroleum Gas	%	16.2	16.5	14.5	13.7	10.0
4. 管道液化石油气	Pipeline Liquefied Petroleum Gas	%					
5. 管道煤气	Pipeline Coal Gas	%					
6. 管道天然气	Pipeline Natural Gas	%	75.8	76.2	78.4	80.0	87.5
7. 电	Electricity	%	1.8	1.4	1.7	1.5	0.6
8. 燃料用油	Fuel Oil	%					
9. 沼气	Methane	%					
10. 其他	Others	%					
11. 无炊用行为	No Cooking Behavior	%	4.6	3.9	3.9	3.5	1.2
十六、住户厕所类型	**Toilet Type**						
1. 水冲式卫生厕所	Sanitary Water Flush Toilet	%	86.9	87.1	89.7	90.2	94.5
2. 水冲式非卫生厕所	Non-Sanitary Water Flush Toilet	%					
3. 卫生旱厕	Sanitary Dry Toilet	%	3.9	3.8	3.4	3.2	1.1
4. 普通旱厕	Common Dry Toilet	%	5.7	5.2	4.3	4.1	1.6
5. 无厕所	No Toilet	%	3.5	3.9	2.6	2.5	2.8
十七、住户洗澡设施情况	**Bath Facilities**						
1. 统一供热水	Unified Supply of Hot Water	%	8.9	7.2	7.4	6.5	5.1
2. 家庭自装热水器	Water Heater Installed by Household	%	84.3	87.4	87.5	88.4	91.9
3. 其他	Others	%	1.0	1.4	0.5	0.7	0.4
4. 无洗澡设施	No Bath Facilities	%	5.8	4.0	4.6	4.4	2.6
十八、城镇居民住房建筑面积	**Floor Space of Urban Household**	平方米/人 sq.m/person	**30.75**	**31.10**	**30.67**	**30.49**	**30.13**

2-11 城镇居民人均食品消费量
Per Capita Consumption of Foods of Urban Households (2014-2018)

单位：公斤 (kg)

项 目	tem	2014	2015	2016	2017	2018
粮食	Grain	110.8	114.4	116.5	115.9	109.5
#谷物	Cereal	100.6	105.0	107.1	105.6	99.4
薯类	Tuber	2.8	2.7	2.8	3.1	3.1
豆类	Beans and the Products	7.4	6.7	6.6	7.2	7.0
食用油	Oil and Fats	12.8	12.5	12.4	12.1	9.4
蔬菜及菜制品	Vegetables and Edible Fungi	121.3	116.7	118.0	120.0	118.5
#鲜菜	Fresh Vegetables	117.9	113.2	114.5	116.3	114.8
肉及制品	Meat and Meat Products	24.4	26.1	27.4	27.5	27.1
#猪肉	Pork	15.6	16.0	16.5	16.2	16.5
牛羊肉	Beef and Mutton	5.0	6.1	6.7	6.8	6.1
家禽及制品	Poultry and Poultry Products	5.1	5.2	5.9	6.0	6.0
水产品及制品	Aquatic Products	17.1	17.6	17.9	17.8	17.3
蛋类及蛋制品	Eggs and Related Products	17.6	17.1	18.3	18.6	18.2
#鲜蛋	Eggs	16.7	16.3	17.4	17.7	17.5
奶和奶制品	Milk and Dairy Products	19.9	19.5	20.3	20.4	20.2
干鲜瓜果类	Dried and Fresh Melons and Fruits	71.6	74.0	76.5	78.1	88.1
#鲜瓜果	Fresh Melons and Fruits	65.2	67.6	69.2	71.6	80.8
糖果糕点类	Confectionery	8.6	8.7	9.0	9.1	9.9
白酒	Wine	3.3	3.3	3.5	3.6	3.1

2-12 城镇居民家庭年末每百户主要耐用消费品拥有量
Main Durable Goods Owned Per 100 Urban Households (2014-2018)

项 目	Item	单 位	Unit	2014	2015	2016	2017	2018
摩托车	Motorcycle	辆	unit	6.6	6.2	3.4	2.6	1.9
助力车	Electric Bicycle	辆	unit	37.4	34.8	36.5	38.3	32.7
家用汽车	Automobile	辆	unit	32.1	37.3	40.5	41.7	46.0
洗衣机	Washing Machine	台	unit	100.0	101.7	101.6	101.7	101.4
电冰箱(柜)	Refrigerator	台	unit	103.1	102.7	102.5	102.5	103.2
彩色电视机	Color Television Set	台	unit	115.0	114.8	116.9	116.1	109.6
家用电脑	Micro-Computer	台	unit	76.7	78.5	79.2	79.2	77.4
摄像机	Vidicon	架	unit	10.6	11.0	10.9	—	—
照相机	Camera	架	unit	41.1	35.2	32.7	33.8	24.0
微波炉	Microwave Oven	台	unit	77.5	78.2	79.3	79.4	80.1
空调器	Air Conditioner	台	unit	134.2	131.3	133.6	135.3	146.6
热水器	Warer Heater	台	unit	93.7	92.2	92.3	93.9	97.2
固定电话	Telephone	部	unit	57.5	52.4	51.9	35.6	33.6
移动电话	Mobile Telephone	部	unit	220.4	219.5	220.3	221.2	233.0

2-13 城镇居民人均可支配收入及构成
Per Capita Disposable Income and Component of Urban Households (2014-2018)

项 目	Item	2014	2015	2016	2017	2018
人均可支配收入(元)	**Per Capita Disposable Income (yuan)**	**31506**	**34101**	**37110**	**40278**	**42976**
工资性收入	Income of Wages and Salaries	18797	21060	23207	25303	27557
经营净收入	Net Business Income	2442	2458	2666	2772	2924
财产净收入	Net Income from Property	3230	3400	3721	4037	4150
转移净收入	Net Income from Transfer	7037	7183	7516	8166	8345
#养老金或离退休金	Pensions and Retirement Pay	7858	8387	8864	9742	9974
人均可支配收入构成(%)	**Component of Per Capita Disposable Income (%)**	**100.0**	**100.0**	**100.0**	**100.0**	**100.0**
工资性收入	Income of Wages and Salaries	59.7	61.8	62.5	62.8	64.1
经营净收入	Net Business Income	7.8	7.2	7.2	6.9	6.8
财产净收入	Net Income from Property	10.2	10.0	10.0	10.0	9.7
转移净收入	Net Income from Transfer	22.3	21.0	20.3	20.3	19.4
#养老金或离退休金	Pensions and Retirement Pay	24.9	24.6	23.9	24.2	23.2

2-14 城镇居民人均消费支出及构成
Per Capita Consumption Expenditure and Component of Urban Households (2014-2018)

项 目	Item	2014	2015	2016	2017	2018
人均消费支出(元)	**Per Capita Consumption Expenditure (yuan)**	**24290**	**26230**	**28345**	**30284**	**32655**
食品烟酒	Food, Tobacco and Liquor	7943	8448	8680	9456	9421
衣 着	Clothing	2051	2144	2114	2119	2201
居 住	Residence	5320	5667	6187	6470	7037
生活用品及服务	Household Facilities, Articles and Services	1387	1594	1664	1774	1916
交通通信	Transportations and Communications	3182	3403	3992	3924	4637
教育文化娱乐	Education, Cultural and Recreation	2013	2283	2644	2979	3598
医疗保健	Health Care and Medical Services	1721	1888	2172	2600	2825
其他用品及服务	Miscellaneous Goods and Services	673	803	892	962	1020
人均消费支出构成(%)	**Component of Per Capita Consumption Expenditure (%)**	**100.0**	**100.0**	**100.0**	**100.0**	**100.0**
食品烟酒	Food, Tobacco and Liquor	32.7	32.2	30.6	31.2	28.8
衣 着	Clothing	8.4	8.2	7.5	7.0	6.7
居 住	Residence	21.9	21.6	21.8	21.4	21.6
生活用品及服务	Household Facilities, Articles and Services	5.7	6.1	5.9	5.8	5.9
交通通信	Transportations and Communications	13.1	13.0	14.1	13.0	14.2
教育文化娱乐	Education, Cultural and Recreation	8.3	8.7	9.3	9.8	11.0
医疗保健	Health Care and Medical Services	7.1	7.2	7.7	8.6	8.7
其他用品及服务	Miscellaneous Goods and Services	2.8	3.0	3.1	3.2	3.1

2-15 城镇居民人均消费支出

Per Capita Consumption Expenditure of Urban Households (2014-2018)

单位：元 (yuan)

项 目	Item	2014	2015	2016	2017	2018
人均消费支出	**Per Capita Consumption Expenditure**	**24290**	**26230**	**28345**	**30284**	**32655**
(一)食品烟酒	Food, Tobacco and Liquor	7943	8448	8680	9456	9421
1. 食品	Food	5154	5409	5594	5892	5735
2. 烟酒	Tobacco and Liquor	743	744	794	859	743
3. 饮料	Drink	165	189	205	223	254
4. 饮食服务	Catering Services	1881	2106	2087	2482	2689
(二)衣着	Clothing	2051	2144	2114	2119	2201
1. 衣类	Clothes	1534	1631	1595	1607	1719
2. 鞋类	Shoes	517	513	519	512	482
(三)居住	Residence	5320	5667	6187	6470	7037
1. 租赁房房租	Rent of Rental Housing	239	214	230	258	382
2. 住房维修及管理	Housing Maintenance and Management	383	468	616	683	713
3. 水电燃料及其他	Water, Electricity, Fuel and Others	1277	1336	1378	1291	1355
4. 自有住房折算租金	Imputed Rents of Owner-occupied Dwelling	3421	3649	3963	4238	4587
(四)生活用品及服务	Household Facilities, Articles and Services	1387	1594	1664	1774	1916
1. 家具及室内装饰品	Furniture and Interior Decoration	204	265	245	274	302
2. 家用器具	Household Appliances	369	474	455	457	416
3. 家用纺织品	Home Textiles	117	115	127	124	117
4. 家庭日用杂品	Family Daily Groceries	403	399	437	475	468
5. 个人用品	Personal Products	240	295	347	392	465
6. 家庭服务	Family Services	54	46	53	52	148
(五)交通通信	Transportations and Communications	3182	3403	3992	3924	4637
1. 交通	Transportations	1992	2221	2714	2626	3453
2. 通信	Communications	1190	1182	1278	1298	1184
(六)教育文化娱乐	Education, Cultural and Recreation	2013	2283	2644	2979	3598
1. 教育	Education	863	1005	1292	1439	1832
2. 文化娱乐	Cultural and Recreation	1150	1278	1352	1540	1766
(七)医疗保健	Health Care and Medical Services	1721	1888	2172	2600	2825
1. 医疗器具及药品	Medical Equipment and Medicine	644	688	716	762	766
2. 医疗服务	Medical Services	1077	1200	1456	1838	2059
(八)其他用品及服务	Miscellaneous Goods and Services	673	803	892	962	1020
1. 其他用品	Other Goods	432	503	468	506	482
2. 其他服务	Other Services	241	300	424	456	538

2-16 农村居民家庭基本情况
Basic Conditions of Rural Households
(2014-2018)

项目	Item	单位 Unit	2014	2015	2016	2017	2018
一、住户基本情况	**Basic Conditions of Households**						
户均常住成员	Average Number of Permanent Residents Per Household	人/户	3.32	3.25	3.29	3.28	3.08
户均就业成员	Average Number of Employees Per Household	人/户	2.01	1.92	1.87	1.82	1.66
平均每户就业人口比重	Average Employment Proportion Per Household	%	60.5	59.1	56.8	55.5	53.8
平均每一就业者负担人口	Average Number of Dependents Per Employee	人	1.65	1.69	1.76	1.80	1.86
二、住户常住成员户口登记地	**Registered Location Of Permanent Residents**						
1. 本村(居委会)	Home Village or Residents' Committee	%	95.8	95.8	96.0	96.1	97.6
2. 村外乡(镇、街道)内	Outside Home Village	%	1.9	2.7	2.1	2.2	1.5
3. 乡外县(区)内	Outside Home Township Residential District	%	0.6	0.7	0.7	0.7	0.5
4. 县外市内	Outside Home County (District)	%	0.6	0.3	0.4	0.4	0.1
5. 市外省内	Outside Home Municipality	%					
6. 省外	Outside Home Province	%	1.1	0.5	0.8	0.6	0.3
7. 其他(如户口待定)	Others	%					
三、住户6周岁及以上成员受教育程度	**Education Level of Residents Above 6-Year-Old**						
1. 未上过学	Non-Educated	%	3.1	2.4	2.0	2.0	2.6
2. 小学	Primary School	%	28.0	26.7	24.6	24.6	26.9
3. 初中	Junior Middle School	%	51.5	53.6	54.4	54.4	52.4
4. 高中	Senior Middle School	%	11.2	10.5	11.8	11.6	11.1
5. 大学专科	Junior College	%	3.3	3.7	3.8	4.0	4.1
6. 大学本科	Undergraduate College	%	2.8	3.0	3.3	3.3	2.8
7. 研究生	Graduate	%	0.1	0.1	0.1	0.1	0.1
四、住户从业人员参加养老保险情况	**Pension Insurance**						
1. 新型农村社会养老保险	The New Rural Community Pension Insurance	%					
2. 城镇职工基本养老保险	Urban Employee Basic Pension Insurance	%	7.3	7.2	10.2	10.2	11.2
3. 城乡居民基本养老保险	Urban-Rural Residents Basic Pension Insurance	%	29.4	35.7	43.5	46.3	51.7
4. 商业养老保险	Business Pension Insurance	%	0.9	0.9	1.4	1.5	2.0
5. 其他养老保险	Others	%					
6. 没有参加任何养老保险	No Pension Insurance	%	62.4	56.2	44.9	42.0	35.1
五、住户从业人员参加医疗保险情况	**Medical Care Insurance**						
1. 新型农村合作医疗	The New Rural Cooperative Medical Care Insurance	%					
2. 城镇职工基本医疗保险	Urban Employee Basic Medical Care Insurance	%	3.7	5.6	6.2	7.2	8.1
3. 城乡居民基本医疗保险	Urban-Rural Residents Basic Medical Care Insurance	%	95.7	94.0	93.2	92.1	90.1
4. 公费医疗	Socialized Medical Care	%					
5. 商业医疗保险	Business Medical Care Insurance	%	0.5	0.4	0.6	0.7	1.0
6. 其他医疗保险	Others	%					
7. 没有参加任何医疗保险	No Medical Care Insurance	%	0.1				0.8
六、住户从业人员行业分布	**Industry Distribution**						
1. 第一产业	Primary Industry	%	27.7	24.9	21.8	20.0	20.6
2. 第二产业	Secondary Industry	%	42.9	44.8	45.6	46.3	39.0
3. 第三产业	Tertiary Industry	%	29.4	30.3	32.6	33.7	40.4
七、住户从业人员职业分布	**Profession Distribution**						
1. 国家机关、党群组织、企业、事业单位负责人	Directors of Government Agency, CPC or Mass Organizations, Enterprises And Institutions	%	0.6	1.0	1.2	0.8	0.3
2. 专业技术人员	Professional Staff	%	13.2	14.5	16.2	16.9	11.4

2-16 续表 1 continued

项 目	Item	单 位 Unit	2014	2015	2016	2017	2018
3. 办事人员和有关人员	Clerks	%	9.5	8.3	11.4	12.2	8.0
4. 商业、服务业人员	Commercial and Service Personnel	%	12.2	13.5	13.9	14.2	20.5
5. 农、林、牧、渔、水利业生产人员	Primary Industry and Irrigation Workers	%	30.9	26.2	22.3	20.5	21.4
6. 生产、运输设备操作人员及有关人员	Equipment Operators	%	33.4	36.5	35.0	35.3	38.4
7. 军人	Soldiers	%	0.1			0.1	
8. 不便分类的其他从业人员	Others	%	0.1				
八、住户从业人员就业分布	**Employment Distribution**						
1. 雇主	Employers	%	0.6	0.2	0.4	0.4	0.4
2. 公职人员	Public Servants	%	0.2	0.2	0.2	0.1	
3. 事业单位人员	Institutions Staff	%	0.7	1.0	1.2	0.7	1.0
4. 国有企业雇员	State-Owned Enterprise Employees	%	0.4	0.1	0.5	0.3	0.8
5. 其他雇员	Other Employees	%	61.5	64.4	65.9	69.4	69.7
6. 农业自营	Agricultural Managers	%	26.6	23.6	20.1	18.2	17.4
7. 非农自营	Secondary and Tertiary Industry Managers	%	10.0	10.5	11.7	10.9	10.7
九、住户成员健康状况	**Health Condition**						
1. 健康	Healthy	%	91.6	92.1	93.2	93.1	88.7
2. 基本健康	General Healthy	%	4.9	5.3	4.8	4.9	7.3
3. 不健康，但生活能自理	Unhealthy but Independent	%	3.1	2.2	1.9	1.8	3.6
4. 生活不能自理	Dependent	%	0.4	0.4	0.1	0.2	0.4
十、常住居民收入与支出	**Income and Expenditure of Rural Households**						
农村居民人均可支配收入	Per-Capita Disposable Income of Rural Households	元/人	17014	18482	20076	21754	23065
农村居民人均消费支出	Per-Capita Consumption Expenditure of Rural Households	元/人	13739	14739	15912	16386	16863
平均消费倾向	Average Propensity to Consume of Rural Households	%	80.8	79.8	79.3	75.3	73.1
十一、住户现住房居住空间样式	**Housing Style**						
1. 单栋楼房	Single Building	%	0.5	0.7	1.3	1.1	0.7
2. 单栋平房	Single Bungalow	%	82.2	83.4	79.8	81.8	95.6
3. 四居室及以上单元房	Apartment with 4 Bedrooms or More	%					
4. 三居室单元房	Apartment with 3 Bedrooms	%	1.2	1.9	2.7	2.8	1.3
5. 二居室单元房	Apartment with 2 Bedrooms	%	5.9	5.5	5.1	5.1	0.9
6. 一居室单元房	Apartment with 1 Bedroom	%	0.6	0.6	0.4	0.3	0.2
7. 筒子楼或连片平房	Tube-Shaped Apartment or Cottage	%	9.6	7.9	10.7	8.9	1.3
8. 其他	Others	%					
十二、住户现住房房屋来源	**Source of House**						
1. 租赁公房	Rent Public House	%					
2. 租赁私房	Rent Private House	%	0.2		0.3	0.2	0.6
3. 自建住房	Self-Help House	%	92.2	91.6	91.5	91.8	97.0
4. 购买商品房	Purchased Commercial House	%	2.9	2.8	2.2	4.2	0.5
5. 购买房改住房	Purchased Public House	%	0.2	0.2	0.8		
6. 购买保障性住房	Purchased Social House	%					1.5
7. 拆迁安置房	Resettlement House	%	4.5	5.4	5.2	3.8	0.4
8. 其他	Others	%					

2-16 续表 2 continued

项 目	Item	单 位 Unit	2014	2015	2016	2017	2018
十三、住户主要饮用水来源情况	**Source of Drinking Water**						
1.经过净化处理的自来水	Tap Water	%	75.6	92.6	94.0	94.1	93.6
2.受保护的井水和泉水	Protected Wells and Springs	%	24.4	7.4	6.0	5.8	5.3
3.不受保护的井水和泉水	Unprotected Wells and Springs	%					
4.江河湖泊水	River and Lake Water	%					
5.收集雨水	Collected Rain Water	%					
6.桶装水	Bottled Water	%				0.1	1.1
7.其他水源	Others	%					
十四、住户主要取暖用能源状况	**Fuel for Heating**						
1.柴草	Firewood	%					
2.煤炭	Coal	%	91.6	90.4	90.8	70.8	53.9
3.罐装液化石油气	Canned Liquefied Petroleum Gas	%					
4.管道液化石油气	Pipeline Liquefied Petroleum Gas	%					
5.管道煤气	Pipeline Coal Gas	%					
6.管道天然气	Pipeline Natural Gas	%				11.2	30.6
7.电	Electricity	%	1.4	0.6	1.5	9.4	13.0
8.燃料用油	Fuel Oil	%					
9.沼气	Methane	%					
10.其他	Others	%					
11.集中供暖	Central Heating	%	7.0	9.0	7.7	8.6	2.5
十五、住户主要炊用能源状况	**Fuel for Cooking**						
1.柴草	Firewood	%	8.1	7.4	0.9	0.9	0.8
2.煤炭	Coal	%	3.6	6.0	5.3	4.3	2.9
3.罐装液化石油气	Canned Liquefied Petroleum Gas	%	79.1	74.6	81.8	76.1	76.6
4.管道液化石油气	Pipeline Liquefied Petroleum Gas	%					
5.管道煤气	Pipeline Coal Gas	%					
6.管道天然气	Pipeline Natural Gas	%	5.4	6.0	6.2	12.2	9.7
7.电	Electricity	%	3.8	6.0	5.8	6.5	10.0
8.燃料用油	Fuel Oil	%					
9.沼气	Methane	%					
10.其他	Others	%					
11.无炊用行为	No Cooking Behavior	%					
十六、住户厕所类型	**Toilet Type**						
1.水冲式卫生厕所	Sanitary Water Flush Toilet	%	54.0	57.3	57.4	58.7	57.1
2.水冲式非卫生厕所	Non-Sanitary Water Flush Toilet	%					
3.卫生旱厕	Sanitary Dry Toilet	%	15.1	13.6	13.7	13.6	8.6
4.普通旱厕	Common Dry Toilet	%	24.5	21.6	21.6	20.6	17.4
5.无厕所	No Toilet	%	6.4	7.5	7.3	7.1	16.9
十七、住户洗澡设施情况	**Bath Facilities**						
1.统一供热水	Unified Supply of Hot Water	%	1.0	0.6	0.6	0.9	3.5
2.家庭自装热水器	Water Heater Installed by Household	%	90.0	90.6	92.1	88.3	90.2
3.其他	Others	%	4.3	4.6	1.4	5.1	1.0
4.无洗澡设施	No Bath Facilities	%	4.7	4.2	5.9	5.7	5.3
十八、农村居民住房建筑面积	**Floor Space of Rural Households**	**平方米/人 sq.m/person**	**31.93**	**32.14**	**32.35**	**33.46**	**34.42**

2-17 农村居民人均食品消费量
Per Capita Consumption of Foods of Rural Households
(2014-2018)

单位：公斤 (kg)

项 目	Item	2014	2015	2016	2017	2018
粮食	Grain	140.9	143.2	142.9	142.4	159.7
#谷物	Cereal	134.4	135.7	135.1	134.3	148.4
薯类	Tuber	2.0	2.7	2.8	2.9	3.4
豆类	Beans and the Products	4.5	4.8	5.0	5.2	7.9
食用油	Oil and Fats	10.3	10.5	10.1	10.1	12.2
蔬菜及菜制品	Vegetables and Edible Fungi	90.3	95.8	97.2	99.0	108.7
#鲜菜	Fresh Vegetables	88.5	90.7	94.2	96.1	105.9
肉及制品	Meat and Meat Products	21.3	20.9	21.6	22.0	25.8
#猪肉	Pork	15.0	14.7	14.0	14.4	18.2
牛羊肉	Beef and Mutton	2.9	2.9	3.3	3.2	3.2
家禽及制品	Poultry and Poultry Products	3.7	3.4	4.3	4.1	4.7
水产品及制品	Aquatic Products	13.0	12.3	12.6	12.6	13.9
蛋类及蛋制品	Eggs and Related Products	13.2	15.1	15.5	16.7	15.3
#鲜蛋	Eggs	12.8	14.7	15.0	16.2	14.9
奶和奶制品	Milk and Dairy Products	10.6	11.0	10.9	11.5	11.0
干鲜瓜果类	Dried and Fresh Melons and Fruits	59.2	66.7	68.0	71.3	77.3
#鲜瓜果	Fresh Melons and Fruits	54.1	60.4	62.1	63.8	69.2
糖果糕点类	Confectionery	6.3	6.3	6.1	6.3	8.0
白酒	Wine	4.6	4.8	4.4	4.3	4.9

2-18 农村居民家庭年末每百户主要耐用消费品拥有量
Main Durable Goods Owned Per 100 Rural Households
(2014-2018)

项 目	Item	单 位	Unit	2014	2015	2016	2017	2018
摩托车	Motorcycle	辆	unit	39.7	41.5	36.7	29.8	17.7
助力车	Electric Bicycle	辆	unit	75.5	77.7	79.7	84.3	112.9
家用汽车	Automobile	辆	unit	27.5	32.6	36.4	38.6	42.5
洗衣机	Washing Machine	台	unit	98.0	99.2	99.3	99.5	100.8
电冰箱(柜)	Refrigerator	台	unit	98.6	100.1	100.2	100.3	104.2
彩色电视机	Color Television Set	台	unit	120.3	121.6	119.6	120.8	121.1
家用电脑	Micro-Computer	台	unit	45.5	44.2	45.3	45.3	35.9
摄像机	Vidicon	架	unit	1.6	7.0	4.5	—	—
照相机	Camera	架	unit	12.4	10.2	8.9	6.2	3.7
微波炉	Microwave Oven	台	unit	36.3	37.6	37.3	37.3	37.9
空调器	Air Conditioner	台	unit	71.1	75.4	76.9	81.9	111.6
热水器	Water Heater	台	unit	90.6	90.2	92.4	93.0	92.4
固定电话	Telephone	部	unit	67.0	72.7	63.0	57.8	44.9
移动电话	Mobile Telephone	部	unit	203.4	209.6	210.1	214.5	233.4

2-19 农村居民人均可支配收入及构成
Per Capita Disposable Income and Component of Rural Households (2014-2018)

项 目	Item	2014	2015	2016	2017	2018
人均可支配收入(元)	**Per Capita Disposable Income (yuan)**	**17014**	**18482**	**20076**	**21754**	**23065**
工资性收入	Income of Wages and Salaries	9941	11032	12048	13139	13568
经营净收入	Net Business Income	4791	4949	5310	5562	5335
财产净收入	Net Income from Property	799	775	894	1008	921
转移净收入	Net Income from Transfer	1483	1726	1824	2045	3241
#养老金或离退休金	Pensions and Retirement Pay	999	1142	1558	1814	2094
人均可支配收入构成(%)	**Component of Per Capita Disposable Income (%)**	**100.0**	**100.0**	**100.0**	**100.0**	**100.0**
工资性收入	Income of Wages and Salaries	58.4	59.7	60.0	60.4	58.8
经营净收入	Net Business Income	28.2	26.8	26.4	25.6	23.1
财产净收入	Net Income from Property	4.7	4.2	4.5	4.6	4.0
转移净收入	Net Income from Transfer	8.7	9.3	9.1	9.4	14.1
#养老金或离退休金	Pensions and Retirement Pay	5.9	6.2	7.8	8.3	9.1

2-20 农村居民人均消费支出及构成
Per Capita Consumption Expenditure and Component of Rural Households (2014-2018)

项 目	Item	2014	2015	2016	2017	2018
人均消费支出(元)	**Per Capita Consumption Expenditure (yuan)**	**13739**	**14739**	**15912**	**16386**	**16863**
食品烟酒	Food, Tobacco and Liquor	4645	4878	4981	4852	4984
衣 着	Clothing	1013	1060	1088	1128	992
居 住	Residence	3036	3247	3198	3354	3415
生活用品及服务	Household Facilities, Articles and Services	891	954	1091	1101	1357
交通通信	Transportations and Communications	1813	2096	2647	2902	2595
教育文化娱乐	Education, Cultural and Recreation	1041	1145	1299	1343	1237
医疗保健	Health Care and Medical Services	980	1060	1334	1407	1975
其他用品及服务	Miscellaneous Goods and Services	320	299	274	299	308
人均消费支出构成(%)	**Component of Per Capita Consumption Expenditure (%)**	**100.0**	**100.0**	**100.0**	**100.0**	**100.0**
食品烟酒	Food, Tobacco and Liquor	33.8	33.1	31.3	29.6	29.6
衣 着	Clothing	7.4	7.2	6.8	6.9	5.9
居 住	Residence	22.1	22.0	20.1	20.5	20.3
生活用品及服务	Household Facilities, Articles and Services	6.5	6.5	6.9	6.7	8.0
交通通信	Transportations and Communications	13.2	14.2	16.6	17.7	15.4
教育文化娱乐	Education, Cultural and Recreation	7.6	7.8	8.2	8.2	7.3
医疗保健	Health Care and Medical Services	7.1	7.2	8.4	8.6	11.7
其他用品及服务	Miscellaneous Goods and Services	2.3	2.0	1.7	1.8	1.8

2-21 农村居民人均消费支出
Per Capita Consumption Expenditure of Rural Households (2014-2018)

单位：元 (yuan)

项　目	Item	2014	2015	2016	2017	2018
人均消费支出	**Per Capita Consumption Expenditure**	**13739**	**14739**	**15912**	**16386**	**16863**
(一)食品烟酒	Food, Tobacco and Liquor	4645	4878	4981	4852	4984
1. 食品	Food	3164	3370	3554	3391	3453
2. 烟酒	Tobacco and Liquor	645	627	613	616	653
3. 饮料	Drink	192	159	143	141	123
4. 饮食服务	Catering Services	644	722	671	704	755
(二)衣着	Clothing	1013	1060	1088	1128	992
1. 衣类	Clothes	724	749	784	814	725
2. 鞋类	Shoes	289	311	304	314	267
(三)居住	Residence	3036	3247	3198	3354	3415
1. 租赁房房租	Rent of Rental Housing	14	38	32	41	84
2. 住房维修及管理	Housing Maintenance and Management	665	484	487	436	637
3. 水电燃料及其他	Water, Electricity, Fuel and Others	844	1050	900	906	1161
4. 自有住房折算租金	Imputed Rents of Owner-occupied Dwelling	1513	1675	1779	1971	1533
(四)生活用品及服务	Household Facilities, Articles and Services	891	954	1091	1101	1357
1. 家具及室内装饰品	Furniture and Interior Decoration	128	135	111	102	149
2. 家用器具	Household Appliances	266	308	347	352	425
3. 家用纺织品	Home Textiles	68	79	93	78	64
4. 家庭日用杂品	Family Daily Groceries	289	294	341	319	510
5. 个人用品	Personal Products	112	117	177	229	173
6. 家庭服务	Family Services	28	21	22	21	36
(五)交通通信	Transportations and Communications	1811	2096	2647	2902	2595
1. 交通	Transportations	1154	1292	1869	2048	1847
2. 通信	Communications	657	804	778	854	748
(六)教育文化娱乐	Education, Cultural and Recreation	1041	1145	1299	1343	1237
1. 教育	Education	714	767	952	956	872
2. 文化娱乐	Cultural and Recreation	327	378	347	387	365
(七)医疗保健	Health Care and Medical Services	980	1060	1334	1407	1975
1. 医疗器具及药品	Medical Equipment and Medicine	528	543	499	544	689
2. 医疗服务	Medical Services	452	517	835	863	1286
(八)其他用品及服务	Miscellaneous Goods and Services	320	299	274	299	308
1. 其他用品	Other Goods	221	196	163	173	164
2. 其他服务	Other Services	99	103	111	126	144

2-22 全国31省市城乡居民人均可支配收入和增速
Per Capita Disposable Income and Growth of Urban and Rural Households by 31 Regions (2018)

地区名称	Name of Regions	全体居民（元）Urban and Rural Households (yuan)	增速 Growth (%)	城镇居民（元）Urban Households (yuan)	增速 Growth (%)	农村居民（元）Rural Households (yuan)	增速 Growth (%)
全　国	**National Average**	**28228**	**8.7**	**39251**	**7.8**	**14617**	**8.8**
北　京	Beijing	62361	9.0	67990	8.9	—	—
天　津	Tianjin	39506	6.7	42976	6.7	23065	6.0
河　北	Hebei	23446	9.1	32977	8.0	14031	8.9
山　西	Shanxi	21990	7.7	31035	6.5	11750	8.9
内蒙古	Inner Mongolia	28376	8.3	38305	7.4	13803	9.7
辽　宁	Liaoning	29701	6.7	37342	6.7	14656	6.6
吉　林	Jilin	22798	6.7	30172	6.5	13748	6.2
黑龙江	Heilongjiang	22726	7.2	29191	6.4	13804	9.0
上　海	Shanghai	64183	8.8	68034	8.7	30375	9.2
江　苏	Jiangsu	38096	8.8	47200	8.2	20845	8.8
浙　江	Zhejiang	45840	9.0	55574	8.4	27302	9.4
安　徽	Anhui	23984	9.7	34393	8.7	13996	9.7
福　建	Fujian	32644	8.6	42121	8.0	17821	9.1
江　西	Jiangxi	24080	9.3	33819	8.4	14460	9.2
山　东	Shandong	29205	8.4	39549	7.5	16297	7.8
河　南	Henan	21964	8.9	31874	7.8	13831	8.7
湖　北	Hubei	25815	8.7	34455	8.0	14978	8.4
湖　南	Hunan	25241	9.3	36698	8.1	14093	8.9
广　东	Guangdong	35810	8.5	44341	8.2	17168	8.8
广　西	Guangxi	21485	7.9	32436	6.3	12435	9.8
海　南	Hainan	24579	9.0	33349	8.2	13989	8.4
重　庆	Chongqing	26386	9.2	34889	8.4	13781	9.0
四　川	Sichuan	22461	9.1	33216	8.1	13331	9.0
贵　州	Guizhou	18430	10.3	31592	8.6	9716	9.6
云　南	Yunnan	20084	9.5	33488	8.0	10768	9.2
西　藏	Tibet	17286	11.8	33797	10.2	11450	10.8
陕　西	Shaanxi	22528	9.2	33319	8.1	11213	9.2
甘　肃	Gansu	17488	9.2	29957	7.9	8804	9.0
青　海	Qinghai	20757	9.2	31515	8.0	10393	9.8
宁　夏	Ningxia	22400	8.9	31895	8.2	11708	9.0
新　疆	Xinjiang	21500	7.6	32764	6.5	11975	8.4

2-23 全国31省市城乡居民人均消费支出和增速

Per Capita Consumption Expenditure and Growth of Urban and Rural Households by 31 Regions (2018)

地区名称	Name of Regions	全体居民（元）Urban and Rural Households (yuan)	增速 Growth (%)	城镇居民（元）Urban Households (yuan)	增速 Growth (%)	农村居民（元）Rural Households (yuan)	增速 Growth (%)
全　国	**National Average**	**19853**	**8.4**	**26112**	**6.8**	**12124**	**10.7**
北　京	Beijing	39843	6.5	42926	6.4	—	—
天　津	Tianjin	29903	7.4	32655	7.8	16863	2.9
河　北	Hebei	16722	8.3	22127	7.4	11383	8.0
山　西	Shanxi	14810	8.4	19790	7.5	9172	8.9
内蒙古	Inner Mongolia	19665	3.8	24437	3.4	12661	3.9
辽　宁	Liaoning	21398	4.6	26448	4.2	11455	6.2
吉　林	Jilin	17200	10.0	22394	11.7	10826	5.3
黑龙江	Heilongjiang	16994	9.1	21035	9.2	11417	8.5
上　海	Shanghai	43351	8.9	46015	8.8	19965	10.4
江　苏	Jiangsu	25007	6.6	29462	6.3	16567	6.1
浙　江	Zhejiang	29471	8.8	34598	8.4	19707	8.9
安　徽	Anhui	17045	8.2	21523	3.8	12748	14.8
福　建	Fujian	22996	8.2	28145	8.3	14943	6.7
江　西	Jiangxi	15792	9.2	20760	7.9	10885	10.3
山　东	Shandong	18780	8.7	24798	7.5	11270	9.0
河　南	Henan	15169	10.5	20989	8.1	10392	12.8
湖　北	Hubei	19538	15.4	23996	12.8	13946	19.9
湖　南	Hunan	18808	9.6	25064	8.2	12721	10.3
广　东	Guangdong	26054	5.0	30924	2.4	15411	16.8
广　西	Guangxi	14935	11.3	20159	9.9	10617	12.5
海　南	Hainan	17528	13.8	22971	12.8	10956	14.1
重　庆	Chongqing	19248	7.5	24154	6.1	11977	9.5
四　川	Sichuan	17664	9.2	23484	6.8	12723	11.6
贵　州	Guizhou	13798	6.4	20788	2.2	9170	10.5
云　南	Yunnan	14250	12.6	21626	10.6	9123	13.6
西　藏	Tibet	11520	11.6	23029	9.2	7452	11.4
陕　西	Shaanxi	16160	8.5	21966	7.7	10071	8.2
甘　肃	Gansu	14624	11.5	22606	9.4	9065	12.9
青　海	Qinghai	16557	6.8	22998	7.1	10352	4.5
宁　夏	Ningxia	16715	8.9	21977	8.7	10790	8.1
新　疆	Xinjiang	16189	7.3	24191	6.1	9421	8.1

2-24 全国31省市城乡居民人均可支配收入(分季度)
Per Capita Disposable Income of Urban and Rural Households by 31 Regions (by Quarters) (2018)

单位：元 (yuan)

地区名称	Name of Regions	一季度 The First Quarter			上半年 The First Half		
		全体居民 Urban and Rural Households	城镇居民 Urban Households	农村居民 Rural Households	全体居民 Urban and Rural Households	城镇居民 Urban Households	农村居民 Rural Households
全　国	**National Average**	**7815**	**10781**	**4226**	**14063**	**19770**	**7142**
北　京	Beijing	15767	17049	7599	31079	33743	14102
天　津	Tianjin	11073	12020	6642	20986	22896	12027
河　北	Hebei	6091	8455	3857	11434	15837	7238
山　西	Shanxi	5512	7746	3051	10146	14687	5126
内蒙古	Inner Mongolia	7714	10031	4355	13530	19020	5571
辽　宁	Liaoning	8032	9585	5029	15337	18754	8669
吉　林	Jilin	6356	7753	4656	11385	15042	6937
黑龙江	Heilongjiang	6263	7511	4551	10578	14024	5847
上　海	Shanghai	17277	18181	9427	32612	34352	17382
江　苏	Jiangsu	12342	14590	8166	19885	24554	11194
浙　江	Zhejiang	14205	16925	9138	24147	28744	15506
安　徽	Anhui	6795	9448	4300	12118	17057	7472
福　建	Fujian	9388	12429	4699	17016	22543	8491
江　西	Jiangxi	6160	8787	3615	10943	16122	5928
山　东	Shandong	8159	10838	4906	14967	19739	9172
河　南	Henan	5657	8389	3480	10264	15670	5956
湖　北	Hubei	7304	9840	4175	12541	17511	6387
湖　南	Hunan	6895	9975	3972	11800	17339	6542
广　东	Guangdong	9962	12259	4982	18709	23234	8872
广　西	Guangxi	5921	8838	3543	10718	15968	6438
海　南	Hainan	6531	8878	3758	12694	16780	7868
重　庆	Chongqing	7657	10196	3979	13690	18359	6897
四　川	Sichuan	6169	9022	3801	11430	16783	6988
贵　州	Guizhou	4651	8374	2259	8747	15876	4147
云　南	Yunnan	5159	8898	2641	9450	16634	4590
西　藏	Tibet	3136	8010	1484	6916	16761	3563
陕　西	Shaanxi	5975	8595	3250	11201	16552	5636
甘　肃	Gansu	4612	7823	2431	8028	14202	3833
青　海	Qinghai	5327	8051	2761	9145	14302	4288
宁　夏	Ningxia	5442	7802	2822	9828	14778	4333
新　疆	Xinjiang	4593	8267	1533	8234	16007	1760

2-24 续表 continued

单位：元 (yuan)

地区名称	Name of Regions	前三季度 The First Three Quarters			全年 All Year		
		全体居民 Urban and Rural Households	城镇居民 Urban Households	农村居民 Rural Households	全体居民 Urban and Rural Households	城镇居民 Urban Households	农村居民 Rural Households
全　国	**National Average**	**21035**	**29599**	**10645**	**28228**	**39251**	**14617**
北　京	Beijing	46426	50406	21062	62361	67990	—
天　津	Tianjin	31407	34352	17594	39506	42976	23065
河　北	Hebei	17233	24152	10640	23446	32977	14031
山　西	Shanxi	15911	22863	8224	21990	31035	11750
内蒙古	Inner Mongolia	20902	28910	9291	28376	38305	13803
辽　宁	Liaoning	22564	28052	11852	29701	37342	14656
吉　林	Jilin	16413	22382	9151	22798	30172	13748
黑龙江	Heilongjiang	16105	21495	8708	22726	29191	13804
上　海	Shanghai	48339	50989	25131	64183	68034	30375
江　苏	Jiangsu	28901	35941	15797	38096	47200	20845
浙　江	Zhejiang	35349	42419	22006	45840	55574	27302
安　徽	Anhui	17924	25663	10645	23984	34393	13996
福　建	Fujian	25466	33315	13206	32644	42121	17821
江　西	Jiangxi	17034	24572	9735	24080	33819	14460
山　东	Shandong	22331	29765	13303	29205	39549	16297
河　南	Henan	15651	23388	9486	21964	31874	13831
湖　北	Hubei	18830	25860	10125	25815	34455	14978
湖　南	Hunan	17807	26148	9889	25241	36698	14093
广　东	Guangdong	28301	35022	13690	35810	44341	17168
广　西	Guangxi	15815	24184	8994	21485	32436	12435
海　南	Hainan	18378	24837	10750	24579	33349	13989
重　庆	Chongqing	20180	26925	10367	26386	34889	13781
四　川	Sichuan	16621	24756	9870	22461	33216	13331
贵　州	Guizhou	13219	23565	6543	18430	31592	9716
云　南	Yunnan	14187	24742	7046	20084	33488	10768
西　藏	Tibet	11832	25613	7138	17286	33797	11450
陕　西	Shaanxi	17006	25235	8449	22528	33319	11213
甘　肃	Gansu	12536	22283	5914	17488	29957	8804
青　海	Qinghai	14651	22664	7104	20757	31515	10393
宁　夏	Ningxia	15518	22771	7466	22400	31895	11708
新　疆	Xinjiang	12977	24035	3765	21500	32764	11975

2-25 全国31省市城乡居民人均可支配收入增速(分季度)

Per Capita Disposable Income Growth of Urban and Rural Households by 31 Regions (by Quarters) (2018)

单位：% (%)

地区名称	Name of Regions	一季度 The First Quarter			上半年 The First Half		
		全体居民 Urban and Rural Households	城镇居民 Urban Households	农村居民 Rural Households	全体居民 Urban and Rural Households	城镇居民 Urban Households	农村居民 Rural Households
全 国	**National Average**	**8.8**	**8.0**	**8.9**	**8.7**	**7.9**	**8.8**
北 京	Beijing	8.3	8.3	8.1	8.8	8.8	8.9
天 津	Tianjin	6.2	6.3	5.1	6.6	6.6	5.5
河 北	Hebei	9.2	8.0	9.2	9.1	7.9	9.0
山 西	Shanxi	7.7	6.8	8.3	7.6	6.5	8.4
内蒙古	Inner Mongolia	8.8	7.9	10.1	8.4	7.5	9.8
辽 宁	Liaoning	6.5	6.2	7.2	6.8	6.6	7.4
吉 林	Jilin	7.5	6.5	9.2	7.4	6.4	9.3
黑龙江	Heilongjiang	7.5	6.5	9.4	7.0	6.5	7.9
上 海	Shanghai	9.1	9.0	9.2	9.1	9.0	9.2
江 苏	Jiangsu	8.9	8.4	8.9	8.9	8.3	8.9
浙 江	Zhejiang	8.9	8.5	8.9	8.9	8.4	9.3
安 徽	Anhui	9.7	8.7	9.8	9.5	8.5	9.6
福 建	Fujian	8.9	8.2	9.5	9.0	8.3	9.3
江 西	Jiangxi	9.1	8.0	9.3	9.4	8.4	9.2
山 东	Shandong	8.6	7.8	7.9	8.4	7.6	7.7
河 南	Henan	9.1	8.1	8.8	9.1	8.0	8.7
湖 北	Hubei	8.8	8.0	8.8	8.7	7.9	8.6
湖 南	Hunan	9.1	8.1	8.6	9.1	8.0	8.7
广 东	Guangdong	8.4	8.2	8.4	8.6	8.3	8.8
广 西	Guangxi	8.8	7.0	11.0	7.9	6.1	10.1
海 南	Hainan	9.3	8.1	9.9	9.5	8.9	8.7
重 庆	Chongqing	9.5	8.6	9.0	9.4	8.5	8.9
四 川	Sichuan	9.4	8.5	9.0	9.2	8.3	9.0
贵 州	Guizhou	10.8	9.0	9.8	10.7	8.8	9.7
云 南	Yunnan	9.8	8.3	9.3	9.8	8.4	9.2
西 藏	Tibet	12.3	9.6	11.3	12.1	9.6	11.0
陕 西	Shaanxi	9.2	8.2	9.3	9.2	8.2	9.1
甘 肃	Gansu	9.3	7.9	9.1	9.4	8.0	9.0
青 海	Qinghai	10.3	9.3	10.3	7.3	5.6	9.3
宁 夏	Ningxia	9.2	8.4	9.6	9.0	8.2	8.9
新 疆	Xinjiang	9.1	7.9	9.5	8.2	7.0	8.4

2-25 续表 continued

单位：% (%)

地区名称	Name of Regions	前三季度 The First Three Quarters 全体居民 Urban and Rural Households	前三季度 城镇居民 Urban Households	前三季度 农村居民 Rural Households	全年 All Year 全体居民 Urban and Rural Households	全年 城镇居民 Urban Households	全年 农村居民 Rural Households
全　国	**National Average**	**8.8**	**7.9**	**8.9**	**8.7**	**7.8**	**8.8**
北　京	Beijing	8.9	8.9	8.9	9.0	8.9	—
天　津	Tianjin	6.7	6.6	5.9	6.7	6.7	6.0
河　北	Hebei	9.2	8.0	9.1	9.1	8.0	8.9
山　西	Shanxi	7.6	6.5	8.5	7.7	6.5	8.9
内蒙古	Inner Mongolia	8.2	7.3	9.6	8.3	7.4	9.7
辽　宁	Liaoning	6.9	6.8	7.2	6.7	6.7	6.6
吉　林	Jilin	7.5	6.6	9.0	6.7	6.5	6.2
黑龙江	Heilongjiang	7.0	6.6	7.7	7.2	6.4	9.0
上　海	Shanghai	9.0	8.9	9.2	8.8	8.7	9.2
江　苏	Jiangsu	8.9	8.4	8.9	8.8	8.2	8.8
浙　江	Zhejiang	9.1	8.5	9.4	9.0	8.4	9.4
安　徽	Anhui	9.7	8.7	9.6	9.7	8.7	9.7
福　建	Fujian	8.8	8.1	9.2	8.6	8.0	9.1
江　西	Jiangxi	9.4	8.4	9.2	9.3	8.4	9.2
山　东	Shandong	8.5	7.6	7.9	8.4	7.5	7.8
河　南	Henan	8.9	7.9	8.5	8.9	7.8	8.7
湖　北	Hubei	8.6	7.9	8.3	8.7	8.0	8.4
湖　南	Hunan	9.2	8.0	9.0	9.3	8.1	8.9
广　东	Guangdong	8.6	8.3	8.8	8.5	8.2	8.8
广　西	Guangxi	7.8	6.0	10.1	7.9	6.3	9.8
海　南	Hainan	9.2	8.5	8.6	9.0	8.2	8.4
重　庆	Chongqing	9.3	8.4	8.9	9.2	8.4	9.0
四　川	Sichuan	9.4	8.3	9.2	9.1	8.1	9.0
贵　州	Guizhou	10.6	8.8	9.7	10.3	8.6	9.6
云　南	Yunnan	9.7	8.3	9.2	9.5	8.0	9.2
西　藏	Tibet	11.9	9.7	11.0	11.8	10.2	10.8
陕　西	Shaanxi	9.1	8.0	9.1	9.2	8.1	9.2
甘　肃	Gansu	9.2	7.8	9.0	9.2	7.9	9.0
青　海	Qinghai	8.1	6.5	9.5	9.2	8.0	9.8
宁　夏	Ningxia	9.2	8.5	9.1	8.9	8.2	9.0
新　疆	Xinjiang	8.0	6.8	8.6	7.6	6.5	8.4

2-26 全国31省市城乡居民人均消费支出(分季度)
Per Capita Consumption Expenditure of Urban and Rural Households by 31 Regions (by Quarters) (2018)

单位：元 (yuan)

地区名称	Name of Regions	一季度 The First Quarter			上半年 The First Half		
		全体居民 Urban and Rural Households	城镇居民 Urban Households	农村居民 Rural Households	全体居民 Urban and Rural Households	城镇居民 Urban Households	农村居民 Rural Households
全 国	**National Average**	**5162**	**6749**	**3241**	**9609**	**12745**	**5806**
北 京	Beijing	9902	10652	5124	19670	21216	9816
天 津	Tianjin	7726	8436	4411	14708	16096	8199
河 北	Hebei	4252	5481	3089	8055	10702	5533
山 西	Shanxi	3827	4971	2566	7058	9402	4466
内蒙古	Inner Mongolia	5239	6428	3515	9635	11987	6224
辽 宁	Liaoning	5379	6632	2953	10462	13064	5385
吉 林	Jilin	4098	5235	2716	8009	10573	4889
黑龙江	Heilongjiang	4366	5224	3188	8177	10094	5545
上 海	Shanghai	11102	11735	5601	21321	22587	10233
江 苏	Jiangsu	6796	7928	4693	12391	14681	8127
浙 江	Zhejiang	7970	9169	5736	14444	16699	10205
安 徽	Anhui	4727	5691	3821	8482	10652	6442
福 建	Fujian	6470	8062	4014	11877	14992	7074
江 西	Jiangxi	4126	5345	2945	7306	9657	5029
山 东	Shandong	4951	6503	3067	8845	11614	5482
河 南	Henan	3905	5196	2877	7407	10062	5291
湖 北	Hubei	5286	6454	3845	9770	12028	6974
湖 南	Hunan	4921	6472	3448	9106	12232	6139
广 东	Guangdong	6597	7843	3896	12648	15012	7510
广 西	Guangxi	3675	4852	2715	7168	9871	4964
海 南	Hainan	4591	6018	2905	8706	11492	5414
重 庆	Chongqing	5263	6839	2979	9406	12195	5348
四 川	Sichuan	4290	6058	2822	7990	11345	5206
贵 州	Guizhou	3424	5144	2319	6307	9871	4008
云 南	Yunnan	3562	5456	2286	6607	10363	4067
西 藏	Tibet	2662	6151	1479	4799	11185	2624
陕 西	Shaanxi	4248	5605	2836	7878	10663	4982
甘 肃	Gansu	4077	6221	2621	7131	10794	4642
青 海	Qinghai	4327	5937	2811	7731	10806	4836
宁 夏	Ningxia	4411	5937	2716	8117	11044	4866
新 疆	Xinjiang	3936	5977	2237	7625	11798	4149

2-26 续表 continued

单位：元 (yuan)

地区名称	Name of Regions	前三季度 The First Three Quarters			全年 All Year		
		全体居民 Urban and Rural Households	城镇居民 Urban Households	农村居民 Rural Households	全体居民 Urban and Rural Households	城镇居民 Urban Households	农村居民 Rural Households
全　国	**National Average**	**14281**	**19014**	**8538**	**19853**	**26112**	**12124**
北　京	Beijing	29298	31592	14678	39843	42926	—
天　津	Tianjin	22018	24084	12327	29903	32655	16863
河　北	Hebei	11934	15925	8131	16722	22127	11383
山　西	Shanxi	10666	14388	6550	14810	19790	9172
内蒙古	Inner Mongolia	14136	17656	9032	19665	24437	12661
辽　宁	Liaoning	15253	18920	8096	21398	26448	11455
吉　林	Jilin	12163	16049	7437	17200	22394	10826
黑龙江	Heilongjiang	12084	15033	8035	16994	21035	11417
上　海	Shanghai	31909	33847	14938	43351	46015	19965
江　苏	Jiangsu	18295	21635	12078	25007	29462	16567
浙　江	Zhejiang	21537	25209	14607	29471	34598	19707
安　徽	Anhui	12552	15823	9475	17045	21523	12748
福　建	Fujian	17368	21720	10571	22996	28145	14943
江　西	Jiangxi	10997	14707	7404	15792	20760	10885
山　东	Shandong	13183	17407	8053	18780	24798	11270
河　南	Henan	10953	15142	7614	15169	20989	10392
湖　北	Hubei	14076	17299	10086	19538	23996	13946
湖　南	Hunan	13405	18211	8843	18808	25064	12721
广　东	Guangdong	19050	22680	11159	26054	30924	15411
广　西	Guangxi	10519	14593	7197	14935	20159	10617
海　南	Hainan	12690	16792	7846	17528	22971	10956
重　庆	Chongqing	13744	17816	7821	19248	24154	11977
四　川	Sichuan	12062	16891	8054	17664	23484	12723
贵　州	Guizhou	9561	15148	5956	13798	20788	9170
云　南	Yunnan	9981	15746	6080	14250	21626	9123
西　藏	Tibet	7648	16796	4532	11520	23029	7452
陕　西	Shaanxi	11890	16273	7333	16160	21966	10071
甘　肃	Gansu	10559	16609	6448	14624	22606	9065
青　海	Qinghai	11479	16307	6931	16557	22998	10352
宁　夏	Ningxia	11740	15903	7119	16715	21977	10790
新　疆	Xinjiang	11520	17850	6248	16189	24191	9421

2-27 全国31省市城乡居民人均消费支出增速(分季度)
Per Capita Consumption Expenditure Growth of Urban and Rural Households by 31 Regions (by Quarters) (2018)

单位：% (%)

地区名称	Name of Regions	一季度 The First Quarter			上半年 The First Half		
		全体居民 Urban and Rural Households	城镇居民 Urban Households	农村居民 Rural Households	全体居民 Urban and Rural Households	城镇居民 Urban Households	农村居民 Rural Households
全　国	**National Average**	**7.6**	**5.7**	**11.0**	**8.8**	**6.8**	**12.2**
北　京	Beijing	6.9	6.9	6.8	7.0	7.0	7.2
天　津	Tianjin	6.5	6.6	4.5	6.3	6.5	4.2
河　北	Hebei	6.7	4.3	9.1	9.1	8.0	9.1
山　西	Shanxi	7.2	4.6	11.8	9.6	8.8	9.8
内蒙古	Inner Mongolia	2.8	1.7	4.8	4.5	4.1	4.6
辽　宁	Liaoning	2.7	2.2	4.7	4.4	4.5	3.9
吉　林	Jilin	8.9	10.6	4.5	10.4	12.6	4.1
黑龙江	Heilongjiang	15.6	14.4	17.7	13.7	13.7	13.5
上　海	Shanghai	9.2	9.0	10.4	9.2	9.1	9.5
江　苏	Jiangsu	7.1	6.4	8.3	7.5	7.1	7.3
浙　江	Zhejiang	7.7	7.1	8.1	8.0	7.5	8.4
安　徽	Anhui	8.7	2.8	17.0	7.1	2.1	14.6
福　建	Fujian	11.1	11.3	9.3	11.5	11.9	8.8
江　西	Jiangxi	9.6	8.6	10.1	9.4	7.4	11.7
山　东	Shandong	7.2	5.6	8.4	8.3	7.0	9.0
河　南	Henan	8.7	4.1	14.4	12.8	8.2	18.6
湖　北	Hubei	13.3	11.2	16.5	16.8	13.7	22.6
湖　南	Hunan	6.4	5.2	6.7	10.4	7.5	14.1
广　东	Guangdong	2.8	0.1	15.6	4.4	1.1	20.2
广　西	Guangxi	4.3	2.7	5.9	10.5	9.4	11.2
海　南	Hainan	12.3	11.6	11.8	13.3	13.5	10.6
重　庆	Chongqing	8.9	6.8	13.0	8.7	6.6	13.0
四　川	Sichuan	8.3	6.0	10.8	9.5	7.7	11.0
贵　州	Guizhou	2.7	-5.8	14.5	2.8	-3.1	10.1
云　南	Yunnan	11.8	8.6	14.9	12.9	11.8	12.3
西　藏	Tibet	13.4	8.5	16.1	12.1	8.1	13.5
陕　西	Shaanxi	8.8	7.3	10.5	8.4	6.6	10.6
甘　肃	Gansu	17.8	16.7	17.5	14.0	5.8	26.9
青　海	Qinghai	12.4	13.2	9.3	8.5	8.9	6.1
宁　夏	Ningxia	12.3	16.0	3.1	13.8	13.8	12.3
新　疆	Xinjiang	10.1	9.4	9.8	8.3	7.2	9.0

2-27 续表 continued

单位：% (%)

地区名称	Name of Regions	前三季度 The First Three Quarters 全体居民 Urban and Rural Households	城镇居民 Urban Households	农村居民 Rural Households	全年 All Year 全体居民 Urban and Rural Households	城镇居民 Urban Households	农村居民 Rural Households
全 国	**National Average**	**8.5**	**6.5**	**12.0**	**8.4**	**6.8**	**10.7**
北 京	Beijing	6.7	6.7	7.4	6.5	6.4	—
天 津	Tianjin	6.6	6.9	2.9	7.4	7.8	2.9
河 北	Hebei	9.0	7.9	9.0	8.3	7.4	8.0
山 西	Shanxi	9.0	8.0	9.9	8.4	7.5	8.9
内蒙古	Inner Mongolia	3.4	3.0	3.3	3.8	3.4	3.9
辽 宁	Liaoning	3.4	2.9	5.5	4.6	4.2	6.2
吉 林	Jilin	13.0	14.6	8.2	10.0	11.7	5.3
黑龙江	Heilongjiang	12.2	11.6	13.3	9.1	9.2	8.5
上 海	Shanghai	8.4	8.3	8.4	8.9	8.8	10.4
江 苏	Jiangsu	6.4	6.2	6.0	6.6	6.3	6.1
浙 江	Zhejiang	8.5	8.0	8.7	8.8	8.4	8.9
安 徽	Anhui	8.0	3.1	15.3	8.2	3.8	14.8
福 建	Fujian	8.2	8.6	5.6	8.2	8.3	6.7
江 西	Jiangxi	10.4	8.6	12.2	9.2	7.9	10.3
山 东	Shandong	8.6	7.3	9.3	8.7	7.5	9.0
河 南	Henan	12.6	9.4	16.0	10.5	8.1	12.8
湖 北	Hubei	14.3	10.4	22.0	15.4	12.8	19.9
湖 南	Hunan	9.6	6.6	13.6	9.6	8.2	10.3
广 东	Guangdong	4.6	1.3	20.6	5.0	2.4	16.8
广 西	Guangxi	9.2	6.8	12.2	11.3	9.9	12.5
海 南	Hainan	12.0	11.1	12.0	13.8	12.8	14.1
重 庆	Chongqing	8.1	6.5	10.7	7.5	6.1	9.5
四 川	Sichuan	9.3	7.3	11.1	9.2	6.8	11.6
贵 州	Guizhou	6.0	0.5	12.6	6.4	2.2	10.5
云 南	Yunnan	13.8	11.1	15.9	12.6	10.6	13.6
西 藏	Tibet	14.7	8.6	18.8	11.6	9.2	11.4
陕 西	Shaanxi	9.5	8.6	9.5	8.5	7.7	8.2
甘 肃	Gansu	13.9	9.5	19.6	11.5	9.4	12.9
青 海	Qinghai	8.1	8.1	6.4	6.8	7.1	4.5
宁 夏	Ningxia	11.8	11.9	10.1	8.9	8.7	8.1
新 疆	Xinjiang	8.7	7.5	9.6	7.3	6.1	8.1

2-28 全市各区城乡居民人均可支配收入
Per Capita Disposable Income of Urban and Rural Households by Districts (2017-2018)

地区名称	Name of Districts	全体居民 Urban and Rural Households			城镇居民 Urban Households			农村居民 Rural Households		
		绝对数(元) Number(yuan)		增速 Growth (%)	绝对数(元) Number(yuan)		增速 Growth (%)	绝对数(元) Number(yuan)		增速 Growth (%)
		2017	2018		2017	2018		2017	2018	
全　市	**City Average**	**37022**	**39506**	**6.7**	**40278**	**42976**	**6.7**	**21754**	**23065**	**6.0**
和平区	Heping	50480	53778	6.5	50480	53778	6.5	—	—	—
河东区	Hedong	41279	44111	6.9	41279	44111	6.9	—	—	—
河西区	Hexi	47770	50933	6.6	47770	50933	6.6	—	—	—
南开区	Nankai	45632	48788	6.9	45632	48788	6.9	—	—	—
河北区	Hebei	42773	45708	6.9	42773	45708	6.9	—	—	—
红桥区	Hongqiao	40272	42891	6.5	40272	42891	6.5	—	—	—
东丽区	Dongli	35161	37572	6.9	36096	38579	6.9	26556	—	—
西青区	Xiqing	35871	38293	6.8	37127	39643	6.8	26918	—	—
津南区	Jinnan	34304	36687	6.9	35274	37693	6.9	25066	—	—
北辰区	Beichen	34838	36980	6.1	35843	38158	6.5	25378	—	—
武清区	Wuqing	27941	29867	6.9	34032	36400	7.0	22112	23591	6.7
宝坻区	Baodi	25722	27469	6.8	31742	33942	6.9	20697	22043	6.5
滨海新区	Binhai	46291	49328	6.6	46556	49611	6.6	22438	23898	6.5
宁河区	Ninghe	25039	26558	6.1	31311	33317	6.4	21113	22236	5.3
静海区	Jinghai	26498	28261	6.7	32024	34112	6.5	21336	22756	6.7
蓟州区	Jizhou	24989	26568	6.3	31182	33256	6.7	20774	21920	5.5

2-29 全市各区城乡居民人均可支配收入(2018年一季度)
Per Capita Disposable Income of Urban and Rural Households by Districts (the First Quarter of 2018)

地区名称	Name of Districts	全体居民 Urban and Rural Households			城镇居民 Urban Households			农村居民 Rural Households		
		绝对数(元) Number(yuan)		增速 Growth (%)	绝对数(元) Number(yuan)		增速 Growth (%)	绝对数(元) Number(yuan)		增速 Growth (%)
		2017	2018		2017	2018		2017	2018	
全 市	**City Average**	**10421**	**11073**	**6.2**	**11307**	**12020**	**6.3**	**6321**	**6642**	**5.1**
和平区	Heping	13083	13906	6.3	13083	13906	6.3	—	—	—
河东区	Hedong	11638	12396	6.5	11638	12396	6.5	—	—	—
河西区	Hexi	12835	13638	6.3	12835	13638	6.3	—	—	—
南开区	Nankai	12508	13303	6.4	12508	13303	6.4	—	—	—
河北区	Hebei	11899	12609	6.0	11899	12609	6.0	—	—	—
红桥区	Hongqiao	11471	12150	5.9	11471	12150	5.9	—	—	—
东丽区	Dongli	10263	10357	0.9	10537	10622	0.8	7652	—	—
西青区	Xiqing	10920	11258	3.1	11301	11622	2.8	7956	—	—
津南区	Jinnan	10138	10549	4.1	10433	10861	4.1	6961	—	—
北辰区	Beichen	9929	10242	3.2	10201	10382	1.8	7225	—	—
武清区	Wuqing	8324	8845	6.3	10188	10600	4.0	6541	6923	5.8
宝坻区	Baodi	7445	7940	6.6	9373	10067	7.4	5835	6202	6.3
滨海新区	Binhai	12104	12909	6.7	12175	12950	6.4	6695	—	—
宁河区	Ninghe	6959	7381	6.1	8225	8810	7.1	6155	6472	5.1
静海区	Jinghai	7609	7978	4.8	9029	9395	4.0	6255	6739	7.7
蓟州区	Jizhou	6921	7395	6.9	8240	8822	7.1	5985	6350	6.1

2-30 全市各区城乡居民人均可支配收入(2018年上半年)
Per Capita Disposable Income of Urban and Rural Households by Districts (the First Half of 2018)

地区名称	Name of Districts	全体居民 Urban and Rural Households			城镇居民 Urban Households			农村居民 Rural Households		
		绝对数(元) Number(yuan)		增速 Growth (%)	绝对数(元) Number(yuan)		增速 Growth (%)	绝对数(元) Number(yuan)		增速 Growth (%)
		2017	2018		2017	2018		2017	2018	
全　市	**City Average**	**19691**	**20986**	**6.6**	**21476**	**22896**	**6.6**	**11401**	**12027**	**5.5**
和平区	Heping	26431	28141	6.5	26431	28141	6.5	—	—	—
河东区	Hedong	22420	24031	7.2	22420	24031	7.2	—	—	—
河西区	Hexi	25322	27190	7.4	25322	27190	7.4	—	—	—
南开区	Nankai	24454	26251	7.3	24454	26251	7.3	—	—	—
河北区	Hebei	23206	24695	6.4	23206	24695	6.4	—	—	—
红桥区	Hongqiao	21956	23341	6.3	21956	23341	6.3	—	—	—
东丽区	Dongli	19187	20273	5.7	19741	20868	5.7	13905	—	—
西青区	Xiqing	20031	21215	5.9	20789	22007	5.9	14139	—	—
津南区	Jinnan	19249	20462	6.3	19824	21073	6.3	13064	—	—
北辰区	Beichen	18306	19348	5.7	18842	19914	5.7	12979	—	—
武清区	Wuqing	15001	16148	7.6	18280	19644	7.5	11864	12796	7.8
宝坻区	Baodi	13512	14425	6.8	16836	18100	7.5	10736	11179	4.1
滨海新区	Binhai	23960	25341	5.8	24119	25499	5.7	11922	—	—
宁河区	Ninghe	12787	13516	5.7	15515	16434	5.9	11053	11499	4.0
静海区	Jinghai	14117	15047	6.6	17214	18194	5.7	11162	12040	7.9
蓟州区	Jizhou	12967	13802	6.4	15973	17027	6.6	10835	11438	5.6

2-31 全市各区城乡居民人均可支配收入(2018年前三季度)
Per Capita Disposable Income of Urban and Rural Households by Districts (the First Three Quarters of 2018)

地区名称 Name of Districts	全体居民 Urban and Rural Households			城镇居民 Urban Households			农村居民 Rural Households		
	绝对数(元) Number(yuan)		增速 Growth (%)	绝对数(元) Number(yuan)		增速 Growth (%)	绝对数(元) Number(yuan)		增速 Growth (%)
	2017	2018		2017	2018		2017	2018	
全　市 City Average	**29448**	**31407**	**6.7**	**32212**	**34352**	**6.6**	**16611**	**17594**	**5.9**
和平区 Heping	39965	42804	7.1	39965	42804	7.1	—	—	—
河东区 Hedong	32768	35124	7.2	32768	35124	7.2	—	—	—
河西区 Hexi	38032	40753	7.2	38032	40753	7.2	—	—	—
南开区 Nankai	36776	39443	7.3	36776	39443	7.3	—	—	—
河北区 Hebei	33636	35821	6.5	33636	35821	6.5	—	—	—
红桥区 Hongqiao	32271	34374	6.5	32271	34374	6.5	—	—	—
东丽区 Dongli	29069	30768	5.8	29993	31740	5.8	20263	—	—
西青区 Xiqing	29743	31453	5.7	30895	32660	5.7	20790	—	—
津南区 Jinnan	28355	30381	7.1	29222	31311	7.1	19020	—	—
北辰区 Beichen	28169	29760	5.6	29068	30693	5.6	19235	—	—
武清区 Wuqing	22254	23982	7.8	27584	29667	7.6	17154	18530	8.0
宝坻区 Baodi	20263	21641	6.8	25633	27579	7.6	15779	16396	3.9
滨海新区 Binhai	34545	36532	5.8	34738	36742	5.8	17233	—	—
宁河区 Ninghe	18943	20031	5.7	23659	25051	5.9	15946	16562	3.9
静海区 Jinghai	20852	22220	6.6	25604	27031	5.6	16320	17624	8.0
蓟州区 Jizhou	19416	20613	6.2	24432	26152	7.0	15859	16549	4.3

主要统计指标解释

一体化住户调查 从 2012 年四季度起，国家统计局对分别进行的城乡住户调查实施了一体化改革，改革后的农村住户调查，样本地域范围由涉农区县城乡结合区、镇中心区、乡村缩小到只包括乡村，城乡结合区和镇中心区均纳入城镇。同时，统一了城乡居民收入指标名称、分类和统计标准，建立了城乡统一的一体化住户调查《住户收支与生活状况调查》，并据此获得居民有关数据。自 2013 年起发布一体化住户调查新口径收支数据。天津市住户调查样本涉及全市 16 个区县的 400 个调查小区的 4000 个调查户，其中城镇 3000 户、农村 1000 户。另外，城镇住户调查地域由 2013 年前的市内 6 区、滨海新区扩大到全市所有区县。

常住成员 指住户成员中，经常在家居住、或者调查期内居住时间超过一半的人员，以及本住户供养的学生。常住成员为住户收支的调查对象。

居民可支配收入 指调查户在调查期内获得的、可用于最终消费支出和储蓄的总和，及调查户可以用来支配的收入。即包括现金收入，也包括实物收入。按照收入的来源分四项:工资性收入、经营净收入、财产净收入和转移净收入。计算公式:

可支配收入=工资性收入+经营净收入+财产净收入+转移净收入

其中：经营净收入=经营收入-经营费用-生产性固定资产折旧-生产税

财产净收入=财产性收入-财产性支出

转移净收入=转移性收入-转移性支出

工资性收入 指就业人员通过各种途径得到的全部劳动报酬和各种福利，包括受雇于单位或个人、从事各种自由职业、兼职和零星劳动得到的全部劳动报酬和福利。

实物福利 指单位或雇主免费或低价提供给员工的各种实物产品和服务折价。由个人先行付款消费，后由单位或雇主给予报销的款额也视为实物福利。实物福利还包括单位或雇主自身生产过程所生产的货物与服务，如铁路或航空公司提供给员工的免费旅程，采矿企业提供给员工的免费煤炭等。

经营净收入 指住户或住户成员从事生产经营活动所获得的净收入，是全部经营收入中扣除经营费用、生产性固定资产折旧和生产税之后得到的净收入，包括第一、二、三产经营净收入。

财产净收入 指住户或住户成员将其所拥有的金融资产、住房等非金融资产和自然资源交由其他机构单位、住户或个人支配而获得的回报并扣除相关的费用之后得到的净收入。财产净收入包括利息净收入、红利净收入、储蓄性保险净收益、转让承包土地经营权租金净收入、出租房屋净收入、出租其他资产净收入和自有住房折算净租金等。

自有住房折算净租金（城镇） 指城镇居民现住房产权为自有住房（含自建住房、自购商品房、自购房改住房、自购保障性住房、拆迁安置房、继承或获赠住房）的住户为自身消费提供住房服务的折算价值扣除折旧后得到的净租金。它是一种财产性实物收入。

自有住房年度折算净租金=自有住房年度折算租金-购建房年度分摊成本

转移性收入 指国家、单位、社会团体对住户的各种经常性转移支付和住户之间的经常性收入转移。包括政府、非行政事业单位、社会团体对居民专一的养老金或退休金、社会救济和补助、惠农补贴、政策性生活补贴、救灾款、经常性捐赠和赔偿以及报销医疗费等；住户之间的赡养收入、经常性捐赠和赔偿以及农村地区（村委会）在外（含国外）工作的本住户非常住成员寄回带回的收入等。

居民消费支出 指住户用于满足日常生活消费需要的全部支出，包括用于消费品的支出和用于服务性消费的支出。根据用途不同，消费支出可划分为食品烟酒、衣着、居住、生活用品及服务、交通通信、教育文化娱乐、医疗保健、其他用品及服务八类。根据来源不同，消费支出可划分为现金消费支出、实物消费支出（含自产自用、来自单位、来自政府和其他社会组织）。

食品烟酒 指用于各种食品和烟草、酒类的支出，包括食品、烟酒消费、饮料和饮食服务。

衣着 指与居民穿着有关的支出，包括服装、服装材料、鞋类、其他衣类及配件、衣着相关加工服务费。

居住 指与居住有关的支出，包括房租、水、电、燃料、取暖费；住房装潢、住房维修、物业管理等方面的支出，也包括自有住房折算租金。

自有住房折算租金（消费） 指现住房为自有住房（含自建住房、自购商品房、自购房改住房、自购保障性住房、拆迁安置房、继承或获赠住房）的住户为自身消费提供住房服务的折算价值。目前自有住房折算租金采用折旧法计算。具体方法:

自有住房折算租金=自有住房市场现价估值 × 年折旧率（城乡不同）。

生活用品及服务 指用于家庭及个人的各类生活品及家庭服务的支出。包括家具及室内装饰品、家用器具、家用纺织品、家庭日用杂品、个人用品和家庭服务费。

交通通信 指用于交通和通信工具及相关的各种服务费、维修费和车辆保险费等。

教育文化娱乐 指用于教育和文化娱乐方面的支出。

教育 指按一定的目的要求，对受教育者的德育、智育、体育、爱好、技能等诸方面施以影响的一种有计划的活动，与这一活动直接相关的支出即为教育支出。包括学前教育、小学教育、初中教育、高中教育、中专职高教育、大专及以上教育、其他教育和培训的各项费用。如学杂费、培训费、赞助费、一揽子教育服务、教育用品等。

文化娱乐 指用于文娱耐用消费品、其他文娱用品和文化娱乐服务的费用。

医疗保健 指用于医疗和保健的药品、用品和服务的总费用。包括医疗器具及药品，以及医疗服务。

医疗器具及药品 包括购买药品、滋补保健品、医疗卫生器具及用品和保健器具费用。

医疗服务 包括门诊和住院的医疗总费用。其中包括从各种医疗保险或其他医疗救助计划中获得的医药费和医疗费的报销款额。报销医疗费应按收付实现制记录。

其他用品及服务 指无法直接归入各类支出的其他用品与服务支出。

其他用品 包括首饰、手表和其他杂项用品等支出。

其他服务 指用于个人消费中的服务费，包括旅馆住宿费、美容美发洗浴、其他杂项服务；以及丧葬费、请律师的诉讼费、公证费、房地产中介服务费等。

Explanatory Notes on Main Statistical Indicators

Integrated Household Survey means from the fourth quarter of 2012, the National Bureau of Statistics implemented the integrated reform for the independent urban and rural household survey. After the reform, the geographic area of the rural household survey has shrunk from urban-rural fringe zone and town center and villages of all the districts and counties to only villages. Urban-rural fringe zone and town center have been brought into urban area. Meanwhile, the reform has unified the indicators, classifies and statistical standards of urban and rural household income. Also it has established a unified and integrated household survey "the household budget and living conditions survey", and thus to obtain the data. Integrated household survey data in new scope has been published since 2013. There are 4000 samples involved in the Tianjin's 16 districts and counties, including 3000 urban households and 1000 rural households. In addition, the survey area of urban households has expanded from the city's 6 Districts and Binhai New District by 2013 to all the districts and counties.

Permanent Member means household members who stay at home regularly or for over the half of the survey period. Also including the students supported by family. Permanent members are the respondents of the household survey.

Disposable Income means the total income of households earned in the survey period, which can be used for consumption and savings, including cash income and physical income. According to the source of income, it can be classified as income of wages and salaries, net business income, net income from property and net income from transfer. Calculation formula:

Disposable income = income of wages and salaries + net business income + net income from property + net income from transfer

Where:

Net business income=business income-business expenses-depreciation of productive fixed assets - production taxes

Net income from property=property income-property expenses

Net income from transfer=transfer income-transfer expenses

Income of Wages and Salaries means the total remuneration and benefits earned by employees who are employed by units or individuals, freelances and part-time workers.

Physical Benefit means physical products and services provided by the employer for free or at low prices. Consumption paid by personal, and then recouped by employers should be considered physical benefits. It also includes the products and services produced during the production process, such as free journey provided by railway or airline companies, free coal provided by mining companies, to their employees.

Net Business Income means net income earned by business activities, which are operated by households and their members. Business expenses, depreciation of productive fixed assets and production taxes should be deducted from income. It includes net income of primary, secondary and tertiary industries.

Net Income from Property means the net income obtained by authorizing other institutional units, households or individuals to dominate the financial assets, housing, other non-financial assets and natural resources owned by households and their members. Expenses should be deducted. Net income from property includes net interest income, bonus income, net income of savings insurance, net rent income from the transfer of land management right, net rent housing income, net rent other assets income and net conversion rental of private housing.

Net Imputed Rent of Owner-occupied Dwelling (urban area) means net rent income refers to the value of housing services provided residents' owner-occupied dwelling (including self-help housing, purchased commercial housing and social housing, resettlement housing and inherited or given housing). Depreciation should be deducted. It is a kind of property income.

Annual net imputed rent of owner-occupied dwelling = annual imputed rent of owner-occupied dwelling-annual purchasing or building cost.

Income from Transfer means recurrent income transfers from the state, units, social groups and other households. Including the pension, government, social benefits and subsidies, agricultural subsidies, policy living subsidies relief funds, regular donation and compensation and reimbursement of medical expenses from institutions, social groups ; alimony , regular donation and compensation from other households, and the income sent back by non-permanent members working nonlocal.

Consumption Expenditure of Households has a provincial coverage comparable between urban and rural households, and refers to the all the expenditures of households for consumption in daily life. It includes expenditures in cash and in kinds on eight categories: food; clothing; housing; household appliances and services; transport and communications; education; culture and recreational activities; and medical care. (Includes self-made and consumed products from units, government and other social organizations.)

Food, Tobacco and Liquor means the expenditure on Food, Tobacco and Liquor. It includes the expenditure on Food, Tobacco, Liquor, Dink and Catering Services.

Clothing means the expenditure on clothing. It includes the expenditure of Clothes, Shoes, accessories and Clothes processing fee.

Residence means the expenditure on residence. It includes the expenditure of rents, water, electricity, fuels, heating fees, housing maintenance and management , property management fees, and imputed rents of owner-occupied dwelling.

Imputed Rents of Owner-occupied Dwelling (Expenditure) means the commuted value of owner-occupied housing. Imputed rents of owner-occupied dwelling using depreciation method to calculate.

Formula :

Imputed Rent of Owner-occupied Dwelling=the current prices of owner-occupied housing × annual depreciation (different between rural and urban)

Household Facilities, Articles and Services means the expenditure on household facilities, articles and services. It includes the expenditure on furniture and interior decoration, household appliances, home textiles, family daily groceries, personal products and family services.

Transportations and Communications means the expenditure on transport and communications. It includes the expenditure on tools, service charges, allowances for repairs and maintenance, vehicle insurance premium and so on.

Education, Cultural and Recreation means the expenditure on education, cultural and recreation.

Education means according to the certain requirements and purpose, training the educates in moral, knowledge, sports, hobbies, skills and all aspects. The education expenditure is directly related to activities for education. It includes the expenditure on the Pre-school education, primary education, secondary education, high school education, secondary vocational education, junior college or above education, other education and training. Such as tuition and miscellaneous fees, training expenses, sponsorship, packages of education services, education supplies.

Cultural and Recreation means the expenditure on recreational durable goods, other recreational goods and cultural & entertainment services.

Health Care and Medical Service means the expenditure on medical equipment , medicine and medical services.

Medical Equipment and Medicine means the expenditure on medicine, nourishing health products, medical & health care instruments.

Medical Services includes the expenditure in outpatient clinic and hospitalization. It includes the reimbursement amount from medical insurance or medical financial assistance. The reimbursement signed in cash basis.

Miscellaneous Goods and Services means the expenditure of miscellaneous goods and services which is hard to classify.

Other Goods includes the expenditure on jewelry, watch and so on.

Other Services means the expenditure on service charge. It includes hotel bills, grooming, salon fee, miscellaneous services, funeral expenses, court costs, notary fees, inter-mediation services and so on.

三、价格及价格指数

Chapter 3
PRICE AND PRICE INDICES

3-1a 居民消费价格分类指数
Consumer Price Indices by Category
(2011-2015)

(上年=100) (preceding year=100)

项 目	Item	2011	2012	2013	2014	2015
居民消费价格指数	**Consumer Price Index**	**104.9**	**102.7**	**103.1**	**101.9**	**101.7**
#服务项目价格指数	Services	103.0	100.3	103.8	102.2	103.4
#消费品价格指数	Consumer Goods	105.8	103.9	102.8	101.7	100.8
一、食品	Food	111.4	106.4	105.8	103.0	101.7
1.粮食	Grain	108.5	102.4	108.7	103.4	101.8
2.淀粉及制品	Starches	123.3	103.1	102.1	100.4	100.8
3.干豆类及豆制品	Bean and Its Products	100.1	103.2	108.0	106.3	102.6
4.油脂	Oil or Fat	115.3	103.7	98.7	93.6	98.1
5.肉禽及其制品	Meat, Poultry and Processed Products	122.6	105.7	108.0	99.6	104.8
6.蛋	Eggs	114.4	101.7	102.2	111.1	90.8
7.水产品	Aquatic Products	120.7	106.7	100.9	106.8	98.1
8.菜	Vegetables	96.7	119.6	110.0	95.4	106.8
9.调味品	Flavoring	106.4	103.6	101.9	101.7	102.7
10.糖	Carbohydrate	109.1	105.1	99.7	99.7	100.0
11.茶及饮料	Tea and Beverages	104.7	106.4	104.6	101.6	102.2
12.干鲜瓜果	Dried and Fresh Melons and Fruits	108.8	91.3	112.6	117.3	100.2
13.糕点饼干面包	Cake, Biscuit and Bread	113.3	105.4	101.9	100.6	102.4
14.液体乳及乳制品	Milk and Its Products	104.6	101.9	103.5	108.3	99.0
15.在外用膳食品	Outward Dinner	109.6	110.5	104.6	102.2	101.4
16.其他食品	Other Foods	114.0	102.9	105.1	104.4	100.5
二、烟酒及用品	Tobacco, Liquor and Articles	104.8	104.9	100.9	98.7	101.9
1.烟草	Tobacco	100.6	98.1	100.2	99.6	103.5
2.酒	Liquor	109.5	111.9	101.6	97.9	100.4
三、衣着	Clothing	102.1	107.0	101.1	101.8	103.0
1.服装	Garments	101.7	105.4	100.9	102.2	103.1
2.衣着材料	Clothing Material	119.3	103.8	99.8	100.9	102.6
3.鞋袜帽	Footgear and Hats	101.9	110.9	101.6	101.0	102.9
4.衣着加工服务	Clothing Manufacturing Services	116.8	120.9	104.4	101.7	102.2
四、家庭设备用品及维修服务	Household Facilities, Articles and Maintenance Services	106.1	101.6	102.0	103.3	101.0
1.耐用消费品	Durable Consumer Goods	102.9	99.4	100.7	102.8	99.4
2.室内装饰品	Interior Decorations	100.2	100.1	99.1	99.6	100.3
3.床上用品	Bed Articles	127.0	103.6	104.8	103.2	108.9
4.家庭日用杂品	Daily Use Household Articles	103.0	102.7	101.6	103.7	100.6
5.家庭服务及加工维修服务	Household Services and Manufacturing Upkeep	126.0	112.2	109.2	106.8	102.8
五、医疗保健和个人用品	Health Care and Personal Articles	101.8	102.2	100.6	100.4	99.8
1.医疗保健	Health Care	100.7	102.3	101.2	100.9	101.2
2.个人用品及服务	Personal Articles and Services	104.0	102.0	99.3	99.5	97.1
六、交通和通信	Transportation and Communication	99.9	97.6	98.6	99.7	97.4
1.交通	Transportation	104.8	99.4	98.3	99.7	96.1
2.通信	Communication	92.9	94.8	98.9	99.6	99.7
七、娱乐教育文化用品及服务	Recreation, Education and Culture Articles	99.5	99.3	102.5	101.7	104.2
1.文娱用耐用消费品及服务	Durable Consumer Goods for Cultural and Recreational Use and Services	86.7	92.8	94.2	90.5	94.5
2.教育	Education	100.2	100.2	100.2	104.3	108.2
3.文化娱乐	Cultural and Recreational Articles	100.6	102.0	101.1	100.4	102.4
4.旅游	Touring and Outing	106.8	99.3	113.7	102.5	100.7
八、居住	Residence	104.7	100.9	104.4	102.0	102.6
1.建房及装修材料	Building and Building Decoration Materials	109.0	101.6	103.4	101.6	99.7
2.住房租金	Rent	101.2	101.0	99.9	103.7	107.2
3.自有住房	Private Housing	104.9	100.0	106.0	102.2	103.7
4.水电燃料	Water, Electricity and Fuels	102.2	103.1	101.7	101.3	99.9

注：2016年居民消费价格指数目录进行了调整。
Note: Consumer price index catalogue was adjusted in 2016.

3-1b 居民消费价格分类指数
Consumer Price Index by Category (2016-2018)

(上年=100) (preceding year=100)

项目	Item	2016	2017	2018
居民消费价格指数	**Consumer Price Index**	**102.1**	**102.1**	**102.0**
#服务项目价格指数	Services	103.7	104.1	101.6
#消费品价格指数	Consumer Goods	100.9	100.7	102.3
一、食品烟酒	Food, Tobacco and Liquor	102.1	100.3	103.1
1.食品	Food	102.8	99.9	103.4
(1)粮食	Grain	100.6	103.2	99.2
(2)薯类	Tubers	106.1	92.1	110.9
(3)豆类	Beans	101.0	100.7	100.4
(4)食用油	Edible Oil and Fats	99.7	101.8	100.7
(5)菜	Vegetables	107.0	92.5	109.3
(6)畜肉类	Meat of Livestock	107.3	99.3	99.5
(7)禽肉类	Meat of Poultry	101.0	99.0	104.1
(8)水产品	Aquatic Products	106.6	102.9	104.5
(9)蛋类	Eggs	95.4	96.5	114.3
(10)奶类	Milk	98.8	99.5	99.9
(11)干鲜瓜果类	Dried and Fresh Melons and Fruits	97.6	102.6	105.6
(12)糖果糕点类	Candy and Cake	101.3	101.8	103.2
(13)调味品	Flavoring	103.4	103.3	102.6
(14)其他食品类	Other Foods	101.0	101.6	102.1
2.茶及饮料	Tea and Beverages	100.2	100.6	102.6
3.烟酒	Tobacco and Liquor	101.3	101.0	101.1
(1)烟草	Tobacco	102.2	100.4	101.0
(2)酒类	Liquor	100.3	101.7	101.1
4.在外餐饮	Dining out	100.8	101.2	102.9
二、衣着	Clothing	100.1	100.2	101.1
1.服装	Garments	99.9	100.0	101.0
2.服装材料	Clothing Material	101.7	100.8	104.6
3.其他衣着及配件	Other Clothing and Parts	101.6	100.7	101.1
4.衣着加工服务费	Clothing Manufacturing Services	103.7	103.4	101.1
5.鞋类	Footwear	99.7	100.1	101.2
三、居住	Residence	103.6	101.4	101.3
1.租赁房房租	Rent of Rental Housing	103.9	100.4	101.2
2.住房保养维修及管理	Housing Maintenance and Management	101.4	104.9	104.3
3.水电燃料	Water, Electricity and Fuels	99.8	100.0	100.8
4.自有住房	Private Housing	104.9	101.5	101.1
四、生活用品及服务	Household Facilities, Articles and Services	99.4	100.8	101.1
1.家具及室内装饰品	Furniture and Interior Decoration	98.0	101.8	100.8
2.家用器具	Home Appliances	97.9	99.4	99.8
3.家用纺织品	Home Textiles	100.7	100.9	101.4
4.家庭日用杂品	Daily Use Household Articles	99.7	99.9	100.9
5.个人护理用品	Personal-care Supplies	100.5	101.0	100.4
6.家庭服务	Household Services	101.6	103.1	105.1
五、交通和通信	Transportation and Communication	98.3	100.1	101.3
1.交通	Transportation	98.2	101.6	103.3
2.通信	Communication	98.6	97.6	97.8
六、教育文化和娱乐	Education, Culture and Recreation	100.6	103.2	102.4
1.教育	Education	100.8	102.5	102.0
2.文化娱乐	Culture and Recreation	100.4	104.0	102.8
七、医疗保健	Health Care and Medical Services	108.8	115.4	102.6
1.药品及医疗器具	Medicine and Medical Instrument	101.3	103.5	104.3
2.医疗服务	Medical Services	117.7	127.5	101.1
八、其他用品和服务	Miscellaneous Goods and Services	103.8	101.5	101.1
1.其他用品类	Other Articles	107.7	102.6	98.7
2.其他服务类	Other Services	100.9	100.6	103.1

注：2016年居民消费价格指数目录进行了调整。
Note: Consumer price index catalogue was adjusted in 2016.

3-2a 商品零售价格分类指数
Retail Price Indices by Category
(2011-2015)

(上年=100) (preceding year=100)

项 目	Item	2011	2012	2013	2014	2015
商品零售价格指数	**Retail Price Index**	**104.7**	**103.0**	**101.7**	**100.9**	**100.3**
一、食品类	Food	111.6	106.5	105.8	103.0	101.7
1.粮食	Grain	108.5	102.4	108.7	103.4	101.8
2.淀粉及制品	Starches	123.3	103.1	102.1	100.4	100.8
3.干豆类及豆制品	Bean and Its Products	100.1	103.2	108.0	106.3	102.6
4.油脂	Oil or Fat	115.3	103.7	98.7	93.6	98.1
5.肉禽及其制品	Meat, Poultry and Processed Products	122.6	105.7	108.0	99.6	104.9
6.蛋	Eggs	114.4	101.7	102.2	111.1	90.8
7.水产品	Aquatic Products	120.7	106.7	100.9	106.8	98.1
8.菜	Vegetables	96.7	119.6	110.0	95.4	106.8
9.调味品	Flavoring	106.4	103.6	101.9	101.7	102.7
10.糖	Carbohydrate	109.1	105.1	99.7	99.7	100.0
11.干鲜瓜果	Dried and Fresh Melons and Fruits	108.8	91.3	112.6	117.3	100.2
12.糕点饼干面包	Cake, Biscuit and Bread	113.3	105.4	101.9	100.6	102.4
13.液体乳及乳制品	Milk and Its Products	104.6	101.9	103.5	108.3	99.0
14.在外用膳食品	Outward Dinner	109.6	110.5	104.6	102.2	101.4
15.其他食品	Other Foods	114.0	102.9	105.1	104.4	100.5
二、饮料、烟酒	Beverages, Tobacco and Liquor	104.7	105.2	101.8	99.4	102.0
1.茶及饮料	Tea and Beverages	104.7	106.4	104.6	101.6	102.2
2.烟草	Tobacco	100.6	98.1	100.2	99.6	103.5
3.酒	Liquor	109.5	111.9	101.6	97.9	100.4
三、服装、鞋帽	Garments, Shoes and Hats	101.8	106.9	101.0	101.9	103.0
1.服装	Garments	101.7	105.4	100.9	102.2	103.1
2.鞋袜帽	Footgear and Hats	101.9	110.9	101.6	101.0	102.9
3.其他	Other	107.0	106.2	90.7	101.9	97.0
四、纺织品	Textiles	112.4	102.3	103.5	100.4	104.5
1.衣着材料	Clothing Material	119.3	103.8	99.8	100.9	102.6
2.床上用品	Bed Articles	110.9	101.9	104.4	100.3	105.0
五、家用电器及音像器材	Household Appliances, Music and Video Equipment	95.4	96.9	96.6	94.6	96.5
1.家庭设备	Household Facilities	102.3	99.9	99.3	99.1	98.0
2.文娱用耐用消费品	Durable Consumer Goods for Cultural and Recreational Use	84.8	92.1	91.7	85.8	92.3
3.专业音像器材	Music and Video Equipment	100.4	96.5	97.3	95.3	98.9
六、文化办公用品	Cultural and Office Appliances	90.5	94.6	97.7	96.4	97.2
七、日用品	Articles for Daily Use	103.8	104.1	101.0	99.4	99.9
1.日用百货	General Merchandise for Daily Use	106.2	103.3	98.8	99.8	99.8
2.日用杂品	Grocery for Daily Use	95.2	100.1	100.7	102.0	100.5
3.洗涤用品	Wash	102.9	109.3	104.3	100.9	99.0
4.其他日用品	Other Articles for Daily Use	103.5	101.5	100.9	97.0	100.7
八、体育娱乐用品	Sports and Recreation Articles	100.1	100.4	107.6	99.9	102.7
1.体育用品	Sports Articles	105.6	104.5	108.8	100.2	101.9
2.娱乐用品	Recreation Articles	97.8	98.5	107.1	99.8	103.1
九、交通、通信用品	Transportation and Communication Appliances	100.1	96.6	96.8	101.1	97.7
1.交通运输机械	Transportation Machine	102.9	98.3	97.1	101.2	97.7
2.通信器材	Communication Facilities	65.0	63.1	88.8	95.5	97.8
十、家具	Furniture	103.7	98.7	102.6	107.6	101.1
十一、化妆品	Cosmetics	99.6	104.4	102.2	97.6	99.7
十二、金银珠宝	Gold, Silver and Jewelry	113.3	95.8	91.0	91.8	87.6
十三、中西药品及医疗保健用品	Traditional Chinese and Western Medicines and Health Care Articles	101.1	103.6	101.9	101.4	101.9
1.医疗器具及用品	Medical Apparatus and Article	111.1	103.4	99.9	99.8	100.7
2.中药材及中成药	Traditional Chinese Medicinal Materials and Medicines	102.7	102.5	104.3	103.2	102.6
3.西药	Western Medicines	100.5	104.7	100.8	100.6	101.8
4.保健器具及用品	Healthcare Equipment	99.0	102.2	100.1	99.5	100.4
十四、书报杂志及电子出版物类	Books, Newspapers, Magazines and Electronic Publications	100.3	101.2	100.3	100.4	101.9
1.教材及参考书	Teaching Materials and Reference Books	100.5	101.0	100.6	100.5	100.2
2.书报杂志	Books, Newspapers, Magazines	100.0	100.9	101.4	100.3	107.5
3.电子音像制品	Electronic Publications	100.0	102.5	99.6	100.0	100.0
十五、燃料	Fuels	108.2	102.2	99.8	102.8	90.0
1.煤炭及制品	Coal and Its Products	109.2	100.7	96.1	97.9	97.9
2.石油及制品	Petroleum and Its Products	108.2	102.2	99.9	102.9	89.8
十六、建筑材料及五金电料	Building Materials and Hardware	107.7	101.1	102.4	101.0	99.4
1.建筑装潢材料	Building Decoration Materials	107.6	101.1	102.9	101.2	99.2
2.五金电料	Hardware	108.8	101.0	99.3	100.0	100.6

3-2b 商品零售价格分类指数
Retail Price Indices by Category (2016-2018)

(上年=100) (preceding year=100)

项　目	Item	2016	2017	2018
商品零售价格指数	**Retail Price Index**	**100.5**	**100.8**	**101.6**
一、食品	Food	102.3	100.3	103.2
1.粮食	Grain	100.8	103.2	99.7
2.薯类	Tuber	106.1	92.1	110.9
3.豆类	Beans	101.0	100.7	100.4
4.食用油	Edible Oil	99.7	101.8	100.7
5.菜	Vegetables	107.0	92.4	109.3
6.畜肉类	Meat	107.3	99.3	99.5
7.禽肉类	Poultry	101.0	99.0	104.1
8.水产品	Aquatic Products	106.7	102.8	104.6
9.蛋类	Eggs	95.4	96.5	114.3
10.奶类	Milk	98.8	99.4	99.9
11.干鲜瓜果类	Dried and Fresh Melons and Fruits	97.6	102.6	105.6
12.糖果糕点类	Confectionery	101.3	101.8	103.2
13.调味品	Flavoring	103.4	103.3	102.6
14.其他食品类	Other Foods	101.0	101.6	102.1
15.在外餐饮	Dining Out	100.8	101.2	102.9
二、饮料、烟酒	Beverages, Tobacco and Liquor	101.1	100.9	101.4
1.茶及饮料	Tea and Beverages	100.2	100.6	102.6
2.烟草	Tobacco	102.2	100.4	101.0
3.酒类	Liquor	100.3	101.7	101.1
三、服装、鞋帽	Garments, Shoes and Hats	100.0	100.1	101.0
1.服装	Garments	100.0	100.0	100.9
2.鞋袜帽	Footgear and Hats	100.0	100.2	101.2
3.其他衣着配件	Other Clothing Accessories	100.4	100.8	97.7
四、纺织品	Textiles	101.2	101.2	102.2
1.服装材料	Clothing	101.7	100.8	104.6
2.床上用品	Bedding	101.1	101.2	101.8
五、家用电器及音像器材	Household Appliances, Music and Video Equipment	98.5	99.2	97.8
1.家庭设备	Household Facilities	97.9	99.4	99.8
2.文娱用耐用消费品	Durable Consumer Goods for Cultural and Recreational Use	99.1	98.8	95.1
3.专业音像器材	Music and Video Equipment	99.4	99.3	96.8
六、文化办公用品	Cultural and Office Appliances	100.3	99.5	98.9
七、日用品	Articles for Daily Use	99.6	100.2	100.8
1.日用百货	General Merchandise for Daily Use	100.1	101.1	101.2
2.厨具餐具茶具	Kitchenware, Tableware and Tea Set	99.6	99.2	101.5
3.清洗用品	Cleaning Products	98.1	101.9	101.6
4.其他日用品	Other Articles for Daily Use	100.0	99.2	99.9
八、体育娱乐用品	Sports and Recreation Articles	102.1	102.8	100.2
1.体育户外用品	Sports and Outdoor Articles	99.8	97.1	98.4
2.娱乐用品	Recreation Articles	102.3	103.2	100.3
九、交通、通信用品	Transportation and Communication Appliances	99.5	98.0	98.4
1.交通运输机械	Transportation Appliances	99.5	97.9	98.5
2.通信器材	Communication Appliances	99.7	99.4	97.5
十、家具	Furniture	98.2	102.3	100.8
十一、化妆品	Cosmetics	100.7	101.4	100.6
十二、金银饰品	Gold, Silver and Jewelry	112.8	104.2	97.5
十三、中西药品及医疗保健用品	Traditional Chinese and Western Medicines and Health Care Articles	101.3	103.9	104.7
1.医疗卫生器具	Medical Apparatus	100.2	99.5	100.2
2.中药	Traditional Chinese Medicines	102.7	107.5	107.5
3.西药	Western Medicines	100.6	103.4	105.2
4.保健器具及用品	Healthcare Equipment and Articles	101.9	102.3	101.4
十四、书报杂志及电子出版物	Books, Newspapers, Magazines and Electronic Publications	102.3	101.5	101.9
1.教材及参考书	Teaching Materials and Reference Books	102.4	102.5	100.1
2.书报杂志	Books, Newspapers, Magazines	102.6	101.2	108.1
3.计算机办公软件	Computer Office Softwares	99.8	87.5	96.8
十五、燃料	Fuels	96.9	107.3	110.3
1.煤炭及制品	Coal and Its Products	101.0	108.7	102.5
2.石油及制品	Petroleum and Its Products	96.3	107.0	111.6
十六、建筑材料及五金电料	Building Materials and Hardware	99.8	101.7	102.5
1.建筑装潢材料	Building Decoration Materials	99.6	101.8	103.3
2.五金水暖	Hardware	100.1	101.4	101.3

3-3 主要商品和服务价格指数
Major Commodity and Services Price Indices
(2014-2018)

(上年=100) (preceding year=100)

项 目	Item	2014	2015	2016	2017	2018
大米	Rice	101.2	101.4	100.5	104.1	97.4
面粉	Flour	104.3	102.2	99.7	101.4	99.0
食用植物油	Edible Vegetable Oil	97.6	100.5	99.6	101.8	100.7
鲜菜	Fresh Vegetables	93.7	107.6	107.6	91.7	110.1
猪肉	Pork	95.0	110.0	114.9	95.2	93.5
牛肉	Beef	102.8	99.1	99.2	100.0	105.6
羊肉	Mutton	105.0	97.1	96.7	105.6	112.0
淡水鱼	Freshwater Fish	101.0	102.8	101.6	108.4	100.9
海水鱼	Seawater Fish	104.4	101.7	105.7	101.4	100.2
鸡蛋	Eggs	111.8	89.8	95.1	95.7	115.0
鲜奶	Milk	110.2	98.5	98.2	98.8	99.4
鲜瓜果	Fresh Fruits	122.4	98.1	96.8	102.6	107.1
食糖	Sugar	100.5	97.0	101.0	105.2	107.8
食用盐	Salt	100.4	100.0	109.2	99.6	98.7
白酒	Wine	96.3	100.7	100.3	102.4	101.9
啤酒	Beer	104.4	99.2	98.8	101.7	98.8
男式西服	Men's Suits	102.2	100.8	101.7	100.2	101.3
男式衬衫T恤	Men's Shirt and T-shirt			103.1	103.3	98.0
女式外套	Women's Coat			99.5	98.3	101.7
女式冬衣	Women's Winter Clothes			98.2	98.3	101.9
女式毛线衣	Women's Sweater	106.6	111.2	98.1	100.8	103.1
公房房租	Rent for Public Rental	104.7	109.0	100.0	100.0	100.0
水	Water	100.0	100.0	100.0	100.0	100.0
电	Electricity	100.0	100.0	100.0	100.0	100.0
管道燃气	Pipeline Gas	108.3	100.0	100.0	100.0	101.5
柜	Cabinet	108.3	101.3	98.2	102.7	99.9
桌	Desk	107.2	100.9	98.6	102.8	101.4
沙发	Sofa	106.4	98.7	95.6	102.0	103.3
洗衣机	Washing Machine	103.6	99.6	100.0	99.9	93.3
电冰箱(柜)	Refrigerator	97.3	96.2	95.1	101.1	101.2
空调器	Air-conditioner	98.1	96.5	97.4	99.3	100.8
热水器	Water Heater	99.7	99.4	97.0	101.0	99.8
清洗用品	Cleaning Supplies	106.6	99.7	98.1	101.9	101.6
小型汽车	Car			97.8	96.0	97.0
自行车	Bicycle	99.9	101.2	100.6	100.7	103.2
汽油	Gasoline	99.1	82.7	95.7	108.8	113.1
市内公共交通	Urban Public Transport	100.0	100.0	100.0	100.0	100.0
飞机票	Air Ticket	104.2	93.8	101.4	111.0	107.7
火车票	Railway Ticket	101.8	103.3	101.2	100.0	99.8
教材	Teaching Materials	100.0	100.0	100.0	100.0	98.3
电视机	TV Set	81.7	89.1	97.9	98.8	94.4
照相机	Camera	90.0	95.9	101.7	101.7	93.9
台式计算机	Desktop Computer			99.2	99.5	98.3
笔记本平板	Laptop and Tablet PC			101.7	100.5	98.3
音响	Hi-Fi Stereo Component System	98.5	101.5	99.6	100.6	102.3
书报杂志	Books, Newspapers and Magazines			102.6	101.2	108.1
景点门票	Park Ticket	98.5	105.0	101.8	104.5	102.6
有线电视	Cable Television	100.0	100.0	100.0	100.0	101.8
健身活动	Sport Activity	109.1	104.2	100.4	104.0	101.7
中药材	Traditional Chinese Medicinal Materials	105.7	101.3	102.3	109.1	104.7
中成药	Ready-made Traditional Chinese Medicine	99.5	104.8	102.8	107.3	108.0
消化系统用药	Digestive Medicine	100.6	102.6	99.3	102.1	110.5
呼吸系统用药	Respiratory Medicine	99.6	102.6	98.6	103.5	102.0
滋补保健用品	Medical Products	99.2	100.5	101.9	102.5	101.4
金饰品	Gold Ornaments			114.0	104.5	97.9

注：因统计调查目录调整，部分商品和服务价格指数无2016年以前年份数据。
Note: As a result of the statistical survey catalogue adjustment, some commodity and service price indices were not available before 2016.

3-4 居民货币购买力指数
Indices of Monetary Purchasting Power of Residents (1991-2018)

年 份 Year	上年=100 Preceding Year=100	年 份 Year	1990=100 Year of 1990=100
1991	90.7	1991	90.7
1992	89.8	1992	81.4
1993	85.0	1993	69.3
1994	80.6	1994	55.9
1995	86.7	1995	48.4
1996	91.7	1996	44.4
1997	97.0	1997	43.1
1998	100.5	1998	43.3
1999	101.1	1999	43.8
2000	100.4	2000	44.0
2001	98.8	2001	43.5
2002	100.4	2002	43.6
2003	99.0	2003	43.2
2004	97.8	2004	42.2
2005	98.5	2005	41.6
2006	98.5	2006	41.0
2007	96.0	2007	39.3
2008	94.9	2008	37.3
2009	101.0	2009	37.7
2010	96.6	2010	36.4
2011	95.3	2011	34.7
2012	97.4	2012	33.8
2013	97.0	2013	32.8
2014	98.1	2014	32.2
2015	98.3	2015	31.7
2016	98.0	2016	32.4
2017	98.0	2017	31.7
2018	98.0	2018	31.1

3-5 工业生产者出厂价格指数
Producer Price Indices for Industrial Products
(2014-2018)

(上年=100) (preceding year=100)

项　目	Item	2014	2015	2016	2017	2018
工业生产者出厂价格指数	**Producer Price Indices for Industrial Products**	**96.3**	**90.3**	**97.9**	**108.4**	**105.4**
#轻工业	Light Industry	99.3	97.7	101.2	101.2	100.2
以农产品为原料	Using Farm Products as Raw Materials	98.3	97.8	102.2	101.0	100.2
以非农产品为原料	Using Non-farm Products as Raw Materials	100.3	97.5	99.5	101.6	100.2
重工业	Heavy Industry	95.8	88.9	97.1	110.2	106.6
采　掘	Mining and Quarrying Industry	96.1	63.6	85.9	127.7	120.5
原材料	Raw Materials Industry	95.4	84.9	98.2	116.2	111.6
加　工	Processing Industry	95.9	94.2	98.5	105.9	102.5
#生产资料	Means of Production	95.5	88.3	97.9	112.0	107.4
采　掘	Mining & Quarrying Industry	96.1	63.6	85.9	127.7	120.5
原材料	Raw Materials Industry	95.4	84.7	97.9	116.3	112.0
加　工	Processing Industry	95.5	93.8	100.0	108.4	103.4
生活资料	Consumer Goods	99.4	97.9	98.0	97.9	99.0
食　品	Food	97.9	97.5	102.9	100.2	100.1
衣　着	Clothing	100.4	101.5	100.2	100.3	100.8
一般日用品	Articles for Daily Use	100.5	100.6	99.2	98.5	102.4
耐用消费品	Durable Consumer Goods	99.6	96.6	92.7	94.9	96.2
按行业分	**By Sector**					
煤炭开采和洗选业	Mining and Washing of Coal	88.5	81.3	83.4	121.2	101.8
石油和天然气开采业	Extraction of Petroleum and Natural Gas	94.9	53.9	86.7	134.6	131.8
黑色金属矿采选业	Mining and Processing of Ferrous Metal Ores	91.0	74.8	90.7	108.3	128.3
非金属矿采选业	Mining and Processing of Nonmetal Ores	102.4	91.4	76.6	102.1	103.4
开采专业及辅助性活动	Mining Specialty and Support Activities	99.7	93.2	95.5	99.7	99.5
农副食品加工业	Processing of Food from Agricultural Products	91.9	92.2	106.1	98.2	95.9
食品制造业	Processing of Foodstuff	103.0	100.2	101.4	101.2	102.4
酒、饮料和精制茶制造业	Manufacture of Wine, Beverages and refined tea	100.3	101.4	100.6	101.7	100.7
烟草制品业	Manufacture of Tobacco	100.0	100.0	100.0	100.0	100.6
纺织业	Manufacture of Textile	100.2	98.1	98.0	100.7	103.4
纺织服装、服饰业	Manufacture of Textile Wearing Apparel	99.6	100.9	100.2	100.3	99.4
皮革、毛皮、羽毛及其制品和制鞋业	Manufacture of Leather, Fur, Feather and Related Products, Footwear	105.2	106.0	100.8	100.8	104.5
木材加工及木、竹、藤、棕、草制品业	Processing of Timber, Manufacture of Wood, Bamboo, Rattan, Palm and Straw Products	100.5	99.7	98.8	99.5	100.3
家具制造业	Manufacture of Furniture	100.3	99.2	100.4	103.1	100.2
造纸及纸制品业	Manufacture of Paper and Paper Products	99.3	98.8	101.1	110.5	101.8
印刷和记录媒介复制业	Printing, Reproduction of Recording Media	100.5	102.4	100.1	102.9	102.2
文教、工美、体育和娱乐用品制造业	Manufacture of Articles for Culture, Education, Artwork, Sport Activities and Entertainment Goods	102.7	100.8	101.0	99.1	99.4
石油、煤炭及其他燃料加工业	Processing of Petroleum, Coal and other Fuels	95.4	75.3	93.1	114.1	119.9
化学原料及化学制品制造业	Manufacture of Raw Chemical Materials and Chemical Products	100.2	89.2	101.5	115.6	108.0

3-5 续表 continued

(上年=100) (preceding year=100)

项 目	Item	2014	2015	2016	2017	2018
医药制造业	Manufacture of Medicines	99.7	101.2	98.0	98.2	105.3
化学纤维制造业	Manufacture of Chemical Fibers	99.2	95.8	85.9	93.0	100.9
橡胶和塑料制品业	Manufacture of Rubber and Plastics	98.5	98.5	99.1	104.9	101.5
非金属矿物制品业	Manufacture of Non-metallic Mineral Products	99.0	98.9	98.4	101.3	109.7
黑色金属冶炼和压延加工业	Smelting and Pressing of Ferrous Metals	91.4	83.4	101.9	126.3	109.9
有色金属冶炼和压延加工业	Smelting and Pressing of Non-ferrous Metals	93.4	89.0	97.9	116.5	103.2
金属制品业	Manufacture of Metal Products	97.6	92.2	99.2	113.6	106.2
通用设备制造业	Manufacture of General Purpose Machinery	98.6	96.6	99.7	100.4	99.5
专用设备制造业	Manufacture of Special Purpose Machinery	98.5	98.9	96.9	97.7	97.6
汽车制造业	Manufacture of Automobile	99.9	98.0	98.7	97.8	98.1
铁路、船舶、航空航天和其他运输设备制造业	Manufacture of Railway, Shipbuilding, Aerospace and Other Transportation Equipment	100.2	97.0	102.7	102.2	102.0
电气机械及器材制造业	Manufacture of Electrical Machinery and Equipment	99.0	98.0	98.4	101.6	100.5
计算机、通信和其他电子设备制造业	Manufacture of Computers, Communication Equipment and Other Electronic Equipment	92.2	96.6	92.6	95.4	96.2
仪器仪表制造业	Manufacture of Measuring Instruments	94.8	97.2	101.4	100.1	99.8
其他制造业	Other Manufacturing	100.0	93.6	96.9	100.0	100.0
废弃资源综合利用业	Recycling and Disposal of Waste	93.2	77.8	96.0	104.3	124.2
金属制品、机械和设备修理业	Metal Products, Machinery and Equipment Repair Industry	95.4	95.5	100.9	100.3	102.7
电力、热力的生产和供应业	Production and Supply of Electric Power and Heat Energy	105.7	99.5	100.7	95.4	100.3
燃气生产和供应业	Production and Supply of Gas	107.6	101.3	86.3	100.9	101.2
水的生产和供应业	Production and Supply of Tap Water	101.7	100.0	100.0	104.5	123.0

3-6 按工业部门分工业生产者出厂价格指数
Producer Price Indices for Industrial Products by Industrial Sector (2014-2018)

(上年=100) (preceding year=100)

项 目	Item	2014	2015	2016	2017	2018
按工业部门分	**By Industrial Sector**					
冶金工业	Metallurgical Industry	92.2	84.8	100.5	122.1	108.9
电力工业	Power Industry	105.7	99.5	100.5	95.4	100.3
煤炭及炼焦工业	Coal Industry	87.9	81.3	85.3	122.8	103.9
石油工业	Petroleum Industry	96.2	68.2	89.4	121.6	124.3
化学工业	Chemical Industry	99.7	94.1	100.1	109.4	106.1
机械工业	Mechanical Industry	97.1	97.9	97.4	98.5	98.6
建筑材料工业	Building Materials Industry	98.9	98.9	98.6	100.9	109.4
森林工业	Timber Industry	100.4	100.2	100.4	99.8	100.2
食品工业	Food Industry	97.4	96.6	102.9	100.2	99.9
纺织工业	Textile Industry	100.3	97.6	97.4	100.9	101.1
缝纫工业	Tailoring Industry	99.6	100.7	100.1	100.3	100.6
皮革工业	Leather Industry	107.0	107.9	101.3	101.1	101.6
造纸工业	Paper Industry	99.3	98.8	101.1	110.5	101.8
文教艺术用品工业	Cultural, Educational & Handicrafts Articles	95.7	86.9	99.8	101.3	101.2
其他工业	Other Industry	102.2	99.3	100.1	100.2	101.9

3-7 工业生产者出厂价格月度指数
Monthly Producer Price Indices for Industrial Products
(2018年1月)

项 目	Item	环比	同比	1-1月平均
工业生产者出厂价格指数	**Producer Price Indices for Industrial Products**	**100.4**	**106.3**	**106.3**
#轻工业	Light Industry	99.4	98.3	98.3
以农产品为原料	Using Farm Products as Raw Materials	99.9	97.2	97.2
以非农产品为原料	Using Non-farm Products as Raw Materials	98.8	100.0	100.0
重工业	Heavy Industry	100.7	108.3	108.3
采 掘	Mining and Quarrying Industry	104.7	113.7	113.7
原材料	Raw Materials Industry	101.7	115.7	115.7
加 工	Processing Industry	99.7	104.7	104.7
#生产资料	Means of Production	100.8	109.2	109.2
采 掘	Mining and Quarrying Industry	104.7	113.7	113.7
原材料	Raw Materials Industry	102.0	116.1	116.1
加 工	Processing Industry	99.6	106.1	106.1
生活资料	Consumer Goods	99.5	97.3	97.3
食 品	Food	99.6	96.0	96.0
衣 着	Clothing	100.5	100.8	100.8
一般日用品	Articles for Daily Use	99.9	101.7	101.7
耐用消费品	Durable Consumer Goods	99.1	95.9	95.9
按工业部门分	**By Industrial Sector**			
冶金工业	Metallurgical Industry	99.6	115.9	115.9
电力工业	Power Industry	99.9	101.2	101.2
煤炭及炼焦工业	Coal Industry	100.4	106.1	106.1
石油工业	Petroleum Industry	105.6	115.5	115.5
化学工业	Chemical Industry	100.3	110.1	110.1
机械工业	Machine Building Industry	99.7	99.1	99.1
建筑材料工业	Building Materials Industry	99.4	98.0	98.0
森林工业	Timber Industry	100.0	100.0	100.0
食品工业	Food Industry	99.7	95.8	95.8
纺织工业	Textile Industry	100.4	101.1	101.1
缝纫工业	Tailoring Industry	100.6	100.8	100.8
皮革工业	Leather Industry	100.1	102.5	102.5
造纸工业	Paper Industry	100.3	102.9	102.9
文教艺术用品工业	Cultural, Educational & Handicrafts Articles	100.1	99.8	99.8
其他工业	Other Industry	100.3	101.4	101.4

3-8 工业生产者出厂价格月度指数
Monthly Producer Price Indices for Industrial Products
(2018年2月)

项目	Item	环比	同比	1-2月平均
工业生产者出厂价格指数	**Producer Price Indices for Industrial Products**	**99.0**	**104.8**	**105.5**
#轻工业	Light Industry	99.9	98.3	98.3
以农产品为原料	Using Farm Products as Raw Materials	99.7	96.9	97.1
以非农产品为原料	Using Non-farm Products as Raw Materials	100.3	100.4	100.2
重工业	Heavy Industry	98.8	106.3	107.3
采　掘	Mining and Quarrying Industry	96.7	109.6	111.7
原材料	Raw Materials Industry	98.4	111.2	113.4
加　工	Processing Industry	99.4	104.0	104.3
#生产资料	Means of Production	98.8	107.1	108.2
采　掘	Mining and Quarrying Industry	96.7	109.6	111.7
原材料	Raw Materials Industry	98.6	111.8	113.9
加　工	Processing Industry	99.3	105.0	105.6
生活资料	Consumer Goods	99.7	97.3	97.3
食　品	Food	99.9	95.9	96.0
衣　着	Clothing	100.2	101.0	100.9
一般日用品	Articles for Daily Use	100.1	101.4	101.5
耐用消费品	Durable Consumer Goods	99.3	96.2	96.1
按工业部门分	**By Industrial Sector**			
冶金工业	Metallurgical Industry	98.4	112.1	114.0
电力工业	Power Industry	100.0	101.2	101.2
煤炭及炼焦工业	Coal Industry	99.4	106.4	106.2
石油工业	Petroleum Industry	97.5	111.5	113.5
化学工业	Chemical Industry	98.5	106.2	108.1
机械工业	Machine Building Industry	99.6	99.2	99.1
建筑材料工业	Building Materials Industry	101.1	102.7	100.3
森林工业	Timber Industry	100.0	100.3	100.1
食品工业	Food Industry	99.5	95.3	95.6
纺织工业	Textile Industry	100.1	101.1	101.1
缝纫工业	Tailoring Industry	100.1	100.9	100.8
皮革工业	Leather Industry	100.4	103.0	102.8
造纸工业	Paper Industry	100.1	102.6	102.7
文教艺术用品工业	Cultural, Educational & Handicrafts Articles	100.9	100.7	100.3
其他工业	Other Industry	102.0	103.3	102.3

3-9 工业生产者出厂价格月度指数
Monthly Producer Price Indices for Industrial Products
(2018年3月)

项　　目	Item	环比	同比	1-3月平均
工业生产者出厂价格指数	**Producer Price Indices for Industrial Products**	**99.8**	**104.8**	**105.3**
#轻工业	Light Industry	99.8	98.6	98.4
以农产品为原料	Using Farm Products as Raw Materials	99.9	97.7	97.3
以非农产品为原料	Using Non-farm Products as Raw Materials	99.7	99.9	100.1
重工业	Heavy Industry	99.8	106.3	107.0
采　掘	Mining and Quarrying Industry	98.5	110.4	111.3
原材料	Raw Materials Industry	100.0	111.4	112.7
加　工	Processing Industry	100.0	103.7	104.1
#生产资料	Means of Production	99.8	107.1	107.8
采　掘	Mining and Quarrying Industry	98.5	110.4	111.3
原材料	Raw Materials Industry	99.9	112.1	113.3
加　工	Processing Industry	99.9	104.7	105.3
生活资料	Consumer Goods	100.1	97.7	97.4
食　品	Food	99.7	96.5	96.2
衣　着	Clothing	99.9	100.9	100.9
一般日用品	Articles for Daily Use	99.9	101.4	101.5
耐用消费品	Durable Consumer Goods	100.5	96.6	96.2
按工业部门分	**By Industrial Sector**			
冶金工业	Metallurgical Industry	100.7	111.7	113.2
电力工业	Power Industry	100.1	101.3	101.3
煤炭及炼焦工业	Coal Industry	100.5	106.5	106.3
石油工业	Petroleum Industry	97.7	111.5	112.8
化学工业	Chemical Industry	100.0	108.2	108.1
机械工业	Machine Building Industry	99.5	98.6	99.0
建筑材料工业	Building Materials Industry	107.1	110.1	103.5
森林工业	Timber Industry	100.1	100.3	100.2
食品工业	Food Industry	99.7	96.1	95.7
纺织工业	Textile Industry	100.1	101.3	101.2
缝纫工业	Tailoring Industry	100.0	100.9	100.9
皮革工业	Leather Industry	99.8	102.6	102.7
造纸工业	Paper Industry	101.5	106.2	103.9
文教艺术用品工业	Cultural, Educational & Handicrafts Articles	100.6	100.8	100.4
其他工业	Other Industry	99.9	103.0	102.5

3-10 工业生产者出厂价格月度指数
Monthly Producer Price Indices for Industrial Products
(2018年4月)

项　目	Item	环比	同比	1-4月平均
工业生产者出厂价格指数	**Producer Price Indices for Industrial Products**	**100.2**	**105.9**	**105.4**
#轻工业	Light Industry	100.5	100.2	98.8
以农产品为原料	Using Farm Products as Raw Materials	100.7	100.1	98.0
以非农产品为原料	Using Non-farm Products as Raw Materials	100.3	100.4	100.2
重工业	Heavy Industry	100.1	107.2	107.0
采　掘	Mining and Quarrying Industry	102.8	114.4	112.0
原材料	Raw Materials Industry	99.4	112.0	112.5
加　工	Processing Industry	99.8	104.2	104.1
#生产资料	Means of Production	100.1	108.1	107.9
采　掘	Mining and Quarrying Industry	102.8	114.4	112.0
原材料	Raw Materials Industry	99.4	112.6	113.1
加　工	Processing Industry	99.8	105.4	105.3
生活资料	Consumer Goods	100.4	98.6	97.7
食　品	Food	100.9	99.1	96.9
衣　着	Clothing	99.9	100.8	100.8
一般日用品	Articles for Daily Use	100.2	101.9	101.6
耐用消费品	Durable Consumer Goods	100.2	96.4	96.3
按工业部门分	**By Industrial Sector**			
冶金工业	Metallurgical Industry	99.3	113.0	113.1
电力工业	Power Industry	99.9	100.9	101.2
煤炭及炼焦工业	Coal Industry	99.4	103.3	105.6
石油工业	Petroleum Industry	102.8	117.5	114.0
化学工业	Chemical Industry	99.6	107.8	108.1
机械工业	Machine Building Industry	100.0	98.4	98.8
建筑材料工业	Building Materials Industry	100.9	111.0	105.4
森林工业	Timber Industry	99.6	99.8	100.1
食品工业	Food Industry	100.9	98.7	96.5
纺织工业	Textile Industry	99.8	100.9	101.1
缝纫工业	Tailoring Industry	99.9	100.8	100.9
皮革工业	Leather Industry	100.0	102.7	102.7
造纸工业	Paper Industry	100.6	112.4	105.9
文教艺术用品工业	Cultural, Educational & Handicrafts Articles	99.3	99.9	100.3
其他工业	Other Industry	100.1	103.2	102.7

3-11 工业生产者出厂价格月度指数
Monthly Producer Price Indices for Industrial Products
(2018年5月)

项 目	Item	环比	同比	1-5月平均
工业生产者出厂价格指数	**Producer Price Indices for Industrial Products**	**101.0**	**107.1**	**105.8**
#轻工业	Light Industry	100.0	100.1	99.1
以农产品为原料	Using Farm Products as Raw Materials	100.2	100.3	98.4
以非农产品为原料	Using Non-farm Products as Raw Materials	99.7	99.7	100.1
重工业	Heavy Industry	101.2	108.8	107.4
采 掘	Mining and Quarrying Industry	107.0	123.6	114.3
原材料	Raw Materials Industry	101.2	114.5	112.9
加 工	Processing Industry	100.2	104.3	104.2
#生产资料	Means of Production	101.2	109.6	108.2
采 掘	Mining and Quarrying Industry	107.0	123.6	114.3
原材料	Raw Materials Industry	101.1	114.7	113.5
加 工	Processing Industry	100.1	105.3	105.3
生活资料	Consumer Goods	100.2	99.3	98.0
食 品	Food	100.2	99.4	97.4
衣 着	Clothing	100.0	100.7	100.8
一般日用品	Articles for Daily Use	100.3	102.0	101.7
耐用消费品	Durable Consumer Goods	100.2	97.7	96.6
按工业部门分	**By Industrial Sector**			
冶金工业	Metallurgical Industry	100.5	113.4	113.2
电力工业	Power Industry	99.8	100.7	101.1
煤炭及炼焦工业	Coal Industry	100.4	103.1	105.1
石油工业	Petroleum Industry	107.2	127.9	116.7
化学工业	Chemical Industry	100.1	108.8	108.2
机械工业	Machine Building Industry	100.0	98.5	98.8
建筑材料工业	Building Materials Industry	99.8	109.9	106.3
森林工业	Timber Industry	100.9	100.4	100.2
食品工业	Food Industry	100.1	99.0	97.0
纺织工业	Textile Industry	100.0	100.8	101.0
缝纫工业	Tailoring Industry	99.9	100.8	100.8
皮革工业	Leather Industry	99.8	102.4	102.7
造纸工业	Paper Industry	101.0	112.5	107.2
文教艺术用品工业	Cultural, Educational & Handicrafts Articles	100.0	99.8	100.2
其他工业	Other Industry	100.0	102.7	102.7

3-12 工业生产者出厂价格月度指数
Monthly Producer Price Indices for Industrial Products
(2018年6月)

项　　目	Item	环比	同比	1-6月平均
工业生产者出厂价格指数	**Producer Price Indices for Industrial Products**	**100.7**	**108.1**	**106.2**
#轻工业	Light Industry	100.9	100.9	99.4
以农产品为原料	Using Farm Products as Raw Materials	100.8	101.3	98.9
以非农产品为原料	Using Non-farm Products as Raw Materials	100.9	100.5	100.2
重工业	Heavy Industry	100.7	109.8	107.8
采　掘	Mining and Quarrying Industry	100.7	129.7	116.7
原材料	Raw Materials Industry	101.2	115.8	113.4
加　工	Processing Industry	100.5	104.4	104.2
#生产资料	Means of Production	100.8	110.8	108.7
采　掘	Mining and Quarrying Industry	100.7	129.7	116.7
原材料	Raw Materials Industry	101.1	115.9	113.9
加　工	Processing Industry	100.8	105.7	105.4
生活资料	Consumer Goods	100.4	99.7	98.3
食　品	Food	101.2	100.7	97.9
衣　着	Clothing	99.8	100.5	100.8
一般日用品	Articles for Daily Use	100.3	102.6	101.8
耐用消费品	Durable Consumer Goods	99.8	97.4	96.7
按工业部门分	**By Industrial Sector**			
冶金工业	Metallurgical Industry	101.2	113.9	113.3
电力工业	Power Industry	100.1	100.6	101.0
煤炭及炼焦工业	Coal Industry	101.4	102.3	104.6
石油工业	Petroleum Industry	101.2	136.0	119.7
化学工业	Chemical Industry	100.3	108.4	108.2
机械工业	Machine Building Industry	100.3	98.8	98.8
建筑材料工业	Building Materials Industry	100.0	109.6	106.8
森林工业	Timber Industry	99.9	100.4	100.2
食品工业	Food Industry	101.2	100.5	97.6
纺织工业	Textile Industry	100.2	101.0	101.0
缝纫工业	Tailoring Industry	99.8	100.5	100.8
皮革工业	Leather Industry	98.7	100.7	102.3
造纸工业	Paper Industry	99.4	110.4	107.7
文教艺术用品工业	Cultural, Educational & Handicrafts Articles	100.6	100.6	100.3
其他工业	Other Industry	99.9	102.9	102.7

3-13 工业生产者出厂价格月度指数
Monthly Producer Price Indices for Industrial Products
(2018年7月)

项 目	Item	环比	同比	1-7月平均
工业生产者出厂价格指数	**Producer Price Indices for Industrial Products**	**100.4**	**107.9**	**106.4**
#轻工业	Light Industry	100.6	101.3	99.7
以农产品为原料	Using Farm Products as Raw Materials	100.9	101.7	99.3
以非农产品为原料	Using Non-farm Products as Raw Materials	100.1	100.7	100.2
重工业	Heavy Industry	100.4	109.5	108.0
采 掘	Mining and Quarrying Industry	103.2	135.1	119.2
原材料	Raw Materials Industry	100.1	116.4	113.8
加 工	Processing Industry	99.9	102.9	104.0
#生产资料	Means of Production	100.5	110.4	108.9
采 掘	Mining and Quarrying Industry	103.2	135.1	119.2
原材料	Raw Materials Industry	100.1	116.5	114.2
加 工	Processing Industry	100.0	104.0	105.2
生活资料	Consumer Goods	100.3	100.0	98.5
食 品	Food	101.4	101.8	98.5
衣 着	Clothing	99.8	100.1	100.7
一般日用品	Articles for Daily Use	100.3	103.3	102.0
耐用消费品	Durable Consumer Goods	99.3	96.8	96.7
按工业部门分	**By Industrial Sector**			
冶金工业	Metallurgical Industry	99.9	110.7	112.9
电力工业	Power Industry	100.0	100.3	100.9
煤炭及炼焦工业	Coal Industry	100.1	100.9	104.0
石油工业	Petroleum Industry	102.9	143.5	122.8
化学工业	Chemical Industry	99.9	108.4	108.3
机械工业	Machine Building Industry	99.9	98.4	98.7
建筑材料工业	Building Materials Industry	101.8	110.8	107.4
森林工业	Timber Industry	99.3	99.8	100.1
食品工业	Food Industry	101.4	101.6	98.1
纺织工业	Textile Industry	99.8	100.9	101.0
缝纫工业	Tailoring Industry	99.8	100.2	100.7
皮革工业	Leather Industry	100.2	100.5	102.1
造纸工业	Paper Industry	98.9	106.0	107.5
文教艺术用品工业	Cultural, Educational & Handicrafts Articles	99.9	100.7	100.3
其他工业	Other Industry	100.0	102.7	102.7

3-14 工业生产者出厂价格月度指数
Monthly Producer Price Indices for Industrial Products
(2018年8月)

项 目	Item	环比	同比	1-8月平均
工业生产者出厂价格指数	**Producer Price Indices for Industrial Products**	**100.3**	**106.1**	**106.4**
#轻工业	Light Industry	100.4	101.6	99.9
以农产品为原料	Using Farm Products as Raw Materials	100.8	102.1	99.7
以非农产品为原料	Using Non-farm Products as Raw Materials	99.9	100.7	100.3
重工业	Heavy Industry	100.2	107.2	107.9
采 掘	Mining and Quarrying Industry	98.6	128.6	120.4
原材料	Raw Materials Industry	100.8	113.0	113.7
加 工	Processing Industry	100.4	101.6	103.7
#生产资料	Means of Production	100.4	108.1	108.8
采 掘	Mining and Quarrying Industry	98.6	128.6	120.4
原材料	Raw Materials Industry	101.0	113.2	114.1
加 工	Processing Industry	100.5	102.7	104.9
生活资料	Consumer Goods	100.0	99.9	98.7
食 品	Food	100.9	102.3	98.9
衣 着	Clothing	100.6	100.6	100.7
一般日用品	Articles for Daily Use	99.6	103.2	102.2
耐用消费品	Durable Consumer Goods	99.2	96.0	96.6
按工业部门分	**By Industrial Sector**			
冶金工业	Metallurgical Industry	101.2	106.8	112.1
电力工业	Power Industry	100.0	99.9	100.8
煤炭及炼焦工业	Coal Industry	100.5	103.2	103.9
石油工业	Petroleum Industry	99.4	135.1	124.3
化学工业	Chemical Industry	100.9	108.4	108.3
机械工业	Machine Building Industry	99.7	98.1	98.6
建筑材料工业	Building Materials Industry	99.8	110.5	107.8
森林工业	Timber Industry	100.7	100.5	100.2
食品工业	Food Industry	100.9	102.2	98.6
纺织工业	Textile Industry	100.4	101.2	101.0
缝纫工业	Tailoring Industry	100.5	100.6	100.7
皮革工业	Leather Industry	100.4	100.9	101.9
造纸工业	Paper Industry	100.6	105.4	107.2
文教艺术用品工业	Cultural, Educational & Handicrafts Articles	101.0	102.1	100.5
其他工业	Other Industry	98.3	100.7	102.5

3-15 工业生产者出厂价格月度指数
Monthly Producer Price Indices for Industrial Products
(2018年9月)

项目	Item	环比	同比	1-9月平均
工业生产者出厂价格指数	**Producer Price Indices for Industrial Products**	**101.0**	**105.8**	**106.3**
#轻工业	Light Industry	99.8	100.4	100.0
以农产品为原料	Using Farm Products as Raw Materials	99.8	100.8	99.8
以非农产品为原料	Using Non-farm Products as Raw Materials	99.7	99.7	100.2
重工业	Heavy Industry	101.4	107.1	107.8
采掘	Mining and Quarrying Industry	104.7	132.7	121.7
原材料	Raw Materials Industry	102.3	112.3	113.6
加工	Processing Industry	100.4	101.0	103.4
#生产资料	Means of Production	101.5	107.8	108.7
采掘	Mining and Quarrying Industry	104.7	132.7	121.7
原材料	Raw Materials Industry	102.3	112.7	113.9
加工	Processing Industry	100.5	101.7	104.5
生活资料	Consumer Goods	99.7	99.5	98.8
食品	Food	99.8	101.6	99.2
衣着	Clothing	100.3	100.9	100.7
一般日用品	Articles for Daily Use	100.2	103.3	102.3
耐用消费品	Durable Consumer Goods	99.3	95.6	96.5
按工业部门分	**By Industrial Sector**			
冶金工业	Metallurgical Industry	101.4	105.1	111.3
电力工业	Power Industry	99.7	99.4	100.6
煤炭及炼焦工业	Coal Industry	101.3	103.5	103.9
石油工业	Petroleum Industry	105.5	139.9	126.0
化学工业	Chemical Industry	100.2	106.0	108.0
机械工业	Machine Building Industry	100.0	98.2	98.6
建筑材料工业	Building Materials Industry	101.4	112.6	108.3
森林工业	Timber Industry	99.7	100.3	100.2
食品工业	Food Industry	99.8	101.4	98.9
纺织工业	Textile Industry	100.2	101.4	101.1
缝纫工业	Tailoring Industry	100.0	100.6	100.7
皮革工业	Leather Industry	100.8	101.4	101.9
造纸工业	Paper Industry	98.7	95.2	105.7
文教艺术用品工业	Cultural, Educational & Handicrafts Articles	100.2	102.3	100.7
其他工业	Other Industry	98.9	100.0	102.2

3-16 工业生产者出厂价格月度指数
Monthly Producer Price Indices for Industrial Products
(2018年10月)

项 目	Item	环比	同比	1-10月平均
工业生产者出厂价格指数	**Producer Price Indices for Industrial Products**	**100.8**	**105.6**	**106.2**
#轻工业	Light Industry	100.1	100.3	100.0
以农产品为原料	Using Farm Products as Raw Materials	100.1	100.8	99.9
以非农产品为原料	Using Non-farm Products as Raw Materials	100.2	99.6	100.2
重工业	Heavy Industry	101.0	106.9	107.7
采 掘	Mining and Quarrying Industry	106.0	133.4	123.0
原材料	Raw Materials Industry	101.5	112.1	113.4
加 工	Processing Industry	99.8	100.6	103.1
#生产资料	Means of Production	101.3	107.6	108.6
采 掘	Mining and Quarrying Industry	106.0	133.4	123.0
原材料	Raw Materials Industry	101.7	112.6	113.8
加 工	Processing Industry	100.1	101.3	104.2
生活资料	Consumer Goods	99.4	99.4	98.9
食 品	Food	100.2	102.2	99.5
衣 着	Clothing	100.1	101.0	100.7
一般日用品	Articles for Daily Use	99.6	102.8	102.4
耐用消费品	Durable Consumer Goods	98.5	95.1	96.4
按工业部门分	**By Industrial Sector**			
冶金工业	Metallurgical Industry	100.1	104.4	110.5
电力工业	Power Industry	100.0	99.4	100.5
煤炭及炼焦工业	Coal Industry	99.9	103.3	103.8
石油工业	Petroleum Industry	106.3	140.1	127.5
化学工业	Chemical Industry	100.6	104.3	107.6
机械工业	Machine Building Industry	99.8	98.3	98.6
建筑材料工业	Building Materials Industry	100.0	112.6	108.8
森林工业	Timber Industry	99.9	100.1	100.2
食品工业	Food Industry	100.2	102.1	99.3
纺织工业	Textile Industry	100.0	101.3	101.1
缝纫工业	Tailoring Industry	99.9	100.6	100.7
皮革工业	Leather Industry	99.9	101.1	101.8
造纸工业	Paper Industry	98.8	89.2	103.8
文教艺术用品工业	Cultural, Educational & Handicrafts Articles	100.3	102.2	100.9
其他工业	Other Industry	99.8	99.3	101.9

3-17 工业生产者出厂价格月度指数
Monthly Producer Price Indices for Industrial Products
(2018年11月)

项目	Item	环比	同比	1-11月平均
工业生产者出厂价格指数	**Producer Price Indices for Industrial Products**	**98.7**	**103.2**	**105.9**
#轻工业	Light Industry	100.4	100.9	100.1
以农产品为原料	Using Farm Products as Raw Materials	100.3	101.5	100.0
以非农产品为原料	Using Non-farm Products as Raw Materials	100.4	100.1	100.2
重工业	Heavy Industry	98.3	103.8	107.4
采　掘	Mining and Quarrying Industry	90.5	115.9	122.3
原材料	Raw Materials Industry	98.6	107.7	112.8
加　工	Processing Industry	99.8	100.3	102.8
#生产资料	Means of Production	98.1	104.2	108.2
采　掘	Mining and Quarrying Industry	90.5	115.9	122.3
原材料	Raw Materials Industry	98.5	108.0	113.2
加　工	Processing Industry	99.7	100.8	103.8
生活资料	Consumer Goods	100.5	100.2	99.0
食　品	Food	100.6	103.0	99.9
衣　着	Clothing	100.1	101.1	100.8
一般日用品	Articles for Daily Use	101.2	103.9	102.5
耐用消费品	Durable Consumer Goods	100.1	95.9	96.3
按工业部门分	**By Industrial Sector**			
冶金工业	Metallurgical Industry	100.0	103.5	109.8
电力工业	Power Industry	100.0	99.4	100.4
煤炭及炼焦工业	Coal Industry	100.8	105.6	104.0
石油工业	Petroleum Industry	90.0	119.7	126.7
化学工业	Chemical Industry	98.8	100.9	107.0
机械工业	Machine Building Industry	100.2	98.6	98.6
建筑材料工业	Building Materials Industry	100.7	113.3	109.2
森林工业	Timber Industry	100.1	100.2	100.2
食品工业	Food Industry	100.7	103.0	99.6
纺织工业	Textile Industry	99.8	101.2	101.1
缝纫工业	Tailoring Industry	99.9	100.5	100.6
皮革工业	Leather Industry	99.9	100.5	101.7
造纸工业	Paper Industry	96.6	89.5	102.4
文教艺术用品工业	Cultural, Educational & Handicrafts Articles	100.1	102.9	101.1
其他工业	Other Industry	101.6	100.9	101.8

3-18 工业生产者出厂价格月度指数
Monthly Producer Price Indices for Industrial Products
(2018年12月)

项 目	Item	环比	同比	1-12月平均
工业生产者出厂价格指数	**Producer Price Indices for Industrial Products**	**97.4**	**99.7**	**105.4**
#轻工业	Light Industry	99.6	101.5	100.2
以农产品为原料	Using Farm Products as Raw Materials	99.1	102.1	100.2
以非农产品为原料	Using Non-farm Products as Raw Materials	100.5	100.6	100.2
重工业	Heavy Industry	96.8	99.3	106.6
采 掘	Mining and Quarrying Industry	91.0	102.7	120.5
原材料	Raw Materials Industry	94.2	99.2	111.6
加 工	Processing Industry	99.0	98.8	102.5
#生产资料	Means of Production	96.7	99.7	107.4
采 掘	Mining and Quarrying Industry	91.0	102.7	120.5
原材料	Raw Materials Industry	94.2	99.7	112.0
加 工	Processing Industry	98.8	99.2	103.4
生活资料	Consumer Goods	99.5	99.7	99.0
食 品	Food	98.9	103.3	100.1
衣 着	Clothing	100.1	101.2	100.8
一般日用品	Articles for Daily Use	100.3	101.8	102.4
耐用消费品	Durable Consumer Goods	99.6	95.1	96.2
按工业部门分	**By Industrial Sector**			
冶金工业	Metallurgical Industry	97.1	99.3	108.9
电力工业	Power Industry	100.0	99.4	100.3
煤炭及炼焦工业	Coal Industry	99.1	103.3	103.9
石油工业	Petroleum Industry	87.6	101.2	124.3
化学工业	Chemical Industry	98.0	97.4	106.1
机械工业	Machine Building Industry	99.8	98.4	98.6
建筑材料工业	Building Materials Industry	100.0	112.4	109.4
森林工业	Timber Industry	99.8	100.1	100.2
食品工业	Food Industry	98.9	103.2	99.9
纺织工业	Textile Industry	99.8	100.6	101.1
缝纫工业	Tailoring Industry	99.9	100.4	100.6
皮革工业	Leather Industry	100.4	100.4	101.6
造纸工业	Paper Industry	99.0	95.4	101.8
文教艺术用品工业	Cultural, Educational & Handicrafts Articles	100.0	102.9	101.2
其他工业	Other Industry	101.5	102.4	101.9

3-19 工业生产者购进价格指数
Purchasing Price Indices for Industrial Producers
(2014-2018)

(上年=100) (preceding year=100)

项 目	Item	2014	2015	2016	2017	2018
工业生产者购进价格指数	**Purchasing Price Indices for Industrial Producers**	**97.1**	**92.4**	**98.3**	**111.1**	**106.2**
燃料、动力类	Fuels and Power	97.0	81.7	93.2	117.2	111.4
黑色金属材料类	Ferrous Metals	93.8	86.3	102.4	123.6	111.2
#钢 材	Rolled-Steel	97.0	89.8	104.0	125.2	108.9
其 他	Others	88.9	80.6	99.7	120.9	115.3
有色金属材料及电线类	Nonferrous Metals	95.2	94.6	98.4	119.0	104.4
化工原料类	Raw Chemical Materials	99.0	93.1	98.0	108.7	104.7
木材及纸浆类	Timber and Paper Pulp	100.4	98.7	98.2	102.6	106.6
建筑材料及非金属矿类	Building Materials	96.9	93.9	92.3	120.3	116.9
其他工业原材料及半成品类	Other Industrial Raw Materials and Semi-products	97.4	96.9	99.0	104.3	102.3
农副产品类	Agricultural Products	97.9	94.1	102.7	99.6	98.4
纺织原料类	Textile Materials	99.6	99.7	99.5	104.9	100.4

3-20 工业生产者购进价格月度指数
Monthly Purchasing Price Indices for Industrial Producers
(2018年1月)

项 目	Item	环比	同比	1-1月平均
工业生产者购进价格指数	**Purchasing Price Indices for Industrial Producers**	**100.5**	**108.0**	**108.0**
燃料、动力类	Fuels and Power	101.6	112.1	112.1
黑色金属材料类	Ferrous Metals	101.6	118.3	118.3
#钢 材	Rolled-Steel	99.3	115.1	115.1
其 他	Others	105.6	123.6	123.6
有色金属材料及电线类	Nonferrous Metals	100.7	109.7	109.7
化工原料类	Raw Chemical Materials	100.3	106.6	106.6
木材及纸浆类	Timber and Paper Pulp	100.7	106.3	106.3
建筑材料及非金属矿类	Building Materials	91.5	126.0	126.0
其他工业原材料及半成品类	Other Industrial Raw Materials and Semi-products	100.2	102.3	102.3
农副产品类	Agricultural Products	101.2	95.0	95.0
纺织原料类	Textile Materials	98.6	100.5	100.5

3-21 工业生产者购进价格月度指数
Monthly Purchasing Price Indices for Industrial Producers
(2018年2月)

项 目	Item	环比	同比	1-2月平均
工业生产者购进价格指数	**Purchasing Price Indices for Industrial Producers**	**99.9**	**106.9**	**107.5**
燃料、动力类	Fuels and Power	99.3	108.6	110.3
黑色金属材料类	Ferrous Metals	98.4	115.3	116.8
#钢 材	Rolled-Steel	99.6	113.2	114.2
其 他	Others	96.5	118.8	121.2
有色金属材料及电线类	Nonferrous Metals	100.0	107.9	108.8
化工原料类	Raw Chemical Materials	100.8	105.8	106.2
木材及纸浆类	Timber and Paper Pulp	100.9	107.0	106.6
建筑材料及非金属矿类	Building Materials	106.2	133.8	129.9
其他工业原材料及半成品类	Other Industrial Raw Materials and Semi-products	99.9	102.5	102.4
农副产品类	Agricultural Products	101.1	93.7	94.4
纺织原料类	Textile Materials	99.7	99.9	100.2

3-22 工业生产者购进价格月度指数
Monthly Purchasing Price Indices for Industrial Producers
(2018年3月)

项 目	Item	环比	同比	1-3月平均
工业生产者购进价格指数	**Purchasing Price Indices for Industrial Producers**	**100.0**	**106.1**	**107.0**
燃料、动力类	Fuels and Power	99.3	107.4	109.3
黑色金属材料类	Ferrous Metals	100.9	114.2	115.9
#钢 材	Rolled-Steel	100.6	111.6	113.3
其 他	Others	101.2	118.6	120.3
有色金属材料及电线类	Nonferrous Metals	99.4	106.5	108.0
化工原料类	Raw Chemical Materials	99.8	104.8	105.7
木材及纸浆类	Timber and Paper Pulp	100.3	107.0	106.8
建筑材料及非金属矿类	Building Materials	101.4	135.5	131.8
其他工业原材料及半成品类	Other Industrial Raw Materials and Semi-products	100.5	102.3	102.4
农副产品类	Agricultural Products	96.5	90.2	92.9
纺织原料类	Textile Materials	100.3	99.9	100.1

3-23 工业生产者购进价格月度指数
Monthly Purchasing Price Indices for Industrial Producers
(2018年4月)

项目	Item	环比	同比	1-4月平均
工业生产者购进价格指数	**Purchasing Price Indices for Industrial Producers**	**99.2**	**106.0**	**106.8**
燃料、动力类	Fuels and Power	99.0	107.7	108.9
黑色金属材料类	Ferrous Metals	99.0	114.1	115.4
#钢　材	Rolled-Steel	99.5	112.5	113.1
其　他	Others	98.1	116.9	119.5
有色金属材料及电线类	Nonferrous Metals	98.6	106.0	107.5
化工原料类	Raw Chemical Materials	98.9	103.8	105.2
木材及纸浆类	Timber and Paper Pulp	99.7	107.2	106.9
建筑材料及非金属矿类	Building Materials	101.7	136.9	133.1
其他工业原材料及半成品类	Other Industrial Raw Materials and Semi-products	99.3	102.0	102.3
农副产品类	Agricultural Products	99.5	90.8	92.4
纺织原料类	Textile Materials	100.3	99.9	100.1

3-24 工业生产者购进价格月度指数
Monthly Purchasing Price Indices for Industrial Producers
(2018年5月)

项目	Item	环比	同比	1-5月平均
工业生产者购进价格指数	**Purchasing Price Indices for Industrial Producers**	**100.1**	**106.5**	**106.7**
燃料、动力类	Fuels and Power	100.9	108.3	108.8
黑色金属材料类	Ferrous Metals	99.3	114.2	115.2
#钢　材	Rolled-Steel	99.7	112.2	112.9
其　他	Others	98.7	117.7	119.1
有色金属材料及电线类	Nonferrous Metals	101.1	107.5	107.5
化工原料类	Raw Chemical Materials	100.0	105.0	105.2
木材及纸浆类	Timber and Paper Pulp	100.5	107.4	107.0
建筑材料及非金属矿类	Building Materials	100.4	137.1	133.9
其他工业原材料及半成品类	Other Industrial Raw Materials and Semi-products	100.2	102.4	102.3
农副产品类	Agricultural Products	99.9	93.2	92.6
纺织原料类	Textile Materials	98.7	98.5	99.7

3-25 工业生产者购进价格月度指数
Monthly Purchasing Price Indices for Industrial Producers
(2018年6月)

项　　目	Item	环比	同比	1-6月平均
工业生产者购进价格指数	**Purchasing Price Indices for Industrial Producers**	**101.0**	**107.8**	**106.9**
燃料、动力类	Fuels and Power	102.5	112.6	109.4
黑色金属材料类	Ferrous Metals	100.8	115.9	115.3
#钢　　材	Rolled-Steel	100.4	112.8	112.9
其　　他	Others	101.5	121.5	119.5
有色金属材料及电线类	Nonferrous Metals	100.8	108.8	107.7
化工原料类	Raw Chemical Materials	100.0	105.4	105.2
木材及纸浆类	Timber and Paper Pulp	100.4	107.5	107.1
建筑材料及非金属矿类	Building Materials	101.1	132.5	133.7
其他工业原材料及半成品类	Other Industrial Raw Materials and Semi-products	100.6	102.8	102.4
农副产品类	Agricultural Products	101.7	95.8	93.1
纺织原料类	Textile Materials	100.8	98.6	99.5

3-26 工业生产者购进价格月度指数
Monthly Purchasing Price Indices for Industrial Producers
(2018年7月)

项　　目	Item	环比	同比	1-7月平均
工业生产者购进价格指数	**Purchasing Price Indices for Industrial Producers**	**100.6**	**107.9**	**107.0**
燃料、动力类	Fuels and Power	102.2	116.8	110.5
黑色金属材料类	Ferrous Metals	100.7	115.1	115.3
#钢　　材	Rolled-Steel	100.5	111.3	112.7
其　　他	Others	100.9	122.2	119.9
有色金属材料及电线类	Nonferrous Metals	99.2	106.4	107.5
化工原料类	Raw Chemical Materials	100.0	105.3	105.2
木材及纸浆类	Timber and Paper Pulp	100.1	107.2	107.1
建筑材料及非金属矿类	Building Materials	100.1	114.7	130.5
其他工业原材料及半成品类	Other Industrial Raw Materials and Semi-products	100.1	102.6	102.4
农副产品类	Agricultural Products	100.9	96.9	93.6
纺织原料类	Textile Materials	101.0	99.9	99.6

3-27 工业生产者购进价格月度指数
Monthly Purchasing Price Indices for Industrial Producers
(2018年8月)

项 目	Item	环比	同比	1-8月平均
工业生产者购进价格指数	**Purchasing Price Indices for Industrial Producers**	**100.8**	**107.0**	**107.0**
燃料、动力类	Fuels and Power	101.5	116.8	111.3
黑色金属材料类	Ferrous Metals	100.2	109.6	114.5
#钢 材	Rolled-Steel	101.1	108.1	112.1
其 他	Others	98.8	112.4	118.9
有色金属材料及电线类	Nonferrous Metals	99.2	103.0	106.9
化工原料类	Raw Chemical Materials	101.5	106.6	105.4
木材及纸浆类	Timber and Paper Pulp	104.0	111.0	107.6
建筑材料及非金属矿类	Building Materials	98.5	105.3	126.6
其他工业原材料及半成品类	Other Industrial Raw Materials and Semi-products	100.4	102.2	102.4
农副产品类	Agricultural Products	103.5	104.7	94.9
纺织原料类	Textile Materials	100.2	100.4	99.7

3-28 工业生产者购进价格月度指数
Monthly Purchasing Price Indices for Industrial Producers
(2018年9月)

项 目	Item	环比	同比	1-9月平均
工业生产者购进价格指数	**Purchasing Price Indices for Industrial Producers**	**100.9**	**106.2**	**106.9**
燃料、动力类	Fuels and Power	101.5	116.0	111.8
黑色金属材料类	Ferrous Metals	101.9	107.5	113.7
#钢 材	Rolled-Steel	101.5	106.5	111.4
其 他	Others	102.6	109.3	117.7
有色金属材料及电线类	Nonferrous Metals	99.9	100.9	106.2
化工原料类	Raw Chemical Materials	100.4	105.4	105.4
木材及纸浆类	Timber and Paper Pulp	100.3	108.2	107.7
建筑材料及非金属矿类	Building Materials	99.0	99.2	122.8
其他工业原材料及半成品类	Other Industrial Raw Materials and Semi-products	100.3	102.3	102.4
农副产品类	Agricultural Products	102.5	107.4	96.2
纺织原料类	Textile Materials	102.2	101.6	99.9

3-29 工业生产者购进价格月度指数
Monthly Purchasing Price Indices for Industrial Producers
(2018年10月)

项　　目	Item	环比	同比	1-10月平均
工业生产者购进价格指数	**Purchasing Price Indices for Industrial Producers**	**100.9**	**105.7**	**106.8**
燃料、动力类	Fuels and Power	102.6	114.9	112.1
黑色金属材料类	Ferrous Metals	100.8	106.9	113.0
#钢　　材	Rolled-Steel	100.0	105.5	110.8
其　　他	Others	102.2	109.2	116.8
有色金属材料及电线类	Nonferrous Metals	100.3	99.9	105.6
化工原料类	Raw Chemical Materials	101.2	105.9	105.4
木材及纸浆类	Timber and Paper Pulp	97.2	104.8	107.4
建筑材料及非金属矿类	Building Materials	99.7	99.8	120.1
其他工业原材料及半成品类	Other Industrial Raw Materials and Semi-products	100.5	101.9	102.3
农副产品类	Agricultural Products	99.7	107.1	97.3
纺织原料类	Textile Materials	100.5	101.9	100.1

3-30 工业生产者购进价格月度指数
Monthly Purchasing Price Indices for Industrial Producers
(2018年11月)

项　　目	Item	环比	同比	1-11月平均
工业生产者购进价格指数	**Purchasing Price Indices for Industrial Producers**	**99.8**	**104.7**	**106.6**
燃料、动力类	Fuels and Power	99.3	112.7	112.2
黑色金属材料类	Ferrous Metals	100.2	105.6	112.2
#钢　　材	Rolled-Steel	98.8	102.0	109.9
其　　他	Others	102.3	111.9	116.3
有色金属材料及电线类	Nonferrous Metals	100.2	98.5	104.9
化工原料类	Raw Chemical Materials	98.0	102.5	105.2
木材及纸浆类	Timber and Paper Pulp	99.5	103.1	107.0
建筑材料及非金属矿类	Building Materials	103.4	102.8	118.2
其他工业原材料及半成品类	Other Industrial Raw Materials and Semi-products	100.2	102.1	102.3
农副产品类	Agricultural Products	98.3	105.8	98.0
纺织原料类	Textile Materials	99.8	101.9	100.3

3-31 工业生产者购进价格月度指数
Monthly Purchasing Price Indices for Industrial Producers
(2018年12月)

项　　目	Item	环比	同比	1-12月平均
工业生产者购进价格指数	**Purchasing Price Indices for Industrial Producers**	**98.1**	**101.7**	**106.2**
燃料、动力类	Fuels and Power	93.7	103.2	111.4
黑色金属材料类	Ferrous Metals	97.6	101.4	111.2
#钢　　材	Rolled-Steel	97.5	98.6	108.9
其　　他	Others	97.6	106.0	115.3
有色金属材料及电线类	Nonferrous Metals	99.6	99.1	104.4
化工原料类	Raw Chemical Materials	98.4	99.2	104.7
木材及纸浆类	Timber and Paper Pulp	99.7	103.3	106.6
建筑材料及非金属矿类	Building Materials	101.9	104.4	116.9
其他工业原材料及半成品类	Other Industrial Raw Materials and Semi-products	99.8	101.9	102.3
农副产品类	Agricultural Products	98.5	103.2	98.4
纺织原料类	Textile Materials	100.0	102.0	100.4

3-32 固定资产投资价格指数
Price Indices of Investment in Fixed Assets
(2014-2018)

(上年=100) (Preceding Year=100)

项　　目	Item	2014	2015	2016	2017	2018
固定资产投资价格指数	**Price Indices of Investment in Fixed Assets**	**100.5**	**99.9**	**99.4**	**104.3**	**104.5**
建筑安装、装饰工程	Construction and Installation	100.5	99.6	98.9	106.6	106.9
#人工费	Labour Cost	106.7	105.4	102.4	103.5	104.3
材料费	Material Expenses	98.7	98.1	97.9	108.2	108.3
机械费	Machine	101.8	100.2	99.6	100.8	102.4
设备工器具购置	Purchase of Equipment, Tools and Instruments	99.3	99.3	98.8	100.5	101.0
其他费用	Others	101.6	101.2	101.2	100.7	100.5

3-33 住宅销售价格指数
Housing Price Indices of Residential Buildings
(2018年1-12月)

(上年同月=100) (same month of preceding year=100)

项 目	Item	1月	2月	3月	4月	5月	6月
新建商品住宅	**Newly Constructed Commercial Residential Buildings**	**99.9**	**100.6**	**100.4**	**100.6**	**100.9**	**101.2**
90平方米以下	90m^2 and below	100.1	100.9	101.2	101.4	101.5	101.2
90-144平方米	90-144m^2	98.9	100.1	99.9	100.3	100.3	101.0
144平方米以上	Above 144m^2	101.5	101.1	100.6	100.4	101.5	101.6
二手住宅	**Second-Hand Residential Buildings**	**98.2**	**100.2**	**98.8**	**99.4**	**101.3**	**103.6**
90平方米以下	90m^2 and below	98.4	99.7	98.3	98.6	100.5	104.4
90-144平方米	90-144m^2	98.7	101.0	99.4	99.9	101.7	103.5
144平方米以上	Above 144m^2	96.1	99.7	98.8	100.7	102.4	101.7

3-33 续表 continued

(上年同月=100) (same month of preceding year=100)

项 目	Item	7月	8月	9月	10月	11月	12月
新建商品住宅	**Newly Constructed Commercial Residential Buildings**	**101.3**	**101.6**	**101.9**	**101.9**	**101.9**	**101.7**
90平方米以下	90m^2 and below	102.0	101.6	101.4	102.2	102.2	102.2
90-144平方米	90-144m^2	101.2	101.3	101.6	101.6	101.6	101.4
144平方米以上	Above 144m^2	101.1	102.2	102.9	102.2	102.1	101.9
二手住宅	**Second-Hand Residential Buildings**	**104.1**	**105.8**	**106.1**	**106.4**	**106.2**	**106.0**
90平方米以下	90m^2 and below	104.8	106.4	107.7	107.8	107.0	106.5
90-144平方米	90-144m^2	103.8	105.6	104.8	105.0	105.4	105.2
144平方米以上	Above 144m^2	102.8	104.3	104.9	105.6	105.9	106.6

3-34 各省(区、市)工业生产者出厂价格指数
Producer Price Indices for Industrial Products by Region (2014-2018)

(上年=100) (preceding year=100)

地 区	Region	2014	2015	2016	2017	2018
全 国	**National**	**98.1**	**94.8**	**98.6**	**106.3**	**103.5**
北 京	Beijing	99.1	96.9	98.1	100.7	100.0
天 津	Tianjin	96.3	90.3	97.9	108.4	105.4
河 北	Hebei	95.2	89.1	99.9	115.0	106.2
山 西	Shanxi	91.4	87.7	96.8	119.4	106.7
内蒙古	Inner Mongolia	97.3	94.0	98.9	110.6	103.2
辽 宁	Liaoning	98.2	93.9	98.8	108.1	104.8
吉 林	Jilin	99.1	95.3	98.4	103.1	102.8
黑龙江	Heilongjiang	97.1	86.0	95.1	109.3	109.0
上 海	Shanghai	98.9	96.1	98.8	103.5	101.7
江 苏	Jiangsu	98.3	95.3	98.1	104.8	102.8
浙 江	Zhejiang	98.8	96.4	98.3	104.8	103.4
安 徽	Anhui	97.4	93.9	98.5	108.0	103.0
福 建	Fujian	98.6	97.0	99.1	104.1	102.8
江 西	Jiangxi	97.8	93.7	98.6	107.9	104.2
山 东	Shandong	98.4	95.2	98.5	105.5	103.7
河 南	Henan	98.1	95.4	99.0	106.8	103.6
湖 北	Hubei	98.4	96.7	99.0	105.6	104.2
湖 南	Hunan	98.4	96.3	98.9	105.8	103.2
广 东	Guangdong	98.9	96.8	99.4	103.3	101.8
广 西	Guangxi	98.4	97.0	99.1	107.6	103.2
海 南	Hainan	97.6	89.8	96.0	108.8	108.2
重 庆	Chongqing	98.3	97.2	98.6	104.1	102.1
四 川	Sichuan	98.7	96.4	98.9	106.5	103.6
贵 州	Guizhou	98.3	96.1	97.9	107.2	101.8
云 南	Yunnan	97.8	94.9	97.6	105.2	102.4
西 藏	Tibet	99.0	93.2	102.9	110.0	100.1
陕 西	Shaanxi	97.1	90.8	97.6	110.8	105.4
甘 肃	Gansu	96.7	87.0	94.9	114.5	109.5
青 海	Qinghai	96.1	93.1	98.5	116.7	104.8
宁 夏	Ningxia	96.3	93.7	99.1	112.1	107.3
新 疆	Xinjiang	96.2	82.4	94.5	113.7	111.2

3-35 各省(区、市)工业生产者购进价格指数
Purchasing Price Indices for Industrial Producers by Region (2014-2018)

(上年=100) (preceding year=100)

地 区	Region	2014	2015	2016	2017	2018
全 国	**National**	**97.8**	**93.9**	**98.0**	**108.1**	**104.1**
北 京	Beijing	98.8	93.7	98.5	104.4	100.8
天 津	Tianjin	97.1	92.4	98.3	111.1	106.2
河 北	Hebei	95.6	90.3	98.3	114.5	104.0
山 西	Shanxi	96.2	93.1	98.1	115.2	105.5
内蒙古	Inner Mongolia	98.4	95.9	97.4	106.3	102.4
辽 宁	Liaoning	98.0	93.5	97.9	108.0	104.5
吉 林	Jilin	99.2	96.6	97.8	103.4	103.5
黑龙江	Heilongjiang	97.6	88.2	96.0	110.2	109.0
上 海	Shanghai	95.9	90.6	97.7	108.9	105.2
江 苏	Jiangsu	97.0	92.1	98.0	109.7	104.6
浙 江	Zhejiang	98.2	94.5	97.8	109.6	105.1
安 徽	Anhui	97.2	93.5	98.4	109.2	105.3
福 建	Fujian	98.3	96.1	98.0	105.3	102.8
江 西	Jiangxi	98.4	93.6	97.7	107.2	103.2
山 东	Shandong	98.2	95.0	98.0	107.3	103.6
河 南	Henan	98.4	95.4	99.2	107.3	104.0
湖 北	Hubei	97.8	92.8	98.3	108.3	104.8
湖 南	Hunan	97.9	94.5	98.0	107.2	103.5
广 东	Guangdong	98.8	95.3	98.0	105.3	102.5
广 西	Guangxi	98.2	95.7	98.3	106.5	103.4
海 南	Hainan	99.0	88.5	94.8	112.4	110.8
重 庆	Chongqing	98.1	97.1	98.4	104.4	102.5
四 川	Sichuan	98.7	96.7	98.8	108.3	105.3
贵 州	Guizhou	98.6	97.5	98.5	109.7	103.4
云 南	Yunnan	99.0	96.9	95.9	106.2	104.4
西 藏	Tibet					
陕 西	Shaanxi	98.5	95.2	95.9	106.4	104.2
甘 肃	Gansu	97.6	87.0	94.6	115.5	109.8
青 海	Qinghai	97.6	97.7	96.2	108.0	104.5
宁 夏	Ningxia	97.0	92.1	96.9	112.9	106.5
新 疆	Xinjiang	97.5	84.3	95.5	112.8	109.2

3-36 70个大中城市新建商品住宅销售价格指数
Housing Price Indices of Newly Constructed Residential Buildings in 70 Large and Medium-Sized Cities
(2018年1-12月)

(上年同月=100) (same month of preceding year=100)

地 区	City	1月	2月	3月	4月	5月	6月	7月	8月	9月	10月	11月	12月
北 京	Beijing	98.8	99.7	99.4	99.3	99.5	99.9	100.2	100.2	100.4	100.8	101.4	102.3
天 津	Tianjin	99.9	100.6	100.4	100.6	100.9	101.2	101.3	101.6	101.9	101.9	101.9	101.7
石家庄	Shijiazhuang	102.6	102.7	102.5	102.7	104.0	103.9	105.7	106.5	107.5	110.7	112.0	114.9
太 原	Taiyuan	107.8	107.5	107.6	107.7	107.5	106.9	107.7	109.5	110.0	109.8	110.8	111.2
呼和浩特	Hohhot	106.8	107.4	107.6	108.1	109.3	110.1	111.8	113.9	116.7	117.6	119.6	121.0
沈 阳	Shenyang	111.4	112.1	111.4	110.3	110.0	109.8	110.3	111.0	111.7	112.7	112.6	112.7
大 连	Dalian	110.4	110.7	110.8	110.9	111.6	113.0	113.2	113.8	113.8	113.8	114.3	114.4
长 春	Changchun	109.5	109.0	109.3	109.3	109.5	110.2	110.3	110.8	110.2	110.6	111.9	111.8
哈尔滨	Harbin	111.5	110.8	111.1	112.0	111.1	110.9	112.6	113.3	113.8	114.3	114.9	114.4
上 海	Shanghai	99.8	99.4	99.7	99.8	99.6	99.8	99.8	99.8	99.8	99.6	100.1	100.4
南 京	Nanjing	98.0	98.5	98.3	98.4	98.4	98.2	98.1	98.4	98.7	99.0	100.8	100.7
杭 州	Hangzhou	99.0	99.5	99.6	99.7	99.9	100.3	101.1	101.9	102.4	103.7	104.4	105.6
宁 波	Ningbo	106.2	106.0	105.5	105.6	104.8	104.2	104.8	106.6	107.1	106.9	106.7	106.1
合 肥	Hefei	99.7	99.7	99.6	99.4	99.7	99.8	100.1	101.8	102.9	103.5	103.8	104.2
福 州	Fuzhou	97.7	98.5	98.2	98.3	97.2	99.5	101.0	103.5	105.1	106.1	108.0	108.5
厦 门	Xiamen	102.3	102.2	100.1	100.4	101.2	100.7	100.5	100.3	100.5	100.6	99.9	99.6
南 昌	Nanchang	106.0	105.3	104.6	104.2	103.9	105.3	106.8	107.4	107.9	108.0	108.8	109.3
济 南	Jinan	100.9	101.4	100.9	100.6	100.5	103.9	106.9	110.2	112.3	113.3	115.4	115.9
青 岛	Qingdao	103.6	103.9	103.3	103.1	104.8	107.0	108.8	110.1	110.4	110.7	112.2	113.3
郑 州	Zhengzhou	99.0	99.6	99.2	99.6	101.4	103.2	104.7	106.7	107.3	108.4	109.4	109.4
武 汉	Wuhan	100.7	101.3	101.2	100.5	101.5	102.3	103.2	104.8	105.2	107.9	109.7	110.8
长 沙	Changsha	105.4	105.2	104.4	103.8	104.5	106.3	108.5	110.3	110.9	110.6	110.9	111.1
广 州	Guangzhou	103.7	103.1	100.8	99.2	100.1	101.5	101.6	103.3	104.3	104.7	104.9	108.3
深 圳	Shenzhen	96.6	97.5	97.7	97.8	98.3	98.7	99.3	100.3	100.0	99.6	99.6	100.1
南 宁	Nanning	108.4	108.4	107.6	106.6	105.7	106.7	106.2	107.4	107.6	107.6	107.6	108.9
海 口	Haikou	101.7	105.2	104.8	107.2	110.1	113.1	119.0	121.4	121.7	122.4	123.0	122.1
重 庆	Chongqing	108.3	108.2	107.7	107.4	107.5	107.7	108.2	109.0	110.0	110.6	111.1	111.6
成 都	Chengdu	98.7	100.0	100.8	101.1	103.4	105.3	106.5	108.2	108.9	110.0	111.8	112.7
贵 阳	Guiyang	111.2	110.9	110.3	110.1	109.7	110.3	111.3	112.5	114.0	118.3	119.6	118.8
昆 明	Kunming	110.6	111.4	111.5	110.4	110.8	112.1	114.7	115.9	118.0	119.2	118.6	116.6
西 安	Xi'an	111.1	111.3	111.2	111.2	111.0	110.4	110.6	113.5	120.0	120.7	121.8	122.4
兰 州	Lanzhou	105.3	105.8	105.6	105.7	105.7	106.2	106.6	107.8	108.9	110.4	110.7	110.8
西 宁	Xining	105.7	106.2	106.0	105.5	105.1	107.5	107.8	109.0	110.5	111.6	111.6	112.0
银 川	Yinchuan	104.1	105.2	105.9	106.2	106.2	107.1	107.7	109.0	109.6	109.7	108.9	109.2
乌鲁木齐	Urumqi	107.5	108.7	109.3	110.1	110.8	111.3	111.2	112.1	111.9	111.6	110.5	109.8

3-36 续表 continued

(上年同月=100) (same month of preceding year=100)

地 区	City	1月	2月	3月	4月	5月	6月	7月	8月	9月	10月	11月	12月
唐 山	Tangshan	106.9	106.7	106.6	104.9	104.8	105.1	106.7	109.6	111.4	112.9	113.8	113.1
秦皇岛	Qinhuangdao	105.8	107.0	107.7	107.3	107.0	108.0	108.2	110.7	113.2	115.0	115.7	117.4
包 头	Baotou	103.8	106.8	107.2	107.1	107.4	108.2	109.7	111.8	112.0	113.1	112.5	111.4
丹 东	Dandong	104.2	103.6	104.1	106.1	111.7	115.0	114.9	114.9	115.8	116.2	116.3	117.1
锦 州	Jinzhou	100.9	103.4	103.9	104.4	104.6	104.7	105.1	105.8	107.4	108.7	110.2	112.6
吉 林	Jilin	108.1	107.5	106.9	106.7	106.1	106.9	107.6	109.3	109.9	111.0	112.1	112.6
牡丹江	Mudanjiang	106.9	106.6	106.5	106.4	105.8	107.8	108.8	109.2	110.9	112.2	111.9	111.7
无 锡	Wuxi	97.3	98.8	98.4	98.0	97.7	97.8	99.2	102.9	103.6	104.4	105.6	105.2
扬 州	Yangzhou	109.1	108.7	107.7	106.8	105.9	105.5	108.0	109.0	110.3	111.2	113.3	113.4
徐 州	Xuzhou	108.3	109.8	110.0	109.5	109.1	107.8	109.8	113.0	113.9	115.5	116.6	117.6
温 州	Wenzhou	107.2	107.1	106.5	105.0	103.6	103.1	102.3	103.2	103.4	103.0	102.2	101.9
金 华	Jinhua	109.3	109.2	108.2	107.8	107.0	106.3	106.1	106.9	106.5	106.0	105.3	104.5
蚌 埠	Bengbu	108.4	107.6	107.0	104.7	101.5	99.2	100.1	102.3	104.3	105.5	106.8	107.7
安 庆	Anqing	105.7	105.3	103.9	102.5	102.2	103.0	103.9	105.8	106.5	108.5	109.1	109.0
泉 州	Quanzhou	100.1	100.0	99.6	100.0	100.1	99.8	100.0	101.0	101.8	101.5	102.2	101.5
九 江	Jiujiang	108.3	107.4	106.5	105.5	104.6	104.4	104.9	106.1	107.0	107.3	108.9	109.8
赣 州	Ganzhou	101.1	101.8	101.8	101.5	101.8	101.9	102.2	103.8	104.7	105.6	106.3	107.5
烟 台	Yantai	109.5	108.7	108.4	109.1	108.6	108.4	110.6	111.4	111.6	112.3	112.3	113.5
济 宁	Jining	109.8	109.1	108.5	108.1	107.1	107.1	107.7	108.8	108.6	110.1	111.8	112.6
洛 阳	Luoyang	108.9	109.2	108.2	108.0	107.0	104.7	105.1	105.2	106.9	108.0	110.1	111.0
平顶山	Pingdingshan	107.0	107.7	107.2	107.1	107.4	106.1	106.4	106.8	107.6	107.5	107.8	108.0
宜 昌	Yichang	108.2	108.6	108.5	106.6	105.7	105.7	108.7	110.1	111.5	112.1	112.1	112.9
襄 阳	Xiangyang	106.7	106.7	106.5	106.2	105.4	104.2	105.9	108.6	108.7	111.6	112.5	114.1
岳 阳	Yueyang	107.9	108.7	108.6	108.1	108.0	107.4	107.4	109.0	109.7	109.6	109.5	108.5
常 德	Changde	110.2	108.5	107.2	107.3	106.5	105.4	104.4	106.4	107.5	109.2	110.2	110.7
惠 州	Huizhou	103.7	104.3	103.1	102.7	102.2	102.1	102.6	103.2	103.5	103.9	103.8	103.9
湛 江	Zhanjiang	108.3	108.1	108.2	107.4	104.8	104.6	104.7	106.2	107.1	108.5	107.3	107.7
韶 关	Shaoguan	104.3	107.3	106.0	104.8	104.1	104.4	103.4	104.9	105.1	105.4	106.0	105.4
桂 林	Guilin	107.2	108.7	108.5	107.8	107.5	107.2	106.4	106.0	106.8	107.0	108.1	108.2
北 海	Beihai	110.5	112.2	112.3	111.1	108.9	108.0	106.8	109.1	109.5	110.0	110.9	111.8
三 亚	Sanya	103.3	103.9	102.2	105.4	108.2	112.6	116.5	121.2	119.6	118.1	116.4	115.7
泸 州	Luzhou	106.6	106.8	106.7	106.7	107.2	107.7	107.9	110.2	113.0	114.1	113.7	111.8
南 充	Nanchong	109.9	110.8	110.1	110.1	110.8	110.5	111.0	113.1	114.3	115.1	114.6	114.0
遵 义	Zunyi	107.9	108.7	109.3	109.4	110.0	110.2	110.1	110.9	111.4	112.7	114.1	113.8
大 理	Dali	106.4	106.9	108.1	108.7	109.3	109.9	111.4	112.9	113.9	116.0	118.5	118.8

3-37 70个大中城市二手住宅销售价格指数
Housing Price Indices of Second-Hand Residential Buildings in 70 Large and Medium-Sized Cities
(2018年1-12月)

(上年同月=100) (same month of preceding year=100)

地 区	City	1月	2月	3月	4月	5月	6月	7月	8月	9月	10月	11月	12月
北 京	Beijing	96.9	95.4	93.2	93.1	94.3	95.4	96.5	97.4	97.8	98.0	97.9	98.1
天 津	Tianjin	98.2	100.2	98.8	99.4	101.3	103.6	104.1	105.8	106.1	106.4	106.2	106.0
石家庄	Shijiazhuang	99.8	100.0	99.6	99.6	100.9	101.8	103.9	105.0	105.2	104.6	104.4	104.6
太 原	Taiyuan	108.3	107.2	108.3	108.7	109.0	108.8	109.5	110.1	111.0	110.5	110.9	109.9
呼和浩特	Hohhot	102.8	103.6	104.0	104.5	105.2	106.0	108.1	110.6	112.6	114.0	116.9	117.9
沈 阳	Shenyang	107.3	107.3	106.7	105.9	105.4	105.7	106.0	106.3	107.1	107.3	107.7	107.7
大 连	Dalian	105.9	106.5	106.5	106.3	106.3	106.7	107.4	108.2	108.9	108.4	108.9	108.7
长 春	Changchun	105.5	105.8	105.7	105.7	106.3	107.7	107.8	108.8	108.9	109.7	110.0	110.1
哈尔滨	Harbin	106.6	107.6	108.5	109.1	109.0	108.5	110.2	110.6	111.3	110.8	111.1	110.9
上 海	Shanghai	100.8	100.2	98.9	98.0	97.7	97.5	97.8	97.9	97.9	97.4	97.5	97.3
南 京	Nanjing	97.6	98.3	99.0	99.9	99.7	99.2	99.3	99.6	100.2	100.4	101.0	101.1
杭 州	Hangzhou	106.9	106.7	106.5	106.6	106.7	106.7	106.8	106.8	106.2	105.4	104.6	104.6
宁 波	Ningbo	107.2	107.2	107.4	107.1	106.7	105.8	106.2	106.7	106.9	106.2	105.5	104.8
合 肥	Hefei	99.3	100.0	100.1	100.5	100.6	101.6	101.3	101.9	102.7	103.2	103.1	103.1
福 州	Fuzhou	104.9	103.8	102.0	101.1	99.8	99.0	99.7	100.1	99.9	100.4	100.0	99.7
厦 门	Xiamen	102.2	99.6	94.5	94.8	94.9	95.2	95.0	95.1	95.1	94.7	94.3	94.4
南 昌	Nanchang	103.1	102.4	102.5	102.6	103.0	103.4	105.0	106.4	107.2	108.2	109.6	110.5
济 南	Jinan	102.3	101.8	100.8	99.9	99.8	100.0	102.7	106.3	107.8	108.6	109.4	110.1
青 岛	Qingdao	110.6	108.0	107.7	107.7	107.5	107.2	108.8	110.4	110.9	111.4	111.9	111.2
郑 州	Zhengzhou	99.7	99.1	98.5	97.7	97.6	97.8	98.7	100.1	100.6	101.0	101.0	101.0
武 汉	Wuhan	108.8	108.2	107.0	105.7	106.7	105.6	105.8	106.3	106.3	106.7	107.5	107.9
长 沙	Changsha	110.6	110.3	108.4	104.6	104.0	104.6	107.0	108.0	107.9	108.0	108.0	108.0
广 州	Guangzhou	107.6	105.5	102.4	101.8	102.3	101.7	101.9	102.5	102.5	102.7	102.3	102.3
深 圳	Shenzhen	102.6	104.7	105.0	104.4	105.0	105.6	105.6	106.9	107.0	105.9	105.5	104.8
南 宁	Nanning	107.0	107.2	107.1	106.2	105.4	104.3	103.0	104.2	104.4	104.4	104.7	106.7
海 口	Haikou	100.6	100.7	101.3	102.3	103.5	104.8	108.2	110.7	111.1	111.4	111.8	111.5
重 庆	Chongqing	108.0	107.7	107.2	107.1	107.2	107.1	107.2	108.2	108.5	108.7	108.9	109.2
成 都	Chengdu	103.5	103.2	102.0	101.1	101.6	101.9	103.2	104.5	104.7	104.6	105.1	105.8
贵 阳	Guiyang	104.9	105.4	105.4	105.0	104.9	105.5	107.1	108.5	110.9	112.6	112.8	112.6
昆 明	Kunming	106.4	107.8	107.3	106.9	107.8	108.1	110.3	112.0	114.4	115.5	115.3	115.4
西 安	Xi'an	108.9	108.3	108.4	109.4	109.5	109.5	109.7	111.3	114.1	115.7	115.9	115.0
兰 州	Lanzhou	103.5	104.8	104.8	104.6	104.4	104.6	104.8	106.3	108.1	110.0	111.0	110.4
西 宁	Xining	102.5	103.1	103.1	102.8	102.8	103.3	103.5	104.7	106.1	106.8	106.8	107.2
银 川	Yinchuan	101.2	101.6	101.7	101.8	101.6	102.3	103.2	104.0	105.4	105.7	105.5	105.4
乌鲁木齐	Urumqi	109.5	111.4	113.8	115.0	116.2	115.8	114.5	115.3	115.7	115.5	114.1	113.7

3-37 续表 continued

(上年同月=100) (same month of preceding year=100)

地 区	City	1月	2月	3月	4月	5月	6月	7月	8月	9月	10月	11月	12月
唐 山	Tangshan	103.3	103.5	103.3	102.0	102.3	102.5	103.5	104.6	105.5	106.1	107.4	108.1
秦皇岛	Qinhuangdao	105.4	105.0	104.2	103.6	104.4	105.2	105.8	107.2	107.7	108.7	110.0	110.3
包 头	Baotou	102.6	103.8	102.9	102.9	103.0	103.3	104.1	105.4	105.6	106.0	106.1	105.9
丹 东	Dandong	102.7	102.9	103.0	104.2	105.3	105.9	106.0	106.5	106.7	106.4	106.7	106.6
锦 州	Jinzhou	100.2	100.4	100.8	101.4	101.9	102.1	102.5	102.5	104.1	104.5	105.7	107.5
吉 林	Jilin	103.8	103.8	103.7	103.7	103.9	104.4	105.4	106.3	106.9	107.2	108.5	108.5
牡丹江	Mudanjiang	102.9	103.5	103.4	103.1	103.4	103.5	103.8	104.6	104.9	105.3	105.3	104.8
无 锡	Wuxi	108.5	108.1	106.3	104.4	103.3	102.2	102.7	103.6	105.3	105.8	105.2	104.9
扬 州	Yangzhou	105.5	105.3	104.5	104.0	103.4	103.3	104.5	106.0	107.6	108.8	109.8	109.4
徐 州	Xuzhou	105.3	105.6	105.6	105.7	105.2	104.4	105.4	107.5	108.2	109.0	109.2	109.3
温 州	Wenzhou	106.4	105.9	105.5	104.6	103.9	102.6	102.2	102.1	101.6	101.2	100.7	100.8
金 华	Jinhua	107.5	108.3	108.0	107.3	107.2	107.0	107.8	108.4	107.4	106.7	105.9	104.9
蚌 埠	Bengbu	107.1	106.5	106.0	104.9	103.4	101.6	102.6	104.6	105.3	105.9	106.5	107.2
安 庆	Anqing	105.9	105.9	105.0	103.3	102.4	102.7	102.5	104.3	105.5	107.6	108.2	107.8
泉 州	Quanzhou	105.9	105.0	104.1	102.9	102.4	102.2	103.0	103.6	103.1	102.9	102.5	101.8
九 江	Jiujiang	104.4	104.2	103.7	103.5	103.2	102.9	103.3	104.5	105.0	105.8	106.7	106.9
赣 州	Ganzhou	102.7	102.4	102.3	102.5	102.8	103.3	103.8	105.3	106.6	107.4	107.9	108.4
烟 台	Yantai	106.5	106.7	106.5	106.2	105.9	105.9	107.3	108.8	110.0	110.7	111.0	111.2
济 宁	Jining	106.6	107.7	108.1	108.4	108.8	108.6	110.4	112.3	113.8	115.1	115.8	116.7
洛 阳	Luoyang	104.2	104.3	104.2	104.3	103.8	103.4	104.6	106.2	107.6	108.0	109.5	110.4
平顶山	Pingdingshan	105.6	106.3	106.3	106.4	106.3	105.9	106.1	106.1	107.1	107.4	107.7	108.4
宜 昌	Yichang	106.6	106.8	106.6	105.9	105.1	104.4	106.5	109.1	111.1	111.9	111.6	111.2
襄 阳	Xiangyang	105.7	104.9	104.5	104.5	104.4	103.9	105.2	107.5	108.5	109.0	109.5	110.1
岳 阳	Yueyang	104.6	104.8	104.5	104.4	104.4	104.4	104.6	106.8	108.0	107.9	107.4	106.9
常 德	Changde	104.2	104.3	103.9	103.9	103.6	103.3	103.1	106.4	107.3	107.8	107.9	107.9
惠 州	Huizhou	106.0	106.1	105.0	104.1	103.1	102.9	103.8	104.8	105.6	106.0	106.8	106.9
湛 江	Zhanjiang	107.4	107.0	106.8	105.7	104.5	104.2	104.6	105.1	105.1	104.9	104.7	104.3
韶 关	Shaoguan	105.1	104.8	103.2	102.6	102.8	102.8	103.0	104.6	105.5	106.0	106.9	107.3
桂 林	Guilin	103.1	103.3	103.6	103.4	103.3	103.4	103.4	103.3	104.6	105.2	106.0	106.5
北 海	Beihai	108.0	107.6	107.3	106.2	104.3	103.5	103.2	104.8	106.6	106.7	107.4	107.9
三 亚	Sanya	101.7	101.4	101.0	102.3	104.4	106.9	110.4	112.4	113.0	112.6	112.0	113.0
泸 州	Luzhou	104.4	104.6	104.7	104.8	106.2	106.2	107.4	108.8	110.6	111.1	110.7	110.3
南 充	Nanchong	107.0	107.5	107.6	108.0	108.1	108.1	108.8	110.7	111.8	111.4	110.6	109.9
遵 义	Zunyi	105.3	106.4	106.4	106.3	106.3	106.9	108.1	109.2	109.6	109.9	110.8	110.5
大 理	Dali	102.9	104.3	104.6	104.9	105.4	105.7	107.3	109.2	110.1	111.7	113.9	114.5

3-38 36个大中城市居民消费价格指数
Consumer Price Indices for 36 Major Large and Medium-sized Cities (2014-2018)

(上年=100) (preceding year=100)

城市	City	2014	2015	2016	2017	2018
平均指数	**Average Index**	**102.1**	**101.7**	**102.2**	**101.8**	**102.2**
北京	Beijing	101.6	101.8	101.4	101.9	102.5
天津	Tianjin	101.9	101.7	102.1	102.1	102.0
石家庄	Shijiazhuang	102.0	101.0	101.6	101.4	102.3
太原	Taiyuan	102.2	100.4	101.2	101.8	101.8
呼和浩特	Hohhot	101.2	101.8	101.4	101.4	102.1
沈阳	Shenyang	102.2	101.2	101.7	101.4	103.0
大连	Dalian	102.0	101.6	101.9	102.1	103.0
长春	Changchun	102.2	101.3	101.4	101.3	102.0
哈尔滨	Harbin	102.0	101.4	101.8	101.6	102.5
上海	Shanghai	102.7	102.4	103.2	101.7	101.6
南京	Nanjing	102.6	102.0	102.7	101.9	102.4
杭州	Hangzhou	102.0	101.8	102.6	102.5	102.3
宁波	Ningbo	101.9	101.8	102.1	101.8	102.2
合肥	Hefei	102.0	101.6	102.6	101.4	102.0
福州	Fuzhou	101.7	101.4	102.5	101.4	101.5
厦门	Xiamen	102.2	101.7	101.7	102.0	101.8
南昌	Nanchang	102.5	101.6	102.1	102.1	102.3
济南	Jinan	102.2	101.9	102.7	102.0	102.6
青岛	Qingdao	102.6	101.2	102.5	102.0	102.1
郑州	Zhengzhou	102.0	101.1	102.3	101.8	102.4
武汉	Wuhan	101.9	101.4	102.4	101.9	101.9
长沙	Changsha	102.7	101.1	101.9	101.3	102.0
广州	Guangzhou	102.3	101.7	102.7	102.3	102.4
深圳	Shenzhen	102.0	102.2	102.4	101.4	102.8
南宁	Nanning	101.6	101.9	101.4	102.3	102.5
海口	Haikou	102.2	101.2	103.0	103.3	102.4
重庆	Chongqing	101.8	101.3	101.8	101.0	102.0
成都	Chengdu	101.3	101.1	102.2	102.0	101.4
贵阳	Guiyang	102.7	102.3	101.1	101.0	101.7
昆明	Kunming	103.1	102.4	101.7	100.5	101.7
拉萨	Lhasa	103.0	102.2	102.6	101.4	101.1
西安	Xi'an	101.4	100.7	100.9	102.0	101.9
兰州	Lanzhou	102.2	101.3	100.8	101.5	101.7
西宁	Xining	102.8	102.5	102.1	101.8	102.7
银川	Yinchuan	102.1	101.6	101.7	101.7	102.2
乌鲁木齐	Urumqi	102.8	100.7	101.5	102.8	102.2

3-39 36个大中城市商品零售价格指数
Retail Price Indices for 36 Major Large and Medium-sized Cities (2014-2018)

(上年=100) (preceding year=100)

城　　市	City	2014	2015	2016	2017	2018
平均指数	**Average Index**	**100.8**	**99.8**	**100.7**	**100.9**	**101.7**
北　京	Beijing	99.1	98.5	98.1	99.2	101.1
天　津	Tianjin	100.9	100.3	100.5	100.8	101.6
石家庄	Shijiazhuang	101.2	100.2	101.7	100.9	101.9
太　原	Taiyuan	100.7	98.6	100.8	101.7	101.7
呼和浩特	Hohhot	98.6	99.5	101.1	101.2	101.6
沈　阳	Shenyang	101.3	100.0	100.6	101.0	101.7
大　连	Dalian	101.0	99.5	102.0	101.5	101.5
长　春	Changchun	101.2	99.1	101.2	101.2	102.9
哈尔滨	Harbin	101.5	100.2	101.6	99.7	100.7
上　海	Shanghai	100.9	101.1	100.8	100.9	101.6
南　京	Nanjing	102.0	100.6	100.5	101.6	102.8
杭　州	Hangzhou	100.8	100.2	101.5	101.0	102.0
宁　波	Ningbo	100.3	100.4	101.8	101.1	102.1
合　肥	Hefei	100.3	99.5	100.8	102.3	101.7
福　州	Fuzhou	100.6	99.4	100.7	100.3	101.5
厦　门	Xiamen	100.7	100.0	100.0	100.8	101.8
南　昌	Nanchang	101.1	100.5	100.4	101.0	100.8
济　南	Jinan	101.2	100.3	100.8	101.0	102.6
青　岛	Qingdao	102.3	100.0	102.0	100.8	101.8
郑　州	Zhengzhou	101.1	99.0	100.2	101.7	103.6
武　汉	Wuhan	100.5	100.0	101.3	100.1	101.4
长　沙	Changsha	101.7	99.6	100.9	101.4	102.5
广　州	Guangzhou	101.5	99.1	101.2	102.0	102.2
深　圳	Shenzhen	101.0	99.7	100.3	101.5	102.0
南　宁	Nanning	100.7	100.4	99.8	100.9	101.1
海　口	Haikou	101.2	100.2	100.9	101.7	102.4
重　庆	Chongqing	100.9	100.2	101.3	100.8	101.2
成　都	Chengdu	100.4	99.5	100.8	99.4	100.7
贵　阳	Guiyang	101.2	99.7	99.5	101.4	102.3
昆　明	Kunming	101.8	100.7	100.8	101.3	101.1
拉　萨	Lhasa	102.3	101.5	102.4	101.2	101.1
西　安	Xi'an	100.7	99.7	100.1	101.7	102.2
兰　州	Lanzhou	101.8	100.6	100.7	101.8	101.7
西　宁	Xining	101.2	100.2	100.6	101.4	102.0
银　川	Yinchuan	100.8	100.2	100.8	101.5	102.7
乌鲁木齐	Urumqi	102.4	99.4	100.6	100.7	100.5

3-40 36个大中城市居民消费价格分类指数(环比)
Consumer Price Indices by Category for 36 Major Large and Medium-sized Cities
(2018年1月)

(上月=100) (preceding month=100)

地 区	City	居民消费价格指数 Consumer Price Index	食品烟酒 Food, Tobacco and Liquor	粮食 Grain	鲜菜 Fresh Vegetables	畜肉 Meat	水产品 Aquatic Products	蛋 Eggs	鲜果 Fresh Fruits
平均指数	**Average Index**	**100.6**	**101.6**	**100.3**	**109.7**	**100.2**	**103.2**	**100.8**	**106.1**
北 京	Beijing	100.4	101.5	100.7	114.5	99.9	100.7	101.4	104.7
天 津	Tianjin	100.9	102.2	99.6	111.6	100.7	104.5	101.4	113.3
石家庄	Shijiazhuang	100.4	100.9	100.4	112.9	99.0	101.6	99.6	104.8
太 原	Taiyuan	100.3	101.6	100.8	112.4	101.8	100.9	100.1	103.6
呼和浩特	Hohhot	100.8	102.3	100.2	111.1	101.2	98.9	101.4	112.9
沈 阳	Shenyang	100.9	102.2	99.8	115.8	100.8	101.6	101.2	103.8
大 连	Dalian	101.0	102.9	100.0	116.1	100.3	105.4	102.6	103.5
长 春	Changchun	100.8	102.3	99.5	116.6	100.7	99.5	103.0	105.3
哈尔滨	Harbin	100.7	101.7	101.8	109.6	100.3	100.8	99.4	107.0
上 海	Shanghai	100.6	101.8	100.3	106.5	99.8	105.2	99.7	108.7
南 京	Nanjing	101.0	102.2	100.8	120.5	99.9	103.9	101.4	103.0
杭 州	Hangzhou	100.3	102.2	99.7	110.4	100.0	106.9	100.6	111.6
宁 波	Ningbo	100.5	102.0	100.8	107.0	100.9	105.5	101.0	108.1
合 肥	Hefei	101.6	104.0	99.0	129.6	104.3	106.5	102.1	104.5
福 州	Fuzhou	101.1	101.9	100.1	106.0	100.1	107.0	100.3	110.9
厦 门	Xiamen	100.3	101.0	99.9	103.4	99.8	103.7	101.2	100.9
南 昌	Nanchang	100.3	101.5	100.0	108.9	101.0	100.5	101.2	105.9
济 南	Jinan	100.5	101.4	99.6	117.6	99.6	101.9	101.5	102.4
青 岛	Qingdao	100.6	101.9	98.6	115.9	100.6	102.1	99.6	106.5
郑 州	Zhengzhou	100.5	101.8	100.1	111.7	100.7	107.0	100.9	106.0
武 汉	Wuhan	100.9	102.2	99.9	116.0	101.1	103.4	100.5	107.0
长 沙	Changsha	100.8	101.7	100.6	106.5	101.0	100.6	101.8	109.2
广 州	Guangzhou	100.4	100.4	102.6	99.1	99.7	101.1	100.5	101.6
深 圳	Shenzhen	100.5	100.7	100.6	100.4	100.1	101.5	101.1	103.3
南 宁	Nanning	100.3	100.3	100.1	100.2	99.3	101.3	101.4	102.9
海 口	Haikou	100.3	100.1	100.0	99.5	100.5	100.5	100.4	101.8
重 庆	Chongqing	100.3	101.0	99.6	109.7	99.7	100.9	101.1	105.9
成 都	Chengdu	100.2	100.9	100.5	111.9	99.0	100.4	99.6	101.7
贵 阳	Guiyang	100.3	100.9	100.1	102.2	100.4	101.6	100.4	110.8
昆 明	Kunming	100.3	100.6	100.0	102.7	100.2	100.9	101.3	103.3
拉 萨	Lasa	100.5	100.8	100.0	103.3	100.1	98.5	100.7	103.3
西 安	Xi'an	100.9	102.5	100.2	117.2	101.0	102.4	98.8	106.5
兰 州	Lanzhou	100.3	101.0	100.0	109.1	100.3	100.1	101.3	100.9
西 宁	Xining	100.8	101.8	100.0	111.2	100.1	100.3	99.8	116.0
银 川	Yinchuan	100.2	101.8	100.0	118.0	99.0	100.0	100.9	102.8
乌鲁木齐	Urumqi	100.6	102.5	100.5	111.0	102.1	103.1	98.6	112.3

3-40 续表 continued

(上月=100) (preceding month=100)

地区	City	衣着 Clothing	居住 Residence	生活用品及服务 Household Facilities,Articles and Services	交通和通信 Transportation and Communication	教育文化和娱乐 Education, Culture and Recreation	医疗保健 Health Care and Medical Services	其他用品和服务 Miscellaneous Goods and Services
平均指数	**Average Index**	**99.3**	**100.0**	**100.3**	**100.5**	**100.7**	**100.2**	**100.7**
北京	Beijing	99.4	99.8	100.3	101.0	99.5	100.1	101.5
天津	Tianjin	99.6	100.2	100.2	100.6	101.0	100.3	101.8
石家庄	Shijiazhuang	98.4	100.0	100.2	100.2	101.6	100.2	101.2
太原	Taiyuan	96.6	100.5	100.6	99.9	100.7	100.0	100.0
呼和浩特	Hohhot	100.0	100.0	100.3	100.6	100.0	100.2	100.2
沈阳	Shenyang	100.0	100.0	100.2	100.7	101.5	100.1	100.4
大连	Dalian	99.4	100.0	100.1	100.7	100.5	100.3	100.6
长春	Changchun	99.6	100.0	100.7	99.6	101.5	99.9	100.6
哈尔滨	Harbin	99.7	100.0	100.1	100.9	101.1	100.0	100.6
上海	Shanghai	98.5	100.0	100.1	100.9	101.6	100.0	100.0
南京	Nanjing	100.4	100.3	100.6	101.3	100.5	100.0	101.4
杭州	Hangzhou	98.8	99.3	99.9	99.5	99.7	100.1	100.6
宁波	Ningbo	99.3	100.0	100.8	99.2	100.3	99.8	100.8
合肥	Hefei	99.5	100.1	100.9	101.6	100.9	99.9	102.4
福州	Fuzhou	100.5	101.2	99.8	100.5	101.3	100.7	100.6
厦门	Xiamen	100.1	99.2	100.3	100.5	100.6	100.0	100.9
南昌	Nanchang	96.6	100.1	100.3	100.4	100.7	100.0	99.8
济南	Jinan	99.7	100.2	100.4	100.4	99.4	100.3	100.3
青岛	Qingdao	98.7	100.2	100.6	100.4	100.4	100.0	100.7
郑州	Zhengzhou	100.1	100.2	99.3	99.3	100.3	100.0	100.3
武汉	Wuhan	100.4	100.0	100.9	100.6	99.9	100.1	101.5
长沙	Changsha	100.4	100.1	100.1	100.8	101.0	100.3	100.2
广州	Guangzhou	98.1	100.2	100.5	100.7	101.7	100.5	100.3
深圳	Shenzhen	100.5	100.1	99.8	100.7	100.9	101.5	100.5
南宁	Nanning	99.7	100.6	100.2	100.7	100.0	100.0	101.5
海口	Haikou	99.4	100.3	101.1	100.2	100.7	100.4	101.2
重庆	Chongqing	99.6	100.1	100.3	99.8	100.3	100.1	100.1
成都	Chengdu	98.5	99.3	100.1	100.4	101.0	100.2	101.5
贵阳	Guiyang	98.4	99.7	100.4	100.5	101.6	100.0	100.2
昆明	Kunming	100.3	100.0	100.1	100.8	100.0	100.0	99.9
拉萨	Lasa	100.8	100.0	100.7	100.4	100.0	100.7	100.6
西安	Xi'an	99.6	99.7	101.1	100.5	100.5	100.1	101.2
兰州	Lanzhou	100.0	100.0	100.1	100.1	99.9	100.1	101.2
西宁	Xining	100.2	100.0	100.7	100.7	100.4	100.1	101.0
银川	Yinchuan	94.4	100.5	100.5	100.1	100.7	100.3	99.6
乌鲁木齐	Urumqi	101.1	95.8	101.5	100.9	102.8	100.0	98.0

3-41 36个大中城市居民消费价格分类指数(环比)

Consumer Price Indices by Category for 36 Major Large and Medium-sized Cities (2018年2月)

(上月=100) (preceding month=100)

地区	City	居民消费价格指数 Consumer Price Index	食品烟酒 Food, Tobacco and Liquor	粮食 Grain	鲜菜 Fresh Vegetables	畜肉 Meat	水产品 Aquatic Products	蛋 Eggs	鲜果 Fresh Fruits
平均指数	**Average Index**	**101.3**	**103.3**	**100.0**	**120.7**	**102.1**	**108.7**	**100.5**	**105.0**
北京	Beijing	101.4	103.3	100.9	129.6	101.1	103.8	102.3	104.1
天津	Tianjin	101.2	103.9	99.7	128.5	101.0	110.6	101.0	105.8
石家庄	Shijiazhuang	101.6	103.5	99.8	128.0	100.8	102.9	100.6	108.1
太原	Taiyuan	101.2	103.8	100.2	128.1	101.0	106.3	99.1	107.1
呼和浩特	Hohhot	101.0	102.5	100.0	113.9	101.8	105.1	99.5	108.0
沈阳	Shenyang	101.6	103.4	99.9	118.3	101.2	106.9	100.5	107.5
大连	Dalian	100.8	102.5	99.9	115.8	100.5	107.8	96.2	102.0
长春	Changchun	100.9	102.6	99.2	118.1	102.1	105.6	100.5	105.4
哈尔滨	Harbin	101.1	103.0	99.6	118.9	100.9	104.4	100.8	108.6
上海	Shanghai	100.9	101.8	99.8	115.6	100.7	106.8	99.8	98.8
南京	Nanjing	100.8	102.9	98.6	120.7	100.9	104.9	100.1	108.4
杭州	Hangzhou	102.0	104.3	99.6	131.4	101.6	115.1	100.0	104.0
宁波	Ningbo	101.7	104.8	100.8	124.1	104.6	111.7	102.1	107.8
合肥	Hefei	101.4	103.2	101.3	117.2	102.5	107.2	101.9	104.1
福州	Fuzhou	101.6	104.2	99.7	125.0	100.2	112.9	102.3	106.9
厦门	Xiamen	101.8	103.9	100.4	117.1	102.1	112.5	99.9	108.1
南昌	Nanchang	100.7	102.4	100.0	108.9	102.8	104.3	101.5	105.7
济南	Jinan	101.5	104.4	101.2	138.0	99.9	105.3	103.1	111.6
青岛	Qingdao	101.8	105.0	98.6	131.1	101.7	108.8	100.7	108.7
郑州	Zhengzhou	100.8	101.8	100.0	112.2	101.3	107.1	98.3	105.8
武汉	Wuhan	101.8	104.5	100.0	124.0	105.1	109.0	100.3	104.6
长沙	Changsha	101.2	102.6	100.0	109.3	102.6	105.2	101.1	109.9
广州	Guangzhou	101.7	104.0	100.8	121.5	104.3	108.4	102.0	106.5
深圳	Shenzhen	102.1	105.0	101.1	121.2	107.1	115.2	101.5	105.6
南宁	Nanning	101.5	103.5	100.4	109.2	103.8	105.1	101.0	112.0
海口	Haikou	101.9	104.2	100.9	109.4	105.4	115.8	102.1	106.6
重庆	Chongqing	101.6	103.1	100.3	118.7	102.5	104.6	100.7	110.5
成都	Chengdu	101.2	101.9	98.1	116.5	100.4	105.1	99.6	103.6
贵阳	Guiyang	101.7	103.0	102.5	117.8	102.6	115.9	99.6	103.1
昆明	Kunming	100.8	102.4	100.0	111.6	101.6	106.7	99.6	108.9
拉萨	Lasa	100.1	100.2	100.0	98.6	102.1	105.2	97.6	101.3
西安	Xi'an	100.2	101.8	100.2	116.4	99.8	101.6	97.9	104.7
兰州	Lanzhou	100.4	101.5	100.0	112.3	99.8	100.4	99.2	103.9
西宁	Xining	101.1	103.0	100.3	118.8	102.1	106.0	101.4	106.0
银川	Yinchuan	100.5	101.4	99.7	108.5	100.3	104.9	98.8	108.4
乌鲁木齐	Urumqi	100.7	103.0	99.7	120.2	102.1	105.5	98.0	108.1

3-41 续表 continued

(上月=100) (preceding month=100)

地 区	City	衣着 Clothing	居住 Residence	生活用品及服务 Household Facilities,Articles and Services	交通和通信 Transportation and Communication	教育文化和娱乐 Education, Culture and Recreation	医疗保健 Health Care and Medical Services	其他用品和服务 Miscellaneous Goods and Services
平均指数	**Average Index**	**99.5**	**99.9**	**100.4**	**101.0**	**102.8**	**100.1**	**100.1**
北 京	Beijing	99.7	100.0	100.4	100.8	104.2	100.1	99.3
天 津	Tianjin	99.8	100.0	100.2	99.9	101.3	100.1	99.4
石家庄	Shijiazhuang	101.5	100.0	100.1	100.5	103.3	100.7	98.9
太 原	Taiyuan	98.8	100.1	100.2	100.6	101.2	100.0	99.4
呼和浩特	Hohhot	100.1	100.0	100.5	100.6	100.6	100.0	101.0
沈 阳	Shenyang	99.3	100.0	100.8	102.1	103.1	100.0	99.8
大 连	Dalian	98.9	100.0	100.3	100.5	100.6	100.0	99.7
长 春	Changchun	99.6	100.2	100.4	100.3	100.2	100.1	100.4
哈尔滨	Harbin	100.0	100.0	99.7	99.9	102.6	100.0	98.7
上 海	Shanghai	99.8	99.6	100.3	101.1	103.8	99.8	101.1
南 京	Nanjing	99.4	99.8	100.7	100.4	100.3	99.9	99.7
杭 州	Hangzhou	99.8	99.6	100.5	102.4	104.8	100.2	99.6
宁 波	Ningbo	98.5	99.9	100.6	101.4	102.3	99.9	99.9
合 肥	Hefei	98.9	100.0	100.0	100.5	103.5	100.2	100.2
福 州	Fuzhou	99.7	100.0	101.0	100.6	102.4	100.0	100.2
厦 门	Xiamen	97.3	100.2	100.0	101.8	104.5	100.2	99.7
南 昌	Nanchang	99.9	99.7	100.1	100.0	100.7	100.0	99.8
济 南	Jinan	99.7	100.3	99.5	100.5	101.9	100.0	98.8
青 岛	Qingdao	99.6	100.0	100.4	100.8	101.4	100.2	100.5
郑 州	Zhengzhou	100.0	100.0	100.6	100.4	101.5	100.2	99.0
武 汉	Wuhan	100.1	100.5	101.3	101.4	100.7	100.0	100.5
长 沙	Changsha	100.2	100.0	100.6	101.0	101.4	100.2	100.4
广 州	Guangzhou	99.0	100.1	100.4	100.8	103.0	100.2	101.0
深 圳	Shenzhen	98.7	100.0	102.3	102.1	102.5	100.0	99.8
南 宁	Nanning	100.6	100.4	101.0	101.1	101.2	100.0	102.6
海 口	Haikou	98.6	99.7	100.4	103.0	101.6	100.0	99.6
重 庆	Chongqing	100.1	100.0	100.2	101.8	103.8	100.1	101.2
成 都	Chengdu	100.6	98.4	99.7	100.1	106.4	101.1	101.1
贵 阳	Guiyang	98.7	100.0	99.4	101.6	106.0	100.0	100.0
昆 明	Kunming	100.1	99.6	100.3	101.0	99.7	100.8	99.4
拉 萨	Lasa	100.0	100.2	100.0	99.7	100.0	100.0	99.2
西 安	Xi'an	96.9	98.9	99.3	100.3	101.4	100.0	99.3
兰 州	Lanzhou	100.0	100.0	100.4	99.8	100.0	100.0	99.5
西 宁	Xining	101.4	100.0	100.8	99.8	100.3	100.1	100.1
银 川	Yinchuan	98.5	99.9	100.3	100.5	101.3	100.0	100.0
乌鲁木齐	Urumqi	97.5	100.0	100.4	100.6	100.1	99.9	98.3

3-42 36个大中城市居民消费价格分类指数(环比)
Consumer Price Indices by Category for 36 Major Large and Medium-sized Cities
(2018年3月)

(上月=100) (preceding month=100)

地区	City	居民消费价格指数 Consumer Price Index	食品烟酒 Food, Tobacco and Liquor	粮食 Grain	鲜菜 Fresh Vegetables	畜肉 Meat	水产品 Aquatic Products	蛋 Eggs	鲜果 Fresh Fruits
平均指数	**Average Index**	**98.9**	**97.4**	**100.2**	**84.1**	**95.4**	**96.8**	**93.6**	**97.7**
北京	Beijing	99.3	97.2	100.0	79.2	96.5	99.4	91.8	96.9
天津	Tianjin	99.1	97.0	100.5	82.1	97.1	96.6	86.7	94.7
石家庄	Shijiazhuang	99.1	97.6	99.6	86.7	96.8	100.3	90.3	89.5
太原	Taiyuan	99.9	97.0	100.3	81.7	97.3	97.0	82.4	96.8
呼和浩特	Hohhot	99.3	98.5	100.0	89.1	98.0	101.0	91.8	101.0
沈阳	Shenyang	98.9	97.6	100.4	89.9	92.9	100.8	91.2	98.8
大连	Dalian	99.1	98.0	99.9	88.1	95.4	99.1	94.3	98.7
长春	Changchun	98.9	97.0	100.6	87.0	92.8	99.6	93.9	95.6
哈尔滨	Harbin	99.1	98.0	100.1	91.1	94.8	98.2	95.5	96.3
上海	Shanghai	99.0	98.4	99.7	88.6	98.2	97.3	97.1	97.4
南京	Nanjing	99.3	97.4	101.4	79.9	96.3	97.1	94.2	98.7
杭州	Hangzhou	98.5	97.7	100.9	81.7	97.8	96.2	97.1	98.1
宁波	Ningbo	98.8	97.3	99.2	85.6	93.8	96.1	97.6	95.2
合肥	Hefei	98.3	95.4	99.5	78.4	89.8	96.5	90.6	99.0
福州	Fuzhou	98.4	96.4	100.8	75.4	94.2	98.2	91.0	94.6
厦门	Xiamen	98.2	96.9	99.9	84.6	94.8	93.0	96.8	100.0
南昌	Nanchang	99.0	97.5	100.1	84.7	95.8	96.2	96.6	96.8
济南	Jinan	98.9	96.7	100.8	79.7	92.4	98.9	91.3	97.8
青岛	Qingdao	98.4	95.8	100.7	76.1	93.4	98.7	89.7	100.5
郑州	Zhengzhou	99.3	98.1	97.8	90.0	96.3	98.4	88.8	100.1
武汉	Wuhan	98.5	96.2	100.0	81.2	92.0	94.5	97.2	100.2
长沙	Changsha	99.1	98.0	100.0	91.2	95.8	98.1	97.0	97.0
广州	Guangzhou	98.4	97.2	100.2	86.8	95.4	96.6	89.0	98.9
深圳	Shenzhen	98.7	97.1	102.0	84.6	93.4	92.5	97.7	102.1
南宁	Nanning	99.5	98.0	99.9	89.1	95.1	96.8	98.2	99.5
海口	Haikou	98.7	97.0	99.8	89.3	97.6	91.3	98.9	97.0
重庆	Chongqing	98.4	96.9	99.7	86.0	91.9	97.9	97.7	96.6
成都	Chengdu	98.4	96.8	100.6	80.1	94.3	97.1	97.4	102.5
贵阳	Guiyang	98.6	97.0	99.8	83.4	94.7	92.4	97.0	99.4
昆明	Kunming	99.1	97.6	99.9	87.7	95.8	97.8	96.7	97.1
拉萨	Lasa	100.0	99.8	100.0	99.1	100.3	102.0	100.5	95.7
西安	Xi'an	99.4	96.8	99.9	75.6	95.9	98.1	88.0	95.5
兰州	Lanzhou	99.9	99.2	100.0	92.4	99.2	101.3	94.4	100.2
西宁	Xining	98.9	97.3	101.5	82.6	98.8	100.0	92.9	93.5
银川	Yinchuan	99.5	97.6	100.2	82.8	98.1	97.8	98.0	98.0
乌鲁木齐	Urumqi	98.6	96.6	100.0	78.3	98.5	97.0	95.4	91.1

3-42 续表 continued

(上月=100) (preceding month=100)

地 区	City	衣着 Clothing	居住 Residence	生活用品及服务 Household Facilities,Articles and Services	交通和通信 Transportation and Communication	教育文化和娱乐 Education, Culture and Recreation	医疗保健 Health Care and Medical Services	其他用品和服务 Miscellaneous Goods and Services
平均指数	**Average Index**	**100.7**	**100.5**	**99.6**	**98.2**	**97.3**	**100.2**	**99.9**
北 京	Beijing	101.0	101.9	99.8	96.2	98.2	100.2	100.9
天 津	Tianjin	100.4	100.3	99.5	99.4	98.5	100.2	100.0
石家庄	Shijiazhuang	103.9	100.4	100.5	99.2	94.8	100.2	99.7
太 原	Taiyuan	107.1	101.1	100.2	99.5	98.8	100.0	100.5
呼和浩特	Hohhot	100.1	100.4	100.0	98.3	99.6	100.0	98.7
沈 阳	Shenyang	100.0	102.4	98.5	98.1	95.8	100.0	99.9
大 连	Dalian	100.3	100.3	99.9	99.1	98.1	100.1	99.1
长 春	Changchun	99.5	100.2	100.4	99.0	99.1	100.4	99.5
哈尔滨	Harbin	101.3	100.2	99.3	99.4	97.4	100.1	100.1
上 海	Shanghai	100.0	100.3	99.5	98.6	95.4	99.9	100.2
南 京	Nanjing	101.7	100.5	99.1	98.9	100.1	100.0	98.0
杭 州	Hangzhou	100.1	100.1	100.4	97.4	95.7	99.9	100.4
宁 波	Ningbo	100.6	100.0	99.2	98.0	98.6	100.5	100.3
合 肥	Hefei	104.1	100.0	99.3	98.3	97.7	100.1	98.4
福 州	Fuzhou	99.0	100.3	98.9	98.9	97.7	100.0	99.6
厦 门	Xiamen	100.1	100.3	99.9	97.5	94.6	100.1	100.1
南 昌	Nanchang	100.7	99.7	100.2	99.3	99.0	100.0	100.0
济 南	Jinan	100.6	100.3	100.1	99.0	96.9	103.0	100.9
青 岛	Qingdao	100.6	100.1	99.5	98.0	98.8	100.4	99.3
郑 州	Zhengzhou	100.0	99.9	100.0	99.2	98.2	101.3	100.4
武 汉	Wuhan	99.7	100.1	99.0	98.1	99.4	100.0	99.0
长 沙	Changsha	100.6	100.2	99.4	98.5	99.1	100.0	100.4
广 州	Guangzhou	100.6	99.8	99.3	98.4	95.9	100.2	99.0
深 圳	Shenzhen	102.1	101.1	98.8	97.2	96.8	100.0	99.9
南 宁	Nanning	101.3	101.6	100.1	97.3	100.2	100.0	97.7
海 口	Haikou	102.4	99.5	99.5	99.4	98.1	100.7	99.3
重 庆	Chongqing	100.3	100.1	100.0	97.7	96.7	100.1	98.5
成 都	Chengdu	99.1	100.3	100.2	99.2	94.7	100.7	101.3
贵 阳	Guiyang	101.1	100.1	100.0	98.8	96.3	100.0	100.2
昆 明	Kunming	100.1	100.0	99.5	98.4	100.1	100.8	100.2
拉 萨	Lasa	100.0	100.0	100.0	100.0	100.0	100.0	100.6
西 安	Xi'an	105.3	100.9	100.8	99.2	98.6	100.0	99.4
兰 州	Lanzhou	99.9	100.0	100.3	99.8	100.0	101.8	100.5
西 宁	Xining	100.4	99.7	99.8	98.0	99.0	100.8	99.3
银 川	Yinchuan	102.6	101.0	99.7	99.3	99.4	100.2	100.1
乌鲁木齐	Urumqi	99.3	100.6	100.2	97.6	99.8	100.0	100.2

3-43 36个大中城市居民消费价格分类指数(环比)
Consumer Price Indices by Category for 36 Major Large and Medium-sized Cities
(2018年4月)

(上月=100) (preceding month=100)

地区	City	居民消费价格指数 Consumer Price Index	食品烟酒 Food, Tobacco and Liquor	粮食 Grain	鲜菜 Fresh Vegetables	畜肉 Meat	水产品 Aquatic Products	蛋 Eggs	鲜果 Fresh Fruits
平均指数	**Average Index**	**99.9**	**99.0**	**100.0**	**94.0**	**97.1**	**98.5**	**97.4**	**98.9**
北　　京	Beijing	100.5	99.1	99.2	90.6	97.7	99.1	97.5	101.3
天　　津	Tianjin	99.8	98.5	99.2	91.6	96.4	96.2	98.5	98.3
石 家 庄	Shijiazhuang	99.5	98.5	100.1	88.7	97.6	96.7	98.9	98.1
太　　原	Taiyuan	99.4	98.3	99.7	91.0	94.1	100.4	96.7	102.3
呼和浩特	Hohhot	99.6	98.0	100.0	90.8	97.2	99.0	91.4	95.7
沈　　阳	Shenyang	99.6	98.1	100.2	89.0	97.5	102.0	98.8	94.0
大　　连	Dalian	99.7	98.4	99.8	87.8	97.9	98.0	101.4	98.7
长　　春	Changchun	99.9	99.3	99.5	89.7	95.9	97.7	96.4	109.2
哈 尔 滨	Harbin	99.1	97.5	99.4	87.7	94.8	99.9	91.6	94.7
上　　海	Shanghai	100.0	99.5	100.2	95.6	98.2	98.4	98.2	99.6
南　　京	Nanjing	100.0	98.9	100.0	95.8	96.4	99.3	96.9	98.8
杭　　州	Hangzhou	99.9	98.3	100.4	94.1	96.0	97.5	98.4	95.4
宁　　波	Ningbo	100.0	99.2	99.7	97.7	96.7	97.8	98.7	98.5
合　　肥	Hefei	99.5	98.3	100.0	95.1	94.2	97.5	96.9	94.9
福　　州	Fuzhou	99.5	97.8	100.0	95.9	94.7	94.4	89.5	94.8
厦　　门	Xiamen	100.2	98.8	101.1	95.5	96.2	97.5	94.8	99.5
南　　昌	Nanchang	100.5	100.8	100.3	107.0	97.0	98.6	97.6	99.9
济　　南	Jinan	100.0	99.5	99.8	93.5	97.4	99.2	99.5	103.9
青　　岛	Qingdao	100.1	99.2	101.8	90.3	95.0	103.9	99.1	100.3
郑　　州	Zhengzhou	99.9	99.1	99.9	94.5	97.8	99.0	97.8	99.1
武　　汉	Wuhan	99.7	98.6	100.0	91.8	97.4	98.2	97.1	100.6
长　　沙	Changsha	99.7	98.6	100.0	93.5	96.6	98.9	96.6	98.4
广　　州	Guangzhou	99.7	99.0	100.1	93.7	99.4	98.8	93.3	95.8
深　　圳	Shenzhen	100.1	99.5	102.5	95.1	98.0	98.3	97.9	100.4
南　　宁	Nanning	100.2	99.6	100.0	99.7	96.7	99.9	98.3	102.7
海　　口	Haikou	99.4	97.9	100.1	89.6	97.2	96.3	98.3	98.3
重　　庆	Chongqing	99.8	98.7	99.4	97.0	94.7	99.0	97.0	97.9
成　　都	Chengdu	100.3	99.6	100.5	99.9	96.2	99.5	99.3	101.6
贵　　阳	Guiyang	99.8	98.7	99.9	94.6	97.5	97.0	95.6	98.2
昆　　明	Kunming	100.0	98.5	100.1	95.8	96.1	98.1	95.7	96.9
拉　　萨	Lasa	100.1	99.9	100.0	100.5	98.6	100.6	100.1	98.4
西　　安	Xi'an	100.4	99.1	99.0	97.3	97.9	100.5	96.1	95.5
兰　　州	Lanzhou	99.7	99.0	99.9	93.5	98.2	101.1	93.6	98.9
西　　宁	Xining	100.0	98.9	98.9	98.1	97.8	98.5	97.0	95.7
银　　川	Yinchuan	100.1	99.2	99.8	93.6	98.7	100.4	98.4	96.5
乌鲁木齐	Urumqi	100.0	99.5	100.1	92.8	98.3	99.0	99.8	103.3

3-43 续表 continued

(上月=100) (preceding month=100)

地　区	City	衣着 Clothing	居住 Residence	生活用品及服务 Household Facilities,Articles and Services	交通和通信 Transportation and Communication	教育文化和娱乐 Education, Culture and Recreation	医疗保健 Health Care and Medical Services	其他用品和服务 Miscellaneous Goods and Services
平均指数	**Average Index**	**100.4**	**100.1**	**100.1**	**100.8**	**100.4**	**100.2**	**100.7**
北　京	Beijing	100.8	100.5	100.0	102.3	102.2	100.0	100.9
天　津	Tianjin	100.5	100.2	100.1	100.5	99.7	100.3	100.8
石家庄	Shijiazhuang	97.3	100.2	100.2	100.0	100.3	100.7	100.4
太　原	Taiyuan	97.7	100.1	99.8	100.4	100.4	100.0	100.8
呼和浩特	Hohhot	100.4	100.0	100.0	101.1	100.1	100.0	100.1
沈　阳	Shenyang	99.8	100.1	99.4	100.5	100.6	100.3	100.5
大　连	Dalian	100.0	100.3	100.0	99.9	100.9	100.2	100.5
长　春	Changchun	101.8	100.2	101.2	100.3	98.9	99.1	100.1
哈尔滨	Harbin	97.7	100.1	100.4	100.0	100.4	100.2	99.8
上　海	Shanghai	100.7	99.8	100.2	101.0	99.6	100.0	100.7
南　京	Nanjing	101.2	99.8	100.1	100.3	100.5	100.2	103.2
杭　州	Hangzhou	100.5	100.4	100.2	101.4	100.5	100.2	100.3
宁　波	Ningbo	100.1	100.3	100.1	101.4	99.2	100.4	100.0
合　肥	Hefei	99.0	99.8	100.4	100.5	99.8	100.1	101.9
福　州	Fuzhou	100.2	100.0	99.8	100.5	100.4	100.0	100.2
厦　门	Xiamen	101.8	100.4	100.8	100.8	100.6	101.4	99.9
南　昌	Nanchang	102.0	100.0	99.8	100.5	100.7	100.0	99.7
济　南	Jinan	101.0	100.2	100.2	100.9	99.5	99.8	100.1
青　岛	Qingdao	101.2	100.0	100.3	101.1	100.5	100.2	100.2
郑　州	Zhengzhou	100.2	100.0	100.5	100.8	100.2	100.3	100.4
武　汉	Wuhan	100.4	100.1	99.9	100.8	100.0	100.0	100.0
长　沙	Changsha	100.5	100.1	100.0	100.4	100.1	100.4	100.1
广　州	Guangzhou	101.8	99.4	100.0	100.0	100.0	100.4	100.6
深　圳	Shenzhen	99.7	100.3	100.1	100.9	99.9	100.4	101.9
南　宁	Nanning	99.7	99.9	100.1	100.8	101.8	99.8	100.7
海　口	Haikou	100.8	100.4	99.9	100.0	99.8	100.0	99.8
重　庆	Chongqing	100.2	99.8	100.3	99.7	101.2	100.1	101.7
成　都	Chengdu	100.2	101.0	100.1	100.6	100.4	100.6	99.3
贵　阳	Guiyang	99.8	100.0	100.6	101.2	100.0	100.0	100.3
昆　明	Kunming	102.0	100.0	101.3	100.7	100.9	100.2	100.3
拉　萨	Lasa	100.0	100.0	100.0	100.7	100.0	100.2	99.8
西　安	Xi'an	102.1	100.4	100.6	100.4	101.1	100.5	103.2
兰　州	Lanzhou	99.7	99.7	100.5	100.3	100.0	100.1	99.8
西　宁	Xining	98.9	100.0	99.3	100.9	103.1	100.0	99.7
银　川	Yinchuan	101.4	100.5	100.7	100.9	99.8	100.1	100.5
乌鲁木齐	Urumqi	100.3	100.0	99.9	100.8	100.1	100.0	100.4

3-44 36个大中城市居民消费价格分类指数(环比)

Consumer Price Indices by Category for 36 Major Large and Medium-sized Cities

(2018年5月)

(上月=100) (preceding month=100)

地区	City	居民消费价格指数 Consumer Price Index	食品烟酒 Food, Tobacco and Liquor	粮食 Grain	鲜菜 Fresh Vegetables	畜肉 Meat	水产品 Aquatic Products	蛋 Eggs	鲜果 Fresh Fruits
平均指数	**Average Index**	**99.8**	**99.3**	**99.7**	**95.7**	**98.5**	**98.8**	**101.2**	**97.6**
北京	Beijing	99.8	100.0	99.3	90.9	98.7	99.8	101.6	108.7
天津	Tianjin	100.2	99.8	100.2	94.2	99.4	103.1	102.4	96.5
石家庄	Shijiazhuang	99.6	98.0	99.9	87.3	97.1	99.9	101.4	92.4
太原	Taiyuan	99.8	100.1	99.5	100.7	95.9	98.3	103.4	102.4
呼和浩特	Hohhot	99.7	98.5	100.0	92.9	98.1	99.2	101.2	93.1
沈阳	Shenyang	99.3	98.5	99.9	87.5	100.3	100.5	100.5	94.2
大连	Dalian	99.7	99.4	100.4	86.7	99.5	99.3	100.7	105.5
长春	Changchun	99.9	99.2	101.5	88.2	99.7	103.1	101.8	91.8
哈尔滨	Harbin	99.4	98.5	101.1	90.2	98.4	99.3	102.2	92.6
上海	Shanghai	99.8	99.3	100.4	96.7	99.5	99.4	100.3	95.7
南京	Nanjing	99.9	99.3	99.5	103.5	99.0	97.2	101.0	88.5
杭州	Hangzhou	99.6	99.1	100.5	94.9	98.5	93.8	100.9	99.6
宁波	Ningbo	99.4	97.9	98.8	96.6	97.9	95.2	100.7	84.4
合肥	Hefei	100.1	99.6	100.4	91.8	97.6	95.2	102.2	114.9
福州	Fuzhou	99.7	99.4	99.6	103.8	98.9	95.2	101.5	92.7
厦门	Xiamen	100.4	100.2	99.5	109.8	97.4	100.2	103.5	98.2
南昌	Nanchang	100.5	100.4	100.3	94.5	98.7	98.3	102.0	115.3
济南	Jinan	99.8	98.4	98.5	91.5	99.4	100.3	101.2	86.7
青岛	Qingdao	99.3	97.8	96.5	94.2	97.2	97.4	100.6	88.4
郑州	Zhengzhou	99.7	98.6	99.9	92.6	97.9	97.6	100.9	91.5
武汉	Wuhan	99.9	99.3	100.0	96.2	98.6	99.1	99.2	97.6
长沙	Changsha	100.0	99.4	100.0	98.6	98.7	100.8	100.1	95.3
广州	Guangzhou	99.9	99.5	99.5	97.2	99.1	98.5	102.2	98.5
深圳	Shenzhen	99.9	99.5	98.5	100.8	98.8	99.9	100.1	94.6
南宁	Nanning	99.5	99.1	100.0	98.1	96.3	99.5	98.8	97.4
海口	Haikou	99.8	99.9	99.9	100.5	97.9	101.3	100.2	100.3
重庆	Chongqing	99.7	99.2	99.4	94.0	95.9	99.9	101.7	106.6
成都	Chengdu	99.9	99.8	99.6	103.7	98.6	99.0	100.4	94.6
贵阳	Guiyang	100.0	98.9	100.2	99.5	97.1	98.1	102.0	90.5
昆明	Kunming	100.2	99.6	101.7	99.2	97.2	99.3	99.4	99.0
拉萨	Lasa	100.0	99.2	100.0	96.1	98.8	94.5	100.0	99.4
西安	Xi'an	99.9	99.4	99.8	94.8	98.8	100.2	106.7	96.5
兰州	Lanzhou	99.8	99.5	99.7	94.9	97.6	99.5	102.5	99.6
西宁	Xining	100.4	99.0	98.8	94.6	97.4	99.4	105.5	98.8
银川	Yinchuan	99.8	99.5	100.0	93.3	100.4	99.9	101.9	93.5
乌鲁木齐	Urumqi	99.7	99.5	99.9	91.4	99.6	97.4	102.0	103.1

3-44 续表 continued

(上月=100) (preceding month=100)

地　区	City	衣着 Clothing	居住 Residence	生活用品及服务 Household Facilities,Articles and Services	交通和通信 Transportation and Communication	教育文化和娱乐 Education, Culture and Recreation	医疗保健 Health Care and Medical Services	其他用品和服务 Miscellaneous Goods and Services
平均指数	**Average Index**	**100.0**	**100.1**	**100.1**	**100.2**	**99.5**	**100.1**	**99.7**
北　京	Beijing	99.5	99.9	100.0	99.8	99.2	100.1	99.7
天　津	Tianjin	100.6	100.4	100.4	100.6	99.9	100.2	99.1
石家庄	Shijiazhuang	101.2	100.2	100.1	100.3	99.6	100.0	100.4
太　原	Taiyuan	99.3	99.9	99.9	99.4	99.5	100.0	100.0
呼和浩特	Hohhot	100.0	100.4	100.0	100.6	100.0	100.1	99.9
沈　阳	Shenyang	100.1	99.6	99.8	99.9	98.3	100.3	99.8
大　连	Dalian	99.6	100.3	99.6	99.3	100.2	100.1	99.4
长　春	Changchun	99.7	100.0	101.2	100.9	99.5	100.3	100.6
哈尔滨	Harbin	98.4	100.1	99.8	100.1	99.9	100.0	100.0
上　海	Shanghai	99.7	100.2	100.2	100.1	98.9	100.2	99.7
南　京	Nanjing	99.1	100.6	100.9	100.1	99.9	100.1	99.7
杭　州	Hangzhou	99.6	100.0	99.8	100.1	98.7	100.4	100.3
宁　波	Ningbo	99.2	100.1	100.4	100.1	100.2	99.7	100.2
合　肥	Hefei	100.6	100.4	100.5	100.4	100.2	100.0	99.9
福　州	Fuzhou	101.1	100.0	99.9	100.2	97.7	100.0	100.1
厦　门	Xiamen	102.8	100.1	100.0	100.1	100.6	100.4	99.7
南　昌	Nanchang	100.8	100.4	99.6	100.8	100.8	100.0	100.5
济　南	Jinan	100.6	100.0	100.4	100.5	100.5	100.3	99.9
青　岛	Qingdao	99.2	100.1	100.0	100.5	99.6	100.1	100.0
郑　州	Zhengzhou	100.1	100.0	100.3	100.4	99.8	100.0	100.6
武　汉	Wuhan	100.5	100.0	100.1	100.5	99.9	100.0	99.9
长　沙	Changsha	100.3	100.0	100.0	100.6	100.4	100.0	99.9
广　州	Guangzhou	102.6	99.7	99.3	100.3	99.6	100.0	99.3
深　圳	Shenzhen	100.9	99.9	100.0	100.2	99.7	100.4	100.2
南　宁	Nanning	99.7	100.0	99.4	100.6	98.6	100.0	99.1
海　口	Haikou	100.0	100.2	98.9	99.5	99.5	100.1	99.9
重　庆	Chongqing	99.6	100.1	100.1	100.5	99.5	100.2	98.9
成　都	Chengdu	100.0	100.0	100.6	100.6	99.0	100.1	99.4
贵　阳	Guiyang	100.7	100.7	100.6	101.3	99.5	100.0	99.9
昆　明	Kunming	101.3	100.0	100.6	101.0	100.1	100.0	100.6
拉　萨	Lasa	100.3	100.0	100.0	100.6	101.0	100.1	102.3
西　安	Xi'an	98.8	101.0	100.2	100.1	99.5	100.4	99.1
兰　州	Lanzhou	99.2	100.0	100.0	100.0	99.9	100.0	100.5
西　宁	Xining	100.9	102.1	99.6	100.5	101.1	100.1	100.8
银　川	Yinchuan	100.0	100.0	100.3	100.8	99.1	99.9	99.7
乌鲁木齐	Urumqi	99.7	100.0	101.5	99.0	99.6	100.2	99.7

3-45 36个大中城市居民消费价格分类指数(环比)

Consumer Price Indices by Category for 36 Major Large and Medium-sized Cities

(2018年6月)

(上月=100) (preceding month=100)

地　区	City	居民消费价格指数 Consumer Price Index	食品烟酒 Food, Tobacco and Liquor	粮食 Grain	鲜菜 Fresh Vegetables	畜肉 Meat	水产品 Aquatic Products	蛋 Eggs	鲜果 Fresh Fruits
平均指数	**Average Index**	**99.9**	**99.4**	**99.9**	**99.4**	**100.2**	**99.0**	**100.1**	**91.4**
北　京	Beijing	99.5	98.4	100.4	92.4	100.4	100.1	98.6	85.4
天　津	Tianjin	100.0	99.4	99.6	95.7	101.1	101.9	99.5	93.5
石家庄	Shijiazhuang	99.6	99.0	100.1	93.2	100.5	98.1	100.4	90.4
太　原	Taiyuan	99.3	98.1	100.0	95.0	101.0	97.6	97.8	82.2
呼和浩特	Hohhot	99.8	99.0	100.0	94.5	100.0	99.9	101.8	91.6
沈　阳	Shenyang	99.7	98.7	99.9	92.0	101.4	101.1	99.0	90.7
大　连	Dalian	100.1	99.7	100.0	92.4	103.5	99.8	99.3	97.1
长　春	Changchun	99.6	97.8	100.0	91.6	102.6	99.8	100.2	77.7
哈尔滨	Harbin	99.6	98.9	99.1	91.8	102.2	99.6	98.5	90.3
上　海	Shanghai	99.9	99.0	99.1	102.8	100.0	97.1	100.4	88.5
南　京	Nanjing	99.8	99.4	100.7	96.7	100.6	96.6	99.9	95.2
杭　州	Hangzhou	100.0	99.6	99.0	105.2	99.9	98.5	100.6	86.9
宁　波	Ningbo	100.5	99.8	100.1	103.6	99.9	97.6	99.8	93.6
合　肥	Hefei	99.6	98.7	99.7	96.5	101.3	96.8	99.8	88.6
福　州	Fuzhou	100.9	100.5	100.7	105.7	100.6	98.1	101.3	99.5
厦　门	Xiamen	99.8	99.9	101.2	102.7	101.4	96.8	98.9	95.3
南　昌	Nanchang	100.1	100.4	99.7	100.7	100.2	100.0	101.8	102.0
济　南	Jinan	99.9	99.0	101.4	96.0	101.9	98.6	99.5	87.2
青　岛	Qingdao	100.4	100.6	100.2	107.5	103.7	99.8	101.1	92.8
郑　州	Zhengzhou	99.9	99.5	100.0	97.6	98.8	97.2	99.1	91.1
武　汉	Wuhan	99.9	99.1	100.0	96.6	99.9	98.6	99.1	93.3
长　沙	Changsha	99.8	98.8	100.0	97.7	97.2	100.2	100.5	92.3
广　州	Guangzhou	100.1	100.2	98.9	102.9	99.0	100.4	100.0	103.7
深　圳	Shenzhen	100.1	99.4	100.0	106.0	99.1	99.6	100.0	96.3
南　宁	Nanning	99.7	99.2	99.9	101.0	98.2	98.9	101.2	92.5
海　口	Haikou	100.4	101.0	100.3	108.0	98.6	101.1	103.1	94.8
重　庆	Chongqing	100.4	100.1	100.0	98.5	100.2	99.1	102.9	94.8
成　都	Chengdu	100.0	100.0	100.2	102.4	99.1	99.5	100.5	94.6
贵　阳	Guiyang	100.1	100.2	99.3	102.2	99.3	100.5	102.5	102.6
昆　明	Kunming	100.0	99.6	100.2	99.7	99.7	98.5	100.9	94.0
拉　萨	Lasa	99.8	99.4	100.0	95.1	100.1	99.1	100.0	99.1
西　安	Xi'an	99.9	99.6	100.4	101.5	100.6	99.9	97.1	90.2
兰　州	Lanzhou	100.1	100.2	100.0	94.7	100.3	100.7	103.2	104.9
西　宁	Xining	99.7	98.5	102.0	85.9	101.7	101.0	98.8	84.3
银　川	Yinchuan	99.8	99.1	99.9	93.8	100.2	99.6	98.8	93.5
乌鲁木齐	Urumqi	99.2	97.4	100.0	93.3	99.6	102.7	99.9	71.0

3-45 续表 continued

(上月=100) (preceding month=100)

地区	City	衣着 Clothing	居住 Residence	生活用品及服务 Household Facilities,Articles and Services	交通和通信 Transportation and Communication	教育文化和娱乐 Education, Culture and Recreation	医疗保健 Health Care and Medical Services	其他用品和服务 Miscellaneous Goods and Services
平均指数	**Average Index**	**99.4**	**100.2**	**100.1**	**100.3**	**100.3**	**100.3**	**100.0**
北京	Beijing	99.3	100.3	99.8	99.4	99.8	100.2	99.8
天津	Tianjin	99.8	100.2	100.1	100.3	100.8	100.1	100.4
石家庄	Shijiazhuang	98.3	100.5	99.9	100.5	98.8	100.3	100.0
太原	Taiyuan	97.7	100.0	100.0	100.0	100.0	100.0	99.6
呼和浩特	Hohhot	100.0	100.0	100.0	100.4	100.1	100.2	100.6
沈阳	Shenyang	99.8	100.0	100.4	100.1	100.6	100.1	100.1
大连	Dalian	99.8	100.2	99.8	100.4	100.4	100.3	100.4
长春	Changchun	101.9	100.0	100.1	99.9	100.4	100.3	100.5
哈尔滨	Harbin	98.8	100.0	100.0	100.2	100.5	100.0	99.6
上海	Shanghai	98.9	100.0	100.1	100.5	101.5	100.1	99.9
南京	Nanjing	98.5	100.3	100.3	100.1	99.8	99.9	99.8
杭州	Hangzhou	99.7	100.5	100.0	100.2	100.0	100.1	100.1
宁波	Ningbo	100.0	100.2	100.8	100.4	100.2	104.7	100.1
合肥	Hefei	99.9	100.0	99.9	100.3	99.3	100.2	99.9
福州	Fuzhou	100.5	101.0	100.0	101.2	102.6	100.0	99.5
厦门	Xiamen	98.1	100.0	100.3	100.2	99.9	100.0	99.7
南昌	Nanchang	98.6	100.2	99.9	100.5	99.9	100.0	99.8
济南	Jinan	100.1	100.7	100.7	100.3	99.6	100.6	100.1
青岛	Qingdao	100.3	99.9	100.5	100.2	101.0	100.0	101.3
郑州	Zhengzhou	100.0	100.0	100.0	100.1	100.0	100.0	99.7
武汉	Wuhan	100.2	100.5	100.0	100.4	100.0	100.0	99.9
长沙	Changsha	100.1	100.0	100.0	100.2	99.9	100.7	100.1
广州	Guangzhou	98.8	100.1	100.5	99.5	100.8	100.1	99.1
深圳	Shenzhen	99.5	100.9	100.1	100.2	100.1	100.2	100.5
南宁	Nanning	99.5	100.0	99.6	100.3	99.4	100.1	100.0
海口	Haikou	99.9	100.3	100.0	99.8	99.6	100.1	100.9
重庆	Chongqing	99.9	101.0	99.7	101.3	100.4	100.1	100.2
成都	Chengdu	99.0	99.9	99.7	101.1	100.0	99.9	100.0
贵阳	Guiyang	100.4	99.9	100.6	100.2	99.4	100.0	99.7
昆明	Kunming	100.2	100.0	100.1	100.6	100.0	100.4	100.0
拉萨	Lasa	100.0	100.0	100.0	99.7	100.0	100.0	100.7
西安	Xi'an	97.1	100.3	101.3	99.5	100.7	100.5	98.4
兰州	Lanzhou	99.7	100.0	100.0	100.4	100.0	100.4	101.3
西宁	Xining	98.8	100.0	100.3	101.9	100.2	100.0	99.7
银川	Yinchuan	99.6	100.4	100.2	100.0	100.5	100.0	100.1
乌鲁木齐	Urumqi	98.1	99.8	100.0	102.3	99.4	100.0	101.1

3-46 36个大中城市居民消费价格分类指数(环比)
Consumer Price Indices by Category for 36 Major Large and Medium-sized Cities
(2018年7月)

(上月=100) (preceding month=100)

地 区	City	居民消费价格指数 Consumer Price Index	食品烟酒 Food, Tobacco and Liquor	粮食 Grain	鲜菜 Fresh Vegetables	畜肉 Meat	水产品 Aquatic Products	蛋 Eggs	鲜果 Fresh Fruits
平均指数	**Average Index**	**100.5**	**100.1**	**99.9**	**102.1**	**100.9**	**99.5**	**100.4**	**96.2**
北 京	Beijing	100.8	100.3	100.5	108.1	101.2	98.9	100.0	94.9
天 津	Tianjin	100.4	101.0	100.0	105.9	100.8	99.2	101.0	105.7
石家庄	Shijiazhuang	100.7	101.2	100.7	106.4	101.0	100.5	99.8	110.6
太 原	Taiyuan	99.9	99.7	101.0	98.1	100.4	101.2	96.2	96.1
呼和浩特	Hohhot	99.8	99.0	100.0	92.9	100.6	99.6	99.6	94.5
沈 阳	Shenyang	100.1	99.7	100.4	102.8	100.6	99.7	98.5	95.4
大 连	Dalian	100.5	99.7	100.0	104.5	101.2	100.3	98.5	91.4
长 春	Changchun	99.9	99.4	100.0	98.0	102.1	100.0	98.6	90.9
哈尔滨	Harbin	100.5	99.7	100.2	97.2	101.9	98.4	98.2	97.6
上 海	Shanghai	100.2	99.2	99.6	99.4	100.3	96.4	101.1	93.5
南 京	Nanjing	101.0	101.7	100.6	105.8	101.8	105.2	102.5	102.3
杭 州	Hangzhou	100.3	100.2	100.0	99.8	100.6	104.2	101.8	95.4
宁 波	Ningbo	100.6	100.3	100.0	99.4	100.4	102.2	101.8	96.9
合 肥	Hefei	100.6	101.3	99.3	108.0	104.2	100.1	100.7	96.2
福 州	Fuzhou	100.4	100.0	99.1	101.9	100.9	99.2	100.1	97.6
厦 门	Xiamen	100.2	99.9	98.4	102.3	101.2	99.0	99.0	96.0
南 昌	Nanchang	100.1	99.6	100.1	101.6	100.4	101.4	100.6	88.4
济 南	Jinan	100.0	100.1	98.8	104.8	101.9	96.9	101.1	92.3
青 岛	Qingdao	100.3	99.7	99.7	103.7	102.2	98.6	100.9	86.9
郑 州	Zhengzhou	99.5	100.4	100.0	104.9	101.2	96.5	101.9	95.4
武 汉	Wuhan	100.3	100.3	100.0	104.2	100.1	98.5	100.1	97.9
长 沙	Changsha	100.6	100.2	100.0	103.2	99.0	98.2	101.3	99.1
广 州	Guangzhou	100.8	100.3	101.7	99.0	100.0	98.8	102.1	99.0
深 圳	Shenzhen	100.6	100.4	100.0	101.1	100.0	100.2	100.4	99.3
南 宁	Nanning	100.1	100.2	100.0	102.7	100.8	99.6	100.7	96.1
海 口	Haikou	100.0	99.2	99.5	101.0	98.8	95.1	98.4	99.8
重 庆	Chongqing	100.7	100.3	98.4	101.6	103.3	100.3	99.6	97.1
成 都	Chengdu	100.8	100.7	98.7	106.6	101.7	100.6	100.3	98.1
贵 阳	Guiyang	100.5	99.6	100.1	98.7	99.4	99.4	100.2	94.3
昆 明	Kunming	100.5	99.9	100.1	99.3	99.9	98.8	100.7	99.7
拉 萨	Lasa	100.0	99.8	100.0	98.9	100.1	100.9	100.0	98.1
西 安	Xi'an	100.5	100.5	99.0	104.5	102.2	100.8	100.2	96.7
兰 州	Lanzhou	99.9	99.4	99.9	95.1	100.8	99.2	98.0	96.0
西 宁	Xining	100.0	99.1	100.7	92.5	100.3	99.7	97.5	89.2
银 川	Yinchuan	100.4	99.9	100.2	99.7	100.5	99.5	98.1	95.8
乌鲁木齐	Urumqi	99.5	98.4	100.0	89.3	100.9	99.9	97.5	82.9

3-46 续表 continued

(上月=100) (preceding month=100)

地　区	City	衣着 Clothing	居住 Residence	生活用品及服务 Household Facilities,Articles and Services	交通和通信 Transportation and Communication	教育文化和娱乐 Education, Culture and Recreation	医疗保健 Health Care and Medical Services	其他用品和服务 Miscellaneous Goods and Services
平均指数	**Average Index**	**99.8**	**100.2**	**100.2**	**100.6**	**102.3**	**100.2**	**100.5**
北　京	Beijing	100.5	100.3	100.5	101.8	102.7	100.5	100.7
天　津	Tianjin	100.1	100.1	100.2	100.3	100.4	100.1	100.1
石家庄	Shijiazhuang	98.7	99.7	99.8	100.0	106.0	100.1	99.6
太　原	Taiyuan	97.4	100.0	100.0	101.8	100.1	100.0	100.1
呼和浩特	Hohhot	100.0	100.0	100.0	100.2	100.1	100.0	100.5
沈　阳	Shenyang	99.7	100.1	99.7	100.6	101.1	100.0	100.9
大　连	Dalian	99.8	100.1	100.1	100.9	103.5	100.1	102.6
长　春	Changchun	99.6	100.0	101.0	98.7	101.8	100.5	100.1
哈尔滨	Harbin	99.7	100.0	99.8	101.7	103.5	100.4	99.9
上　海	Shanghai	99.9	100.2	100.6	100.8	102.2	100.1	100.8
南　京	Nanjing	99.0	100.7	100.1	100.8	102.3	100.9	99.7
杭　州	Hangzhou	99.8	99.9	99.2	100.3	102.4	100.0	100.6
宁　波	Ningbo	101.4	100.0	99.6	100.7	102.4	100.6	100.2
合　肥	Hefei	97.8	100.2	100.4	100.0	101.8	102.3	99.5
福　州	Fuzhou	100.8	100.0	100.7	100.4	101.8	100.3	100.3
厦　门	Xiamen	99.9	100.0	99.8	100.5	101.5	100.0	100.2
南　昌	Nanchang	99.8	100.5	100.3	100.4	100.5	100.4	100.3
济　南	Jinan	99.9	100.0	100.0	99.8	100.1	100.1	99.9
青　岛	Qingdao	99.6	100.1	100.9	99.8	102.9	100.1	102.2
郑　州	Zhengzhou	100.0	98.9	99.9	95.6	100.9	100.0	100.1
武　汉	Wuhan	100.0	100.3	100.0	100.3	100.4	100.0	100.2
长　沙	Changsha	100.1	100.7	100.5	100.3	102.2	100.2	100.3
广　州	Guangzhou	99.3	100.4	100.5	101.2	104.1	100.1	100.6
深　圳	Shenzhen	99.4	101.0	100.1	100.5	102.0	100.2	99.7
南　宁	Nanning	99.6	100.0	100.0	100.5	100.4	100.0	99.9
海　口	Haikou	100.1	100.0	100.0	101.1	100.9	100.2	99.9
重　庆	Chongqing	99.9	100.1	100.3	101.0	103.8	100.0	100.1
成　都	Chengdu	100.0	100.0	100.0	100.3	104.0	100.2	100.1
贵　阳	Guiyang	100.2	100.0	99.9	101.1	103.2	100.6	100.6
昆　明	Kunming	99.8	100.1	98.8	100.6	104.2	100.2	99.9
拉　萨	Lasa	100.0	100.0	100.0	100.2	100.0	100.0	100.0
西　安	Xi'an	99.2	100.1	100.4	100.1	102.4	100.2	100.7
兰　州	Lanzhou	100.0	100.0	100.0	100.1	100.0	100.4	100.5
西　宁	Xining	99.6	100.0	100.3	101.2	100.6	100.0	103.0
银　川	Yinchuan	99.3	100.7	100.0	100.5	102.2	100.0	101.1
乌鲁木齐	Urumqi	99.0	100.2	99.7	99.8	100.6	100.0	101.3

3-47 36个大中城市居民消费价格分类指数(环比)
Consumer Price Indices by Category for 36 Major Large and Medium-sized Cities (2018年8月)

(上月=100) (preceding month=100)

地区	City	居民消费价格指数 Consumer Price Index	食品烟酒 Food, Tobacco and Liquor	粮食 Grain	鲜菜 Fresh Vegetables	畜肉 Meat	水产品 Aquatic Products	蛋 Eggs	鲜果 Fresh Fruits
平均指数	**Average Index**	**100.6**	**101.3**	**100.0**	**108.4**	**102.6**	**99.4**	**110.5**	**99.0**
北京	Beijing	100.4	101.8	100.2	115.2	102.3	99.0	111.4	100.1
天津	Tianjin	100.5	101.8	100.1	116.1	102.1	99.5	114.5	99.9
石家庄	Shijiazhuang	100.1	100.2	101.0	106.5	101.8	100.0	109.2	87.3
太原	Taiyuan	100.2	101.1	99.4	105.3	103.0	100.0	126.0	96.3
呼和浩特	Hohhot	100.5	100.8	100.0	106.1	101.8	99.6	110.3	98.1
沈阳	Shenyang	100.9	102.2	100.1	127.9	102.1	97.9	113.5	95.5
大连	Dalian	100.9	102.2	99.7	137.2	102.7	95.6	111.7	96.7
长春	Changchun	100.9	102.3	100.2	121.0	103.7	100.0	110.3	101.5
哈尔滨	Harbin	100.5	100.9	99.8	106.2	102.5	98.9	114.2	99.4
上海	Shanghai	100.8	100.9	100.2	108.9	101.2	100.3	105.9	95.4
南京	Nanjing	101.1	102.5	101.4	108.6	102.7	105.1	114.2	103.2
杭州	Hangzhou	100.9	101.5	100.7	110.5	101.4	96.6	106.2	100.6
宁波	Ningbo	100.5	101.4	100.1	108.9	102.3	100.6	104.3	100.7
合肥	Hefei	100.6	102.0	100.9	106.6	105.3	102.9	114.3	102.5
福州	Fuzhou	100.2	101.3	100.2	103.3	104.4	99.0	119.8	105.5
厦门	Xiamen	100.4	100.9	100.9	102.2	103.0	99.4	108.4	105.7
南昌	Nanchang	100.4	100.6	100.3	104.4	102.1	100.1	104.2	98.5
济南	Jinan	100.8	102.6	98.9	120.6	105.7	99.7	112.4	94.5
青岛	Qingdao	100.8	102.2	101.9	117.3	103.7	94.9	112.7	105.6
郑州	Zhengzhou	100.2	101.2	99.7	106.6	100.5	100.6	113.5	103.1
武汉	Wuhan	100.6	101.7	100.0	104.5	104.7	101.0	108.6	101.9
长沙	Changsha	100.8	101.5	100.0	105.6	105.7	99.4	111.3	98.7
广州	Guangzhou	100.5	100.5	98.8	104.4	100.3	99.6	117.4	97.0
深圳	Shenzhen	100.6	101.5	99.7	103.1	101.9	99.1	104.5	99.9
南宁	Nanning	100.4	100.6	100.0	104.7	101.5	100.9	102.4	99.6
海口	Haikou	101.0	101.5	99.6	110.9	102.4	99.9	102.5	98.7
重庆	Chongqing	100.3	101.4	98.8	100.8	107.0	99.5	109.3	99.1
成都	Chengdu	100.8	100.7	100.9	98.8	103.2	100.4	103.7	100.7
贵阳	Guiyang	100.6	101.0	101.3	100.7	104.0	99.0	106.0	100.4
昆明	Kunming	100.3	100.5	100.0	99.7	102.5	99.9	107.5	101.8
拉萨	Lasa	100.1	100.3	100.0	101.4	100.6	102.8	99.1	99.5
西安	Xi'an	100.2	100.8	100.5	104.4	101.8	100.1	124.8	100.1
兰州	Lanzhou	100.2	100.6	100.0	100.0	101.9	99.9	110.3	100.6
西宁	Xining	100.1	100.8	100.7	102.2	104.0	99.9	113.5	96.5
银川	Yinchuan	100.4	100.8	99.8	103.3	101.9	100.3	106.9	105.2
乌鲁木齐	Urumqi	100.4	99.6	99.9	92.0	100.9	98.7	110.7	98.9

3-47 续表 continued

(上月=100) (preceding month=100)

地区	City	衣着 Clothing	居住 Residence	生活用品及服务 Household Facilities,Articles and Services	交通和通信 Transportation and Communication	教育文化和娱乐 Education, Culture and Recreation	医疗保健 Health Care and Medical Services	其他用品和服务 Miscellaneous Goods and Services
平均指数	**Average Index**	**100.2**	**100.4**	**100.2**	**99.9**	**100.3**	**100.6**	**100.3**
北　京	Beijing	100.4	100.2	100.1	98.6	99.8	100.3	100.0
天　津	Tianjin	100.1	100.2	99.9	99.8	99.8	100.1	99.8
石家庄	Shijiazhuang	100.6	100.1	100.6	100.0	99.4	100.1	100.1
太　原	Taiyuan	98.3	100.2	99.5	100.3	99.5	100.8	100.3
呼和浩特	Hohhot	100.2	100.4	100.0	100.4	100.7	100.0	100.1
沈　阳	Shenyang	99.2	100.5	100.3	100.5	101.7	100.0	100.2
大　连	Dalian	100.6	100.2	100.2	100.5	100.1	100.8	99.0
长　春	Changchun	99.9	101.8	99.5	100.0	99.2	100.3	99.2
哈尔滨	Harbin	101.1	100.0	100.0	100.5	100.7	100.0	99.9
上　海	Shanghai	100.8	100.4	100.4	99.7	100.7	103.3	100.4
南　京	Nanjing	101.4	100.1	101.4	100.4	100.9	100.2	100.2
杭　州	Hangzhou	101.0	101.3	100.2	100.6	99.6	100.9	99.8
宁　波	Ningbo	99.3	100.2	100.9	100.3	100.4	100.2	99.8
合　肥	Hefei	98.7	100.3	100.0	99.8	100.2	100.3	100.3
福　州	Fuzhou	101.4	99.8	99.2	99.8	98.5	100.2	100.2
厦　门	Xiamen	99.8	100.1	99.8	99.9	100.7	100.9	100.0
南　昌	Nanchang	99.8	100.9	99.8	99.9	100.1	100.0	100.0
济　南	Jinan	100.2	99.8	100.7	99.9	100.6	100.3	99.5
青　岛	Qingdao	99.8	100.2	99.6	100.0	100.8	100.4	100.5
郑　州	Zhengzhou	100.0	99.2	99.8	100.0	99.9	100.0	100.2
武　汉	Wuhan	100.0	100.2	100.5	100.4	99.7	100.0	100.1
长　沙	Changsha	100.1	101.2	100.5	99.9	100.6	100.1	100.1
广　州	Guangzhou	99.0	100.8	100.8	100.2	100.1	100.0	103.1
深　圳	Shenzhen	99.3	100.4	100.1	100.1	100.1	100.1	99.9
南　宁	Nanning	99.9	100.4	100.5	100.1	100.8	100.1	99.8
海　口	Haikou	100.4	100.2	100.4	100.6	103.3	100.0	99.9
重　庆	Chongqing	100.1	100.3	100.2	99.1	99.4	100.1	100.0
成　都	Chengdu	102.0	102.0	99.9	99.2	101.2	100.2	100.0
贵　阳	Guiyang	100.2	100.5	99.8	99.4	101.1	101.1	100.6
昆　明	Kunming	100.6	100.1	99.5	100.2	100.7	100.0	99.9
拉　萨	Lasa	100.0	100.0	100.0	100.0	100.0	100.0	100.7
西　安	Xi'an	98.7	100.4	100.1	99.8	100.3	100.0	100.0
兰　州	Lanzhou	99.9	99.8	100.4	99.7	100.0	100.3	100.7
西　宁	Xining	98.6	100.0	99.7	99.8	100.4	100.1	100.3
银　川	Yinchuan	99.5	101.0	99.9	100.3	99.7	100.1	100.8
乌鲁木齐	Urumqi	100.9	100.0	100.8	101.3	100.9	100.1	101.6

3-48 36个大中城市居民消费价格分类指数(环比)

Consumer Price Indices by Category for 36 Major Large and Medium-sized Cities

(2018年9月)

(上月=100) (preceding month=100)

地区	City	居民消费价格指数 Consumer Price Index	食品烟酒 Food, Tobacco and Liquor	粮食 Grain	鲜菜 Fresh Vegetables	畜肉 Meat	水产品 Aquatic Products	蛋 Eggs	鲜果 Fresh Fruits
平均指数	**Average Index**	**100.6**	**101.4**	**100.1**	**109.7**	**102.3**	**97.7**	**102.4**	**106.3**
北京	Beijing	100.1	100.4	99.6	107.8	102.7	99.6	103.5	107.9
天津	Tianjin	100.3	100.1	99.7	106.3	101.1	94.4	100.9	100.9
石家庄	Shijiazhuang	101.0	102.6	99.8	118.0	101.5	99.7	99.7	120.8
太原	Taiyuan	102.6	102.3	100.9	115.2	103.0	98.7	102.6	108.1
呼和浩特	Hohhot	101.3	102.5	100.0	119.0	101.8	100.0	107.0	103.6
沈阳	Shenyang	99.9	99.9	99.9	98.4	99.7	94.7	98.9	105.9
大连	Dalian	99.5	98.5	99.8	92.3	99.7	91.3	107.4	101.3
长春	Changchun	100.7	100.7	100.5	92.8	100.6	99.6	103.6	116.3
哈尔滨	Harbin	100.7	100.9	102.3	106.2	100.2	99.1	100.3	101.5
上海	Shanghai	100.5	101.5	99.2	106.5	102.4	97.1	102.9	109.7
南京	Nanjing	100.4	102.2	100.3	111.8	103.6	99.1	103.7	107.9
杭州	Hangzhou	100.8	101.5	100.0	106.2	104.7	94.8	101.8	108.9
宁波	Ningbo	100.8	101.8	99.4	110.8	108.2	95.4	102.4	111.3
合肥	Hefei	101.0	102.9	99.7	114.6	105.3	97.3	102.4	112.6
福州	Fuzhou	101.1	102.9	101.7	125.5	104.3	97.5	99.8	106.1
厦门	Xiamen	100.3	101.7	100.5	119.1	101.2	99.3	103.7	100.9
南昌	Nanchang	100.9	102.3	99.9	115.8	101.5	101.0	105.2	105.2
济南	Jinan	100.6	101.1	101.0	108.2	100.6	100.2	100.3	102.4
青岛	Qingdao	100.2	100.8	100.3	104.1	101.8	96.0	100.0	104.7
郑州	Zhengzhou	101.0	101.6	99.9	112.1	100.6	100.6	102.5	110.0
武汉	Wuhan	101.1	102.1	100.0	111.8	102.5	97.7	101.8	111.8
长沙	Changsha	100.8	101.7	100.0	107.9	101.9	100.9	100.6	104.6
广州	Guangzhou	100.7	102.0	98.9	120.7	100.4	101.0	103.7	103.4
深圳	Shenzhen	101.1	102.0	100.1	117.8	101.6	99.6	104.4	102.0
南宁	Nanning	101.2	101.5	100.3	110.9	101.9	101.1	101.3	102.3
海口	Haikou	100.2	99.7	100.1	100.1	99.7	96.5	101.7	99.3
重庆	Chongqing	101.2	102.3	101.4	112.7	104.2	99.8	102.0	103.5
成都	Chengdu	100.2	102.0	101.0	108.3	104.0	100.0	101.2	105.8
贵阳	Guiyang	100.1	100.7	100.2	104.0	100.3	99.0	102.5	102.4
昆明	Kunming	101.0	101.8	100.7	106.1	103.7	99.9	104.7	103.7
拉萨	Lasa	100.1	100.1	100.0	100.5	100.0	101.1	100.9	101.2
西安	Xi'an	100.8	101.7	100.2	112.4	102.0	99.3	100.5	108.0
兰州	Lanzhou	100.6	101.6	100.0	112.8	101.4	100.0	103.2	106.0
西宁	Xining	100.9	101.7	100.7	117.2	100.1	100.8	103.5	100.5
银川	Yinchuan	100.5	102.0	99.7	114.3	101.2	99.4	101.5	109.9
乌鲁木齐	Urumqi	100.8	102.0	100.0	121.1	100.9	98.7	102.0	110.5

3-48 续表 continued

(上月=100) (preceding month=100)

地 区	City	衣着 Clothing	居住 Residence	生活用品及服务 Household Facilities,Articles and Services	交通和通信 Transportation and Communication	教育文化和娱乐 Education, Culture and Recreation	医疗保健 Health Care and Medical Services	其他用品和服务 Miscellaneous Goods and Services
平均指数	**Average Index**	**100.9**	**100.3**	**100.2**	**100.1**	**100.2**	**100.1**	**99.7**
北 京	Beijing	100.7	99.9	100.3	99.9	99.9	99.5	99.6
天 津	Tianjin	100.3	100.1	100.2	100.7	100.7	100.3	99.8
石家庄	Shijiazhuang	101.8	100.4	99.8	100.4	99.3	100.0	99.5
太 原	Taiyuan	115.7	100.2	100.4	100.0	103.6	100.0	100.0
呼和浩特	Hohhot	100.7	101.9	100.0	100.6	100.1	100.0	100.0
沈 阳	Shenyang	99.5	100.5	100.0	100.0	98.7	100.1	99.8
大 连	Dalian	100.9	100.3	100.3	99.9	98.6	100.0	98.1
长 春	Changchun	101.2	101.7	100.0	100.2	100.0	99.7	100.2
哈尔滨	Harbin	101.7	101.9	100.9	99.7	99.0	100.1	99.5
上 海	Shanghai	100.8	100.3	100.1	100.0	100.1	100.1	98.8
南 京	Nanjing	100.4	100.2	99.5	99.5	99.1	100.0	99.8
杭 州	Hangzhou	101.0	100.8	101.1	101.2	98.7	100.3	100.3
宁 波	Ningbo	99.8	100.5	100.3	100.5	100.7	101.0	100.1
合 肥	Hefei	102.2	100.2	100.4	99.8	100.0	100.1	99.3
福 州	Fuzhou	99.8	100.3	100.2	100.1	101.0	100.0	99.9
厦 门	Xiamen	100.4	100.1	99.7	100.2	98.1	99.9	100.4
南 昌	Nanchang	99.2	100.8	100.1	99.9	100.6	100.1	99.9
济 南	Jinan	100.3	100.2	100.1	100.6	101.2	100.1	100.2
青 岛	Qingdao	100.2	99.9	100.2	99.4	100.2	100.7	96.7
郑 州	Zhengzhou	100.2	100.1	99.6	102.3	101.8	100.2	101.8
武 汉	Wuhan	100.4	100.3	100.0	100.1	103.7	100.0	99.5
长 沙	Changsha	100.1	100.7	100.0	100.1	100.8	99.9	99.6
广 州	Guangzhou	99.3	100.2	99.9	100.5	99.9	100.0	100.0
深 圳	Shenzhen	100.4	100.3	100.3	101.1	101.7	100.7	99.7
南 宁	Nanning	102.0	101.1	99.8	99.3	103.4	100.3	99.6
海 口	Haikou	103.2	101.1	99.8	100.0	99.3	100.2	99.6
重 庆	Chongqing	100.6	101.2	100.4	99.8	101.7	100.1	100.8
成 都	Chengdu	101.3	100.0	100.4	97.2	98.1	100.2	101.3
贵 阳	Guiyang	100.4	101.9	99.3	99.7	97.2	100.0	98.3
昆 明	Kunming	100.8	100.1	100.2	99.7	104.1	100.1	99.8
拉 萨	Lasa	100.0	100.0	100.0	100.5	100.0	100.0	99.1
西 安	Xi'an	102.2	100.3	100.0	100.4	99.9	100.3	99.1
兰 州	Lanzhou	100.9	99.9	99.9	100.2	100.4	100.4	98.4
西 宁	Xining	101.0	100.0	99.9	98.3	104.8	100.7	96.5
银 川	Yinchuan	101.3	100.5	100.0	99.4	98.9	100.0	98.4
乌鲁木齐	Urumqi	102.9	100.0	100.0	99.2	99.6	99.9	103.8

3-49 36个大中城市居民消费价格分类指数(环比)

Consumer Price Indices by Category for 36 Major Large and Medium-sized Cities (2018年10月)

(上月=100) (preceding month=100)

地 区	City	居民消费价格指数 Consumer Price Index	食品烟酒 Food, Tobacco and Liquor	粮食 Grain	鲜菜 Fresh Vegetables	畜肉 Meat	水产品 Aquatic Products	蛋 Eggs	鲜果 Fresh Fruits
平均指数	**Average Index**	**100.2**	**100.0**	**100.4**	**95.8**	**101.2**	**99.0**	**97.1**	**102.7**
北 京	Beijing	100.5	101.0	99.8	93.2	100.9	99.7	96.1	104.0
天 津	Tianjin	99.9	98.8	100.0	91.1	101.1	93.3	94.3	100.2
石家庄	Shijiazhuang	99.6	99.2	101.2	92.6	98.8	99.1	96.8	96.9
太 原	Taiyuan	100.3	101.0	99.8	102.1	99.5	100.4	92.3	112.8
呼和浩特	Hohhot	100.6	101.0	100.0	100.1	104.3	99.4	99.2	105.7
沈 阳	Shenyang	99.6	98.4	100.0	85.5	101.0	98.7	94.5	99.0
大 连	Dalian	99.8	99.1	100.3	89.5	100.8	98.5	96.4	101.7
长 春	Changchun	100.0	99.6	100.1	101.0	100.3	98.2	97.7	95.8
哈尔滨	Harbin	99.9	99.8	100.6	95.0	100.3	99.5	97.7	101.8
上 海	Shanghai	100.2	99.7	101.5	91.2	100.0	99.2	98.8	104.7
南 京	Nanjing	99.9	99.1	99.5	93.2	100.0	96.4	97.9	102.4
杭 州	Hangzhou	100.2	100.4	99.5	96.5	103.2	98.1	98.6	106.6
宁 波	Ningbo	100.2	100.3	100.4	94.1	102.5	99.5	98.5	108.7
合 肥	Hefei	100.3	99.0	100.3	92.2	101.2	96.6	96.1	98.5
福 州	Fuzhou	99.7	99.3	97.4	93.2	99.7	99.9	97.0	106.2
厦 门	Xiamen	100.5	99.6	99.7	93.2	101.8	99.5	97.7	101.6
南 昌	Nanchang	100.3	99.9	100.5	100.4	100.4	99.7	101.6	98.1
济 南	Jinan	100.1	99.3	100.6	90.8	99.5	99.4	96.3	102.6
青 岛	Qingdao	99.7	98.4	98.9	86.2	100.2	98.9	93.1	104.1
郑 州	Zhengzhou	100.5	100.6	100.0	101.5	101.0	100.1	97.0	105.2
武 汉	Wuhan	100.2	100.3	100.0	100.8	100.8	98.4	99.3	101.6
长 沙	Changsha	100.4	101.2	100.0	102.2	102.1	99.8	98.6	104.3
广 州	Guangzhou	100.5	100.2	101.9	98.2	100.8	101.3	93.9	97.6
深 圳	Shenzhen	100.0	99.7	101.0	92.4	100.3	99.6	99.7	103.9
南 宁	Nanning	100.3	100.5	100.2	101.0	101.1	100.4	100.1	102.2
海 口	Haikou	100.4	99.7	100.2	96.8	100.3	100.6	100.9	101.3
重 庆	Chongqing	100.1	101.2	101.3	106.8	105.0	99.5	98.1	93.8
成 都	Chengdu	100.5	101.0	99.4	103.1	102.5	99.7	99.2	101.2
贵 阳	Guiyang	100.9	101.7	99.7	106.1	103.4	99.9	98.7	102.1
昆 明	Kunming	100.7	101.7	100.0	111.7	102.0	101.0	99.5	100.8
拉 萨	Lasa	100.2	100.4	100.0	101.9	100.2	99.0	100.0	102.3
西 安	Xi'an	100.4	99.7	100.2	91.0	100.2	97.8	91.5	112.8
兰 州	Lanzhou	100.2	100.3	100.0	104.3	100.3	99.2	98.5	101.5
西 宁	Xining	100.5	101.0	100.8	101.7	101.6	99.1	98.6	104.4
银 川	Yinchuan	100.5	100.9	99.5	100.5	100.9	99.5	99.5	115.7
乌鲁木齐	Urumqi	100.3	100.6	100.1	104.4	99.8	98.1	97.4	110.7

3-49 续表 continued

(上月=100) (preceding month=100)

地　区	City	衣着 Clothing	居住 Residence	生活用品及服务 Household Facilities,Articles and Services	交通和通信 Transportation and Communication	教育文化和娱乐 Education, Culture and Recreation	医疗保健 Health Care and Medical Services	其他用品和服务 Miscellaneous Goods and Services
平均指数	**Average Index**	**101.1**	**100.0**	**100.1**	**100.5**	**99.9**	**100.1**	**100.4**
北　京	Beijing	102.4	99.9	100.1	100.2	100.5	100.1	100.1
天　津	Tianjin	100.9	99.9	100.2	100.8	100.0	100.1	100.5
石家庄	Shijiazhuang	99.8	100.0	100.5	99.6	98.4	100.1	100.6
太　原	Taiyuan	100.1	100.0	99.9	100.5	99.8	100.0	99.9
呼和浩特	Hohhot	100.8	100.3	100.0	101.1	100.1	100.0	100.1
沈　阳	Shenyang	101.4	100.2	100.0	100.6	98.4	100.1	99.9
大　连	Dalian	101.6	100.2	100.1	100.7	98.4	100.1	99.2
长　春	Changchun	99.5	100.5	100.1	100.0	100.8	99.9	100.1
哈尔滨	Harbin	100.8	98.5	100.1	100.5	100.6	100.0	100.5
上　海	Shanghai	100.9	100.3	100.1	100.8	100.3	100.2	100.3
南　京	Nanjing	100.5	100.2	100.3	100.7	99.7	100.0	100.3
杭　州	Hangzhou	100.8	99.9	100.1	99.8	100.7	100.2	100.5
宁　波	Ningbo	100.6	99.3	100.7	100.4	100.8	99.8	100.3
合　肥	Hefei	103.3	100.2	100.1	101.1	100.7	100.3	101.2
福　州	Fuzhou	100.4	99.8	100.5	100.4	98.8	100.0	99.8
厦　门	Xiamen	103.7	100.1	100.1	101.0	101.9	100.2	99.9
南　昌	Nanchang	102.3	99.9	100.5	100.7	100.4	100.2	100.1
济　南	Jinan	100.3	100.2	99.7	101.2	99.9	100.4	100.6
青　岛	Qingdao	100.4	99.9	99.5	101.2	99.0	101.2	100.3
郑　州	Zhengzhou	100.0	100.0	100.8	101.4	100.7	100.0	100.6
武　汉	Wuhan	100.2	100.0	100.3	100.6	99.8	100.0	100.5
长　沙	Changsha	100.0	100.0	100.1	100.6	99.4	100.0	100.1
广　州	Guangzhou	103.6	100.5	99.9	100.3	100.2	100.2	101.5
深　圳	Shenzhen	100.0	100.0	100.1	100.2	100.0	100.3	100.5
南　宁	Nanning	100.1	100.2	100.1	100.5	100.6	100.0	100.3
海　口	Haikou	102.3	100.5	101.0	100.6	100.1	100.2	103.0
重　庆	Chongqing	100.0	100.3	100.0	100.0	97.6	100.0	99.9
成　都	Chengdu	101.1	99.8	100.2	101.1	100.2	100.1	100.5
贵　阳	Guiyang	101.0	100.1	99.8	101.1	100.6	101.3	99.9
昆　明	Kunming	100.9	100.0	100.2	101.9	99.3	100.0	100.1
拉　萨	Lasa	100.0	100.0	100.2	100.2	100.0	100.0	100.6
西　安	Xi'an	104.6	100.1	100.3	100.6	99.6	100.0	101.2
兰　州	Lanzhou	101.4	99.5	100.1	100.2	100.1	100.1	99.5
西　宁	Xining	103.5	100.1	99.7	99.9	98.8	100.0	100.6
银　川	Yinchuan	101.7	100.3	100.2	99.9	99.2	100.3	100.9
乌鲁木齐	Urumqi	100.2	100.2	100.6	99.9	100.4	100.5	98.9

3-50 36个大中城市居民消费价格分类指数(环比)
Consumer Price Indices by Category for 36 Major Large and Medium-sized Cities (2018年11月)

(上月=100) (preceding month=100)

地 区	City	居民消费价格指数 Consumer Price Index	食品烟酒 Food, Tobacco and Liquor	粮食 Grain	鲜菜 Fresh Vegetables	畜肉 Meat	水产品 Aquatic Products	蛋 Eggs	鲜果 Fresh Fruits
平均指数	**Average Index**	**99.6**	**99.3**	**100.1**	**87.3**	**100.6**	**99.8**	**99.7**	**103.8**
北 京	Beijing	99.3	98.9	99.9	83.1	99.6	99.8	99.9	99.2
天 津	Tianjin	99.6	98.8	101.1	83.2	101.0	97.0	101.4	100.4
石家庄	Shijiazhuang	99.9	99.4	98.5	82.9	101.0	99.4	101.3	112.3
太 原	Taiyuan	99.9	98.8	98.8	84.8	96.8	100.2	105.4	104.8
呼和浩特	Hohhot	100.0	101.0	100.0	104.0	102.6	99.8	102.0	102.9
沈 阳	Shenyang	100.1	100.6	100.1	98.8	99.9	99.6	100.3	106.7
大 连	Dalian	100.4	100.7	99.4	93.0	100.9	102.9	99.0	108.8
长 春	Changchun	100.5	101.6	100.2	104.7	100.3	98.9	100.8	114.8
哈尔滨	Harbin	100.5	101.7	99.4	110.9	99.5	100.1	101.2	104.9
上 海	Shanghai	99.7	99.7	99.8	90.2	99.7	100.8	99.9	106.0
南 京	Nanjing	99.2	98.2	98.7	82.7	98.7	96.7	100.8	101.5
杭 州	Hangzhou	99.3	98.8	101.0	83.6	98.6	101.4	100.6	102.8
宁 波	Ningbo	99.1	98.3	99.6	83.2	97.8	100.7	101.2	99.2
合 肥	Hefei	99.2	98.1	99.7	82.7	97.7	101.5	100.7	104.1
福 州	Fuzhou	99.5	98.9	102.4	78.5	102.0	99.6	98.9	107.0
厦 门	Xiamen	99.3	98.9	100.5	84.7	100.0	100.7	98.2	100.1
南 昌	Nanchang	99.2	97.6	100.2	78.5	98.9	98.2	99.7	103.9
济 南	Jinan	99.6	98.9	101.2	83.0	98.1	99.2	101.8	110.5
青 岛	Qingdao	99.4	99.3	101.8	83.5	100.2	99.8	101.7	110.6
郑 州	Zhengzhou	100.1	99.9	100.0	92.2	100.4	101.5	100.4	103.2
武 汉	Wuhan	99.6	98.8	100.0	88.4	98.3	99.2	100.0	100.6
长 沙	Changsha	99.6	99.3	100.0	88.4	101.3	101.6	100.0	104.5
广 州	Guangzhou	99.6	98.7	100.2	82.3	101.8	99.0	96.8	102.0
深 圳	Shenzhen	99.6	99.3	100.7	85.7	101.3	100.0	99.9	103.0
南 宁	Nanning	99.6	99.0	100.0	88.0	99.8	99.8	99.9	104.5
海 口	Haikou	99.6	99.4	100.0	93.2	100.5	100.2	101.5	100.7
重 庆	Chongqing	99.7	99.3	100.6	87.0	103.0	98.6	96.5	102.6
成 都	Chengdu	99.6	99.8	98.8	86.9	105.5	98.9	99.3	105.5
贵 阳	Guiyang	99.7	100.3	100.3	91.6	104.8	99.6	99.4	105.2
昆 明	Kunming	100.1	100.2	100.6	94.8	101.3	100.1	98.6	104.6
拉 萨	Lasa	100.5	100.6	100.0	102.7	100.9	93.3	102.0	103.4
西 安	Xi'an	99.5	98.6	99.8	82.9	101.2	97.1	99.2	101.5
兰 州	Lanzhou	99.9	100.2	100.0	98.4	102.6	99.1	97.9	100.3
西 宁	Xining	100.2	101.7	99.6	99.1	101.6	98.3	98.4	123.7
银 川	Yinchuan	99.7	99.0	101.7	90.5	99.6	99.5	99.4	96.0
乌鲁木齐	Urumqi	100.1	102.0	100.1	109.4	100.8	100.1	98.2	118.9

3-50 续表 continued

(上月=100) (preceding month=100)

地区	City	衣着 Clothing	居住 Residence	生活用品及服务 Household Facilities,Articles and Services	交通和通信 Transportation and Communication	教育文化和娱乐 Education, Culture and Recreation	医疗保健 Health Care and Medical Services	其他用品和服务 Miscellaneous Goods and Services
平均指数	**Average Index**	**100.2**	**100.0**	**100.1**	**99.0**	**98.9**	**100.2**	**100.2**
北　京	Beijing	99.4	99.6	100.1	99.2	97.9	100.7	100.1
天　津	Tianjin	100.0	100.1	100.3	99.5	99.3	100.2	100.3
石家庄	Shijiazhuang	100.7	99.7	100.2	99.4	101.2	100.2	100.2
太　原	Taiyuan	102.5	100.0	99.8	99.7	99.9	100.0	99.8
呼和浩特	Hohhot	100.2	100.0	100.0	98.1	99.4	100.3	99.9
沈　阳	Shenyang	101.5	99.4	100.4	98.8	100.3	100.1	99.9
大　连	Dalian	101.6	100.5	100.3	98.9	100.1	100.1	100.3
长　春	Changchun	102.6	100.0	100.3	98.0	99.9	100.2	99.9
哈尔滨	Harbin	100.9	100.0	100.0	99.3	99.6	100.1	101.6
上　海	Shanghai	100.1	100.2	100.0	98.9	97.5	100.3	100.4
南　京	Nanjing	100.9	99.9	100.2	98.5	98.8	100.0	100.4
杭　州	Hangzhou	97.6	99.7	99.9	98.9	99.8	100.4	99.6
宁　波	Ningbo	98.3	99.9	100.6	99.0	98.5	100.2	99.7
合　肥	Hefei	100.0	100.1	99.9	98.7	99.2	99.9	99.5
福　州	Fuzhou	100.4	99.8	100.1	98.9	99.6	100.0	100.7
厦　门	Xiamen	100.5	100.3	99.8	98.9	97.5	100.1	99.3
南　昌	Nanchang	101.0	100.7	99.7	98.8	99.6	99.6	99.8
济　南	Jinan	100.2	100.3	100.1	98.8	99.4	99.9	101.2
青　岛	Qingdao	100.2	100.1	100.0	97.9	98.9	100.1	99.5
郑　州	Zhengzhou	100.4	100.0	100.6	99.4	100.9	100.0	100.6
武　汉	Wuhan	100.2	100.2	100.1	99.3	99.8	100.0	100.8
长　沙	Changsha	100.0	99.6	100.0	99.3	99.5	100.3	100.5
广　州	Guangzhou	100.4	100.8	100.4	99.3	98.7	100.0	99.7
深　圳	Shenzhen	100.2	99.8	100.1	98.7	99.3	100.2	100.3
南　宁	Nanning	101.1	100.0	100.3	98.8	99.1	100.0	100.3
海　口	Haikou	100.9	100.0	100.3	98.8	98.7	100.1	100.7
重　庆	Chongqing	100.7	100.0	99.9	99.1	99.5	100.1	100.5
成　都	Chengdu	100.9	100.3	99.8	98.3	98.2	100.2	99.7
贵　阳	Guiyang	100.4	100.0	100.0	98.6	97.7	100.4	100.6
昆　明	Kunming	101.1	99.6	100.1	100.1	99.8	100.0	100.3
拉　萨	Lasa	101.6	102.3	100.0	98.7	99.0	100.0	98.6
西　安	Xi'an	98.4	100.8	99.7	99.3	99.9	100.0	100.2
兰　州	Lanzhou	100.3	99.5	100.0	99.4	99.9	100.1	100.7
西　宁	Xining	99.1	99.9	100.1	99.2	99.2	100.2	99.9
银　川	Yinchuan	101.7	99.7	99.9	99.4	99.4	100.0	99.4
乌鲁木齐	Urumqi	98.8	100.0	99.9	98.6	98.4	100.2	98.8

3-51 36个大中城市居民消费价格分类指数(环比)
Consumer Price Indices by Category for 36 Major Large and Medium-sized Cities
(2018年12月)

(上月=100) (preceding month=100)

地区	City	居民消费价格指数 Consumer Price Index	食品烟酒 Food, Tobacco and Liquor	粮食 Grain	鲜菜 Fresh Vegetables	畜肉 Meat	水产品 Aquatic Products	蛋 Eggs	鲜果 Fresh Fruits
平均指数	**Average Index**	**100.0**	**100.9**	**100.2**	**103.9**	**101.2**	**101.9**	**98.9**	**102.1**
北京	Beijing	100.1	101.2	100.9	114.3	100.9	100.3	98.5	100.0
天津	Tianjin	100.2	101.2	100.5	110.5	100.8	102.1	98.7	100.7
石家庄	Shijiazhuang	100.2	101.5	98.2	111.0	100.6	99.8	100.4	105.0
太原	Taiyuan	99.5	101.7	100.1	106.0	100.9	100.9	94.9	111.4
呼和浩特	Hohhot	100.0	100.7	100.0	101.6	101.4	100.4	97.3	104.3
沈阳	Shenyang	100.3	101.4	100.0	112.1	98.0	101.2	97.2	103.8
大连	Dalian	100.5	102.0	100.5	115.4	99.9	107.9	90.8	99.7
长春	Changchun	100.0	100.9	100.4	110.9	98.1	101.9	97.9	102.2
哈尔滨	Harbin	100.0	101.0	101.7	108.3	97.8	101.6	97.6	104.8
上海	Shanghai	99.7	100.5	100.5	101.0	100.5	103.0	100.0	100.8
南京	Nanjing	99.9	100.5	100.1	99.6	101.2	100.8	99.7	102.1
杭州	Hangzhou	100.0	100.9	99.4	104.0	99.8	102.5	99.5	103.6
宁波	Ningbo	100.1	100.9	101.4	103.5	98.6	102.9	100.2	106.1
合肥	Hefei	100.0	100.9	101.1	107.7	100.0	101.4	99.3	97.7
福州	Fuzhou	100.2	101.0	100.2	102.2	102.1	100.4	100.3	99.5
厦门	Xiamen	99.6	100.4	98.9	97.6	102.6	102.1	99.2	99.4
南昌	Nanchang	99.9	100.5	99.8	105.3	98.9	99.6	101.1	99.1
济南	Jinan	100.5	102.7	100.0	112.1	101.1	101.4	98.5	118.4
青岛	Qingdao	100.7	103.1	102.0	116.1	101.5	104.9	98.3	111.3
郑州	Zhengzhou	100.3	101.1	100.0	104.6	100.8	101.3	98.7	108.3
武汉	Wuhan	100.0	100.5	100.0	102.9	100.4	102.1	99.0	100.1
长沙	Changsha	99.7	100.5	100.0	101.4	100.8	98.6	99.4	101.6
广州	Guangzhou	100.0	100.5	99.5	100.1	102.0	101.2	99.5	100.0
深圳	Shenzhen	99.9	100.3	97.8	100.5	101.8	100.1	99.6	100.3
南宁	Nanning	100.1	100.4	99.8	100.2	100.2	101.3	99.5	103.1
海口	Haikou	100.3	101.1	100.0	105.7	101.1	103.4	99.5	100.5
重庆	Chongqing	99.9	100.0	99.7	96.9	99.2	100.0	100.2	103.9
成都	Chengdu	100.2	101.5	100.3	95.3	109.8	100.0	99.6	100.3
贵阳	Guiyang	99.8	101.1	99.9	99.9	104.1	100.3	99.8	102.1
昆明	Kunming	99.5	99.9	101.0	94.7	101.6	100.7	99.4	98.9
拉萨	Lasa	100.2	100.9	100.0	104.9	100.2	101.2	103.9	102.9
西安	Xi'an	100.1	101.0	100.3	108.0	100.8	100.1	98.7	99.5
兰州	Lanzhou	100.3	101.0	100.0	102.2	105.0	99.6	97.8	100.5
西宁	Xining	100.0	101.3	100.3	104.3	102.2	99.3	99.8	109.7
银川	Yinchuan	100.4	101.2	100.6	109.3	100.5	100.1	99.7	100.3
乌鲁木齐	Urumqi	100.3	101.7	100.5	108.8	100.3	101.1	96.5	112.1

3-51 续表 continued

(上月=100) (preceding month=100)

地　区	City	衣着 Clothing	居住 Residence	生活用品及服务 Household Facilities,Articles and Services	交通和通信 Transportation and Communication	教育文化和娱乐 Education, Culture and Recreation	医疗保健 Health Care and Medical Services	其他用品和服务 Miscellaneous Goods and Services
平均指数	**Average Index**	**99.7**	**100.0**	**100.2**	**98.1**	**100.1**	**100.1**	**99.7**
北　京	Beijing	99.9	100.0	101.1	97.6	100.2	100.0	100.2
天　津	Tianjin	99.7	100.2	100.1	98.1	100.5	100.0	99.3
石家庄	Shijiazhuang	100.0	99.7	100.1	98.2	100.2	100.0	99.6
太　原	Taiyuan	94.8	100.0	100.3	96.6	99.8	100.1	101.1
呼和浩特	Hohhot	100.6	100.0	100.0	97.5	100.0	100.0	100.4
沈　阳	Shenyang	100.4	99.4	100.1	98.5	101.1	100.2	100.0
大　连	Dalian	100.7	99.8	100.0	98.1	100.3	100.6	99.4
长　春	Changchun	99.2	100.0	99.4	99.0	100.2	100.0	99.8
哈尔滨	Harbin	99.2	100.0	100.0	98.7	99.6	100.1	99.8
上　海	Shanghai	98.6	99.8	100.4	98.0	100.0	99.8	99.1
南　京	Nanjing	99.9	100.0	100.0	98.3	100.2	100.0	97.6
杭　州	Hangzhou	100.2	100.0	100.2	98.2	99.9	100.0	99.3
宁　波	Ningbo	102.1	99.8	100.5	97.8	99.8	100.1	101.4
合　肥	Hefei	99.3	100.0	100.2	97.7	100.5	100.0	99.8
福　州	Fuzhou	99.7	100.2	99.8	98.1	100.9	100.0	99.8
厦　门	Xiamen	99.0	100.0	100.3	96.3	99.5	100.0	100.6
南　昌	Nanchang	99.6	100.0	100.2	98.3	100.0	100.0	100.0
济　南	Jinan	100.0	99.9	100.2	97.9	99.6	100.3	100.1
青　岛	Qingdao	101.1	100.0	99.9	97.7	100.0	100.1	99.5
郑　州	Zhengzhou	100.1	100.0	100.1	98.7	100.8	100.1	100.0
武　汉	Wuhan	100.9	100.0	100.0	98.4	100.0	100.0	99.3
长　沙	Changsha	100.4	98.4	100.0	98.1	100.2	100.8	100.1
广　州	Guangzhou	99.0	100.7	99.9	98.2	100.2	100.0	99.4
深　圳	Shenzhen	99.5	99.8	100.0	98.4	100.2	101.1	99.7
南　宁	Nanning	101.9	100.0	100.4	98.2	100.2	100.1	99.4
海　口	Haikou	100.1	100.9	100.8	98.2	99.9	99.7	99.3
重　庆	Chongqing	99.9	100.0	100.3	98.5	100.2	100.0	100.1
成　都	Chengdu	100.0	100.2	99.8	97.3	100.1	99.7	100.3
贵　阳	Guiyang	100.3	99.1	100.3	98.0	99.0	100.0	99.6
昆　明	Kunming	100.0	100.0	100.4	97.5	98.1	100.0	101.0
拉　萨	Lasa	100.9	100.0	100.1	98.9	100.0	100.0	99.0
西　安	Xi'an	99.2	100.2	100.3	99.1	99.6	100.0	98.7
兰　州	Lanzhou	100.0	100.3	100.0	99.4	100.1	100.1	99.1
西　宁	Xining	101.2	98.5	99.7	97.4	100.2	99.7	100.2
银　川	Yinchuan	101.2	100.1	99.9	98.3	99.5	101.3	99.8
乌鲁木齐	Urumqi	99.1	100.0	99.9	99.0	100.0	100.1	99.0

3-52 36个大中城市居民消费价格分类指数(同比)
Consumer Price Indices by Category for 36 Major Large and Medium-sized Cities (2018年1月)

(上年同月=100) (same month of preceding year=100)

地区	City	居民消费价格指数 Consumer Price Index	食品烟酒 Food, Tobacco and Liquor	粮食 Grain	鲜菜 Fresh Vegetables	畜肉 Meat	水产品 Aquatic Products	蛋 Eggs	鲜果 Fresh Fruits
平均指数	**Average Index**	**101.5**	**100.9**	**101.3**	**95.5**	**95.4**	**101.8**	**113.4**	**107.2**
北京	Beijing	101.4	100.0	101.3	86.4	97.8	100.9	118.6	101.9
天津	Tianjin	101.2	100.8	100.3	84.7	98.6	105.7	123.9	105.6
石家庄	Shijiazhuang	101.4	97.5	97.3	76.3	96.2	109.3	114.3	102.5
太原	Taiyuan	100.2	98.7	100.3	79.9	99.5	99.3	134.4	103.9
呼和浩特	Hohhot	101.2	99.6	101.6	88.3	99.2	103.7	118.9	99.2
沈阳	Shenyang	102.5	100.8	100.8	81.9	94.0	104.1	116.6	137.6
大连	Dalian	103.4	102.3	101.4	90.2	94.3	101.9	116.4	120.2
长春	Changchun	100.8	98.2	100.1	85.0	94.1	100.4	108.6	94.6
哈尔滨	Harbin	102.1	98.6	98.6	87.9	93.8	97.0	111.3	109.9
上海	Shanghai	101.1	102.2	101.9	101.9	97.6	100.4	109.0	108.3
南京	Nanjing	101.9	103.5	100.5	100.6	97.3	107.3	114.6	115.1
杭州	Hangzhou	101.9	100.5	100.1	98.9	94.0	100.0	111.0	107.3
宁波	Ningbo	101.3	99.9	102.5	95.3	95.8	96.1	105.6	106.8
合肥	Hefei	101.4	102.0	103.1	102.7	91.9	104.5	111.5	119.8
福州	Fuzhou	101.0	102.8	101.3	101.9	96.1	99.5	110.9	110.7
厦门	Xiamen	102.4	101.1	99.1	99.7	96.8	101.4	105.6	98.1
南昌	Nanchang	102.3	101.6	100.9	112.2	94.1	102.6	106.7	108.3
济南	Jinan	101.4	98.9	101.2	81.3	92.2	105.8	115.7	97.1
青岛	Qingdao	101.5	100.0	102.8	89.9	94.8	98.8	116.5	101.5
郑州	Zhengzhou	102.2	99.6	103.5	81.3	95.2	103.3	118.8	96.4
武汉	Wuhan	101.0	100.2	99.9	98.0	93.2	102.0	107.0	112.2
长沙	Changsha	100.9	100.6	101.0	102.2	95.6	104.2	104.7	106.5
广州	Guangzhou	101.9	101.9	105.3	101.4	92.8	104.8	119.4	106.7
深圳	Shenzhen	101.2	100.9	101.9	101.7	94.4	102.1	105.2	100.8
南宁	Nanning	102.0	100.1	100.6	106.0	92.9	103.1	100.0	91.9
海口	Haikou	101.9	99.5	101.1	103.2	94.4	95.0	102.7	95.0
重庆	Chongqing	101.2	99.6	100.1	100.6	92.3	104.1	112.8	103.0
成都	Chengdu	100.7	101.6	100.2	115.0	94.4	99.5	102.7	113.3
贵阳	Guiyang	100.3	100.6	100.6	98.4	92.3	100.7	108.0	111.0
昆明	Kunming	100.8	100.7	100.7	105.7	95.4	106.6	112.4	114.7
拉萨	Lasa	101.0	100.8	100.4	95.4	96.6	104.9	102.0	100.4
西安	Xi'an	102.6	101.9	103.3	94.8	95.6	106.1	125.1	111.8
兰州	Lanzhou	102.0	99.5	100.9	89.2	96.0	104.1	112.8	109.4
西宁	Xining	102.2	99.9	100.0	90.8	101.4	98.1	118.5	105.2
银川	Yinchuan	101.9	100.3	100.7	98.2	99.9	103.1	116.4	97.7
乌鲁木齐	Urumqi	103.1	103.8	102.9	89.8	106.5	105.5	127.1	98.8

3-52 续表 continued

(上年同月=100) (same month of preceding year=100)

地区	City	衣着 Clothing	居住 Residence	生活用品及服务 Household Facilities,Articles and Services	交通和通信 Transportation and Communication	教育文化和娱乐 Education, Culture and Recreation	医疗保健 Health Care and Medical Services	其他用品和服务 Miscellaneous Goods and Services
平均指数	**Average Index**	**100.7**	**102.4**	**101.2**	**100.1**	**100.1**	**106.8**	**101.2**
北京	Beijing	98.7	104.2	101.1	100.8	96.8	106.7	103.0
天津	Tianjin	100.7	100.7	101.5	99.7	103.4	103.0	102.8
石家庄	Shijiazhuang	102.4	102.8	101.4	101.0	99.8	112.8	102.4
太原	Taiyuan	100.4	102.1	101.0	99.1	99.4	102.3	100.4
呼和浩特	Hohhot	102.3	104.8	100.6	100.2	100.0	100.7	100.7
沈阳	Shenyang	102.1	101.0	100.6	99.7	100.7	120.6	102.0
大连	Dalian	102.6	100.4	101.8	101.0	107.1	117.5	100.0
长春	Changchun	100.6	101.7	100.8	99.8	100.3	108.9	100.4
哈尔滨	Harbin	102.1	100.2	101.7	98.2	105.7	120.6	100.8
上海	Shanghai	98.6	100.3	101.6	102.0	99.3	104.3	100.1
南京	Nanjing	101.4	102.0	104.5	100.2	99.7	100.7	103.3
杭州	Hangzhou	101.4	107.2	98.8	98.5	100.5	101.8	99.8
宁波	Ningbo	100.6	105.2	100.8	98.7	100.6	102.5	99.3
合肥	Hefei	102.3	101.1	102.3	100.3	100.3	101.1	103.1
福州	Fuzhou	96.9	102.2	99.6	98.3	99.8	102.3	99.9
厦门	Xiamen	99.2	106.8	101.5	99.1	99.6	109.1	101.6
南昌	Nanchang	98.1	101.8	101.1	100.5	101.8	118.6	102.5
济南	Jinan	103.0	105.3	100.4	99.1	101.7	102.5	101.2
青岛	Qingdao	104.8	102.2	100.5	100.1	102.5	103.1	101.9
郑州	Zhengzhou	101.2	102.8	101.2	100.3	99.7	119.9	103.5
武汉	Wuhan	101.0	101.0	101.8	99.3	99.6	107.3	101.1
长沙	Changsha	101.1	102.0	100.4	101.2	99.7	100.8	100.1
广州	Guangzhou	103.2	102.2	101.7	100.5	99.1	109.8	99.9
深圳	Shenzhen	100.7	102.8	99.9	99.7	99.8	104.0	101.2
南宁	Nanning	98.5	104.5	101.4	98.5	100.9	115.3	101.3
海口	Haikou	101.6	104.1	101.8	101.0	103.0	106.4	103.1
重庆	Chongqing	102.7	102.9	101.4	98.8	99.6	108.8	99.9
成都	Chengdu	98.5	100.6	101.0	100.7	98.7	101.1	103.2
贵阳	Guiyang	103.7	101.3	101.3	100.3	95.4	100.7	100.4
昆明	Kunming	99.4	100.4	100.8	100.6	100.8	103.7	101.3
拉萨	Lasa	102.9	99.9	100.0	100.7	99.8	105.6	101.7
西安	Xi'an	102.9	101.8	101.8	101.6	101.3	111.3	100.6
兰州	Lanzhou	102.6	105.4	101.2	100.6	100.8	109.8	98.9
西宁	Xining	103.7	104.7	102.5	99.2	102.8	105.0	102.7
银川	Yinchuan	103.9	102.1	102.5	100.7	103.1	104.9	101.0
乌鲁木齐	Urumqi	100.4	97.4	101.7	100.3	103.3	121.8	99.9

3-53 36个大中城市居民消费价格分类指数(同比)
Consumer Price Indices by Category for 36 Major Large and Medium-sized Cities
(2018年2月)

(上年同月=100) (same month of preceding year=100)

地 区	City	居民消费价格指数 Consumer Price Index	食品烟酒 Food, Tobacco and Liquor	粮食 Grain	鲜菜 Fresh Vegetables	畜肉 Meat	水产品 Aquatic Products	蛋 Eggs	鲜果 Fresh Fruits
平均指数	**Average Index**	**103.1**	**104.3**	**101.2**	**121.3**	**98.3**	**108.9**	**119.9**	**107.9**
北 京	Beijing	102.9	104.7	101.3	123.6	99.2	103.7	129.9	105.2
天 津	Tianjin	102.5	105.2	100.2	117.9	100.1	115.4	134.7	105.8
石家庄	Shijiazhuang	103.1	101.4	97.0	107.8	97.3	108.3	122.6	105.1
太 原	Taiyuan	102.0	103.3	99.6	116.2	100.5	106.6	156.7	100.3
呼和浩特	Hohhot	102.3	102.5	100.9	106.9	102.6	107.2	125.8	101.0
沈 阳	Shenyang	104.7	105.2	100.7	107.5	98.8	110.3	124.7	131.3
大 连	Dalian	104.5	105.3	101.1	110.1	96.6	111.1	120.5	114.6
长 春	Changchun	102.1	101.8	99.1	108.3	98.2	104.6	115.6	98.5
哈尔滨	Harbin	103.4	101.3	98.0	102.1	95.2	102.1	121.4	116.8
上 海	Shanghai	102.6	103.7	101.3	120.3	98.7	106.7	111.2	104.3
南 京	Nanjing	102.4	105.7	98.8	126.7	97.8	109.5	119.2	111.6
杭 州	Hangzhou	103.8	104.3	99.3	135.5	96.4	109.0	112.8	108.0
宁 波	Ningbo	102.5	103.9	103.3	119.4	99.5	105.3	109.3	111.5
合 肥	Hefei	103.2	106.6	104.7	137.1	95.9	108.8	121.9	119.8
福 州	Fuzhou	103.1	107.2	101.2	138.0	95.0	108.8	116.5	120.8
厦 门	Xiamen	103.7	104.7	98.4	125.3	99.1	111.0	106.5	104.4
南 昌	Nanchang	103.1	104.1	100.7	127.2	97.5	103.7	110.8	108.4
济 南	Jinan	103.1	104.3	101.9	125.7	94.1	110.3	125.5	103.8
青 岛	Qingdao	103.6	105.0	100.4	127.9	97.6	106.3	127.1	101.0
郑 州	Zhengzhou	103.3	101.8	103.4	98.4	97.5	108.0	125.8	93.7
武 汉	Wuhan	102.6	104.1	99.9	121.6	99.0	107.3	108.4	109.6
长 沙	Changsha	102.3	103.9	101.0	128.4	97.1	106.6	108.6	111.2
广 州	Guangzhou	103.9	105.5	107.3	123.0	98.0	111.0	132.0	110.6
深 圳	Shenzhen	103.7	106.2	103.0	126.7	103.0	118.0	108.7	105.2
南 宁	Nanning	103.9	103.5	100.9	117.8	96.9	106.9	103.4	98.5
海 口	Haikou	103.9	103.7	101.9	116.6	100.5	108.4	105.6	98.8
重 庆	Chongqing	103.1	102.5	99.5	121.5	95.9	106.6	119.6	102.0
成 都	Chengdu	102.3	103.9	98.8	137.1	95.5	103.2	107.6	114.1
贵 阳	Guiyang	103.0	104.6	103.1	121.8	97.2	112.8	113.5	113.0
昆 明	Kunming	101.5	103.7	100.6	125.8	97.9	112.0	116.0	121.8
拉 萨	Lasa	101.0	100.8	100.4	95.9	99.0	106.5	100.5	101.8
西 安	Xi'an	102.7	104.9	102.6	125.5	96.9	106.6	132.5	110.8
兰 州	Lanzhou	102.5	100.9	100.8	100.2	97.1	103.5	120.7	107.2
西 宁	Xining	103.6	103.2	100.0	113.0	104.4	101.5	123.8	107.1
银 川	Yinchuan	102.5	102.2	100.0	118.0	98.9	106.0	121.5	97.8
乌鲁木齐	Urumqi	103.5	106.5	102.5	111.8	107.0	110.2	129.1	106.8

3-53 续表 continued

(上年同月=100) (same month of preceding year=100)

地 区	City	衣着 Clothing	居住 Residence	生活用品及服务 Household Facilities,Articles and Services	交通和通信 Transportation and Communication	教育文化和娱乐 Education, Culture and Recreation	医疗保健 Health Care and Medical Services	其他用品和服务 Miscellaneous Goods and Services
平均指数	**Average Index**	**100.2**	**101.6**	**101.7**	**101.9**	**105.1**	**106.5**	**101.5**
北 京	Beijing	97.5	102.6	101.6	102.5	102.7	106.6	101.4
天 津	Tianjin	99.9	100.6	101.5	99.9	106.1	103.0	101.5
石家庄	Shijiazhuang	101.9	101.4	101.7	101.6	107.0	113.3	100.2
太 原	Taiyuan	99.8	102.1	101.1	100.2	103.6	102.3	99.9
呼和浩特	Hohhot	102.3	104.9	100.9	100.9	100.6	100.7	101.7
沈 阳	Shenyang	102.2	101.1	102.2	103.0	104.3	120.3	101.6
大 连	Dalian	100.9	100.3	101.9	101.6	110.4	117.4	98.9
长 春	Changchun	100.8	101.5	101.1	100.1	103.0	108.9	100.6
哈尔滨	Harbin	103.0	100.2	101.1	98.8	109.0	120.6	98.5
上 海	Shanghai	98.2	99.4	101.4	105.9	109.6	102.6	104.1
南 京	Nanjing	100.8	101.4	104.9	100.5	100.2	100.7	102.4
杭 州	Hangzhou	100.4	105.7	99.3	101.5	107.7	102.0	99.3
宁 波	Ningbo	98.9	104.2	101.3	100.5	102.5	102.2	98.7
合 肥	Hefei	102.1	101.0	102.1	101.2	104.0	101.1	102.4
福 州	Fuzhou	97.7	101.7	101.3	100.0	104.7	102.3	99.6
厦 门	Xiamen	97.2	104.0	101.5	101.7	105.1	109.2	100.9
南 昌	Nanchang	99.1	101.3	100.9	101.0	102.1	118.6	101.8
济 南	Jinan	102.8	104.7	99.1	100.9	103.6	102.3	98.3
青 岛	Qingdao	106.3	102.0	101.7	101.1	104.8	103.3	102.4
郑 州	Zhengzhou	101.2	102.3	101.5	101.2	103.6	120.2	101.4
武 汉	Wuhan	101.1	101.2	103.2	101.6	100.5	107.2	100.6
长 沙	Changsha	101.5	101.2	101.6	102.6	101.5	100.9	100.3
广 州	Guangzhou	102.8	101.1	103.7	102.2	105.8	110.0	101.2
深 圳	Shenzhen	99.6	102.2	101.8	103.1	105.4	103.7	100.3
南 宁	Nanning	102.9	103.5	102.5	99.9	103.4	115.2	105.2
海 口	Haikou	103.0	103.9	104.7	102.7	104.8	105.7	102.3
重 庆	Chongqing	102.4	102.9	102.4	100.8	105.2	108.7	101.5
成 都	Chengdu	99.3	99.0	100.8	101.0	107.4	102.0	104.6
贵 阳	Guiyang	101.9	101.3	100.7	101.9	107.1	100.7	100.1
昆 明	Kunming	98.0	99.9	100.7	102.4	100.3	103.9	99.9
拉 萨	Lasa	103.5	100.0	100.4	100.6	99.9	104.5	101.5
西 安	Xi'an	99.5	100.5	100.8	100.3	102.1	110.6	99.1
兰 州	Lanzhou	101.8	106.3	100.5	100.5	101.5	108.9	98.8
西 宁	Xining	104.1	104.7	102.9	100.2	104.7	105.0	101.7
银 川	Yinchuan	102.5	101.9	102.9	102.2	105.4	101.3	100.8
乌鲁木齐	Urumqi	97.8	97.4	102.1	100.0	103.0	121.8	97.9

3-54 36个大中城市居民消费价格分类指数(同比)
Consumer Price Indices by Category for 36 Major Large and Medium-sized Cities
(2018年3月)

(上年同月=100) (same month of preceding year=100)

地区	City	居民消费价格指数 Consumer Price Index	食品烟酒 Food, Tobacco and Liquor	粮食 Grain	鲜菜 Fresh Vegetables	畜肉 Meat	水产品 Aquatic Products	蛋 Eggs	鲜果 Fresh Fruits
平均指数	**Average Index**	**102.2**	**102.9**	**101.3**	**111.5**	**95.8**	**105.8**	**116.5**	**108.2**
北京	Beijing	102.5	103.3	101.9	114.1	97.6	103.4	125.7	101.9
天津	Tianjin	101.8	103.7	99.5	110.6	98.8	110.0	122.6	108.6
石家庄	Shijiazhuang	102.5	101.2	97.5	105.3	95.3	112.2	116.6	99.9
太原	Taiyuan	101.8	102.1	99.7	105.5	100.9	103.4	136.4	104.5
呼和浩特	Hohhot	102.2	103.0	100.3	108.5	104.0	106.0	118.3	105.6
沈阳	Shenyang	104.3	105.5	101.3	114.2	95.6	110.8	116.1	135.4
大连	Dalian	104.0	105.3	100.8	118.6	95.7	108.1	118.1	116.9
长春	Changchun	101.0	100.2	99.7	106.1	93.5	102.4	113.8	96.8
哈尔滨	Harbin	103.4	102.7	98.5	113.6	92.8	103.7	118.0	122.4
上海	Shanghai	101.6	103.1	100.7	112.7	97.9	104.7	111.6	106.6
南京	Nanjing	101.7	103.5	99.9	115.3	95.9	103.1	117.0	105.5
杭州	Hangzhou	102.6	103.4	101.3	116.9	96.5	106.5	110.9	111.8
宁波	Ningbo	101.9	103.1	102.4	113.0	96.3	103.0	108.6	112.8
合肥	Hefei	101.5	102.6	104.4	115.1	89.8	101.5	119.1	115.0
福州	Fuzhou	101.7	104.7	102.1	118.5	90.1	109.5	106.9	113.4
厦门	Xiamen	101.4	102.3	98.9	112.2	95.1	104.8	107.8	104.7
南昌	Nanchang	101.6	100.7	100.7	100.0	94.7	97.1	111.4	98.7
济南	Jinan	102.5	103.1	101.6	119.4	90.8	108.7	117.7	101.6
青岛	Qingdao	102.1	102.2	101.6	113.8	94.5	105.5	117.0	100.3
郑州	Zhengzhou	103.1	101.6	100.1	99.2	95.5	106.7	113.8	100.5
武汉	Wuhan	101.7	101.8	99.9	108.9	94.8	99.2	111.5	109.3
长沙	Changsha	101.6	102.5	101.0	121.1	93.5	105.6	111.3	109.7
广州	Guangzhou	102.5	103.4	106.7	109.7	95.1	107.7	126.9	108.9
深圳	Shenzhen	102.6	104.1	105.7	111.9	98.3	110.6	107.1	107.8
南宁	Nanning	103.5	102.2	100.7	106.8	94.6	102.7	109.8	96.7
海口	Haikou	103.6	102.5	100.8	111.8	101.6	102.8	105.5	97.9
重庆	Chongqing	101.9	100.8	99.3	106.8	91.6	104.8	120.7	106.9
成都	Chengdu	100.7	101.2	99.2	114.0	91.2	101.2	105.6	117.1
贵阳	Guiyang	101.5	102.5	102.9	105.8	94.5	106.6	113.6	113.2
昆明	Kunming	100.7	102.0	100.6	117.0	95.1	109.2	114.7	117.7
拉萨	Lasa	101.0	100.4	100.4	96.4	100.0	109.6	101.0	96.6
西安	Xi'an	102.0	102.1	104.3	100.8	93.7	102.5	128.8	103.6
兰州	Lanzhou	102.7	100.9	100.6	99.8	97.4	105.4	129.9	104.1
西宁	Xining	103.1	102.0	100.6	104.1	104.6	99.9	119.7	107.4
银川	Yinchuan	102.0	100.8	100.7	106.3	98.9	102.5	123.9	94.9
乌鲁木齐	Urumqi	103.0	104.9	102.6	99.7	108.2	105.9	122.8	100.0

3-54 续表 continued

(上年同月=100) (same month of preceding year=100)

地区	City	衣着 Clothing	居住 Residence	生活用品及服务 Household Facilities,Articles and Services	交通和通信 Transportation and Communication	教育文化和娱乐 Education, Culture and Recreation	医疗保健 Health Care and Medical Services	其他用品和服务 Miscellaneous Goods and Services
平均指数	**Average Index**	**100.3**	**101.9**	**101.4**	**100.2**	**102.5**	**106.0**	**101.3**
北京	Beijing	98.1	103.7	101.5	98.3	103.4	106.4	102.4
天津	Tianjin	100.1	100.6	100.8	99.3	103.9	103.0	101.5
石家庄	Shijiazhuang	103.7	101.0	101.6	101.2	102.2	112.9	99.4
太原	Taiyuan	100.1	103.2	101.0	99.9	102.6	102.3	100.0
呼和浩特	Hohhot	102.0	105.4	101.1	99.2	100.2	100.7	100.6
沈阳	Shenyang	101.6	103.4	100.2	101.5	99.7	119.5	101.1
大连	Dalian	100.1	100.6	100.9	100.8	108.1	117.2	97.8
长春	Changchun	100.5	100.9	101.4	99.5	102.3	104.5	99.6
哈尔滨	Harbin	102.8	100.4	100.6	97.9	107.1	120.0	98.7
上海	Shanghai	97.8	99.8	101.2	104.0	104.3	100.3	103.7
南京	Nanjing	101.2	101.4	103.7	99.9	100.9	100.7	99.8
杭州	Hangzhou	101.0	105.3	99.9	99.1	102.9	101.7	99.3
宁波	Ningbo	100.2	103.4	100.6	98.7	102.0	102.1	99.0
合肥	Hefei	102.9	101.0	101.1	100.2	101.7	101.0	100.1
福州	Fuzhou	96.4	101.7	100.4	99.3	101.1	102.1	99.4
厦门	Xiamen	95.1	103.3	101.3	99.7	100.5	102.8	101.1
南昌	Nanchang	96.3	101.0	101.3	100.7	100.8	118.5	101.7
济南	Jinan	103.6	104.5	99.0	100.2	99.8	105.3	99.2
青岛	Qingdao	106.5	101.3	100.5	99.5	103.2	102.4	102.2
郑州	Zhengzhou	101.1	102.1	101.7	100.6	102.2	121.1	101.8
武汉	Wuhan	100.8	101.5	102.2	100.5	100.0	107.2	100.1
长沙	Changsha	102.1	101.3	101.0	101.0	100.6	101.0	100.9
广州	Guangzhou	102.5	101.0	102.8	100.4	101.9	110.1	99.5
深圳	Shenzhen	100.6	102.8	101.9	100.6	101.9	103.5	100.5
南宁	Nanning	103.4	104.8	102.3	97.9	103.1	115.2	102.8
海口	Haikou	104.1	103.9	103.2	103.5	105.1	106.1	102.4
重庆	Chongqing	102.4	102.7	101.8	99.4	101.4	108.6	100.6
成都	Chengdu	98.8	98.8	101.0	100.6	101.5	102.5	106.0
贵阳	Guiyang	100.7	99.5	100.3	100.6	105.3	100.7	100.4
昆明	Kunming	97.4	100.0	100.0	100.7	99.7	104.7	100.4
拉萨	Lasa	103.5	100.1	100.4	101.1	99.9	104.5	100.9
西安	Xi'an	100.2	101.1	102.3	100.4	100.8	110.7	99.3
兰州	Lanzhou	101.7	107.0	100.5	100.3	101.5	110.4	98.7
西宁	Xining	103.7	104.0	102.1	99.8	106.4	105.1	99.9
银川	Yinchuan	102.9	102.7	102.2	102.0	104.5	101.1	100.1
乌鲁木齐	Urumqi	97.9	98.0	102.4	98.6	103.0	121.7	97.9

3-55 36个大中城市居民消费价格分类指数(同比)

Consumer Price Indices by Category for 36 Major Large and Medium-sized Cities

(2018年4月)

(上年同月=100) (same month of preceding year=100)

地　区	City	居民消费价格指数 Consumer Price Index	食品烟酒 Food, Tobacco and Liquor	粮食 Grain	鲜菜 Fresh Vegetables	畜肉 Meat	水产品 Aquatic Products	蛋 Eggs	鲜果 Fresh Fruits
平均指数	**Average Index**	**102.0**	**102.1**	**101.1**	**110.0**	**93.9**	**103.1**	**113.6**	**105.8**
北　京	Beijing	102.5	102.5	101.3	115.8	96.1	102.0	121.1	100.8
天　津	Tianjin	101.5	102.4	98.9	109.2	95.8	104.0	118.8	105.4
石家庄	Shijiazhuang	102.5	101.1	98.7	114.0	93.4	105.7	111.5	94.4
太　原	Taiyuan	101.5	101.5	101.6	103.6	95.6	101.7	130.5	107.8
呼和浩特	Hohhot	102.1	102.0	100.2	107.8	102.6	102.0	105.3	103.8
沈　阳	Shenyang	104.0	104.6	101.0	117.9	93.7	111.4	117.4	124.2
大　连	Dalian	103.5	104.5	100.7	117.0	94.5	105.9	119.3	115.1
长　春	Changchun	100.9	99.8	99.5	105.8	91.5	98.9	112.6	96.5
哈尔滨	Harbin	103.2	102.9	98.5	120.2	91.1	106.3	107.2	120.9
上　海	Shanghai	101.4	102.7	100.3	112.3	96.7	101.6	110.4	107.2
南　京	Nanjing	101.6	102.3	100.2	111.8	93.5	99.3	115.6	101.5
杭　州	Hangzhou	102.4	102.1	100.9	112.5	93.8	103.4	110.0	106.8
宁　波	Ningbo	101.9	102.8	101.9	115.0	93.4	101.2	107.5	111.7
合　肥	Hefei	101.1	100.9	102.9	120.2	86.6	95.1	117.6	95.5
福　州	Fuzhou	100.9	101.9	103.0	110.0	87.7	102.2	95.5	101.9
厦　门	Xiamen	101.6	101.2	99.4	108.2	92.5	103.5	99.8	100.8
南　昌	Nanchang	102.0	101.2	101.0	106.8	92.3	93.0	109.6	99.1
济　南	Jinan	102.4	103.1	101.0	127.5	89.5	105.8	118.0	102.4
青　岛	Qingdao	102.2	102.7	101.5	119.8	91.5	106.5	117.7	103.0
郑　州	Zhengzhou	103.0	101.6	98.7	103.4	95.3	104.1	114.7	102.9
武　汉	Wuhan	101.4	100.4	99.9	104.2	92.8	93.7	109.4	107.7
长　沙	Changsha	101.2	101.1	101.0	112.8	91.8	101.3	109.7	106.9
广　州	Guangzhou	101.6	101.8	107.4	99.6	94.6	104.8	117.8	104.6
深　圳	Shenzhen	102.6	103.2	106.6	104.4	96.7	107.7	104.1	107.3
南　宁	Nanning	103.6	101.8	100.7	103.6	92.3	102.5	109.8	98.5
海　口	Haikou	102.7	100.7	100.5	100.7	101.3	98.5	106.0	96.1
重　庆	Chongqing	101.5	99.8	98.2	104.3	88.5	103.3	117.7	105.2
成　都	Chengdu	100.9	100.3	99.7	110.8	88.2	100.9	105.0	110.0
贵　阳	Guiyang	101.1	100.9	102.7	100.8	93.2	101.2	108.7	107.8
昆　明	Kunming	100.8	100.1	100.7	112.5	91.9	106.2	109.5	106.9
拉　萨	Lasa	101.1	100.9	100.4	102.4	99.8	107.5	101.1	97.9
西　安	Xi'an	101.5	101.9	102.1	107.2	93.6	101.4	121.3	101.3
兰　州	Lanzhou	101.9	99.4	100.0	100.7	95.1	104.9	116.0	92.9
西　宁	Xining	102.8	101.2	99.1	111.1	101.9	98.9	116.3	96.5
银　川	Yinchuan	102.0	100.8	100.4	108.6	97.8	102.5	118.9	90.7
乌鲁木齐	Urumqi	103.3	105.2	102.4	105.2	106.2	102.5	122.6	99.8

3-55 续表 continued

(上年同月=100) (same month of preceding year=100)

地　区	City	衣着 Clothing	居住 Residence	生活用品及服务 Household Facilities,Articles and Services	交通和通信 Transportation and Communication	教育文化和娱乐 Education, Culture and Recreation	医疗保健 Health Care and Medical Services	其他用品和服务 Miscellaneous Goods and Services
平均指数	**Average Index**	**100.5**	**101.9**	**101.2**	**101.1**	**102.3**	**105.4**	**100.9**
北　京	Beijing	99.2	103.9	101.1	100.3	104.0	103.5	102.0
天　津	Tianjin	100.5	100.5	100.7	100.3	102.7	103.0	101.2
石家庄	Shijiazhuang	101.5	101.6	102.3	101.8	102.1	113.4	98.7
太　原	Taiyuan	98.8	103.3	100.8	100.2	101.5	102.7	100.8
呼和浩特	Hohhot	102.2	105.4	101.0	100.7	100.3	100.7	100.6
沈　阳	Shenyang	100.3	103.5	99.6	101.9	100.1	119.7	101.3
大　连	Dalian	99.1	100.7	100.3	101.0	107.7	116.5	96.2
长　春	Changchun	103.3	100.9	102.6	100.2	100.6	102.4	100.0
哈尔滨	Harbin	101.2	100.5	101.1	98.3	104.8	120.2	98.3
上　海	Shanghai	97.9	99.6	101.0	104.7	103.5	100.3	101.9
南　京	Nanjing	101.6	101.6	103.1	100.4	100.9	100.9	102.7
杭　州	Hangzhou	100.8	105.4	100.2	100.4	102.2	101.5	99.1
宁　波	Ningbo	101.2	102.7	100.7	100.8	100.9	102.2	98.9
合　肥	Hefei	101.9	100.8	101.2	101.1	101.4	100.8	101.9
福　州	Fuzhou	97.8	101.5	100.0	99.9	100.9	102.1	99.2
厦　门	Xiamen	96.5	104.0	101.6	100.5	101.3	103.8	100.4
南　昌	Nanchang	98.1	101.3	101.0	101.5	101.2	117.7	101.1
济　南	Jinan	104.1	104.0	99.1	101.6	98.5	104.9	98.7
青　岛	Qingdao	106.3	101.3	100.7	100.4	102.7	101.6	101.1
郑　州	Zhengzhou	101.2	102.1	102.0	101.4	102.3	118.0	101.1
武　汉	Wuhan	101.1	101.6	102.1	101.6	100.0	107.2	99.6
长　沙	Changsha	102.5	101.4	100.9	101.8	100.1	101.3	100.5
广　州	Guangzhou	102.9	100.4	102.4	100.5	100.2	110.3	98.6
深　圳	Shenzhen	100.3	103.3	101.5	102.1	102.1	103.6	101.6
南　宁	Nanning	104.1	104.7	101.8	98.9	104.4	115.0	102.8
海　口	Haikou	104.7	103.6	103.1	104.0	103.6	104.1	101.9
重　庆	Chongqing	102.0	102.3	101.4	98.1	103.4	108.5	100.8
成　都	Chengdu	99.3	99.9	100.8	101.5	101.6	103.0	104.9
贵　阳	Guiyang	100.6	99.4	100.7	102.1	104.8	100.3	100.5
昆　明	Kunming	100.7	99.7	101.7	102.2	100.7	104.5	100.2
拉　萨	Lasa	103.0	100.2	100.4	101.4	99.9	104.6	99.0
西　安	Xi'an	102.3	100.7	102.2	100.7	101.0	102.2	100.7
兰　州	Lanzhou	101.4	105.8	100.7	100.5	100.4	110.5	98.6
西　宁	Xining	101.1	104.0	101.3	100.1	109.8	104.8	98.2
银　川	Yinchuan	103.0	103.1	102.8	102.2	103.4	101.2	99.8
乌鲁木齐	Urumqi	97.6	97.6	102.7	99.9	104.1	121.7	98.4

3-56 36个大中城市居民消费价格分类指数(同比)
Consumer Price Indices by Category for 36 Major Large and Medium-sized Cities (2018年5月)

(上年同月=100) (same month of preceding year=100)

地区	City	居民消费价格指数 Consumer Price Index	食品烟酒 Food, Tobacco and Liquor	粮食 Grain	鲜菜 Fresh Vegetables	畜肉 Meat	水产品 Aquatic Products	蛋 Eggs	鲜果 Fresh Fruits
平均指数	**Average Index**	**101.8**	**101.6**	**101.0**	**111.1**	**93.9**	**101.0**	**118.2**	**99.2**
北京	Beijing	102.3	102.0	100.2	119.9	96.1	100.6	126.8	93.1
天津	Tianjin	101.9	102.9	99.4	113.6	96.3	104.7	126.9	100.5
石家庄	Shijiazhuang	102.5	100.3	96.9	117.2	90.9	104.4	117.6	86.9
太原	Taiyuan	101.3	101.0	101.0	112.6	94.1	100.1	142.6	94.8
呼和浩特	Hohhot	102.1	101.6	100.3	112.0	101.8	100.2	111.1	95.0
沈阳	Shenyang	103.5	103.9	100.3	114.4	95.7	107.3	125.1	116.1
大连	Dalian	103.1	103.0	100.8	109.8	94.7	100.8	126.6	109.7
长春	Changchun	101.4	100.7	100.4	106.0	93.8	100.9	122.4	93.7
哈尔滨	Harbin	102.8	101.9	99.2	117.5	90.5	99.2	113.7	111.8
上海	Shanghai	101.4	102.4	100.6	112.2	96.8	99.7	111.8	107.6
南京	Nanjing	101.6	101:8	100.4	116.6	93.9	97.8	123.9	92.9
杭州	Hangzhou	102.2	101.8	101.9	107.4	94.4	101.0	112.2	103.5
宁波	Ningbo	101.5	101.3	100.9	113.2	93.6	99.9	110.5	95.4
合肥	Hefei	101.2	100.6	102.0	124.9	89.7	92.2	126.1	87.5
福州	Fuzhou	100.1	100.5	101.1	110.3	89.8	93.8	95.0	90.1
厦门	Xiamen	101.5	101.2	98.5	119.8	90.7	101.7	106.1	98.2
南昌	Nanchang	102.1	100.6	101.3	101.1	91.2	89.2	114.2	98.9
济南	Jinan	102.6	103.1	101.4	135.6	91.0	104.6	123.1	89.7
青岛	Qingdao	101.7	101.1	98.7	117.6	90.8	103.4	119.8	91.3
郑州	Zhengzhou	103.0	100.9	97.5	106.4	94.2	100.8	120.1	91.1
武汉	Wuhan	101.5	100.1	99.9	106.8	93.2	92.2	111.0	101.2
长沙	Changsha	101.3	101.0	101.0	116.9	92.2	102.0	110.9	99.3
广州	Guangzhou	101.7	101.3	106.6	101.3	94.0	101.4	123.4	99.3
深圳	Shenzhen	102.5	102.5	107.4	107.1	96.0	106.0	104.8	100.7
南宁	Nanning	101.7	101.2	100.6	104.5	90.9	101.2	108.5	95.9
海口	Haikou	101.6	99.9	101.2	98.9	98.8	98.3	106.9	95.8
重庆	Chongqing	101.3	99.1	99.0	103.0	87.9	101.8	124.5	95.5
成都	Chengdu	100.9	100.0	100.2	114.6	89.2	99.4	106.7	94.7
贵阳	Guiyang	101.0	99.1	103.0	100.3	92.1	98.3	111.8	87.0
昆明	Kunming	100.9	99.5	102.4	104.4	91.0	104.9	109.6	102.0
拉萨	Lasa	101.2	101.2	100.4	109.2	99.2	100.3	101.6	97.9
西安	Xi'an	101.4	101.8	101.5	114.4	93.5	98.6	141.4	92.8
兰州	Lanzhou	102.1	99.6	99.7	104.2	93.7	103.9	121.5	88.1
西宁	Xining	102.5	101.6	99.5	113.3	99.3	98.1	129.1	101.0
银川	Yinchuan	102.3	101.8	100.0	111.6	98.7	103.0	123.9	94.2
乌鲁木齐	Urumqi	102.9	104.2	99.8	104.9	104.0	99.7	129.4	95.8

3-56 续表 continued

(上年同月=100) (same month of preceding year=100)

地 区	City	衣着 Clothing	居住 Residence	生活用品及服务 Household Facilities,Articles and Services	交通和通信 Transportation and Communication	教育文化和娱乐 Education, Culture and Recreation	医疗保健 Health Care and Medical Services	其他用品和服务 Miscellaneous Goods and Services
平均指数	**Average Index**	**100.6**	**101.9**	**101.1**	**101.6**	**102.1**	**104.9**	**101.1**
北 京	Beijing	99.0	103.6	101.1	101.1	104.1	101.4	102.2
天 津	Tianjin	101.2	101.1	101.1	100.8	102.9	103.0	100.6
石家庄	Shijiazhuang	103.1	101.8	101.7	102.2	101.8	113.2	99.7
太 原	Taiyuan	98.4	103.3	100.5	100.0	101.6	102.6	100.8
呼和浩特	Hohhot	102.0	105.9	101.0	101.4	100.2	100.7	100.3
沈 阳	Shenyang	99.8	103.4	99.6	102.2	98.7	119.3	100.5
大 连	Dalian	98.8	100.5	99.9	100.2	109.4	116.5	97.2
长 春	Changchun	104.3	100.9	103.7	102.3	99.7	101.7	99.8
哈尔滨	Harbin	99.5	100.6	100.8	98.8	104.6	120.3	98.4
上 海	Shanghai	97.7	99.9	100.8	104.4	103.3	100.4	102.8
南 京	Nanjing	100.4	102.4	103.7	100.4	101.0	100.5	102.2
杭 州	Hangzhou	102.4	104.5	100.2	100.8	101.8	101.5	99.5
宁 波	Ningbo	100.2	102.9	101.0	100.6	101.8	101.8	99.4
合 肥	Hefei	101.1	101.2	101.5	102.4	101.5	100.8	101.4
福 州	Fuzhou	97.3	101.1	99.7	100.1	98.8	101.3	99.3
厦 门	Xiamen	98.5	103.1	101.3	100.8	101.9	102.5	99.8
南 昌	Nanchang	98.6	101.6	101.1	102.1	101.8	117.6	101.0
济 南	Jinan	105.2	103.8	99.6	102.7	99.0	104.3	99.3
青 岛	Qingdao	105.2	100.9	100.7	101.8	102.1	101.6	101.5
郑 州	Zhengzhou	101.2	102.2	102.3	102.7	102.2	118.0	102.6
武 汉	Wuhan	101.7	101.5	102.0	102.5	99.8	107.0	99.9
长 沙	Changsha	102.8	101.4	100.9	102.1	100.7	101.2	100.6
广 州	Guangzhou	105.6	100.7	100.9	101.5	99.9	110.1	99.1
深 圳	Shenzhen	102.1	103.0	101.1	102.3	101.8	104.0	102.1
南 宁	Nanning	101.4	103.9	100.2	100.2	102.3	100.9	102.1
海 口	Haikou	105.4	101.6	100.2	104.3	101.5	104.1	102.1
重 庆	Chongqing	101.4	102.2	101.4	99.7	103.1	107.9	100.0
成 都	Chengdu	99.4	100.2	101.6	102.4	100.8	103.0	104.6
贵 阳	Guiyang	101.0	100.1	101.4	104.1	104.2	100.3	100.4
昆 明	Kunming	101.6	99.7	102.3	103.3	100.8	104.2	101.3
拉 萨	Lasa	103.3	100.2	100.4	102.3	99.9	102.1	101.0
西 安	Xi'an	101.5	101.4	101.8	100.8	99.9	102.4	101.1
兰 州	Lanzhou	101.2	105.7	100.6	101.5	100.3	110.5	98.9
西 宁	Xining	101.6	102.1	101.2	98.6	111.6	103.0	98.6
银 川	Yinchuan	102.7	103.1	103.1	102.6	102.8	101.5	99.7
乌鲁木齐	Urumqi	98.1	97.7	104.8	99.5	102.2	122.0	98.0

3-57 36个大中城市居民消费价格分类指数(同比)
Consumer Price Indices by Category for 36 Major Large and Medium-sized Cities (2018年6月)

(上年同月=100) (same month of preceding year=100)

地区	City	居民消费价格指数 Consumer Price Index	食品烟酒 Food, Tobacco and Liquor	粮食 Grain	鲜菜 Fresh Vegetables	畜肉 Meat	水产品 Aquatic Products	蛋 Eggs	鲜果 Fresh Fruits
平均指数	**Average Index**	**101.8**	**101.4**	**100.5**	**110.6**	**95.3**	**101.1**	**114.2**	**94.4**
北京	Beijing	102.2	102.1	101.4	112.3	97.2	99.4	120.0	96.1
天津	Tianjin	101.9	102.2	98.6	109.1	98.0	107.1	117.6	95.3
石家庄	Shijiazhuang	102.6	100.9	97.1	117.7	92.6	100.7	110.1	90.3
太原	Taiyuan	101.2	100.7	101.2	111.5	95.5	97.3	124.7	91.2
呼和浩特	Hohhot	101.5	101.6	100.3	112.0	103.0	98.5	112.1	90.6
沈阳	Shenyang	103.2	101.7	99.7	111.5	98.3	110.5	116.2	90.7
大连	Dalian	103.2	102.7	100.7	105.5	98.2	101.3	120.9	104.3
长春	Changchun	102.0	101.5	100.3	108.5	95.8	100.0	119.2	92.6
哈尔滨	Harbin	102.8	101.7	98.1	118.9	94.6	98.5	107.5	100.7
上海	Shanghai	101.2	101.7	99.9	114.4	97.6	100.5	110.3	95.7
南京	Nanjing	101.7	101.9	101.3	117.4	96.2	97.9	114.8	90.5
杭州	Hangzhou	102.0	101.2	100.7	109.3	94.6	100.6	112.6	91.4
宁波	Ningbo	101.9	101.2	99.3	114.0	95.5	97.7	111.1	92.5
合肥	Hefei	101.5	101.2	100.7	123.3	92.2	94.1	116.0	93.2
福州	Fuzhou	101.1	101.4	102.2	103.1	91.9	97.5	97.0	92.1
厦门	Xiamen	101.3	100.4	100.6	107.5	92.2	100.7	104.3	93.9
南昌	Nanchang	102.2	101.0	100.8	102.0	92.8	89.5	115.9	98.3
济南	Jinan	102.6	102.6	101.7	118.7	93.8	101.4	115.5	95.4
青岛	Qingdao	102.1	102.7	99.2	121.4	96.5	105.4	114.2	96.3
郑州	Zhengzhou	103.0	101.1	97.5	107.9	93.4	99.5	107.4	90.9
武汉	Wuhan	101.1	100.4	100.0	109.8	95.7	90.7	109.8	98.0
长沙	Changsha	101.2	100.4	101.0	117.4	91.0	101.6	107.8	93.0
广州	Guangzhou	101.9	101.6	104.1	105.1	94.9	103.4	119.1	97.1
深圳	Shenzhen	102.3	101.4	106.5	109.1	95.6	104.5	107.6	93.9
南宁	Nanning	101.6	100.5	100.5	105.4	90.1	101.5	110.0	89.6
海口	Haikou	102.4	101.4	102.4	105.9	98.0	101.4	109.5	92.2
重庆	Chongqing	101.7	100.0	97.8	106.7	90.5	99.7	123.8	90.9
成都	Chengdu	100.9	100.4	99.0	114.2	90.9	98.9	105.0	90.4
贵阳	Guiyang	101.0	99.2	101.6	101.4	92.8	98.5	113.3	88.5
昆明	Kunming	101.1	99.4	102.6	103.4	92.0	101.9	108.8	97.3
拉萨	Lasa	101.1	100.7	100.4	105.6	99.9	98.8	102.0	96.5
西安	Xi'an	101.3	101.1	101.5	104.2	94.9	95.5	120.6	91.6
兰州	Lanzhou	101.9	100.6	99.7	103.9	96.0	104.4	121.8	91.8
西宁	Xining	102.3	100.6	100.9	96.6	101.0	100.3	122.1	94.6
银川	Yinchuan	102.4	101.7	100.1	105.8	100.6	100.8	118.5	94.1
乌鲁木齐	Urumqi	102.8	103.5	99.9	99.3	104.5	103.5	120.5	85.9

3-57 续表 continued

(上年同月=100) (same month of preceding year=100)

地 区	City	衣着 Clothing	居住 Residence	生活用品及服务 Household Facilities,Articles and Services	交通和通信 Transportation and Communication	教育文化和娱乐 Education, Culture and Recreation	医疗保健 Health Care and Medical Services	其他用品和服务 Miscellaneous Goods and Services
平均指数	**Average Index**	**100.4**	**101.9**	**101.3**	**102.3**	**101.9**	**104.9**	**101.0**
北 京	Beijing	99.5	103.4	100.7	101.0	104.0	101.4	101.8
天 津	Tianjin	101.0	101.4	100.9	102.0	102.8	102.6	101.2
石家庄	Shijiazhuang	103.0	102.1	102.2	102.8	99.4	113.3	100.0
太 原	Taiyuan	96.2	103.3	100.5	102.0	101.7	102.6	100.2
呼和浩特	Hohhot	101.7	102.1	101.1	101.8	100.3	100.9	100.9
沈 阳	Shenyang	99.8	103.7	100.0	102.6	99.9	119.1	100.4
大 连	Dalian	98.7	100.9	99.4	101.4	109.3	116.9	97.5
长 春	Changchun	106.6	100.9	104.0	102.2	100.2	102.5	100.6
哈尔滨	Harbin	98.4	100.6	100.7	100.5	104.8	120.3	97.9
上 海	Shanghai	97.7	100.1	100.8	104.8	102.6	100.5	102.5
南 京	Nanjing	99.1	103.1	104.2	101.1	100.8	100.2	101.8
杭 州	Hangzhou	102.0	103.9	100.8	101.6	101.5	101.4	99.2
宁 波	Ningbo	100.9	102.4	101.9	101.8	101.6	106.3	99.4
合 肥	Hefei	101.3	101.2	101.5	103.7	100.7	100.9	101.7
福 州	Fuzhou	98.3	101.6	99.4	101.7	102.4	101.3	98.5
厦 门	Xiamen	99.0	102.9	101.3	101.4	101.9	102.4	99.4
南 昌	Nanchang	97.1	102.1	100.5	102.9	101.6	117.6	100.5
济 南	Jinan	105.3	103.9	100.4	103.3	98.1	105.4	99.3
青 岛	Qingdao	104.6	100.7	101.2	102.3	101.6	101.4	102.3
郑 州	Zhengzhou	101.2	102.2	102.3	102.7	102.3	118.0	102.3
武 汉	Wuhan	101.8	102.0	101.8	102.8	99.9	100.5	100.0
长 沙	Changsha	102.8	101.2	101.0	102.6	100.0	101.8	100.8
广 州	Guangzhou	105.6	100.5	101.3	101.7	100.7	110.2	98.5
深 圳	Shenzhen	101.5	103.5	101.5	102.7	101.6	104.0	102.6
南 宁	Nanning	101.6	103.9	99.8	101.7	101.7	100.9	102.2
海 口	Haikou	105.7	102.6	100.7	104.8	101.7	102.1	102.9
重 庆	Chongqing	101.4	103.1	101.6	100.4	102.0	107.6	100.0
成 都	Chengdu	98.5	100.0	101.7	104.0	98.9	102.9	104.5
贵 阳	Guiyang	101.3	100.0	101.8	103.8	104.2	100.3	99.5
昆 明	Kunming	101.5	99.8	102.5	104.8	100.6	104.6	101.2
拉 萨	Lasa	103.2	100.2	100.4	102.8	99.9	101.2	100.1
西 安	Xi'an	100.1	101.6	103.3	101.1	100.6	102.4	99.3
兰 州	Lanzhou	100.8	103.6	100.4	100.9	100.0	110.4	100.4
西 宁	Xining	99.2	102.1	100.7	102.6	111.5	103.3	97.8
银 川	Yinchuan	102.9	103.3	103.0	103.8	103.1	101.1	100.1
乌鲁木齐	Urumqi	96.5	97.1	104.6	102.3	101.7	122.0	99.3

3-58 36个大中城市居民消费价格分类指数(同比)
Consumer Price Indices by Category for 36 Major Large and Medium-sized Cities (2018年7月)

(上年同月=100) (same month of preceding year=100)

地区	City	居民消费价格指数 Consumer Price Index	食品烟酒 Food, Tobacco and Liquor	粮食 Grain	鲜菜 Fresh Vegetables	畜肉 Meat	水产品 Aquatic Products	蛋 Eggs	鲜果 Fresh Fruits
平均指数	**Average Index**	**102.1**	**101.6**	**100.6**	**105.2**	**96.6**	**101.1**	**110.8**	**100.4**
北京	Beijing	102.8	103.1	101.9	111.8	98.4	99.0	115.2	109.6
天津	Tianjin	102.0	103.2	98.6	111.4	99.1	105.5	114.8	106.6
石家庄	Shijiazhuang	103.1	101.3	98.5	113.7	93.4	99.7	106.8	100.6
太原	Taiyuan	101.7	101.7	101.0	112.4	95.9	99.1	115.8	101.7
呼和浩特	Hohhot	101.5	101.4	100.3	109.8	103.1	97.2	101.8	93.4
沈阳	Shenyang	103.5	102.3	100.1	103.1	98.4	112.7	110.1	102.7
大连	Dalian	103.1	102.4	100.7	92.2	98.9	100.4	115.7	113.9
长春	Changchun	102.1	102.0	100.6	100.9	97.8	98.8	112.5	97.4
哈尔滨	Harbin	103.2	101.0	98.2	114.0	95.1	97.5	104.4	98.4
上海	Shanghai	101.3	101.3	99.5	105.3	98.2	99.7	108.6	100.3
南京	Nanjing	102.6	103.0	102.2	113.9	97.2	98.4	115.0	102.1
杭州	Hangzhou	101.7	100.7	99.9	102.1	94.9	102.8	111.9	93.5
宁波	Ningbo	102.3	101.2	98.9	102.7	96.0	98.7	110.3	99.3
合肥	Hefei	102.3	102.5	100.0	120.5	95.7	93.8	113.6	103.8
福州	Fuzhou	100.8	99.3	100.6	94.2	91.9	98.8	92.4	94.9
厦门	Xiamen	101.7	100.5	100.7	102.6	94.1	102.0	100.5	90.7
南昌	Nanchang	102.6	100.7	100.6	94.2	94.3	93.3	112.1	97.4
济南	Jinan	102.4	102.5	100.1	109.1	95.3	98.8	113.8	100.7
青岛	Qingdao	102.4	103.2	98.9	111.1	98.0	108.9	115.2	106.2
郑州	Zhengzhou	102.6	102.1	97.6	113.0	94.3	98.8	109.6	98.7
武汉	Wuhan	101.4	100.6	100.0	107.8	95.7	90.0	106.9	103.4
长沙	Changsha	101.4	100.1	100.7	105.1	91.7	99.7	104.0	101.2
广州	Guangzhou	102.1	101.1	105.1	94.6	96.4	102.8	109.6	96.2
深圳	Shenzhen	102.5	101.0	108.7	97.2	96.0	105.3	107.0	95.4
南宁	Nanning	101.6	100.1	100.5	97.5	91.3	101.2	108.2	91.1
海口	Haikou	101.9	100.3	101.5	99.9	97.4	99.0	108.0	93.7
重庆	Chongqing	102.2	100.5	96.1	104.8	95.0	100.2	117.3	96.8
成都	Chengdu	101.4	101.6	99.7	123.1	93.9	98.4	103.3	94.0
贵阳	Guiyang	101.5	98.8	101.8	95.5	92.5	98.9	111.1	89.7
昆明	Kunming	101.5	98.5	102.7	93.7	92.7	101.0	106.4	99.3
拉萨	Lasa	101.0	100.8	100.4	106.8	100.5	100.2	102.4	95.8
西安	Xi'an	101.6	101.7	100.8	105.3	97.4	93.7	112.7	94.2
兰州	Lanzhou	101.6	101.3	99.7	105.3	97.8	104.6	116.3	96.2
西宁	Xining	102.4	101.0	101.9	92.5	102.4	99.6	114.8	97.4
银川	Yinchuan	102.5	101.8	100.3	104.7	100.8	100.9	111.5	99.4
乌鲁木齐	Urumqi	103.2	104.1	99.9	94.2	106.6	104.2	115.0	94.3

3-58 续表 continued

(上年同月=100) (same month of preceding year=100)

地区	City	衣着 Clothing	居住 Residence	生活用品及服务 Household Facilities,Articles and Services	交通和通信 Transportation and Communication	教育文化和娱乐 Education, Culture and Recreation	医疗保健 Health Care and Medical Services	其他用品和服务 Miscellaneous Goods and Services
平均指数	**Average Index**	**100.7**	**102.0**	**101.4**	**103.1**	**102.5**	**104.8**	**101.5**
北京	Beijing	100.1	103.3	101.0	102.2	105.1	101.9	102.7
天津	Tianjin	101.3	101.5	100.9	102.7	100.8	102.8	101.3
石家庄	Shijiazhuang	102.8	102.0	102.0	103.2	103.0	113.4	99.7
太原	Taiyuan	97.7	103.2	101.0	104.2	101.7	100.1	100.2
呼和浩特	Hohhot	101.6	102.1	101.0	102.6	100.4	100.9	101.4
沈阳	Shenyang	99.6	103.8	99.8	103.0	100.7	118.9	100.6
大连	Dalian	98.7	101.3	99.9	102.4	106.9	116.4	99.0
长春	Changchun	107.1	100.8	104.7	100.3	100.8	103.0	101.7
哈尔滨	Harbin	98.1	100.6	100.4	102.7	107.0	120.8	98.4
上海	Shanghai	98.0	100.2	101.6	105.4	102.9	100.6	102.3
南京	Nanjing	99.8	103.2	104.6	103.0	102.4	101.1	101.7
杭州	Hangzhou	101.9	102.9	100.2	102.3	101.6	101.4	99.8
宁波	Ningbo	103.3	102.4	102.0	103.0	101.8	106.6	99.9
合肥	Hefei	100.7	101.2	102.1	104.3	102.6	103.2	100.8
福州	Fuzhou	100.0	102.0	100.2	102.4	100.9	101.6	99.6
厦门	Xiamen	99.3	103.0	101.1	102.4	103.1	102.4	99.4
南昌	Nanchang	99.5	102.6	100.6	104.0	102.2	117.2	101.2
济南	Jinan	104.3	103.4	100.6	103.6	98.4	105.5	98.8
青岛	Qingdao	104.0	100.5	102.3	102.0	103.2	101.5	102.8
郑州	Zhengzhou	100.9	101.0	101.5	98.2	103.1	118.0	103.3
武汉	Wuhan	101.8	102.3	101.7	103.3	100.3	100.5	100.6
长沙	Changsha	102.7	102.0	101.5	103.3	100.3	101.8	101.3
广州	Guangzhou	105.5	101.5	101.6	102.9	102.7	105.3	100.2
深圳	Shenzhen	101.7	104.1	101.4	103.4	102.1	104.2	102.8
南宁	Nanning	102.0	103.9	99.9	102.2	101.5	100.9	102.6
海口	Haikou	106.0	102.3	101.3	105.0	100.3	102.0	103.4
重庆	Chongqing	101.4	102.9	101.5	101.6	103.5	107.5	101.0
成都	Chengdu	98.8	99.7	101.6	104.9	100.1	103.1	104.7
贵阳	Guiyang	101.6	100.3	102.5	105.2	106.8	100.9	100.2
昆明	Kunming	102.1	99.8	101.2	105.4	104.7	104.8	101.8
拉萨	Lasa	102.5	100.2	100.4	102.9	99.9	101.2	98.4
西安	Xi'an	100.8	101.8	103.3	101.4	100.8	102.6	100.4
兰州	Lanzhou	100.5	101.3	100.4	101.1	98.7	111.0	101.2
西宁	Xining	99.7	102.0	101.8	101.5	111.7	102.4	97.7
银川	Yinchuan	102.1	103.0	103.0	103.8	103.9	101.1	101.2
乌鲁木齐	Urumqi	95.9	97.2	104.3	102.5	103.3	121.8	100.9

3-59 36个大中城市居民消费价格分类指数(同比)
Consumer Price Indices by Category for 36 Major Large and Medium-sized Cities
(2018年8月)

(上年同月=100) (same month of preceding year=100)

地区	City	居民消费价格指数 Consumer Price Index	食品烟酒 Food, Tobacco and Liquor	粮食 Grain	鲜菜 Fresh Vegetables	畜肉 Meat	水产品 Aquatic Products	蛋 Eggs	鲜果 Fresh Fruits
平均指数	**Average Index**	**102.4**	**102.3**	**100.5**	**105.6**	**98.6**	**102.2**	**110.0**	**104.7**
北京	Beijing	102.9	104.6	102.0	120.7	100.3	98.9	113.8	116.3
天津	Tianjin	102.2	104.3	98.5	120.6	100.8	105.2	110.4	113.1
石家庄	Shijiazhuang	103.0	101.2	98.8	111.6	95.1	97.4	104.6	105.8
太原	Taiyuan	101.5	101.0	100.5	100.3	98.5	98.0	104.0	107.0
呼和浩特	Hohhot	101.8	101.9	100.3	109.4	104.3	98.2	100.5	97.9
沈阳	Shenyang	104.2	103.6	100.2	118.4	98.6	111.9	106.8	103.2
大连	Dalian	104.0	104.9	100.2	121.1	100.1	101.8	109.2	116.3
长春	Changchun	103.1	104.2	100.7	117.5	99.8	99.5	110.3	107.6
哈尔滨	Harbin	101.6	101.7	99.5	114.7	95.9	97.7	103.1	102.3
上海	Shanghai	101.8	101.8	100.0	102.9	99.4	102.3	107.2	101.4
南京	Nanjing	103.1	103.4	103.8	105.2	99.2	100.7	115.7	108.8
杭州	Hangzhou	102.2	102.2	100.9	100.0	97.3	104.4	112.7	101.9
宁波	Ningbo	102.5	102.4	99.3	102.1	96.8	104.7	109.7	104.9
合肥	Hefei	102.1	101.8	101.0	106.8	98.8	95.0	110.8	105.6
福州	Fuzhou	101.2	100.2	100.9	92.3	95.6	101.6	107.2	96.3
厦门	Xiamen	101.8	100.8	100.8	102.4	95.9	102.9	103.5	90.8
南昌	Nanchang	102.8	100.9	100.9	93.2	96.8	95.0	112.1	101.7
济南	Jinan	102.9	104.1	98.3	116.6	100.8	99.4	113.2	102.7
青岛	Qingdao	102.4	103.2	101.0	109.6	100.3	108.4	107.8	106.9
郑州	Zhengzhou	102.2	102.2	97.3	106.9	95.8	99.6	108.1	103.3
武汉	Wuhan	101.6	101.3	99.9	99.2	99.2	92.2	107.9	110.6
长沙	Changsha	102.2	101.7	100.7	107.8	96.7	100.1	112.8	104.6
广州	Guangzhou	102.4	101.7	103.0	100.9	97.4	102.5	113.6	97.9
深圳	Shenzhen	102.9	102.5	106.0	98.8	97.4	105.1	111.0	103.1
南宁	Nanning	101.9	100.6	101.1	100.3	92.9	101.1	106.2	96.4
海口	Haikou	102.7	101.6	100.8	107.4	99.1	99.2	107.2	96.3
重庆	Chongqing	102.1	101.2	96.6	100.3	99.5	98.5	115.8	102.7
成都	Chengdu	101.9	100.8	98.8	112.7	96.2	99.3	103.3	99.9
贵阳	Guiyang	102.0	99.8	103.2	96.7	95.2	98.0	113.7	95.9
昆明	Kunming	101.6	98.8	102.7	90.7	95.2	100.2	112.6	105.0
拉萨	Lasa	100.9	100.6	100.3	103.0	101.3	100.1	100.3	95.7
西安	Xi'an	101.5	101.2	101.1	96.2	99.1	93.9	113.8	96.6
兰州	Lanzhou	101.4	101.3	99.6	95.7	99.6	102.8	106.5	103.9
西宁	Xining	102.3	100.2	103.0	81.4	105.6	99.8	106.8	101.2
银川	Yinchuan	102.4	101.2	99.7	94.4	102.9	101.5	105.2	105.7
乌鲁木齐	Urumqi	102.2	100.8	99.7	76.9	108.8	102.9	104.0	103.4

3-59 续表 continued

(上年同月=100) (same month of preceding year=100)

地 区	City	衣着 Clothing	居住 Residence	生活用品及服务 Household Facilities,Articles and Services	交通和通信 Transportation and Communication	教育文化和娱乐 Education, Culture and Recreation	医疗保健 Health Care and Medical Services	其他用品和服务 Miscellaneous Goods and Services
平均指数	**Average Index**	**101.0**	**102.0**	**101.6**	**102.7**	**102.9**	**104.6**	**101.5**
北 京	Beijing	99.7	103.3	101.1	100.8	104.4	102.0	102.3
天 津	Tianjin	101.4	101.5	100.8	101.9	100.6	102.8	100.6
石家庄	Shijiazhuang	102.8	102.0	102.3	102.9	103.2	112.9	99.5
太 原	Taiyuan	98.9	102.8	100.7	103.8	101.3	100.9	100.6
呼和浩特	Hohhot	101.7	102.4	100.9	102.5	101.1	100.9	100.6
沈 阳	Shenyang	98.9	104.4	99.9	103.2	102.7	118.7	101.2
大 连	Dalian	98.3	101.5	100.3	102.3	108.0	116.7	97.5
长 春	Changchun	107.6	102.6	104.6	100.3	100.4	103.1	100.8
哈尔滨	Harbin	97.0	100.6	100.2	103.5	107.0	100.6	98.2
上 海	Shanghai	98.8	100.2	101.9	104.7	103.8	103.9	102.5
南 京	Nanjing	103.0	102.7	106.0	103.1	103.4	101.2	101.3
杭 州	Hangzhou	103.2	103.1	100.4	102.5	100.9	102.4	100.2
宁 波	Ningbo	101.3	102.3	102.8	102.9	101.5	107.1	100.3
合 肥	Hefei	101.1	101.2	102.1	103.6	103.0	103.4	101.4
福 州	Fuzhou	102.5	101.9	99.2	102.3	101.3	101.3	99.4
厦 门	Xiamen	99.1	103.1	100.8	102.0	103.5	103.3	99.0
南 昌	Nanchang	99.5	102.9	100.8	103.2	103.0	117.0	101.1
济 南	Jinan	103.9	102.8	101.4	103.4	99.5	105.5	98.4
青 岛	Qingdao	103.9	100.7	101.5	101.8	104.4	101.8	101.3
郑 州	Zhengzhou	100.9	99.7	100.9	97.8	102.9	117.3	102.7
武 汉	Wuhan	101.8	102.6	102.2	103.8	99.8	100.3	100.1
长 沙	Changsha	102.9	103.1	101.9	103.4	100.8	101.9	100.9
广 州	Guangzhou	106.2	101.7	102.4	103.1	103.2	101.9	103.1
深 圳	Shenzhen	101.8	103.6	101.9	103.2	102.4	104.3	102.3
南 宁	Nanning	102.2	104.3	100.6	101.9	102.3	101.0	101.8
海 口	Haikou	106.4	102.7	101.5	104.8	103.4	101.6	102.0
重 庆	Chongqing	101.2	102.5	101.6	102.0	102.5	106.9	100.8
成 都	Chengdu	101.1	101.1	100.6	103.6	103.6	103.2	104.6
贵 阳	Guiyang	102.0	100.8	102.2	104.3	107.1	102.0	100.0
昆 明	Kunming	104.3	99.9	100.7	104.6	106.2	103.1	101.2
拉 萨	Lasa	102.1	100.2	100.9	102.6	100.0	101.2	97.9
西 安	Xi'an	99.7	101.7	103.7	100.9	102.1	102.3	99.9
兰 州	Lanzhou	100.3	100.9	100.5	100.3	98.7	111.4	101.3
西 宁	Xining	98.6	102.0	101.4	103.8	112.4	102.1	99.5
银 川	Yinchuan	102.3	104.0	102.8	103.7	103.4	101.0	101.2
乌鲁木齐	Urumqi	96.9	97.2	105.5	101.5	103.2	121.9	101.8

3-60 36个大中城市居民消费价格分类指数(同比)

Consumer Price Indices by Category for 36 Major Large and Medium-sized Cities

(2018年9月)

(上年同月=100) (same month of preceding year=100)

地区	City	居民消费价格指数 Consumer Price Index	食品烟酒 Food, Tobacco and Liquor	粮食 Grain	鲜菜 Fresh Vegetables	畜肉 Meat	水产品 Aquatic Products	蛋 Eggs	鲜果 Fresh Fruits
平均指数	**Average Index**	**102.4**	**103.4**	**100.6**	**116.5**	**100.1**	**101.8**	**107.1**	**107.6**
北京	Beijing	102.8	104.1	102.0	134.7	102.0	99.7	109.0	111.8
天津	Tianjin	102.3	104.3	98.2	130.3	100.6	101.0	104.7	114.1
石家庄	Shijiazhuang	102.6	103.5	99.3	129.1	95.4	98.6	100.4	120.9
太原	Taiyuan	102.6	103.5	101.0	120.1	100.4	97.4	100.6	119.6
呼和浩特	Hohhot	102.7	103.4	100.2	122.7	101.8	99.6	100.6	104.6
沈阳	Shenyang	102.2	103.0	100.0	122.1	97.3	105.7	99.0	102.7
大连	Dalian	101.7	104.3	99.2	119.6	100.0	102.8	111.4	110.5
长春	Changchun	102.9	103.5	101.0	114.3	99.8	100.6	109.7	103.9
哈尔滨	Harbin	102.0	102.7	101.7	118.8	95.7	98.2	98.1	107.5
上海	Shanghai	101.5	103.3	99.3	111.3	101.9	100.5	106.8	108.7
南京	Nanjing	103.7	105.7	103.6	120.3	102.4	103.8	115.1	112.8
杭州	Hangzhou	102.6	103.5	101.3	108.0	101.1	102.5	108.5	102.1
宁波	Ningbo	103.3	103.9	98.5	113.6	105.2	103.2	109.3	102.1
合肥	Hefei	102.4	104.3	98.9	123.5	102.5	95.8	106.9	113.2
福州	Fuzhou	102.1	103.0	103.3	118.7	100.4	99.2	105.2	99.4
厦门	Xiamen	101.7	102.0	102.5	117.9	96.9	102.6	106.7	90.0
南昌	Nanchang	102.2	103.1	100.7	107.5	97.4	98.4	112.1	107.2
济南	Jinan	103.2	105.5	99.8	131.4	101.2	100.7	108.3	106.6
青岛	Qingdao	102.6	105.2	102.2	130.4	100.7	104.2	105.6	110.8
郑州	Zhengzhou	101.3	103.1	97.1	117.3	96.7	100.9	106.6	111.9
武汉	Wuhan	102.6	103.4	99.9	110.3	100.8	94.6	103.3	124.1
长沙	Changsha	102.8	103.3	100.7	115.9	98.1	101.7	107.9	110.7
广州	Guangzhou	102.7	103.4	103.0	117.7	98.2	105.2	108.7	100.7
深圳	Shenzhen	103.4	104.2	106.2	112.9	98.9	105.4	111.8	104.6
南宁	Nanning	102.6	101.4	101.6	109.0	94.1	102.4	102.8	96.6
海口	Haikou	102.5	101.1	100.9	105.6	98.6	96.9	107.4	94.5
重庆	Chongqing	102.3	102.4	96.8	110.2	100.6	98.5	111.4	107.3
成都	Chengdu	101.7	101.7	99.1	116.8	97.5	99.2	102.4	102.8
贵阳	Guiyang	101.7	100.1	103.4	98.2	95.6	97.8	105.6	105.1
昆明	Kunming	102.6	100.6	103.6	99.3	97.2	100.7	109.4	109.3
拉萨	Lasa	100.7	100.1	100.0	98.7	100.1	100.9	98.6	96.9
西安	Xi'an	101.8	103.0	100.8	112.9	99.6	95.0	106.8	104.8
兰州	Lanzhou	101.2	102.4	99.6	105.1	100.0	101.8	104.8	111.8
西宁	Xining	102.8	101.9	103.8	96.8	105.0	102.4	106.2	105.6
银川	Yinchuan	102.2	103.4	99.8	117.6	102.9	101.4	104.6	107.6
乌鲁木齐	Urumqi	101.0	102.2	99.9	93.3	107.5	103.7	103.5	110.6

3-60 续表 continued

(上年同月=100) (same month of preceding year=100)

地　区	City	衣着 Clothing	居住 Residence	生活用品及服务 Household Facilities,Articles and Services	交通和通信 Transportation and Communication	教育文化和娱乐 Education, Culture and Recreation	医疗保健 Health Care and Medical Services	其他用品和服务 Miscellaneous Goods and Services
平均指数	**Average Index**	**100.9**	**102.0**	**101.8**	**102.6**	**102.1**	**102.5**	**100.9**
北　京	Beijing	100.0	103.1	101.5	101.4	104.6	101.3	101.4
天　津	Tianjin	101.5	101.7	100.9	102.8	100.9	101.9	99.7
石家庄	Shijiazhuang	100.8	101.9	102.0	103.2	103.6	102.7	98.9
太　原	Taiyuan	100.9	102.6	100.8	104.2	103.3	100.9	100.5
呼和浩特	Hohhot	102.1	103.8	100.9	103.4	101.2	100.6	101.1
沈　阳	Shenyang	99.6	104.1	99.4	102.4	101.0	101.3	101.0
大　连	Dalian	98.5	101.7	100.8	101.8	99.1	102.2	97.4
长　春	Changchun	104.8	104.3	104.7	100.4	100.5	101.5	100.4
哈尔滨	Harbin	98.0	102.3	100.9	103.5	105.0	100.7	97.2
上　海	Shanghai	98.1	100.3	101.7	103.3	99.3	104.0	101.2
南　京	Nanjing	103.4	102.8	105.5	103.1	103.2	101.2	102.8
杭　州	Hangzhou	102.3	102.8	102.0	104.0	99.6	102.3	100.8
宁　波	Ningbo	101.5	101.9	103.5	103.5	103.9	107.6	100.6
合　肥	Hefei	100.3	101.4	102.4	102.6	100.9	103.3	100.7
福　州	Fuzhou	102.1	102.2	99.4	102.3	102.1	101.3	99.0
厦　门	Xiamen	99.7	102.1	100.9	102.2	100.6	103.1	100.1
南　昌	Nanchang	98.0	103.3	101.2	103.0	102.6	99.1	100.7
济　南	Jinan	104.1	102.5	101.6	103.0	99.8	105.2	99.0
青　岛	Qingdao	102.9	100.4	102.0	101.5	102.6	102.5	99.2
郑　州	Zhengzhou	100.9	98.5	100.6	99.0	103.0	103.4	102.3
武　汉	Wuhan	102.0	102.6	102.2	103.8	103.3	100.1	99.3
长　沙	Changsha	103.0	103.7	101.8	103.0	101.6	101.8	100.7
广　州	Guangzhou	104.9	101.1	101.7	103.3	103.4	101.9	102.8
深　圳	Shenzhen	99.8	103.9	102.1	104.0	102.4	104.9	101.7
南　宁	Nanning	103.7	105.2	100.3	101.1	104.7	100.5	101.3
海　口	Haikou	107.0	103.9	101.0	105.6	101.4	101.7	99.2
重　庆	Chongqing	101.2	103.0	102.4	101.2	102.9	102.4	100.6
成　都	Chengdu	102.5	100.9	101.2	100.4	102.3	103.2	103.4
贵　阳	Guiyang	102.1	102.6	101.3	104.2	102.2	101.7	98.4
昆　明	Kunming	105.4	99.9	100.5	104.5	110.5	103.3	100.1
拉　萨	Lasa	102.1	100.2	101.0	102.7	100.0	101.2	97.5
西　安	Xi'an	98.7	102.0	103.5	101.2	100.5	102.5	98.7
兰　州	Lanzhou	101.0	100.8	100.3	100.6	99.2	103.4	99.6
西　宁	Xining	99.1	101.9	101.3	101.8	112.6	102.8	98.1
银　川	Yinchuan	101.1	104.6	102.3	102.4	98.8	101.0	99.3
乌鲁木齐	Urumqi	97.3	97.5	106.5	102.6	101.6	100.0	104.5

3-61 36个大中城市居民消费价格分类指数(同比)
Consumer Price Indices by Category for 36 Major Large and Medium-sized Cities (2018年10月)

(上年同月=100) (same month of preceding year=100)

地区	City	居民消费价格指数 Consumer Price Index	食品烟酒 Food, Tobacco and Liquor	粮食 Grain	鲜菜 Fresh Vegetables	畜肉 Meat	水产品 Aquatic Products	蛋 Eggs	鲜果 Fresh Fruits
平均指数	**Average Index**	**102.6**	**103.3**	**101.0**	**111.2**	**100.7**	**100.7**	**108.4**	**108.4**
北京	Beijing	103.0	104.2	101.1	118.5	102.4	99.1	109.2	108.7
天津	Tianjin	102.2	102.9	98.2	114.6	101.0	98.2	106.6	110.7
石家庄	Shijiazhuang	102.0	102.1	100.0	110.2	94.8	97.7	103.2	118.7
太原	Taiyuan	103.1	104.5	100.5	125.4	99.8	98.0	104.5	124.1
呼和浩特	Hohhot	102.9	103.6	100.2	114.2	105.1	98.3	104.8	111.5
沈阳	Shenyang	101.8	101.8	100.5	116.4	98.4	103.8	102.4	95.3
大连	Dalian	101.6	103.0	99.9	108.5	101.5	101.5	112.7	103.3
长春	Changchun	102.9	102.8	101.1	108.4	100.5	99.7	113.2	98.3
哈尔滨	Harbin	102.4	103.0	103.2	115.2	96.0	98.6	100.9	112.0
上海	Shanghai	102.2	102.1	100.0	101.4	100.9	98.8	107.4	104.1
南京	Nanjing	103.7	104.8	102.6	110.7	101.9	101.4	118.1	114.6
杭州	Hangzhou	102.4	104.6	100.2	107.3	104.8	102.8	107.2	112.0
宁波	Ningbo	102.9	104.5	98.9	110.5	107.3	101.8	109.3	113.7
合肥	Hefei	102.4	103.7	99.3	108.4	103.6	96.4	109.4	123.4
福州	Fuzhou	102.1	102.7	100.4	109.4	98.2	98.3	103.1	121.5
厦门	Xiamen	102.4	102.2	99.5	112.2	98.5	101.8	103.6	103.5
南昌	Nanchang	102.6	103.6	101.2	107.1	97.9	97.9	115.8	118.8
济南	Jinan	103.2	105.0	100.9	122.5	100.7	99.4	110.9	107.9
青岛	Qingdao	102.0	103.2	99.3	116.1	101.0	101.7	105.5	111.1
郑州	Zhengzhou	101.8	104.0	97.1	121.2	97.1	102.5	109.2	119.8
武汉	Wuhan	102.6	103.1	99.9	107.9	101.0	94.5	104.8	118.4
长沙	Changsha	103.4	104.4	100.7	115.2	100.0	102.0	109.4	118.1
广州	Guangzhou	102.9	103.4	106.6	113.9	98.1	104.0	108.6	101.1
深圳	Shenzhen	103.4	104.4	106.8	108.3	99.4	104.3	109.9	110.6
南宁	Nanning	102.9	102.2	101.0	113.8	94.4	101.5	104.4	104.2
海口	Haikou	102.4	100.0	100.7	99.4	97.8	97.0	108.1	95.2
重庆	Chongqing	102.6	103.7	98.3	115.4	103.5	99.0	114.5	110.8
成都	Chengdu	102.1	102.8	102.5	119.4	99.8	99.4	103.7	104.1
贵阳	Guiyang	102.8	101.7	103.0	105.2	99.3	98.1	105.1	106.5
昆明	Kunming	103.2	102.3	103.5	111.4	99.0	100.1	107.1	110.7
拉萨	Lasa	101.0	100.9	100.0	104.8	100.4	99.6	98.4	97.5
西安	Xi'an	102.4	102.8	101.8	101.6	100.5	95.7	105.6	113.0
兰州	Lanzhou	101.4	103.1	99.6	111.0	100.1	101.4	110.0	114.8
西宁	Xining	102.9	103.0	104.6	103.3	106.2	102.0	114.2	96.3
银川	Yinchuan	102.3	103.6	98.9	116.4	103.2	101.0	108.2	114.0
乌鲁木齐	Urumqi	101.0	101.5	100.3	91.7	104.0	100.7	104.9	113.3

3-61 续表 continued

(上年同月=100) (same month of preceding year=100)

地 区	City	衣着 Clothing	居住 Residence	生活用品及服务 Household Facilities,Articles and Services	交通和通信 Transportation and Communication	教育文化和娱乐 Education, Culture and Recreation	医疗保健 Health Care and Medical Services	其他用品和服务 Miscellaneous Goods and Services
平均指数	**Average Index**	**101.3**	**102.0**	**101.7**	**103.1**	**103.1**	**102.5**	**101.8**
北 京	Beijing	101.1	103.0	101.3	102.3	104.9	101.5	101.9
天 津	Tianjin	101.8	101.7	100.9	103.7	101.9	101.9	100.6
石家庄	Shijiazhuang	102.9	101.5	102.2	101.6	102.0	102.5	99.9
太 原	Taiyuan	103.8	102.6	100.6	103.6	103.4	100.9	100.0
呼和浩特	Hohhot	102.5	103.6	101.0	104.4	101.3	100.6	101.2
沈 阳	Shenyang	100.2	103.8	99.4	103.1	99.6	101.3	101.1
大 连	Dalian	100.4	102.4	100.4	102.3	98.9	102.3	97.7
长 春	Changchun	104.1	104.9	104.1	100.9	101.8	101.6	100.7
哈尔滨	Harbin	101.4	100.8	100.8	104.8	105.7	100.7	97.9
上 海	Shanghai	99.1	100.7	101.6	105.6	104.5	104.1	103.0
南 京	Nanjing	103.4	103.0	106.5	103.4	103.0	101.2	104.3
杭 州	Hangzhou	103.5	101.6	101.6	103.2	98.9	102.5	100.7
宁 波	Ningbo	96.9	100.9	103.7	103.1	104.4	107.3	101.3
合 肥	Hefei	100.5	101.5	102.3	102.8	102.0	103.4	101.1
福 州	Fuzhou	102.0	101.9	100.1	102.9	101.9	101.3	99.9
厦 门	Xiamen	103.5	102.2	101.5	103.0	102.3	103.3	100.2
南 昌	Nanchang	99.7	102.8	101.5	103.4	103.5	99.2	101.4
济 南	Jinan	103.2	102.4	102.0	104.5	99.7	105.1	100.0
青 岛	Qingdao	100.7	100.3	101.5	102.0	103.3	103.3	100.0
郑 州	Zhengzhou	100.8	98.5	101.4	100.0	104.1	103.4	103.4
武 汉	Wuhan	102.1	102.6	102.3	103.8	103.4	100.1	100.7
长 沙	Changsha	102.8	103.5	101.8	103.6	102.7	101.8	101.4
广 州	Guangzhou	105.9	101.4	101.7	103.3	103.9	102.0	104.0
深 圳	Shenzhen	98.1	103.8	101.5	104.1	103.0	105.1	102.4
南 宁	Nanning	102.0	105.3	100.4	101.4	105.2	100.5	102.3
海 口	Haikou	109.0	104.1	102.6	105.2	101.2	101.9	102.6
重 庆	Chongqing	100.5	103.2	101.8	101.4	103.7	101.1	101.3
成 都	Chengdu	103.7	100.7	101.5	100.8	102.2	103.2	103.5
贵 阳	Guiyang	101.5	102.9	100.8	105.5	105.9	103.0	98.4
昆 明	Kunming	106.1	99.8	100.5	106.2	109.4	102.6	100.2
拉 萨	Lasa	101.3	100.2	101.2	102.9	100.0	101.2	101.3
西 安	Xi'an	102.5	102.0	103.3	101.0	102.8	102.5	100.7
兰 州	Lanzhou	101.1	100.3	100.3	100.5	99.3	103.6	100.2
西 宁	Xining	101.1	101.9	100.3	101.2	109.6	103.0	99.7
银 川	Yinchuan	99.5	104.9	102.4	102.6	99.5	101.5	98.9
乌鲁木齐	Urumqi	98.4	97.8	105.4	101.6	102.9	101.2	103.6

3-62 36个大中城市居民消费价格分类指数(同比)
Consumer Price Indices by Category for 36 Major Large and Medium-sized Cities
(2018年11月)

(上年同月=100) (same month of preceding year=100)

地 区	City	居民消费价格指数 Consumer Price Index	食品烟酒 Food, Tobacco and Liquor	粮食 Grain	鲜菜 Fresh Vegetables	畜肉 Meat	水产品 Aquatic Products	蛋 Eggs	鲜果 Fresh Fruits
平均指数	**Average Index**	**102.2**	**102.8**	**100.9**	**101.9**	**101.4**	**101.6**	**106.9**	**109.2**
北 京	Beijing	102.4	103.3	101.4	100.3	102.0	100.4	108.1	112.7
天 津	Tianjin	102.0	102.3	99.2	99.6	101.8	99.4	105.7	113.8
石家庄	Shijiazhuang	101.6	101.4	102.5	94.4	96.0	97.2	102.7	115.5
太 原	Taiyuan	102.6	103.0	99.3	104.4	95.7	99.9	107.4	129.6
呼和浩特	Hohhot	102.7	104.3	100.2	113.5	107.9	99.8	110.0	113.5
沈 阳	Shenyang	101.1	100.5	100.7	106.5	98.4	104.3	99.0	90.5
大 连	Dalian	102.1	102.8	99.5	100.2	102.9	102.1	110.8	105.9
长 春	Changchun	102.4	102.9	101.1	106.0	100.7	101.2	111.0	103.0
哈尔滨	Harbin	102.0	102.3	104.0	111.4	96.4	99.2	101.9	99.4
上 海	Shanghai	101.9	101.7	100.0	98.0	100.3	99.3	106.4	101.3
南 京	Nanjing	102.9	104.0	101.5	105.2	100.5	101.4	116.4	115.0
杭 州	Hangzhou	101.9	104.0	100.9	98.3	103.0	105.1	107.2	113.2
宁 波	Ningbo	102.3	103.8	98.9	103.0	105.2	103.3	109.5	115.6
合 肥	Hefei	102.2	103.1	99.2	103.5	103.2	99.0	108.8	122.8
福 州	Fuzhou	101.9	103.0	104.4	96.4	101.5	102.1	100.8	128.1
厦 门	Xiamen	101.5	101.8	99.8	103.5	98.3	102.9	104.3	106.6
南 昌	Nanchang	102.2	102.9	101.3	97.3	97.5	97.5	115.0	126.1
济 南	Jinan	102.4	102.8	101.8	110.6	99.0	100.1	109.9	94.6
青 岛	Qingdao	101.5	102.2	99.5	104.5	101.0	101.5	103.1	112.0
郑 州	Zhengzhou	101.8	103.9	97.2	115.9	96.7	105.2	106.2	128.0
武 汉	Wuhan	102.5	103.2	99.9	104.3	100.4	96.9	105.7	122.7
长 沙	Changsha	103.1	104.0	100.7	106.9	101.5	103.5	109.9	120.5
广 州	Guangzhou	102.4	102.6	107.2	98.5	100.5	104.1	104.8	108.0
深 圳	Shenzhen	103.2	104.2	105.0	98.8	101.1	104.8	109.4	113.5
南 宁	Nanning	102.5	101.4	101.1	100.5	94.6	102.8	104.0	108.2
海 口	Haikou	101.9	99.7	100.9	93.0	98.5	98.2	108.9	98.1
重 庆	Chongqing	102.4	103.2	98.0	104.7	107.0	98.7	109.8	110.1
成 都	Chengdu	101.9	103.0	98.6	109.2	104.5	99.1	102.1	110.4
贵 阳	Guiyang	102.3	101.9	103.4	97.0	103.7	99.9	104.1	109.9
昆 明	Kunming	103.1	102.3	104.0	103.3	100.3	100.8	106.4	113.1
拉 萨	Lasa	101.2	100.5	100.0	97.3	101.4	95.7	100.8	102.9
西 安	Xi'an	102.2	101.9	100.0	92.7	101.4	96.0	105.1	112.9
兰 州	Lanzhou	100.9	102.8	99.6	105.9	102.4	100.2	106.4	114.4
西 宁	Xining	102.8	104.4	104.4	103.1	107.1	102.6	109.6	113.4
银 川	Yinchuan	101.7	101.9	100.7	99.0	101.2	100.5	106.6	114.1
乌鲁木齐	Urumqi	100.8	102.6	100.2	98.6	105.1	100.6	100.3	118.8

3-62 续表 continued

(上年同月=100) (same month of preceding year=100)

地区	City	衣着 Clothing	居住 Residence	生活用品及服务 Household Facilities,Articles and Services	交通和通信 Transportation and Communication	教育文化和娱乐 Education, Culture and Recreation	医疗保健 Health Care and Medical Services	其他用品和服务 Miscellaneous Goods and Services
平均指数	**Average Index**	**101.1**	**101.9**	**101.8**	**101.5**	**102.9**	**102.6**	**102.0**
北京	Beijing	101.3	102.4	101.4	100.1	104.6	101.8	102.1
天津	Tianjin	101.8	101.9	101.2	102.7	101.6	102.0	101.0
石家庄	Shijiazhuang	101.5	101.4	102.3	100.4	103.3	102.5	100.4
太原	Taiyuan	104.1	102.6	100.5	102.5	103.4	100.8	100.3
呼和浩特	Hohhot	102.6	103.5	101.0	102.2	100.7	100.9	101.2
沈阳	Shenyang	100.3	103.1	99.7	101.7	99.8	101.2	101.1
大连	Dalian	102.6	102.9	100.6	101.2	101.1	102.1	98.4
长春	Changchun	104.5	104.6	105.0	97.5	101.6	100.8	101.1
哈尔滨	Harbin	100.9	100.8	100.5	103.4	105.3	100.8	99.5
上海	Shanghai	99.3	101.0	101.4	103.4	103.5	104.1	103.2
南京	Nanjing	103.3	103.0	105.0	101.4	101.9	101.3	102.4
杭州	Hangzhou	99.8	101.1	102.6	102.0	99.8	102.9	101.3
宁波	Ningbo	96.1	100.5	104.2	101.6	103.7	107.4	101.0
合肥	Hefei	101.0	101.5	102.0	101.1	103.2	103.2	100.9
福州	Fuzhou	101.1	102.2	99.9	101.8	101.3	101.3	100.5
厦门	Xiamen	102.6	101.2	100.8	101.6	100.5	103.3	99.6
南昌	Nanchang	100.7	103.2	100.5	101.8	103.1	98.7	100.9
济南	Jinan	103.0	102.4	102.0	102.7	99.3	104.9	101.4
青岛	Qingdao	100.7	100.5	101.4	99.8	103.2	103.4	100.2
郑州	Zhengzhou	101.0	98.4	102.3	98.7	105.0	103.4	103.7
武汉	Wuhan	102.2	102.4	102.2	102.6	103.3	100.1	101.3
长沙	Changsha	102.8	102.9	101.5	102.3	103.8	102.1	101.9
广州	Guangzhou	103.8	101.8	102.0	101.5	104.0	101.8	103.8
深圳	Shenzhen	98.9	103.8	102.0	102.2	102.7	105.2	102.5
南宁	Nanning	104.2	104.7	100.7	99.8	104.9	100.5	102.5
海口	Haikou	108.3	102.9	102.7	104.1	100.7	102.1	103.2
重庆	Chongqing	101.0	103.2	101.6	99.4	104.6	101.1	101.9
成都	Chengdu	102.5	100.8	100.9	99.1	102.4	103.3	103.8
贵阳	Guiyang	101.3	102.9	100.5	103.1	103.0	103.4	99.6
昆明	Kunming	107.3	99.5	100.7	105.3	109.1	102.5	100.5
拉萨	Lasa	102.6	102.5	101.2	100.8	100.1	101.2	100.9
西安	Xi'an	101.1	102.7	103.9	100.5	103.5	102.3	101.0
兰州	Lanzhou	101.0	98.4	101.5	100.1	99.2	103.6	101.3
西宁	Xining	100.4	101.8	100.3	99.4	108.2	102.6	100.0
银川	Yinchuan	100.3	104.4	101.9	101.3	99.8	101.5	99.6
乌鲁木齐	Urumqi	97.7	97.7	104.8	100.1	101.2	101.2	102.9

3-63 36个大中城市居民消费价格分类指数(同比)
Consumer Price Indices by Category for 36 Major Large and Medium-sized Cities (2018年12月)

(上年同月=100) (same month of preceding year=100)

地区	City	居民消费价格指数 Consumer Price Index	食品烟酒 Food, Tobacco and Liquor	粮食 Grain	鲜菜 Fresh Vegetables	畜肉 Meat	水产品 Aquatic Products	蛋 Eggs	鲜果 Fresh Fruits
平均指数	**Average Index**	**101.9**	**102.9**	**100.8**	**105.1**	**101.9**	**101.9**	**101.7**	**105.9**
北京	Beijing	102.0	103.1	101.4	106.3	101.6	100.2	101.4	105.1
天津	Tianjin	101.8	102.4	100.1	106.2	102.4	97.4	98.1	108.8
石家庄	Shijiazhuang	101.3	101.5	99.4	103.0	96.3	97.7	97.6	110.7
太原	Taiyuan	102.1	103.2	100.5	111.9	94.4	101.8	91.7	121.9
呼和浩特	Hohhot	102.3	103.9	100.2	111.5	108.9	101.8	101.0	109.5
沈阳	Shenyang	100.9	100.5	100.7	108.2	95.2	104.3	92.9	93.7
大连	Dalian	101.9	103.0	99.7	105.7	102.1	104.7	96.5	104.1
长春	Changchun	102.1	102.7	101.6	111.9	98.5	103.7	104.0	99.7
哈尔滨	Harbin	101.2	101.5	104.9	107.8	93.4	99.7	95.7	97.5
上海	Shanghai	101.2	101.4	100.3	99.2	100.3	100.4	103.9	96.5
南京	Nanjing	102.3	104.0	101.5	109.7	101.0	101.6	111.5	110.8
杭州	Hangzhou	101.8	104.4	100.7	109.5	101.8	104.0	105.8	111.3
宁波	Ningbo	102.1	103.7	100.4	108.1	103.0	104.1	108.5	107.3
合肥	Hefei	102.1	103.1	100.8	108.8	102.1	98.6	105.5	115.9
福州	Fuzhou	102.2	103.4	102.1	103.6	101.6	100.1	99.0	121.4
厦门	Xiamen	101.0	102.0	101.0	105.7	101.0	102.7	100.6	104.9
南昌	Nanchang	102.0	103.4	101.1	104.3	97.5	97.7	113.5	117.8
济南	Jinan	102.2	103.9	101.6	122.6	97.1	100.8	105.5	105.2
青岛	Qingdao	101.6	103.5	100.9	111.8	100.6	103.1	95.9	118.1
郑州	Zhengzhou	101.4	103.5	97.4	118.3	97.3	106.4	98.1	117.9
武汉	Wuhan	102.4	103.6	99.9	111.2	100.3	99.0	101.8	117.3
长沙	Changsha	102.3	103.4	100.6	103.0	102.1	102.2	108.0	114.1
广州	Guangzhou	102.1	102.5	103.1	98.8	102.0	104.2	97.7	103.6
深圳	Shenzhen	103.1	104.4	103.9	102.2	102.9	104.6	106.9	110.5
南宁	Nanning	102.5	101.8	100.6	102.3	94.5	104.4	102.9	114.4
海口	Haikou	101.9	100.7	100.5	101.1	99.8	100.2	107.5	98.6
重庆	Chongqing	102.2	103.4	98.5	104.5	105.6	98.8	106.3	111.6
成都	Chengdu	102.1	104.9	98.5	107.9	114.2	100.0	100.0	109.8
贵阳	Guiyang	102.0	102.9	103.2	97.0	107.2	101.2	103.4	110.1
昆明	Kunming	102.5	102.2	104.5	100.1	101.4	101.6	103.6	108.1
拉萨	Lasa	101.4	101.4	100.1	102.6	101.9	97.5	104.7	104.5
西安	Xi'an	102.1	101.6	99.4	96.4	102.0	97.8	95.3	105.5
兰州	Lanzhou	101.3	103.4	99.6	107.0	107.5	100.1	98.7	113.7
西宁	Xining	102.6	104.3	104.4	101.1	107.6	102.2	105.4	112.2
银川	Yinchuan	101.8	102.2	101.0	101.6	101.3	101.0	101.6	113.7
乌鲁木齐	Urumqi	100.3	102.6	100.7	102.1	103.7	100.9	95.2	111.9

3-63 续表 continued

(上年同月=100) (same month of preceding year=100)

地 区	City	衣着 Clothing	居住 Residence	生活用品及服务 Household Facilities,Articles and Services	交通和通信 Transportation and Communication	教育文化和娱乐 Education, Culture and Recreation	医疗保健 Health Care and Medical Services	其他用品和服务 Miscellaneous Goods and Services
平均指数	**Average Index**	**101.3**	**101.8**	**101.8**	**99.0**	**102.7**	**102.5**	**101.8**
北 京	Beijing	102.9	102.1	102.3	96.9	104.0	101.8	102.7
天 津	Tianjin	101.8	102.0	101.6	100.5	101.8	101.9	101.1
石家庄	Shijiazhuang	102.1	100.9	102.0	98.4	102.6	102.6	100.1
太 原	Taiyuan	104.3	102.2	100.4	98.7	103.3	100.9	101.4
呼和浩特	Hohhot	103.2	103.5	101.0	99.4	100.7	100.9	101.6
沈 阳	Shenyang	100.5	102.2	99.7	100.2	101.0	101.3	101.3
大 连	Dalian	103.2	102.1	100.6	99.0	101.6	102.8	98.3
长 春	Changchun	104.0	104.6	104.4	95.9	101.5	100.8	101.0
哈尔滨	Harbin	99.2	100.7	100.3	100.7	104.7	100.8	99.8
上 海	Shanghai	98.7	101.1	102.0	100.3	101.4	103.8	101.4
南 京	Nanjing	102.6	102.4	103.2	99.3	102.1	101.2	99.5
杭 州	Hangzhou	98.8	101.4	101.6	100.0	100.6	102.9	101.3
宁 波	Ningbo	99.2	100.2	104.6	99.1	103.3	107.1	102.9
合 肥	Hefei	102.9	101.2	102.0	98.7	103.8	103.2	102.4
福 州	Fuzhou	103.4	102.4	99.9	99.6	102.5	101.3	101.1
厦 门	Xiamen	103.3	100.8	100.7	97.5	99.8	103.2	100.5
南 昌	Nanchang	100.2	103.1	100.5	99.5	102.9	100.1	99.6
济 南	Jinan	102.7	102.2	102.1	99.7	98.5	105.3	101.5
青 岛	Qingdao	101.0	100.5	101.4	97.0	103.4	103.4	100.6
郑 州	Zhengzhou	101.2	98.2	101.6	97.3	105.2	102.1	103.9
武 汉	Wuhan	102.9	102.3	102.1	100.9	103.3	100.1	101.2
长 沙	Changsha	102.9	100.8	101.3	99.9	104.7	102.8	101.9
广 州	Guangzhou	101.5	102.5	101.3	99.2	104.0	101.7	103.6
深 圳	Shenzhen	100.3	103.6	101.6	100.2	103.0	105.1	102.6
南 宁	Nanning	105.2	104.0	101.3	98.0	105.8	100.5	100.9
海 口	Haikou	108.4	103.1	102.2	101.0	101.3	101.7	102.9
重 庆	Chongqing	100.9	103.1	101.7	98.1	104.0	101.0	101.8
成 都	Chengdu	102.6	101.0	100.6	95.5	102.9	103.3	104.6
贵 阳	Guiyang	101.6	101.9	100.7	101.4	101.1	103.4	100.0
昆 明	Kunming	107.3	99.5	101.0	102.3	107.1	102.5	101.4
拉 萨	Lasa	103.5	102.5	101.0	99.6	100.0	101.1	101.0
西 安	Xi'an	101.8	103.2	104.2	99.2	103.6	102.1	100.5
兰 州	Lanzhou	101.0	98.7	101.8	99.4	100.3	103.7	101.6
西 宁	Xining	103.6	100.3	100.0	97.5	108.2	101.6	100.9
银 川	Yinchuan	100.9	104.8	101.6	99.5	99.6	102.5	100.4
乌鲁木齐	Urumqi	96.8	96.5	104.4	99.0	101.7	100.9	100.9

3-64 36个大中城市居民消费价格分类指数(累计比)
Consumer Price Indices by Category for 36 Major Large and Medium-sized Cities
(2018年1月)

(上年同期=100) (same period of preceding year=100)

地 区	City	居民消费价格指数 Consumer Price Index	食品烟酒 Food, Tobacco and Liquor	粮食 Grain	鲜菜 Fresh Vegetables	畜肉 Meat	水产品 Aquatic Products	蛋 Eggs	鲜果 Fresh Fruits
平均指数	**Average Index**	**101.5**	**100.9**	**101.3**	**95.5**	**95.4**	**101.8**	**113.4**	**107.2**
北 京	Beijing	101.4	100.0	101.3	86.4	97.8	100.9	118.6	101.9
天 津	Tianjin	101.2	100.8	100.3	84.7	98.6	105.7	123.9	105.6
石家庄	Shijiazhuang	101.4	97.5	97.3	76.3	96.2	109.3	114.3	102.5
太 原	Taiyuan	100.2	98.7	100.3	79.9	99.5	99.3	134.4	103.9
呼和浩特	Hohhot	101.2	99.6	101.6	88.3	99.2	103.7	118.9	99.2
沈 阳	Shenyang	102.5	100.8	100.8	81.9	94.0	104.1	116.6	137.6
大 连	Dalian	103.4	102.3	101.4	90.2	94.3	101.9	116.4	120.2
长 春	Changchun	100.8	98.2	100.1	85.0	94.1	100.4	108.6	94.6
哈尔滨	Harbin	102.1	98.6	98.6	87.9	93.8	97.0	111.3	109.9
上 海	Shanghai	101.1	102.2	101.9	101.9	97.6	100.4	109.0	108.3
南 京	Nanjing	101.9	103.5	100.5	100.6	97.3	107.3	114.6	115.1
杭 州	Hangzhou	101.9	100.5	100.1	98.9	94.0	100.0	111.0	107.3
宁 波	Ningbo	101.3	99.9	102.5	95.3	95.8	96.1	105.6	106.8
合 肥	Hefei	101.4	102.0	103.1	102.7	91.9	104.5	111.5	119.8
福 州	Fuzhou	101.0	102.8	101.3	101.9	96.1	99.5	110.9	110.7
厦 门	Xiamen	102.4	101.1	99.1	99.7	96.8	101.4	105.6	98.1
南 昌	Nanchang	102.3	101.6	100.9	112.2	94.1	102.6	106.7	108.3
济 南	Jinan	101.4	98.9	101.2	81.3	92.2	105.8	115.7	97.1
青 岛	Qingdao	101.5	100.0	102.8	89.9	94.8	98.8	116.5	101.5
郑 州	Zhengzhou	102.2	99.6	103.5	81.3	95.2	103.3	118.8	96.4
武 汉	Wuhan	101.0	100.2	99.9	98.0	93.2	102.0	107.0	112.2
长 沙	Changsha	100.9	100.6	101.0	102.2	95.6	104.2	104.7	106.5
广 州	Guangzhou	101.9	101.9	105.3	101.4	92.8	104.8	119.4	106.7
深 圳	Shenzhen	101.2	100.9	101.9	101.7	94.4	102.1	105.2	100.8
南 宁	Nanning	102.0	100.1	100.6	106.0	92.9	103.1	100.0	91.9
海 口	Haikou	101.9	99.5	101.1	103.2	94.4	95.0	102.7	95.0
重 庆	Chongqing	101.2	99.6	100.1	100.6	92.3	104.1	112.8	103.0
成 都	Chengdu	100.7	101.6	100.2	115.0	94.4	99.5	102.7	113.3
贵 阳	Guiyang	100.3	100.6	100.6	98.4	92.3	100.7	108.0	111.0
昆 明	Kunming	100.8	100.7	100.7	105.7	95.4	106.6	112.4	114.7
拉 萨	Lasa	101.0	100.8	100.4	95.4	96.6	104.9	102.0	100.4
西 安	Xi'an	102.6	101.9	103.3	94.8	95.6	106.1	125.1	111.8
兰 州	Lanzhou	102.0	99.5	100.9	89.2	96.0	104.1	112.8	109.4
西 宁	Xining	102.2	99.9	100.0	90.8	101.4	98.1	118.5	105.2
银 川	Yinchuan	101.9	100.3	100.7	98.2	99.9	103.1	116.4	97.7
乌鲁木齐	Urumqi	103.1	103.8	102.9	89.8	106.5	105.5	127.1	98.8

3-64 续表 continued

(上年同期=100) (same period of preceding year=100)

地 区	City	衣着 Clothing	居住 Residence	生活用品及服务 Household Facilities,Articles and Services	交通和通信 Transportation and Communication	教育文化和娱乐 Education, Culture and Recreation	医疗保健 Health Care and Medical Services	其他用品和服务 Miscellaneous Goods and Services
平均指数	**Average Index**	**100.7**	**102.4**	**101.2**	**100.1**	**100.1**	**106.8**	**101.2**
北 京	Beijing	98.7	104.2	101.1	100.8	96.8	106.7	103.0
天 津	Tianjin	100.7	100.7	101.5	99.7	103.4	103.0	102.8
石家庄	Shijiazhuang	102.4	102.8	101.4	101.0	99.8	112.8	102.4
太 原	Taiyuan	100.4	102.1	101.0	99.1	99.4	102.3	100.4
呼和浩特	Hohhot	102.3	104.8	100.6	100.2	100.0	100.7	100.7
沈 阳	Shenyang	102.1	101.0	100.6	99.7	100.7	120.6	102.0
大 连	Dalian	102.6	100.4	101.8	101.0	107.1	117.5	100.0
长 春	Changchun	100.6	101.7	100.8	99.8	100.3	108.9	100.4
哈尔滨	Harbin	102.1	100.2	101.7	98.2	105.7	120.6	100.8
上 海	Shanghai	98.6	100.3	101.6	102.0	99.3	104.3	100.1
南 京	Nanjing	101.4	102.0	104.5	100.2	99.7	100.7	103.3
杭 州	Hangzhou	101.4	107.2	98.8	98.5	100.5	101.8	99.8
宁 波	Ningbo	100.6	105.2	100.8	98.7	100.6	102.5	99.3
合 肥	Hefei	102.3	101.1	102.3	100.3	100.3	101.1	103.1
福 州	Fuzhou	96.9	102.2	99.6	98.3	99.8	102.3	99.9
厦 门	Xiamen	99.2	106.8	101.5	99.1	99.6	109.1	101.6
南 昌	Nanchang	98.1	101.8	101.1	100.5	101.8	118.6	102.5
济 南	Jinan	103.0	105.3	100.4	99.1	101.7	102.5	101.2
青 岛	Qingdao	104.8	102.2	100.5	100.1	102.5	103.1	101.9
郑 州	Zhengzhou	101.2	102.8	101.2	100.3	99.7	119.9	103.5
武 汉	Wuhan	101.0	101.0	101.8	99.3	99.6	107.3	101.1
长 沙	Changsha	101.1	102.0	100.4	101.2	99.7	100.8	100.1
广 州	Guangzhou	103.2	102.2	101.7	100.5	99.1	109.8	99.9
深 圳	Shenzhen	100.7	102.8	99.9	99.7	99.8	104.0	101.2
南 宁	Nanning	98.5	104.5	101.4	98.5	100.9	115.3	101.3
海 口	Haikou	101.6	104.1	101.8	101.0	103.0	106.4	103.1
重 庆	Chongqing	102.7	102.9	101.4	98.8	99.6	108.8	99.9
成 都	Chengdu	98.5	100.6	101.0	100.7	98.7	101.1	103.2
贵 阳	Guiyang	103.7	101.3	101.3	100.3	95.4	100.7	100.4
昆 明	Kunming	99.4	100.4	100.8	100.6	100.8	103.7	101.3
拉 萨	Lasa	102.9	99.9	100.0	100.7	99.8	105.6	101.7
西 安	Xi'an	102.9	101.8	101.8	101.6	101.3	111.3	100.6
兰 州	Lanzhou	102.6	105.4	101.2	100.6	100.8	109.8	98.9
西 宁	Xining	103.7	104.7	102.5	99.2	102.8	105.0	102.7
银 川	Yinchuan	103.9	102.1	102.5	100.7	103.1	104.9	101.0
乌鲁木齐	Urumqi	100.4	97.4	101.7	100.3	103.3	121.8	99.9

3-65 36个大中城市居民消费价格分类指数(累计比)

Consumer Price Indices by Category for 36 Major Large and Medium-sized Cities (2018年1-2月)

(上年同期=100) (same period of preceding year=100)

地区	City	居民消费价格指数 Consumer Price Index	食品烟酒 Food, Tobacco and Liquor	粮食 Grain	鲜菜 Fresh Vegetables	畜肉 Meat	水产品 Aquatic Products	蛋 Eggs	鲜果 Fresh Fruits
平均指数	**Average Index**	**102.3**	**102.6**	**101.2**	**108.1**	**96.8**	**105.4**	**116.6**	**107.5**
北京	Beijing	102.1	102.3	101.3	104.1	98.5	102.3	124.0	103.6
天津	Tianjin	101.9	103.0	100.2	100.6	99.3	110.6	129.1	105.7
石家庄	Shijiazhuang	102.3	99.4	97.1	91.3	96.8	108.8	118.4	103.8
太原	Taiyuan	101.1	100.9	99.9	96.9	100.0	102.9	144.6	102.0
呼和浩特	Hohhot	101.7	101.1	101.3	97.3	100.9	105.5	122.3	100.1
沈阳	Shenyang	103.6	103.0	100.8	94.0	96.4	107.2	120.6	134.3
大连	Dalian	104.0	103.8	101.3	99.9	95.4	106.5	118.4	117.3
长春	Changchun	101.4	100.0	99.6	96.2	96.1	102.5	112.0	96.6
哈尔滨	Harbin	102.8	100.0	98.3	95.0	94.5	99.6	116.2	113.4
上海	Shanghai	101.8	103.0	101.6	111.0	98.1	103.6	110.1	106.3
南京	Nanjing	102.1	104.6	99.6	113.4	97.5	108.4	116.9	113.3
杭州	Hangzhou	102.8	102.4	99.7	116.8	95.2	104.7	111.9	107.7
宁波	Ningbo	101.9	101.9	102.9	107.3	97.7	100.7	107.4	109.2
合肥	Hefei	102.3	104.3	103.9	118.8	93.9	106.7	116.5	119.8
福州	Fuzhou	102.0	105.0	101.3	119.2	95.5	104.2	113.7	115.7
厦门	Xiamen	103.0	102.9	98.8	112.1	97.9	106.3	106.1	101.3
南昌	Nanchang	102.7	102.8	100.8	119.6	95.8	103.1	108.7	108.4
济南	Jinan	102.3	101.6	101.6	102.2	93.2	108.1	120.5	100.5
青岛	Qingdao	102.5	102.5	101.6	108.1	96.2	102.6	121.6	101.2
郑州	Zhengzhou	102.7	100.7	103.4	89.6	96.3	105.7	122.1	95.0
武汉	Wuhan	101.8	102.2	99.9	109.8	96.1	104.7	107.7	110.9
长沙	Changsha	101.6	102.2	101.0	114.4	96.3	105.4	106.6	108.9
广州	Guangzhou	102.9	103.7	106.3	112.2	95.4	108.0	125.5	108.7
深圳	Shenzhen	102.4	103.6	102.4	114.1	98.6	110.0	106.9	103.0
南宁	Nanning	103.0	101.8	100.8	111.9	94.9	105.0	101.7	95.3
海口	Haikou	102.9	101.6	101.5	109.8	97.4	101.8	104.1	96.9
重庆	Chongqing	102.2	101.0	99.8	111.0	94.1	105.4	116.1	102.5
成都	Chengdu	101.5	102.8	99.5	125.9	94.9	101.4	105.1	113.7
贵阳	Guiyang	101.7	102.6	101.8	109.8	94.7	106.8	110.7	112.0
昆明	Kunming	101.1	102.2	100.6	115.4	96.6	109.3	114.2	118.3
拉萨	Lasa	101.0	100.8	100.4	95.7	97.8	105.7	101.2	101.1
西安	Xi'an	102.7	103.4	103.0	109.1	96.3	106.3	128.7	111.3
兰州	Lanzhou	102.3	100.2	100.9	94.7	96.5	103.8	116.6	108.3
西宁	Xining	102.9	101.6	100.0	101.7	102.9	99.9	121.1	106.2
银川	Yinchuan	102.2	101.3	100.4	107.6	99.4	104.5	118.9	97.7
乌鲁木齐	Urumqi	103.3	105.2	102.7	100.6	106.7	107.9	128.1	102.8

3-65 续表 continued

(上年同期=100) (same period of preceding year=100)

地区	City	衣着 Clothing	居住 Residence	生活用品及服务 Household Facilities,Articles and Services	交通和通信 Transportation and Communication	教育文化和娱乐 Education, Culture and Recreation	医疗保健 Health Care and Medical Services	其他用品和服务 Miscellaneous Goods and Services
平均指数	**Average Index**	**100.5**	**102.0**	**101.5**	**101.0**	**102.5**	**106.6**	**101.3**
北京	Beijing	98.1	103.4	101.4	101.7	99.8	106.6	102.2
天津	Tianjin	100.3	100.6	101.5	99.8	104.7	103.0	102.1
石家庄	Shijiazhuang	102.2	102.1	101.6	101.3	103.4	113.1	101.3
太原	Taiyuan	100.1	102.1	101.0	99.6	101.4	102.3	100.1
呼和浩特	Hohhot	102.3	104.9	100.8	100.5	100.3	100.7	101.2
沈阳	Shenyang	102.2	101.0	101.4	101.4	102.5	120.5	101.8
大连	Dalian	101.7	100.4	101.9	101.3	108.7	117.5	99.5
长春	Changchun	100.7	101.6	101.0	100.0	101.6	108.9	100.5
哈尔滨	Harbin	102.6	100.2	101.4	98.5	107.3	120.6	99.6
上海	Shanghai	98.4	99.9	101.5	103.9	104.3	103.4	102.1
南京	Nanjing	101.1	101.7	104.7	100.4	100.0	100.7	102.8
杭州	Hangzhou	100.9	106.4	99.1	100.0	104.0	101.9	99.6
宁波	Ningbo	99.8	104.7	101.0	99.6	101.5	102.4	99.0
合肥	Hefei	102.2	101.0	102.2	100.8	102.2	101.1	102.8
福州	Fuzhou	97.3	102.0	100.4	99.1	102.2	102.3	99.7
厦门	Xiamen	98.2	105.4	101.5	100.4	102.3	109.2	101.2
南昌	Nanchang	98.6	101.5	101.0	100.7	102.0	118.6	102.1
济南	Jinan	102.9	105.0	99.7	100.0	102.6	102.4	99.7
青岛	Qingdao	105.5	102.1	101.1	100.6	103.7	103.2	102.1
郑州	Zhengzhou	101.2	102.5	101.3	100.8	101.6	120.0	102.4
武汉	Wuhan	101.0	101.1	102.5	100.4	100.1	107.3	100.9
长沙	Changsha	101.3	101.6	101.0	101.9	100.6	100.9	100.2
广州	Guangzhou	103.0	101.7	102.7	101.3	102.4	109.9	100.5
深圳	Shenzhen	100.1	102.5	100.8	101.4	102.5	103.8	100.8
南宁	Nanning	100.7	104.0	102.0	99.2	102.1	115.3	103.2
海口	Haikou	102.3	104.0	103.2	101.9	103.9	106.0	102.7
重庆	Chongqing	102.5	102.9	101.9	99.8	102.4	108.7	100.7
成都	Chengdu	98.9	99.8	100.9	100.9	103.0	101.5	103.9
贵阳	Guiyang	102.8	101.3	101.0	101.1	101.0	100.7	100.3
昆明	Kunming	98.7	100.2	100.8	101.5	100.5	103.8	100.6
拉萨	Lasa	103.2	99.9	100.2	100.7	99.9	105.1	101.6
西安	Xi'an	101.2	101.1	101.3	100.9	101.7	111.0	99.8
兰州	Lanzhou	102.2	105.8	100.8	100.6	101.1	109.4	98.9
西宁	Xining	103.9	104.7	102.7	99.7	103.7	105.0	102.2
银川	Yinchuan	103.2	102.0	102.7	101.5	104.2	103.1	100.9
乌鲁木齐	Urumqi	99.1	97.4	101.9	100.1	103.1	121.8	98.9

3-66 36个大中城市居民消费价格分类指数(累计比)
Consumer Price Indices by Category for 36 Major Large and Medium-sized Cities
(2018年1-3月)

(上年同期=100) (same period of preceding year=100)

地区	City	居民消费价格指数 Consumer Price Index	食品烟酒 Food, Tobacco and Liquor	粮食 Grain	鲜菜 Fresh Vegetables	畜肉 Meat	水产品 Aquatic Products	蛋 Eggs	鲜果 Fresh Fruits
平均指数	**Average Index**	**102.2**	**102.7**	**101.3**	**109.1**	**96.5**	**105.5**	**116.5**	**107.8**
北京	Beijing	102.3	102.7	101.5	107.0	98.2	102.7	124.6	103.0
天津	Tianjin	101.9	103.2	100.0	103.6	99.2	110.4	127.1	106.6
石家庄	Shijiazhuang	102.3	100.0	97.3	95.4	96.3	109.9	117.8	102.6
太原	Taiyuan	101.3	101.3	99.9	99.4	100.3	103.1	142.1	102.8
呼和浩特	Hohhot	101.9	101.7	100.9	100.7	101.9	105.7	121.0	101.9
沈阳	Shenyang	103.8	103.8	100.9	99.8	96.1	108.4	119.1	134.6
大连	Dalian	104.0	104.3	101.1	105.2	95.5	107.0	118.3	117.2
长春	Changchun	101.3	100.1	99.6	99.2	95.2	102.5	112.6	96.7
哈尔滨	Harbin	103.0	100.9	98.4	100.5	93.9	100.9	116.8	116.2
上海	Shanghai	101.8	103.0	101.3	111.6	98.1	103.9	110.6	106.4
南京	Nanjing	102.0	104.2	99.7	113.9	97.0	106.6	116.9	110.5
杭州	Hangzhou	102.8	102.7	100.2	116.9	95.6	105.3	111.6	109.0
宁波	Ningbo	101.9	102.3	102.7	109.1	97.2	101.5	107.8	110.4
合肥	Hefei	102.0	103.7	104.1	117.7	92.6	104.9	117.3	118.2
福州	Fuzhou	101.9	104.9	101.6	119.0	93.7	106.0	111.5	115.0
厦门	Xiamen	102.5	102.7	98.8	112.1	97.0	105.8	106.6	102.4
南昌	Nanchang	102.3	102.1	100.8	112.8	95.4	101.1	109.6	104.9
济南	Jinan	102.3	102.1	101.6	107.1	92.4	108.3	119.6	100.9
青岛	Qingdao	102.4	102.4	101.6	109.8	95.6	103.5	120.1	100.9
郑州	Zhengzhou	102.8	101.0	102.3	92.5	96.0	106.0	119.5	96.8
武汉	Wuhan	101.8	102.0	99.9	109.5	95.7	102.8	108.9	110.3
长沙	Changsha	101.6	102.3	101.0	116.5	95.4	105.5	108.1	109.2
广州	Guangzhou	102.8	103.6	106.4	111.4	95.3	107.9	125.9	108.8
深圳	Shenzhen	102.5	103.7	103.5	113.4	98.5	110.2	107.0	104.6
南宁	Nanning	103.1	101.9	100.7	110.2	94.8	104.2	104.2	95.8
海口	Haikou	103.1	101.9	101.3	110.4	98.8	102.1	104.6	97.2
重庆	Chongqing	102.1	101.0	99.6	109.6	93.3	105.2	117.5	103.9
成都	Chengdu	101.2	102.2	99.4	122.1	93.7	101.3	105.2	114.9
贵阳	Guiyang	101.6	102.5	102.2	108.5	94.6	106.7	111.6	112.4
昆明	Kunming	101.0	102.1	100.6	115.9	96.1	109.3	114.3	118.1
拉萨	Lasa	101.0	100.7	100.4	95.9	98.5	107.0	101.2	99.6
西安	Xi'an	102.5	103.0	103.4	106.6	95.4	105.0	128.7	108.7
兰州	Lanzhou	102.4	100.4	100.8	96.3	96.8	104.3	120.5	106.8
西宁	Xining	102.9	101.7	100.2	102.4	103.5	99.9	120.7	106.6
银川	Yinchuan	102.1	101.1	100.5	107.2	99.2	103.8	120.5	96.8
乌鲁木齐	Urumqi	103.2	105.1	102.7	100.3	107.2	107.2	126.3	101.9

3-66 续表 continued

(上年同期=100) (same period of preceding year=100)

地区	City	衣着 Clothing	居住 Residence	生活用品及服务 Household Facilities,Articles and Services	交通和通信 Transportation and Communication	教育文化和娱乐 Education, Culture and Recreation	医疗保健 Health Care and Medical Services	其他用品和服务 Miscellaneous Goods and Services
平均指数	**Average Index**	**100.4**	**102.0**	**101.4**	**100.8**	**102.5**	**106.4**	**101.3**
北京	Beijing	98.1	103.5	101.4	100.5	100.9	106.5	102.2
天津	Tianjin	100.3	100.6	101.3	99.6	104.5	103.0	101.9
石家庄	Shijiazhuang	102.7	101.7	101.6	101.3	103.0	113.0	100.7
太原	Taiyuan	100.1	102.5	101.0	99.7	101.8	102.3	100.1
呼和浩特	Hohhot	102.2	105.1	100.9	100.1	100.3	100.7	101.0
沈阳	Shenyang	102.0	101.8	101.0	101.4	101.5	120.2	101.6
大连	Dalian	101.2	100.4	101.5	101.2	108.5	117.4	98.9
长春	Changchun	100.6	101.4	101.1	99.8	101.8	107.4	100.2
哈尔滨	Harbin	102.6	100.3	101.1	98.3	107.3	120.4	99.3
上海	Shanghai	98.2	99.9	101.4	103.9	104.3	102.4	102.6
南京	Nanjing	101.1	101.6	104.4	100.2	100.3	100.7	101.8
杭州	Hangzhou	100.9	106.0	99.4	99.7	103.7	101.8	99.5
宁波	Ningbo	99.9	104.3	100.9	99.3	101.7	102.3	99.0
合肥	Hefei	102.5	101.0	101.8	100.6	102.0	101.0	101.9
福州	Fuzhou	97.0	101.9	100.4	99.2	101.8	102.2	99.6
厦门	Xiamen	97.1	104.7	101.4	100.2	101.7	107.0	101.2
南昌	Nanchang	97.8	101.3	101.1	100.7	101.6	118.6	102.0
济南	Jinan	103.1	104.8	99.5	100.1	101.7	103.4	99.6
青岛	Qingdao	105.8	101.8	100.9	100.3	103.5	102.9	102.2
郑州	Zhengzhou	101.2	102.4	101.4	100.7	101.8	120.4	102.2
武汉	Wuhan	100.9	101.2	102.4	100.5	100.0	107.3	100.6
长沙	Changsha	101.6	101.5	101.0	101.6	100.6	100.9	100.5
广州	Guangzhou	102.8	101.4	102.7	101.0	102.2	110.0	100.2
深圳	Shenzhen	100.3	102.6	101.2	101.1	102.3	103.7	100.7
南宁	Nanning	101.6	104.3	102.1	98.7	102.4	115.2	103.1
海口	Haikou	102.9	104.0	103.2	102.4	104.3	106.1	102.6
重庆	Chongqing	102.5	102.8	101.9	99.7	102.0	108.7	100.7
成都	Chengdu	98.9	99.5	100.9	100.8	102.5	101.9	104.6
贵阳	Guiyang	102.1	100.7	100.8	100.9	102.4	100.7	100.3
昆明	Kunming	98.3	100.1	100.5	101.3	100.2	104.1	100.5
拉萨	Lasa	103.3	100.0	100.2	100.8	99.9	104.9	101.3
西安	Xi'an	100.9	101.1	101.6	100.8	101.4	110.9	99.6
兰州	Lanzhou	102.0	106.2	100.7	100.5	101.3	109.7	98.8
西宁	Xining	103.8	104.5	102.5	99.7	104.6	105.1	101.4
银川	Yinchuan	103.1	102.2	102.6	101.6	104.3	102.4	100.6
乌鲁木齐	Urumqi	98.7	97.6	102.0	99.6	103.1	121.8	98.6

3-67 36个大中城市居民消费价格分类指数(累计比)
Consumer Price Indices by Category for 36 Major Large and Medium-sized Cities
(2018年1-4月)

(上年同期=100) (same period of preceding year=100)

地区	City	居民消费价格指数 Consumer Price Index	食品烟酒 Food, Tobacco and Liquor	粮食 Grain	鲜菜 Fresh Vegetables	畜肉 Meat	水产品 Aquatic Products	蛋 Eggs	鲜果 Fresh Fruits
平均指数	**Average Index**	**102.2**	**102.5**	**101.2**	**109.3**	**95.9**	**104.9**	**115.8**	**107.3**
北京	Beijing	102.3	102.6	101.4	108.8	97.7	102.5	123.7	102.4
天津	Tianjin	101.8	103.0	99.7	104.8	98.3	108.7	125.1	106.3
石家庄	Shijiazhuang	102.4	100.3	97.6	99.0	95.6	108.8	116.3	100.5
太原	Taiyuan	101.4	101.4	100.3	100.3	99.1	102.7	139.4	104.1
呼和浩特	Hohhot	101.9	101.8	100.8	102.2	102.1	104.7	117.1	102.4
沈阳	Shenyang	103.9	104.0	101.0	103.4	95.5	109.2	118.7	132.0
大连	Dalian	103.9	104.4	101.0	107.6	95.3	106.7	118.5	116.7
长春	Changchun	101.2	100.0	99.6	100.6	94.3	101.6	112.6	96.6
哈尔滨	Harbin	103.0	101.3	98.4	104.3	93.3	102.2	114.4	117.3
上海	Shanghai	101.7	102.9	101.0	111.7	97.7	103.4	110.5	106.6
南京	Nanjing	101.9	103.8	99.8	113.4	96.1	104.7	116.6	108.1
杭州	Hangzhou	102.7	102.6	100.4	115.8	95.2	104.8	111.2	108.4
宁波	Ningbo	101.9	102.4	102.5	110.4	96.3	101.4	107.7	110.7
合肥	Hefei	101.8	103.0	103.8	118.2	91.1	102.3	117.4	111.8
福州	Fuzhou	101.7	104.1	101.9	116.9	92.3	105.0	107.5	111.6
厦门	Xiamen	102.3	102.3	98.9	111.2	95.9	105.2	104.9	102.0
南昌	Nanchang	102.2	101.9	100.8	111.3	94.7	99.0	109.6	103.4
济南	Jinan	102.4	102.3	101.4	111.2	91.7	107.6	119.2	101.3
青岛	Qingdao	102.3	102.5	101.6	111.8	94.7	104.3	119.6	101.5
郑州	Zhengzhou	102.9	101.2	101.4	94.8	95.9	105.5	118.4	98.3
武汉	Wuhan	101.7	101.6	99.9	108.3	95.0	100.4	109.0	109.6
长沙	Changsha	101.5	102.0	101.0	115.6	94.5	104.4	108.5	108.6
广州	Guangzhou	102.5	103.2	106.7	108.4	95.1	107.1	124.0	107.7
深圳	Shenzhen	102.5	103.6	104.3	111.1	98.1	109.6	106.3	105.3
南宁	Nanning	103.3	101.9	100.7	108.6	94.2	103.8	105.5	96.5
海口	Haikou	103.0	101.6	101.1	108.1	99.4	101.2	104.9	97.0
重庆	Chongqing	101.9	100.7	99.3	108.3	92.1	104.7	117.6	104.3
成都	Chengdu	101.1	101.8	99.5	119.3	92.3	101.2	105.2	113.6
贵阳	Guiyang	101.5	102.1	102.3	106.7	94.3	105.3	110.9	111.2
昆明	Kunming	101.0	101.6	100.6	115.1	95.1	108.5	113.1	115.1
拉萨	Lasa	101.0	100.7	100.4	97.5	98.8	107.1	101.1	99.2
西安	Xi'an	102.2	102.7	103.1	106.7	95.0	104.1	127.0	106.8
兰州	Lanzhou	102.3	100.2	100.6	97.3	96.4	104.5	119.5	103.0
西宁	Xining	102.9	101.6	99.9	104.3	103.1	99.6	119.6	104.0
银川	Yinchuan	102.1	101.0	100.5	107.5	98.9	103.5	120.1	95.2
乌鲁木齐	Urumqi	103.2	105.1	102.6	101.4	106.9	106.0	125.4	101.4

3-67 续表 continued

(上年同期=100) (same period of preceding year=100)

地 区	City	衣着 Clothing	居住 Residence	生活用品及服务 Household Facilities,Articles and Services	交通和通信 Transportation and Communication	教育文化和娱乐 Education, Culture and Recreation	医疗保健 Health Care and Medical Services	其他用品和服务 Miscellaneous Goods and Services
平均指数	**Average Index**	**100.4**	**101.9**	**101.4**	**100.8**	**102.5**	**106.2**	**101.2**
北 京	Beijing	98.4	103.6	101.3	100.5	101.7	105.8	102.2
天 津	Tianjin	100.3	100.6	101.1	99.8	104.0	103.0	101.7
石家庄	Shijiazhuang	102.4	101.7	101.8	101.4	102.8	113.1	100.2
太 原	Taiyuan	99.8	102.7	100.9	99.8	101.7	102.4	100.2
呼和浩特	Hohhot	102.2	105.1	100.9	100.2	100.3	100.7	100.9
沈 阳	Shenyang	101.6	102.3	100.6	101.5	101.2	120.0	101.5
大 连	Dalian	100.6	100.5	101.2	101.1	108.3	117.1	98.2
长 春	Changchun	101.3	101.3	101.5	99.9	101.5	106.1	100.2
哈尔滨	Harbin	102.3	100.3	101.1	98.3	106.7	120.3	99.1
上 海	Shanghai	98.1	99.8	101.3	104.1	104.1	101.8	102.4
南 京	Nanjing	101.2	101.6	104.0	100.3	100.4	100.7	102.0
杭 州	Hangzhou	100.9	105.9	99.6	99.8	103.3	101.8	99.4
宁 波	Ningbo	100.2	103.9	100.8	99.7	101.5	102.3	99.0
合 肥	Hefei	102.3	100.9	101.7	100.7	101.9	101.0	101.9
福 州	Fuzhou	97.2	101.8	100.3	99.4	101.6	102.2	99.5
厦 门	Xiamen	97.0	104.5	101.5	100.3	101.6	106.2	101.0
南 昌	Nanchang	97.9	101.3	101.1	100.9	101.5	118.3	101.7
济 南	Jinan	103.4	104.6	99.4	100.5	100.9	103.7	99.3
青 岛	Qingdao	105.9	101.7	100.8	100.3	103.3	102.6	101.9
郑 州	Zhengzhou	101.2	102.3	101.6	100.9	101.9	119.8	101.9
武 汉	Wuhan	101.0	101.3	102.3	100.7	100.0	107.3	100.3
长 沙	Changsha	101.8	101.5	101.0	101.6	100.5	101.0	100.5
广 州	Guangzhou	102.8	101.2	102.6	100.9	101.7	110.0	99.8
深 圳	Shenzhen	100.3	102.8	101.3	101.4	102.2	103.7	100.9
南 宁	Nanning	102.2	104.4	102.0	98.8	102.9	115.2	103.0
海 口	Haikou	103.4	103.9	103.2	102.8	104.1	105.6	102.4
重 庆	Chongqing	102.4	102.7	101.7	99.3	102.4	108.7	100.7
成 都	Chengdu	99.0	99.6	100.9	101.0	102.3	102.2	104.7
贵 阳	Guiyang	101.7	100.3	100.8	101.2	103.0	100.6	100.4
昆 明	Kunming	98.9	100.0	100.8	101.5	100.4	104.2	100.4
拉 萨	Lasa	103.2	100.1	100.3	100.9	99.9	104.8	100.7
西 安	Xi'an	101.2	101.0	101.8	100.8	101.3	108.6	99.9
兰 州	Lanzhou	101.9	106.1	100.7	100.5	101.1	109.9	98.8
西 宁	Xining	103.1	104.4	102.2	99.8	105.9	105.0	100.6
银 川	Yinchuan	103.1	102.4	102.6	101.8	104.1	102.1	100.4
乌鲁木齐	Urumqi	98.4	97.6	102.2	99.7	103.4	121.8	98.5

3-68 36个大中城市居民消费价格分类指数(累计比)
Consumer Price Indices by Category for 36 Major Large and Medium-sized Cities
(2018年1-5月)

(上年同期=100) (same period of preceding year=100)

地区	City	居民消费价格指数 Consumer Price Index	食品烟酒 Food, Tobacco and Liquor	粮食 Grain	鲜菜 Fresh Vegetables	畜肉 Meat	水产品 Aquatic Products	蛋 Eggs	鲜果 Fresh Fruits
平均指数	**Average Index**	**102.1**	**102.3**	**101.2**	**109.6**	**95.5**	**104.1**	**116.3**	**105.6**
北京	Beijing	102.3	102.5	101.2	110.5	97.4	102.1	124.3	100.3
天津	Tianjin	101.8	103.0	99.7	106.2	97.9	107.9	125.4	105.2
石家庄	Shijiazhuang	102.4	100.3	97.5	101.6	94.6	107.9	116.5	97.7
太原	Taiyuan	101.4	101.3	100.4	102.4	98.2	102.2	140.0	102.0
呼和浩特	Hohhot	102.0	101.7	100.7	103.8	102.0	103.8	116.0	100.9
沈阳	Shenyang	103.8	104.0	100.8	105.0	95.6	108.8	119.9	128.7
大连	Dalian	103.7	104.1	101.0	107.9	95.2	105.5	120.0	115.2
长春	Changchun	101.2	100.2	99.8	101.4	94.2	101.4	114.4	96.0
哈尔滨	Harbin	103.0	101.4	98.6	106.3	92.7	101.6	114.3	116.3
上海	Shanghai	101.6	102.8	100.9	111.8	97.5	102.6	110.8	106.8
南京	Nanjing	101.8	103.4	99.9	114.0	95.7	103.3	117.9	105.0
杭州	Hangzhou	102.6	102.4	100.7	114.2	95.0	104.1	111.4	107.5
宁波	Ningbo	101.8	102.2	102.2	110.9	95.8	101.1	108.3	107.7
合肥	Hefei	101.7	102.5	103.4	119.3	90.9	100.2	119.0	105.4
福州	Fuzhou	101.4	103.4	101.8	115.6	91.8	102.7	105.0	107.0
厦门	Xiamen	102.1	102.1	98.9	112.8	94.9	104.5	105.1	101.2
南昌	Nanchang	102.2	101.6	100.9	109.2	94.0	96.9	110.5	102.4
济南	Jinan	102.4	102.5	101.4	114.7	91.6	107.0	119.9	98.9
青岛	Qingdao	102.2	102.2	101.0	112.7	93.9	104.1	119.6	99.4
郑州	Zhengzhou	102.9	101.1	100.6	96.7	95.5	104.6	118.7	96.8
武汉	Wuhan	101.6	101.3	99.9	108.0	94.7	98.7	109.4	107.8
长沙	Changsha	101.4	101.8	101.0	115.9	94.1	103.9	108.9	106.7
广州	Guangzhou	102.3	102.8	106.6	107.0	94.9	105.9	123.9	106.0
深圳	Shenzhen	102.5	103.4	104.9	110.4	97.7	108.9	106.0	104.4
南宁	Nanning	102.9	101.8	100.7	107.8	93.5	103.3	106.1	96.3
海口	Haikou	102.7	101.3	101.1	106.3	99.3	100.6	105.3	96.7
重庆	Chongqing	101.8	100.4	99.2	107.3	91.3	104.1	118.9	102.3
成都	Chengdu	101.1	101.4	99.6	118.4	91.7	100.8	105.5	109.3
贵阳	Guiyang	101.4	101.5	102.5	105.5	93.9	103.9	111.1	105.8
昆明	Kunming	101.0	101.2	101.0	113.0	94.3	107.8	112.4	112.3
拉萨	Lasa	101.1	100.8	100.4	99.5	98.9	105.7	101.2	99.0
西安	Xi'an	102.0	102.5	102.8	108.0	94.7	103.0	129.5	103.9
兰州	Lanzhou	102.3	100.1	100.4	98.5	95.9	104.4	119.8	99.6
西宁	Xining	102.8	101.6	99.8	105.8	102.3	99.3	121.4	103.4
银川	Yinchuan	102.1	101.2	100.4	108.2	98.8	103.4	120.8	95.0
乌鲁木齐	Urumqi	103.2	104.9	102.0	101.9	106.4	104.7	126.2	100.2

3-68 续表 continued

(上年同期=100) (same period of preceding year=100)

地 区	City	衣着 Clothing	居住 Residence	生活用品及服务 Household Facilities,Articles and Services	交通和通信 Transportation and Communication	教育文化和娱乐 Education, Culture and Recreation	医疗保健 Health Care and Medical Services	其他用品和服务 Miscellaneous Goods and Services
平均指数	**Average Index**	**100.5**	**101.9**	**101.3**	**101.0**	**102.4**	**105.9**	**101.2**
北 京	Beijing	98.5	103.6	101.3	100.6	102.2	104.9	102.2
天 津	Tianjin	100.5	100.7	101.1	100.0	103.8	103.0	101.5
石家庄	Shijiazhuang	102.5	101.7	101.8	101.5	102.6	113.1	100.1
太 原	Taiyuan	99.5	102.8	100.8	99.9	101.7	102.5	100.4
呼和浩特	Hohhot	102.1	105.3	100.9	100.5	100.3	100.7	100.8
沈 阳	Shenyang	101.2	102.5	100.4	101.7	100.7	119.9	101.3
大 连	Dalian	100.3	100.5	101.0	100.9	108.5	117.0	98.0
长 春	Changchun	101.9	101.2	101.9	100.4	101.2	105.2	100.1
哈尔滨	Harbin	101.7	100.4	101.1	98.4	106.2	120.3	98.9
上 海	Shanghai	98.0	99.8	101.2	104.2	103.9	101.6	102.5
南 京	Nanjing	101.1	101.8	104.0	100.3	100.5	100.7	102.1
杭 州	Hangzhou	101.2	105.6	99.7	100.0	103.0	101.7	99.4
宁 波	Ningbo	100.2	103.7	100.9	99.9	101.5	102.2	99.1
合 肥	Hefei	102.1	101.0	101.6	101.0	101.8	100.9	101.8
福 州	Fuzhou	97.2	101.6	100.2	99.5	101.0	102.0	99.5
厦 门	Xiamen	97.3	104.2	101.4	100.4	101.7	105.4	100.7
南 昌	Nanchang	98.0	101.4	101.1	101.1	101.5	118.2	101.6
济 南	Jinan	103.8	104.4	99.4	100.9	100.5	103.9	99.3
青 岛	Qingdao	105.8	101.5	100.8	100.6	103.1	102.4	101.8
郑 州	Zhengzhou	101.2	102.3	101.7	101.3	102.0	119.4	102.1
武 汉	Wuhan	101.1	101.3	102.3	101.1	100.0	107.2	100.2
长 沙	Changsha	102.0	101.5	101.0	101.7	100.5	101.0	100.5
广 州	Guangzhou	103.4	101.1	102.3	101.0	101.4	110.1	99.6
深 圳	Shenzhen	100.7	102.8	101.2	101.6	102.2	103.8	101.2
南 宁	Nanning	102.0	104.3	101.6	99.1	102.8	112.0	102.8
海 口	Haikou	103.8	103.4	102.6	103.1	103.6	105.3	102.4
重 庆	Chongqing	102.2	102.6	101.7	99.4	102.5	108.5	100.6
成 都	Chengdu	99.1	99.7	101.0	101.2	102.0	102.3	104.7
贵 阳	Guiyang	101.6	100.3	100.9	101.8	103.2	100.5	100.4
昆 明	Kunming	99.4	99.9	101.1	101.9	100.4	104.2	100.6
拉 萨	Lasa	103.2	100.1	100.3	101.2	99.9	104.3	100.8
西 安	Xi'an	101.3	101.1	101.8	100.8	101.0	107.3	100.1
兰 州	Lanzhou	101.7	106.0	100.7	100.7	100.9	110.0	98.8
西 宁	Xining	102.8	103.9	102.0	99.6	107.0	104.6	100.2
银 川	Yinchuan	103.0	102.6	102.7	101.9	103.8	102.0	100.3
乌鲁木齐	Urumqi	98.4	97.6	102.7	99.7	103.1	121.8	98.4

3-69 36个大中城市居民消费价格分类指数(累计比)
Consumer Price Indices by Category for 36 Major Large and Medium-sized Cities
(2018年1-6月)

(上年同期=100) (same period of preceding year=100)

地区	City	居民消费价格指数 Consumer Price Index	食品烟酒 Food, Tobacco and Liquor	粮食 Grain	鲜菜 Fresh Vegetables	畜肉 Meat	水产品 Aquatic Products	蛋 Eggs	鲜果 Fresh Fruits
平均指数	**Average Index**	**102.1**	**102.2**	**101.1**	**109.8**	**95.4**	**103.6**	**115.9**	**103.7**
北京	Beijing	102.3	102.4	101.2	110.7	97.4	101.7	123.6	99.6
天津	Tianjin	101.8	102.9	99.5	106.6	97.9	107.8	124.1	103.5
石家庄	Shijiazhuang	102.4	100.4	97.4	103.5	94.3	106.7	115.4	96.6
太原	Taiyuan	101.3	101.2	100.6	103.6	97.7	101.4	137.4	100.3
呼和浩特	Hohhot	101.9	101.7	100.6	104.9	102.2	102.9	115.3	99.3
沈阳	Shenyang	103.7	103.6	100.6	105.9	96.0	109.1	119.3	121.4
大连	Dalian	103.6	103.9	100.9	107.6	95.6	104.8	120.2	113.2
长春	Changchun	101.4	100.4	99.8	102.3	94.5	101.2	115.1	95.6
哈尔滨	Harbin	103.0	101.5	98.5	107.9	93.0	101.1	113.2	113.8
上海	Shanghai	101.5	102.6	100.8	112.2	97.5	102.3	110.7	105.0
南京	Nanjing	101.8	103.1	100.2	114.5	95.8	102.4	117.4	102.6
杭州	Hangzhou	102.5	102.2	100.7	113.4	95.0	103.5	111.6	104.8
宁波	Ningbo	101.8	102.0	101.7	111.4	95.7	100.6	108.7	105.3
合肥	Hefei	101.6	102.3	103.0	119.8	91.1	99.2	118.5	103.2
福州	Fuzhou	101.3	103.1	101.8	113.3	91.8	101.8	103.7	104.4
厦门	Xiamen	102.0	101.8	99.2	111.9	94.4	103.9	105.0	100.0
南昌	Nanchang	102.2	101.5	100.9	108.0	93.8	95.6	111.3	101.6
济南	Jinan	102.4	102.5	101.5	115.3	91.9	106.0	119.2	98.4
青岛	Qingdao	102.2	102.3	100.7	114.0	94.3	104.3	118.7	98.9
郑州	Zhengzhou	102.9	101.1	100.1	98.2	95.2	103.7	116.8	95.9
武汉	Wuhan	101.6	101.2	99.9	108.3	94.8	97.3	109.5	106.2
长沙	Changsha	101.4	101.6	101.0	116.1	93.6	103.5	108.8	104.4
广州	Guangzhou	102.3	102.6	106.2	106.7	94.9	105.5	123.1	104.4
深圳	Shenzhen	102.5	103.0	105.2	110.1	97.3	108.1	106.2	102.6
南宁	Nanning	102.7	101.5	100.7	107.4	93.0	103.0	106.7	95.2
海口	Haikou	102.7	101.3	101.3	106.2	99.1	100.8	106.0	96.0
重庆	Chongqing	101.8	100.3	99.0	107.2	91.2	103.4	119.7	100.2
成都	Chengdu	101.0	101.2	99.5	117.6	91.6	100.5	105.4	105.8
贵阳	Guiyang	101.3	101.1	102.3	104.8	93.7	103.0	111.4	102.6
昆明	Kunming	101.0	100.9	101.3	111.3	93.9	106.8	111.8	109.7
拉萨	Lasa	101.1	100.8	100.4	100.4	99.1	104.5	101.4	98.6
西安	Xi'an	101.9	102.3	102.6	107.4	94.7	101.6	128.0	101.9
兰州	Lanzhou	102.2	100.1	100.3	99.3	95.9	104.4	120.2	98.1
西宁	Xining	102.7	101.4	100.0	104.5	102.1	99.5	121.5	102.1
银川	Yinchuan	102.2	101.3	100.3	107.9	99.1	103.0	120.4	94.9
乌鲁木齐	Urumqi	103.1	104.7	101.7	101.6	106.0	104.5	125.2	98.1

3-69 续表 continued

(上年同期=100) (same period of preceding year=100)

地 区	City	衣着 Clothing	居住 Residence	生活用品及服务 Household Facilities,Articles and Services	交通和通信 Transportation and Communication	教育文化和娱乐 Education, Culture and Recreation	医疗保健 Health Care and Medical Services	其他用品和服务 Miscellaneous Goods and Services
平均指数	**Average Index**	**100.4**	**101.9**	**101.3**	**101.2**	**102.3**	**105.7**	**101.2**
北 京	Beijing	98.7	103.6	101.2	100.7	102.5	104.3	102.1
天 津	Tianjin	100.6	100.8	101.1	100.3	103.6	102.9	101.5
石家庄	Shijiazhuang	102.6	101.8	101.8	101.8	102.0	113.1	100.1
太 原	Taiyuan	98.9	102.9	100.8	100.2	101.7	102.5	100.3
呼和浩特	Hohhot	102.1	104.7	101.0	100.7	100.3	100.7	100.8
沈 阳	Shenyang	101.0	102.7	100.4	101.8	100.6	119.7	101.1
大 连	Dalian	100.0	100.6	100.7	101.0	108.6	117.0	97.9
长 春	Changchun	102.7	101.1	102.3	100.7	101.0	104.7	100.2
哈尔滨	Harbin	101.2	100.4	101.0	98.7	106.0	120.3	98.8
上 海	Shanghai	98.0	99.9	101.1	104.3	103.7	101.4	102.5
南 京	Nanjing	100.7	102.0	104.0	100.4	100.6	100.6	102.0
杭 州	Hangzhou	101.3	105.3	99.9	100.3	102.8	101.7	99.3
宁 波	Ningbo	100.3	103.5	101.0	100.2	101.5	102.9	99.1
合 肥	Hefei	101.9	101.0	101.6	101.5	101.6	100.9	101.8
福 州	Fuzhou	97.4	101.6	100.0	99.9	101.2	101.9	99.3
厦 门	Xiamen	97.6	104.0	101.4	100.5	101.7	104.9	100.5
南 昌	Nanchang	97.9	101.5	101.0	101.4	101.5	118.1	101.4
济 南	Jinan	104.0	104.4	99.6	101.3	100.1	104.1	99.3
青 岛	Qingdao	105.6	101.4	100.9	100.9	102.8	102.2	101.9
郑 州	Zhengzhou	101.2	102.3	101.8	101.5	102.0	119.2	102.1
武 汉	Wuhan	101.2	101.5	102.2	101.4	100.0	106.0	100.2
长 沙	Changsha	102.1	101.4	101.0	101.9	100.4	101.2	100.6
广 州	Guangzhou	103.8	101.0	102.1	101.1	101.2	110.1	99.4
深 圳	Shenzhen	100.8	102.9	101.3	101.8	102.1	103.8	101.4
南 宁	Nanning	102.0	104.2	101.3	99.5	102.6	110.0	102.7
海 口	Haikou	104.1	103.3	102.3	103.4	103.3	104.7	102.4
重 庆	Chongqing	102.1	102.7	101.7	99.5	102.4	108.4	100.5
成 都	Chengdu	99.0	99.8	101.1	101.7	101.5	102.4	104.6
贵 阳	Guiyang	101.5	100.3	101.0	102.1	103.4	100.5	100.2
昆 明	Kunming	99.8	99.9	101.4	102.3	100.5	104.3	100.7
拉 萨	Lasa	103.2	100.1	100.3	101.5	99.9	103.7	100.7
西 安	Xi'an	101.1	101.2	102.0	100.8	100.9	106.4	100.0
兰 州	Lanzhou	101.6	105.6	100.6	100.7	100.7	110.1	99.1
西 宁	Xining	102.2	103.6	101.8	100.1	107.7	104.4	99.8
银 川	Yinchuan	103.0	102.7	102.8	102.2	103.7	101.8	100.3
乌鲁木齐	Urumqi	98.1	97.5	103.0	100.1	102.9	121.8	98.6

3-70 36个大中城市居民消费价格分类指数(累计比)
Consumer Price Indices by Category for 36 Major Large and Medium-sized Cities
(2018年1-7月)

(上年同期=100) (same period of preceding year=100)

地区	City	居民消费价格指数 Consumer Price Index	食品烟酒 Food, Tobacco and Liquor	粮食 Grain	鲜菜 Fresh Vegetables	畜肉 Meat	水产品 Aquatic Products	蛋 Eggs	鲜果 Fresh Fruits
平均指数	**Average Index**	**102.1**	**102.1**	**101.0**	**109.1**	**95.6**	**103.3**	**115.2**	**103.3**
北京	Beijing	102.4	102.5	101.3	110.8	97.5	101.3	122.4	100.8
天津	Tianjin	101.8	102.9	99.4	107.2	98.1	107.4	122.7	104.0
石家庄	Shijiazhuang	102.5	100.5	97.6	104.7	94.2	105.6	114.1	97.1
太原	Taiyuan	101.4	101.3	100.6	104.7	97.5	101.1	134.2	100.4
呼和浩特	Hohhot	101.8	101.7	100.5	105.4	102.3	102.0	113.3	98.5
沈阳	Shenyang	103.7	103.4	100.6	105.5	96.3	109.6	118.0	118.8
大连	Dalian	103.6	103.7	100.9	105.5	96.1	104.1	119.5	113.3
长春	Changchun	101.5	100.6	99.9	102.1	94.9	100.8	114.8	95.8
哈尔滨	Harbin	103.0	101.4	98.5	108.5	93.3	100.6	111.9	111.7
上海	Shanghai	101.5	102.4	100.6	111.2	97.6	101.9	110.4	104.5
南京	Nanjing	101.9	103.1	100.5	114.4	96.0	101.8	117.1	102.5
杭州	Hangzhou	102.4	102.0	100.6	111.7	95.0	103.4	111.6	103.3
宁波	Ningbo	101.9	101.9	101.3	110.1	95.8	100.3	109.0	104.6
合肥	Hefei	101.7	102.3	102.5	119.9	91.7	98.5	117.8	103.3
福州	Fuzhou	101.2	102.5	101.7	110.1	91.8	101.4	102.0	103.1
厦门	Xiamen	101.9	101.6	99.4	110.4	94.4	103.6	104.4	98.6
南昌	Nanchang	102.3	101.4	100.8	105.8	93.9	95.3	111.4	101.0
济南	Jinan	102.4	102.5	101.3	114.4	92.4	105.0	118.4	98.7
青岛	Qingdao	102.2	102.4	100.4	113.6	94.8	104.9	118.2	99.7
郑州	Zhengzhou	102.9	101.2	99.7	100.0	95.1	103.0	115.7	96.2
武汉	Wuhan	101.5	101.1	99.9	108.2	94.9	96.2	109.1	105.8
长沙	Changsha	101.4	101.4	100.9	114.4	93.3	102.9	108.1	103.9
广州	Guangzhou	102.2	102.4	106.1	104.9	95.1	105.1	121.0	103.1
深圳	Shenzhen	102.5	102.7	105.7	108.1	97.1	107.7	106.3	101.5
南宁	Nanning	102.6	101.3	100.6	105.8	92.7	102.7	106.9	94.6
海口	Haikou	102.5	101.1	101.3	105.3	98.8	100.5	106.3	95.7
重庆	Chongqing	101.8	100.3	98.6	106.9	91.7	102.9	119.3	99.7
成都	Chengdu	101.1	101.3	99.5	118.4	91.9	100.2	105.1	104.1
贵阳	Guiyang	101.3	100.8	102.2	103.4	93.5	102.4	111.4	100.7
昆明	Kunming	101.1	100.6	101.5	108.6	93.8	105.9	111.1	108.2
拉萨	Lasa	101.1	100.8	100.4	101.2	99.3	103.9	101.5	98.2
西安	Xi'an	101.9	102.2	102.3	107.1	95.1	100.4	125.7	100.9
兰州	Lanzhou	102.1	100.3	100.2	100.0	96.2	104.4	119.6	97.9
西宁	Xining	102.7	101.4	100.3	103.0	102.1	99.5	120.5	101.6
银川	Yinchuan	102.2	101.4	100.3	107.5	99.4	102.7	119.1	95.4
乌鲁木齐	Urumqi	103.1	104.6	101.4	100.7	106.1	104.5	123.7	97.7

3-70 续表 continued

(上年同期=100) (same period of preceding year=100)

地区	City	衣着 Clothing	居住 Residence	生活用品及服务 Household Facilities,Articles and Services	交通和通信 Transportation and Communication	教育文化和娱乐 Education, Culture and Recreation	医疗保健 Health Care and Medical Services	其他用品和服务 Miscellaneous Goods and Services
平均指数	**Average Index**	**100.5**	**101.9**	**101.3**	**101.5**	**102.3**	**105.6**	**101.2**
北京	Beijing	98.9	103.5	101.2	100.9	102.9	103.9	102.2
天津	Tianjin	100.7	100.9	101.1	100.7	103.2	102.9	101.4
石家庄	Shijiazhuang	102.6	101.8	101.9	102.0	102.2	113.2	100.0
太原	Taiyuan	98.8	102.9	100.8	100.8	101.7	102.1	100.3
呼和浩特	Hohhot	102.0	104.4	101.0	101.0	100.3	100.7	100.9
沈阳	Shenyang	100.8	102.9	100.3	102.0	100.6	119.6	101.1
大连	Dalian	99.8	100.7	100.6	101.2	108.4	116.9	98.1
长春	Changchun	103.3	101.1	102.6	100.6	101.0	104.5	100.4
哈尔滨	Harbin	100.7	100.5	100.9	99.3	106.2	120.4	98.7
上海	Shanghai	98.0	99.9	101.2	104.5	103.6	101.3	102.5
南京	Nanjing	100.6	102.2	104.1	100.8	100.8	100.7	102.0
杭州	Hangzhou	101.4	104.9	99.9	100.6	102.6	101.6	99.4
宁波	Ningbo	100.7	103.3	101.2	100.6	101.6	103.4	99.2
合肥	Hefei	101.8	101.1	101.7	101.9	101.8	101.3	101.6
福州	Fuzhou	97.8	101.7	100.1	100.2	101.2	101.9	99.4
厦门	Xiamen	97.8	103.9	101.4	100.8	101.9	104.5	100.4
南昌	Nanchang	98.1	101.7	100.9	101.8	101.6	118.0	101.4
济南	Jinan	104.1	104.2	99.7	101.6	99.9	104.3	99.2
青岛	Qingdao	105.4	101.3	101.1	101.0	102.9	102.1	102.1
郑州	Zhengzhou	101.1	102.1	101.8	101.0	102.2	119.0	102.3
武汉	Wuhan	101.3	101.6	102.1	101.6	100.0	105.2	100.3
长沙	Changsha	102.2	101.5	101.0	102.1	100.4	101.2	100.7
广州	Guangzhou	104.0	101.1	102.0	101.4	101.5	109.4	99.6
深圳	Shenzhen	100.9	103.1	101.3	102.0	102.1	103.9	101.6
南宁	Nanning	102.0	104.2	101.1	99.9	102.4	108.6	102.7
海口	Haikou	104.4	103.1	102.1	103.6	102.8	104.3	102.6
重庆	Chongqing	102.0	102.7	101.6	99.8	102.6	108.2	100.6
成都	Chengdu	99.0	99.7	101.2	102.2	101.3	102.5	104.7
贵阳	Guiyang	101.5	100.3	101.2	102.6	103.9	100.6	100.2
昆明	Kunming	100.1	99.9	101.3	102.8	101.1	104.4	100.9
拉萨	Lasa	103.1	100.1	100.3	101.7	99.9	103.4	100.3
西安	Xi'an	101.0	101.3	102.2	100.9	100.9	105.8	100.0
兰州	Lanzhou	101.4	105.0	100.6	100.8	100.4	110.2	99.4
西宁	Xining	101.8	103.4	101.8	100.3	108.3	104.1	99.5
银川	Yinchuan	102.8	102.7	102.8	102.4	103.7	101.7	100.4
乌鲁木齐	Urumqi	97.7	97.5	103.2	100.4	102.9	121.8	98.9

3-71 36个大中城市居民消费价格分类指数(累计比)
Consumer Price Indices by Category for 36 Major Large and Medium-sized Cities
(2018年1-8月)

(上年同期=100) (same period of preceding year=100)

地 区	City	居民消费价格指数 Consumer Price Index	食品烟酒 Food, Tobacco and Liquor	粮食 Grain	鲜菜 Fresh Vegetables	畜肉 Meat	水产品 Aquatic Products	蛋 Eggs	鲜果 Fresh Fruits
平均指数	**Average Index**	**102.1**	**102.1**	**100.9**	**108.7**	**96.0**	**103.1**	**114.5**	**103.5**
北 京	Beijing	102.5	102.8	101.4	112.0	97.8	101.0	121.1	102.3
天 津	Tianjin	101.9	103.1	99.3	108.8	98.4	107.1	120.9	105.0
石家庄	Shijiazhuang	102.6	100.6	97.7	105.4	94.3	104.5	112.8	98.0
太 原	Taiyuan	101.4	101.2	100.6	104.1	97.6	100.7	129.0	101.1
呼和浩特	Hohhot	101.8	101.7	100.5	105.8	102.5	101.5	111.4	98.4
沈 阳	Shenyang	103.7	103.4	100.5	107.1	96.6	109.9	116.3	116.9
大 连	Dalian	103.6	103.8	100.8	107.5	96.6	103.8	118.1	113.6
长 春	Changchun	101.7	101.0	100.0	103.8	95.5	100.7	114.2	96.8
哈尔滨	Harbin	102.8	101.4	98.6	109.2	93.6	100.2	110.6	110.6
上 海	Shanghai	101.5	102.4	100.5	110.1	97.9	102.0	110.0	104.1
南 京	Nanjing	102.1	103.2	100.9	113.1	96.4	101.6	116.9	103.2
杭 州	Hangzhou	102.3	102.0	100.6	110.0	95.2	103.5	111.8	103.1
宁 波	Ningbo	102.0	102.0	101.0	109.0	95.9	100.8	109.1	104.6
合 肥	Hefei	101.8	102.3	102.3	118.1	92.5	98.0	116.8	103.6
福 州	Fuzhou	101.2	102.2	101.6	107.5	92.3	101.4	102.7	102.2
厦 门	Xiamen	101.9	101.5	99.5	109.3	94.6	103.5	104.3	97.6
南 昌	Nanchang	102.3	101.3	100.9	104.0	94.2	95.2	111.5	101.1
济 南	Jinan	102.5	102.7	100.9	114.7	93.4	104.3	117.6	99.1
青 岛	Qingdao	102.2	102.5	100.5	113.0	95.5	105.3	116.7	100.4
郑 州	Zhengzhou	102.8	101.4	99.4	100.8	95.2	102.6	114.6	97.0
武 汉	Wuhan	101.6	101.1	99.9	107.0	95.5	95.7	108.9	106.4
长 沙	Changsha	101.5	101.4	100.9	113.6	93.7	102.6	108.7	104.0
广 州	Guangzhou	102.3	102.3	105.7	104.4	95.4	104.8	119.9	102.5
深 圳	Shenzhen	102.5	102.7	105.7	106.8	97.2	107.4	106.9	101.7
南 宁	Nanning	102.5	101.2	100.7	105.1	92.8	102.5	106.8	94.8
海 口	Haikou	102.6	101.2	101.3	105.6	98.9	100.3	106.4	95.7
重 庆	Chongqing	101.9	100.4	98.3	106.1	92.6	102.3	118.8	100.1
成 都	Chengdu	101.2	101.2	99.4	117.7	92.4	100.1	104.9	103.6
贵 阳	Guiyang	101.4	100.7	102.4	102.6	93.7	101.8	111.7	100.2
昆 明	Kunming	101.1	100.3	101.6	106.1	93.9	105.2	111.2	107.8
拉 萨	Lasa	101.0	100.8	100.4	101.4	99.5	103.4	101.4	97.9
西 安	Xi'an	101.8	102.1	102.2	105.6	95.6	99.5	123.8	100.4
兰 州	Lanzhou	102.0	100.4	100.1	99.5	96.6	104.2	117.7	98.6
西 宁	Xining	102.6	101.2	100.6	100.3	102.6	99.5	118.5	101.5
银 川	Yinchuan	102.3	101.3	100.2	105.8	99.8	102.5	117.1	96.5
乌鲁木齐	Urumqi	103.0	104.1	101.2	98.0	106.5	104.3	120.7	98.2

3-71 续表 continued

(上年同期=100) (same period of preceding year=100)

地 区	City	衣着 Clothing	居住 Residence	生活用品及服务 Household Facilities,Articles and Services	交通和通信 Transportation and Communication	教育文化和娱乐 Education, Culture and Recreation	医疗保健 Health Care and Medical Services	其他用品和服务 Miscellaneous Goods and Services
平均指数	**Average Index**	**100.6**	**101.9**	**101.4**	**101.6**	**102.4**	**105.5**	**101.2**
北 京	Beijing	99.0	103.5	101.2	100.9	103.1	103.7	102.2
天 津	Tianjin	100.8	101.0	101.0	100.8	102.9	102.9	101.3
石家庄	Shijiazhuang	102.6	101.8	101.9	102.1	102.3	113.1	99.9
太 原	Taiyuan	98.8	102.9	100.8	101.2	101.7	102.0	100.4
呼和浩特	Hohhot	102.0	104.1	101.0	101.2	100.4	100.8	100.9
沈 阳	Shenyang	100.5	103.0	100.2	102.1	100.8	119.5	101.1
大 连	Dalian	99.6	100.8	100.6	101.3	108.3	116.9	98.0
长 春	Changchun	103.8	101.3	102.9	100.6	100.9	104.3	100.5
哈尔滨	Harbin	100.3	100.5	100.8	99.8	106.3	117.5	98.6
上 海	Shanghai	98.1	100.0	101.3	104.5	103.6	101.6	102.5
南 京	Nanjing	100.9	102.2	104.3	101.1	101.2	100.7	101.9
杭 州	Hangzhou	101.6	104.7	100.0	100.8	102.4	101.7	99.5
宁 波	Ningbo	100.8	103.2	101.4	100.9	101.6	103.9	99.4
合 肥	Hefei	101.7	101.1	101.7	102.1	101.9	101.5	101.6
福 州	Fuzhou	98.4	101.7	100.0	100.5	101.2	101.8	99.4
厦 门	Xiamen	98.0	103.8	101.3	101.0	102.1	104.4	100.2
南 昌	Nanchang	98.3	101.8	100.9	102.0	101.8	117.9	101.4
济 南	Jinan	104.0	104.0	99.9	101.9	99.8	104.4	99.1
青 岛	Qingdao	105.2	101.2	101.1	101.1	103.1	102.1	102.0
郑 州	Zhengzhou	101.1	101.8	101.7	100.6	102.3	118.8	102.3
武 汉	Wuhan	101.4	101.7	102.1	101.9	100.0	104.5	100.2
长 沙	Changsha	102.3	101.7	101.2	102.2	100.4	101.3	100.7
广 州	Guangzhou	104.3	101.1	102.1	101.6	101.7	108.4	100.0
深 圳	Shenzhen	101.0	103.2	101.4	102.1	102.1	103.9	101.7
南 宁	Nanning	102.0	104.2	101.1	100.1	102.4	107.6	102.6
海 口	Haikou	104.6	103.1	102.1	103.8	102.9	104.0	102.5
重 庆	Chongqing	101.9	102.7	101.6	100.1	102.6	108.1	100.6
成 都	Chengdu	99.2	99.9	101.1	102.3	101.6	102.6	104.6
贵 阳	Guiyang	101.6	100.3	101.4	102.8	104.3	100.7	100.2
昆 明	Kunming	100.6	99.9	101.3	103.0	101.7	104.2	100.9
拉 萨	Lasa	103.0	100.1	100.4	101.8	99.9	103.1	100.0
西 安	Xi'an	100.9	101.3	102.4	100.9	101.1	105.4	100.0
兰 州	Lanzhou	101.3	104.5	100.6	100.7	100.2	110.4	99.6
西 宁	Xining	101.4	103.2	101.7	100.7	108.8	103.8	99.5
银 川	Yinchuan	102.8	102.9	102.8	102.6	103.7	101.6	100.5
乌鲁木齐	Urumqi	97.6	97.5	103.5	100.6	103.0	121.8	99.3

3-72 36个大中城市居民消费价格分类指数(累计比)
Consumer Price Indices by Category for 36 Major Large and Medium-sized Cities
(2018年1-9月)

(上年同期=100) (same period of preceding year=100)

地 区	City	居民消费价格指数 Consumer Price Index	食品烟酒 Food, Tobacco and Liquor	粮食 Grain	鲜菜 Fresh Vegetables	畜肉 Meat	水产品 Aquatic Products	蛋 Eggs	鲜果 Fresh Fruits
平均指数	**Average Index**	**102.1**	**102.3**	**100.9**	**109.6**	**96.4**	**103.0**	**113.5**	**103.9**
北 京	Beijing	102.5	102.9	101.5	114.3	98.3	100.8	119.5	103.3
天 津	Tianjin	101.9	103.2	99.1	111.1	98.7	106.5	118.6	105.9
石家庄	Shijiazhuang	102.6	100.9	97.9	107.8	94.4	103.9	111.2	100.1
太 原	Taiyuan	101.5	101.5	100.7	105.8	97.9	100.3	124.6	102.7
呼和浩特	Hohhot	101.9	101.9	100.5	107.5	102.5	101.3	110.0	99.0
沈 阳	Shenyang	103.5	103.4	100.5	108.6	96.7	109.4	114.0	115.4
大 连	Dalian	103.4	103.9	100.6	108.7	97.0	103.7	117.2	113.3
长 春	Changchun	101.8	101.3	100.1	104.8	96.0	100.7	113.6	97.5
哈尔滨	Harbin	102.7	101.6	98.9	110.1	93.9	100.0	109.0	110.3
上 海	Shanghai	101.5	102.5	100.4	110.2	98.3	101.8	109.6	104.6
南 京	Nanjing	102.2	103.4	101.2	114.0	97.0	101.9	116.7	104.2
杭 州	Hangzhou	102.4	102.2	100.7	109.8	95.9	103.4	111.4	103.0
宁 波	Ningbo	102.1	102.2	100.7	109.6	96.9	101.1	109.1	104.3
合 肥	Hefei	101.9	102.5	101.9	118.8	93.6	97.8	115.5	104.6
福 州	Fuzhou	101.3	102.3	101.8	108.9	93.1	101.2	103.0	101.9
厦 门	Xiamen	101.9	101.6	99.9	110.4	94.8	103.4	104.5	96.7
南 昌	Nanchang	102.3	101.5	100.8	104.4	94.6	95.6	111.6	101.7
济 南	Jinan	102.6	103.0	100.8	116.6	94.2	103.9	116.4	99.7
青 岛	Qingdao	102.3	102.8	100.7	114.9	96.1	105.2	115.2	101.4
郑 州	Zhengzhou	102.6	101.5	99.1	102.6	95.3	102.4	113.6	98.4
武 汉	Wuhan	101.7	101.4	99.9	107.4	96.0	95.6	108.3	108.2
长 沙	Changsha	101.6	101.6	100.9	113.8	94.2	102.5	108.6	104.7
广 州	Guangzhou	102.3	102.4	105.4	105.9	95.7	104.8	118.4	102.3
深 圳	Shenzhen	102.6	102.9	105.8	107.5	97.4	107.2	107.5	102.0
南 宁	Nanning	102.5	101.3	100.8	105.6	92.9	102.5	106.3	95.0
海 口	Haikou	102.6	101.2	101.2	105.6	98.8	100.0	106.5	95.6
重 庆	Chongqing	101.9	100.7	98.2	106.5	93.5	101.9	117.9	100.8
成 都	Chengdu	101.2	101.3	99.4	117.5	93.0	100.0	104.6	103.5
贵 阳	Guiyang	101.5	100.6	102.5	102.1	93.9	101.4	110.9	100.7
昆 明	Kunming	101.3	100.4	101.8	105.3	94.3	104.7	111.0	107.9
拉 萨	Lasa	101.0	100.7	100.4	101.1	99.6	103.1	101.0	97.8
西 安	Xi'an	101.8	102.2	102.0	106.5	96.0	99.0	121.3	100.9
兰 州	Lanzhou	101.9	100.7	100.1	100.1	96.9	103.9	116.0	100.0
西 宁	Xining	102.7	101.3	101.0	99.9	102.8	99.9	116.8	101.9
银 川	Yinchuan	102.2	101.6	100.2	107.1	100.1	102.4	115.5	97.6
乌鲁木齐	Urumqi	102.8	103.9	101.0	97.5	106.6	104.2	118.3	99.2

3-72 续表 continued

(上年同期=100) (same period of preceding year=100)

地区	City	衣着 Clothing	居住 Residence	生活用品及服务 Household Facilities,Articles and Services	交通和通信 Transportation and Communication	教育文化和娱乐 Education, Culture and Recreation	医疗保健 Health Care and Medical Services	其他用品和服务 Miscellaneous Goods and Services
平均指数	**Average Index**	**100.6**	**101.9**	**101.4**	**101.7**	**102.4**	**105.1**	**101.2**
北京	Beijing	99.1	103.5	101.2	100.9	103.2	103.4	102.1
天津	Tianjin	100.8	101.1	101.0	101.0	102.7	102.8	101.2
石家庄	Shijiazhuang	102.4	101.8	101.9	102.2	102.4	111.9	99.8
太原	Taiyuan	99.0	102.9	100.8	101.5	101.8	101.9	100.4
呼和浩特	Hohhot	102.0	104.1	101.0	101.4	100.5	100.7	100.9
沈阳	Shenyang	100.4	103.2	100.1	102.2	100.9	117.2	101.1
大连	Dalian	99.5	100.9	100.6	101.4	107.2	115.0	97.9
长春	Changchun	103.9	101.6	103.1	100.6	100.9	104.0	100.4
哈尔滨	Harbin	100.0	100.7	100.8	100.2	106.1	115.3	98.5
上海	Shanghai	98.1	100.0	101.3	104.3	103.1	101.9	102.3
南京	Nanjing	101.2	102.3	104.4	101.3	101.4	100.8	102.0
杭州	Hangzhou	101.7	104.5	100.2	101.2	102.1	101.8	99.6
宁波	Ningbo	100.9	103.0	101.6	101.2	101.8	104.3	99.5
合肥	Hefei	101.5	101.1	101.8	102.1	101.8	101.7	101.5
福州	Fuzhou	98.8	101.8	99.9	100.7	101.3	101.7	99.3
厦门	Xiamen	98.2	103.6	101.3	101.1	101.9	104.2	100.2
南昌	Nanchang	98.2	102.0	101.0	102.1	101.9	115.4	101.3
济南	Jinan	104.1	103.9	100.1	102.0	99.8	104.5	99.1
青岛	Qingdao	104.9	101.1	101.2	101.2	103.0	102.1	101.6
郑州	Zhengzhou	101.1	101.4	101.5	100.4	102.4	116.9	102.3
武汉	Wuhan	101.4	101.8	102.1	102.1	100.4	104.0	100.1
长沙	Changsha	102.4	101.9	101.2	102.3	100.6	101.4	100.7
广州	Guangzhou	104.4	101.1	102.0	101.8	101.9	107.6	100.3
深圳	Shenzhen	100.9	103.2	101.5	102.3	102.1	104.0	101.7
南宁	Nanning	102.2	104.3	101.0	100.2	102.7	106.8	102.5
海口	Haikou	104.9	103.2	102.0	104.0	102.7	103.7	102.1
重庆	Chongqing	101.8	102.7	101.7	100.2	102.6	107.4	100.6
成都	Chengdu	99.6	100.0	101.1	102.1	101.6	102.7	104.5
贵阳	Guiyang	101.6	100.6	101.4	102.9	104.0	100.8	100.0
昆明	Kunming	101.1	99.9	101.2	103.2	102.7	104.1	100.8
拉萨	Lasa	102.9	100.2	100.4	101.9	99.9	102.9	99.7
西安	Xi'an	100.6	101.4	102.5	100.9	101.0	105.0	99.9
兰州	Lanzhou	101.3	104.0	100.6	100.7	100.1	109.5	99.6
西宁	Xining	101.2	103.0	101.7	100.8	109.2	103.7	99.3
银川	Yinchuan	102.6	103.1	102.7	102.6	103.1	101.5	100.4
乌鲁木齐	Urumqi	97.6	97.5	103.8	100.8	102.8	119.0	99.8

3-73 36个大中城市居民消费价格分类指数(累计比)
Consumer Price Indices by Category for 36 Major Large and Medium-sized Cities (2018年1-10月)

(上年同期=100) (same period of preceding year=100)

地区	City	居民消费价格指数 Consumer Price Index	食品烟酒 Food, Tobacco and Liquor	粮食 Grain	鲜菜 Fresh Vegetables	畜肉 Meat	水产品 Aquatic Products	蛋 Eggs	鲜果 Fresh Fruits
平均指数	**Average Index**	**102.2**	**102.4**	**100.9**	**109.7**	**96.8**	**102.8**	**113.0**	**104.3**
北京	Beijing	102.5	103.1	101.4	114.7	98.7	100.7	118.4	103.8
天津	Tianjin	102.0	103.2	99.1	111.4	98.9	105.7	117.3	106.4
石家庄	Shijiazhuang	102.5	101.0	98.1	108.1	94.4	103.2	110.3	101.7
太原	Taiyuan	101.7	101.8	100.6	107.6	98.1	100.1	122.1	104.6
呼和浩特	Hohhot	102.0	102.1	100.5	108.2	102.7	101.0	109.4	100.1
沈阳	Shenyang	103.4	103.2	100.5	109.3	96.9	108.9	112.7	113.2
大连	Dalian	103.2	103.8	100.6	108.7	97.4	103.5	116.7	112.2
长春	Changchun	101.9	101.4	100.2	105.1	96.5	100.6	113.6	97.6
哈尔滨	Harbin	102.7	101.7	99.3	110.6	94.1	99.8	108.1	110.4
上海	Shanghai	101.6	102.4	100.3	109.3	98.6	101.5	109.3	104.5
南京	Nanjing	102.4	103.6	101.3	113.6	97.5	101.8	116.8	105.2
杭州	Hangzhou	102.4	102.4	100.6	109.5	96.7	103.4	110.9	103.9
宁波	Ningbo	102.2	102.4	100.6	109.7	97.9	101.1	109.1	105.2
合肥	Hefei	101.9	102.6	101.7	117.6	94.6	97.7	114.8	106.4
福州	Fuzhou	101.4	102.4	101.6	108.9	93.7	100.9	103.0	103.7
厦门	Xiamen	101.9	101.6	99.8	110.6	95.2	103.3	104.4	97.3
南昌	Nanchang	102.3	101.7	100.9	104.7	94.9	95.8	112.0	103.2
济南	Jinan	102.6	103.2	100.8	117.2	94.9	103.4	115.8	100.3
青岛	Qingdao	102.3	102.9	100.6	115.0	96.5	104.9	114.2	102.2
郑州	Zhengzhou	102.5	101.8	98.9	104.3	95.5	102.4	113.1	100.3
武汉	Wuhan	101.8	101.5	99.9	107.5	96.5	95.5	107.9	109.2
长沙	Changsha	101.8	101.9	100.9	114.0	94.8	102.5	108.7	105.9
广州	Guangzhou	102.4	102.5	105.5	106.8	95.9	104.7	117.3	102.1
深圳	Shenzhen	102.7	103.0	105.9	107.6	97.6	106.9	107.7	102.8
南宁	Nanning	102.5	101.4	100.8	106.4	93.1	102.4	106.1	95.9
海口	Haikou	102.5	101.1	101.2	104.9	98.7	99.7	106.7	95.6
重庆	Chongqing	102.0	101.0	98.2	107.4	94.5	101.6	117.5	101.7
成都	Chengdu	101.3	101.4	99.7	117.8	93.7	99.9	104.5	103.5
贵阳	Guiyang	101.6	100.7	102.5	102.4	94.5	101.1	110.3	101.2
昆明	Kunming	101.5	100.6	102.0	105.9	94.8	104.2	110.6	108.2
拉萨	Lasa	101.0	100.7	100.3	101.5	99.7	102.8	100.8	97.7
西安	Xi'an	101.9	102.3	102.0	106.0	96.5	98.7	119.5	102.0
兰州	Lanzhou	101.9	100.9	100.0	101.1	97.2	103.7	115.3	101.4
西宁	Xining	102.7	101.5	101.3	100.2	103.2	100.1	116.5	101.4
银川	Yinchuan	102.3	101.8	100.1	107.9	100.4	102.3	114.7	99.3
乌鲁木齐	Urumqi	102.6	103.7	101.0	97.0	106.3	103.9	116.8	100.3

3-73 续表 continued

(上年同期=100) (same period of preceding year=100)

地 区	City	衣着 Clothing	居住 Residence	生活用品及服务 Household Facilities,Articles and Services	交通和通信 Transportation and Communication	教育文化和娱乐 Education, Culture and Recreation	医疗保健 Health Care and Medical Services	其他用品和服务 Miscellaneous Goods and Services
平均指数	**Average Index**	**100.7**	**101.9**	**101.5**	**101.9**	**102.5**	**104.9**	**101.3**
北 京	Beijing	99.3	103.4	101.2	101.1	103.4	103.2	102.1
天 津	Tianjin	100.9	101.1	101.0	101.3	102.6	102.7	101.1
石家庄	Shijiazhuang	102.5	101.8	101.9	102.1	102.4	110.9	99.8
太 原	Taiyuan	99.5	102.9	100.8	101.7	102.0	101.8	100.3
呼和浩特	Hohhot	102.0	104.0	101.0	101.7	100.6	100.7	100.9
沈 阳	Shenyang	100.4	103.2	100.1	102.3	100.7	115.3	101.1
大 连	Dalian	99.6	101.0	100.6	101.5	106.3	113.6	97.9
长 春	Changchun	103.9	102.0	103.2	100.6	101.0	103.7	100.5
哈尔滨	Harbin	100.2	100.7	100.8	100.7	106.1	113.7	98.4
上 海	Shanghai	98.2	100.1	101.4	104.5	103.2	102.1	102.4
南 京	Nanjing	101.4	102.4	104.6	101.5	101.6	100.8	102.2
杭 州	Hangzhou	101.9	104.2	100.3	101.4	101.7	101.9	99.8
宁 波	Ningbo	100.5	102.8	101.8	101.4	102.1	104.6	99.7
合 肥	Hefei	101.4	101.2	101.8	102.2	101.8	101.9	101.5
福 州	Fuzhou	99.1	101.8	99.9	100.9	101.4	101.7	99.4
厦 门	Xiamen	98.7	103.4	101.3	101.3	102.0	104.1	100.2
南 昌	Nanchang	98.4	102.1	101.0	102.2	102.1	113.6	101.3
济 南	Jinan	104.0	103.7	100.3	102.2	99.8	104.6	99.2
青 岛	Qingdao	104.5	101.0	101.3	101.2	103.1	102.2	101.5
郑 州	Zhengzhou	101.1	101.1	101.5	100.4	102.5	115.3	102.4
武 汉	Wuhan	101.5	101.9	102.1	102.3	100.7	103.6	100.2
长 沙	Changsha	102.4	102.1	101.3	102.5	100.8	101.4	100.8
广 州	Guangzhou	104.5	101.2	102.0	101.9	102.1	107.0	100.7
深 圳	Shenzhen	100.6	103.3	101.5	102.5	102.2	104.1	101.8
南 宁	Nanning	102.2	104.4	100.9	100.4	102.9	106.1	102.4
海 口	Haikou	105.3	103.3	102.0	104.1	102.6	103.5	102.2
重 庆	Chongqing	101.7	102.8	101.7	100.3	102.7	106.7	100.7
成 都	Chengdu	100.0	100.1	101.2	102.0	101.7	102.7	104.4
贵 阳	Guiyang	101.6	100.8	101.3	103.2	104.2	101.1	99.8
昆 明	Kunming	101.6	99.9	101.1	103.5	103.4	103.9	100.7
拉 萨	Lasa	102.7	100.2	100.5	102.0	99.9	102.7	99.9
西 安	Xi'an	100.8	101.5	102.6	100.9	101.2	104.8	100.0
兰 州	Lanzhou	101.2	103.7	100.5	100.7	100.0	108.9	99.7
西 宁	Xining	101.2	102.9	101.5	100.9	109.3	103.6	99.4
银 川	Yinchuan	102.3	103.3	102.7	102.6	102.8	101.5	100.2
乌鲁木齐	Urumqi	97.7	97.5	104.0	100.9	102.8	116.9	100.2

3-74 36个大中城市居民消费价格分类指数(累计比)
Consumer Price Indices by Category for 36 Major Large and Medium-sized Cities
(2018年1-11月)

(上年同期=100) (same period of preceding year=100)

地区	City	居民消费价格指数 Consumer Price Index	食品烟酒 Food, Tobacco and Liquor	粮食 Grain	鲜菜 Fresh Vegetables	畜肉 Meat	水产品 Aquatic Products	蛋 Eggs	鲜果 Fresh Fruits
平均指数	**Average Index**	**102.2**	**102.4**	**100.9**	**109.0**	**97.3**	**102.7**	**112.4**	**104.7**
北京	Beijing	102.5	103.1	101.4	113.5	99.0	100.6	117.3	104.6
天津	Tianjin	102.0	103.1	99.1	110.4	99.2	105.1	116.1	107.0
石家庄	Shijiazhuang	102.4	101.1	98.5	106.9	94.6	102.7	109.5	102.9
太原	Taiyuan	101.8	101.9	100.5	107.4	97.9	100.1	120.5	106.6
呼和浩特	Hohhot	102.1	102.3	100.4	108.7	103.2	100.9	109.5	101.1
沈阳	Shenyang	103.2	103.0	100.5	109.0	97.0	108.4	111.3	110.8
大连	Dalian	103.1	103.7	100.5	108.0	97.9	103.4	116.1	111.6
长春	Changchun	102.0	101.6	100.3	105.2	96.8	100.6	113.3	98.0
哈尔滨	Harbin	102.6	101.8	99.7	110.6	94.3	99.8	107.5	109.4
上海	Shanghai	101.6	102.4	100.3	108.2	98.7	101.3	109.1	104.2
南京	Nanjing	102.4	103.6	101.3	112.9	97.8	101.8	116.8	106.1
杭州	Hangzhou	102.3	102.6	100.7	108.5	97.3	103.5	110.5	104.7
宁波	Ningbo	102.2	102.5	100.4	109.1	98.6	101.3	109.1	106.1
合肥	Hefei	101.9	102.7	101.4	116.4	95.4	97.8	114.2	107.8
福州	Fuzhou	101.4	102.4	101.9	107.8	94.4	101.0	102.8	105.8
厦门	Xiamen	101.9	101.7	99.8	109.9	95.5	103.2	104.4	98.1
南昌	Nanchang	102.3	101.8	100.9	104.1	95.1	96.0	112.3	105.0
济南	Jinan	102.6	103.2	100.9	116.7	95.2	103.1	115.2	99.8
青岛	Qingdao	102.2	102.8	100.5	114.2	96.9	104.6	113.0	103.1
郑州	Zhengzhou	102.5	102.0	98.8	105.3	95.6	102.7	112.4	102.4
武汉	Wuhan	101.8	101.7	99.9	107.2	96.9	95.6	107.7	110.4
长沙	Changsha	101.9	102.1	100.9	113.3	95.4	102.5	108.8	107.1
广州	Guangzhou	102.4	102.5	105.6	106.0	96.3	104.7	116.0	102.7
深圳	Shenzhen	102.8	103.1	105.8	106.8	97.9	106.7	107.9	103.7
南宁	Nanning	102.5	101.4	100.8	105.9	93.2	102.4	105.9	96.9
海口	Haikou	102.5	100.9	101.2	103.7	98.7	99.6	106.9	95.8
重庆	Chongqing	102.0	101.2	98.2	107.2	95.6	101.3	116.7	102.4
成都	Chengdu	101.4	101.6	99.6	116.9	94.6	99.9	104.3	104.2
贵阳	Guiyang	101.7	100.8	102.6	101.9	95.3	101.0	109.7	101.9
昆明	Kunming	101.6	100.7	102.2	105.7	95.3	103.9	110.2	108.6
拉萨	Lasa	101.0	100.7	100.3	101.1	99.8	102.1	100.8	98.2
西安	Xi'an	101.9	102.2	101.8	104.8	96.9	98.4	117.9	103.0
兰州	Lanzhou	101.8	101.1	100.0	101.5	97.7	103.3	114.4	102.5
西宁	Xining	102.7	101.7	101.6	100.5	103.5	100.3	115.8	102.4
银川	Yinchuan	102.2	101.8	100.1	107.1	100.5	102.1	113.9	100.6
乌鲁木齐	Urumqi	102.4	103.6	100.9	97.1	106.2	103.6	115.0	101.8

3-74 续表 continued

(上年同期=100) (same period of preceding year=100)

地 区	City	衣着 Clothing	居住 Residence	生活用品及服务 Household Facilities,Articles and Services	交通和通信 Transportation and Communication	教育文化和娱乐 Education, Culture and Recreation	医疗保健 Health Care and Medical Services	其他用品和服务 Miscellaneous Goods and Services
平均指数	**Average Index**	**100.7**	**101.9**	**101.5**	**101.8**	**102.5**	**104.7**	**101.3**
北 京	Beijing	99.5	103.3	101.2	101.0	103.5	103.1	102.1
天 津	Tianjin	101.0	101.2	101.0	101.4	102.5	102.6	101.1
石家庄	Shijiazhuang	102.4	101.8	102.0	102.0	102.5	110.0	99.9
太 原	Taiyuan	100.0	102.8	100.8	101.8	102.1	101.7	100.3
呼和浩特	Hohhot	102.1	104.0	101.0	101.7	100.6	100.7	100.9
沈 阳	Shenyang	100.4	103.2	100.0	102.2	100.6	113.9	101.1
大 连	Dalian	99.9	101.2	100.6	101.5	105.8	112.4	98.0
长 春	Changchun	104.0	102.2	103.4	100.3	101.0	103.4	100.5
哈尔滨	Harbin	100.2	100.7	100.8	100.9	106.0	112.4	98.5
上 海	Shanghai	98.3	100.2	101.4	104.4	103.3	102.3	102.5
南 京	Nanjing	101.6	102.4	104.7	101.5	101.6	100.9	102.2
杭 州	Hangzhou	101.7	103.9	100.5	101.4	101.6	102.0	99.9
宁 波	Ningbo	100.1	102.6	102.0	101.4	102.2	104.8	99.8
合 肥	Hefei	101.4	101.2	101.9	102.1	101.9	102.0	101.4
福 州	Fuzhou	99.3	101.8	99.9	101.0	101.4	101.7	99.5
厦 门	Xiamen	99.1	103.2	101.2	101.3	101.8	104.0	100.1
南 昌	Nanchang	98.6	102.2	101.0	102.2	102.2	112.0	101.3
济 南	Jinan	103.9	103.6	100.5	102.3	99.7	104.6	99.4
青 岛	Qingdao	104.1	101.0	101.3	101.1	103.1	102.3	101.4
郑 州	Zhengzhou	101.1	100.9	101.6	100.2	102.8	114.1	102.6
武 汉	Wuhan	101.6	101.9	102.1	102.3	100.9	103.3	100.3
长 沙	Changsha	102.4	102.2	101.3	102.4	101.1	101.5	100.9
广 州	Guangzhou	104.4	101.2	102.0	101.9	102.2	106.5	101.0
深 圳	Shenzhen	100.5	103.3	101.5	102.5	102.3	104.2	101.8
南 宁	Nanning	102.4	104.4	100.9	100.3	103.1	105.6	102.5
海 口	Haikou	105.6	103.2	102.1	104.1	102.4	103.4	102.3
重 庆	Chongqing	101.6	102.8	101.7	100.2	102.9	106.2	100.8
成 都	Chengdu	100.2	100.2	101.2	101.7	101.8	102.8	104.3
贵 阳	Guiyang	101.6	101.0	101.2	103.2	104.1	101.3	99.8
昆 明	Kunming	102.1	99.8	101.1	103.6	103.9	103.8	100.7
拉 萨	Lasa	102.7	100.4	100.6	101.9	100.0	102.6	100.0
西 安	Xi'an	100.8	101.6	102.7	100.9	101.4	104.5	100.1
兰 州	Lanzhou	101.2	103.2	100.6	100.6	99.9	108.4	99.8
西 宁	Xining	101.1	102.8	101.4	100.7	109.2	103.5	99.4
银 川	Yinchuan	102.1	103.4	102.6	102.5	102.5	101.5	100.1
乌鲁木齐	Urumqi	97.7	97.5	104.0	100.8	102.7	115.3	100.5

3-75 36个大中城市居民消费价格分类指数(累计比)
Consumer Price Indices by Category for 36 Major Large and Medium-sized Cities
(2018年1-12月)

(上年同期=100) (same period of preceding year=100)

地区	City	居民消费价格指数 Consumer Price Index	食品烟酒 Food, Tobacco and Liquor	粮食 Grain	鲜菜 Fresh Vegetables	畜肉 Meat	水产品 Aquatic Products	蛋 Eggs	鲜果 Fresh Fruits
平均指数	**Average Index**	**102.2**	**102.5**	**100.9**	**108.7**	**97.6**	**102.6**	**111.4**	**104.8**
北京	Beijing	102.5	103.1	101.4	112.8	99.2	100.6	115.8	104.6
天津	Tianjin	102.0	103.1	99.2	110.1	99.5	104.5	114.3	107.1
石家庄	Shijiazhuang	102.3	101.1	98.6	106.5	94.7	102.3	108.4	103.6
太原	Taiyuan	101.8	102.0	100.5	107.7	97.6	100.2	117.4	107.9
呼和浩特	Hohhot	102.1	102.4	100.4	108.9	103.7	101.0	108.7	101.8
沈阳	Shenyang	103.0	102.8	100.5	108.9	96.8	108.1	109.6	109.2
大连	Dalian	103.0	103.6	100.4	107.8	98.3	103.5	114.2	110.9
长春	Changchun	102.0	101.7	100.4	105.7	97.0	100.9	112.4	98.2
哈尔滨	Harbin	102.5	101.7	100.2	110.4	94.2	99.8	106.4	108.3
上海	Shanghai	101.6	102.3	100.3	107.5	98.8	101.3	108.6	103.5
南京	Nanjing	102.4	103.6	101.3	112.6	98.1	101.8	116.3	106.5
杭州	Hangzhou	102.3	102.7	100.7	108.6	97.7	103.5	110.1	105.2
宁波	Ningbo	102.2	102.6	100.4	109.0	98.9	101.5	109.1	106.2
合肥	Hefei	102.0	102.7	101.4	115.8	95.9	97.8	113.4	108.5
福州	Fuzhou	101.5	102.5	101.9	107.5	95.0	100.9	102.4	107.0
厦门	Xiamen	101.8	101.7	99.9	109.6	95.9	103.2	104.1	98.6
南昌	Nanchang	102.3	102.0	100.9	104.1	95.3	96.1	112.4	106.0
济南	Jinan	102.6	103.2	100.9	117.1	95.4	102.9	114.3	100.3
青岛	Qingdao	102.1	102.9	100.5	114.0	97.3	104.5	111.4	104.3
郑州	Zhengzhou	102.4	102.1	98.7	106.4	95.7	103.0	111.0	103.7
武汉	Wuhan	101.9	101.9	99.9	107.5	97.2	95.9	107.1	110.9
长沙	Changsha	102.0	102.2	100.8	112.4	95.9	102.5	108.7	107.7
广州	Guangzhou	102.4	102.5	105.4	105.4	96.8	104.6	114.2	102.7
深圳	Shenzhen	102.8	103.2	105.6	106.4	98.3	106.5	107.8	104.3
南宁	Nanning	102.5	101.4	100.8	105.6	93.3	102.6	105.7	98.2
海口	Haikou	102.4	100.9	101.1	103.5	98.8	99.6	106.9	96.0
重庆	Chongqing	102.0	101.4	98.2	107.0	96.5	101.1	115.8	103.1
成都	Chengdu	101.4	101.9	99.5	116.2	96.3	99.9	103.9	104.6
贵阳	Guiyang	101.7	101.0	102.7	101.5	96.3	101.0	109.1	102.6
昆明	Kunming	101.7	100.8	102.4	105.2	95.8	103.7	109.6	108.6
拉萨	Lasa	101.1	100.7	100.3	101.2	100.0	101.7	101.1	98.7
西安	Xi'an	101.9	102.2	101.6	104.1	97.3	98.4	115.6	103.2
兰州	Lanzhou	101.7	101.3	100.0	102.0	98.5	103.1	112.9	103.4
西宁	Xining	102.7	101.9	101.8	100.5	103.9	100.4	114.8	103.3
银川	Yinchuan	102.2	101.8	100.2	106.6	100.6	102.0	112.7	101.7
乌鲁木齐	Urumqi	102.2	103.5	100.9	97.5	106.0	103.3	113.1	102.7

3-75 续表 continued

(上年同期=100) (same period of preceding year=100)

地区	City	衣着 Clothing	居住 Residence	生活用品及服务 Household Facilities,Articles and Services	交通和通信 Transportation and Communication	教育文化和娱乐 Education, Culture and Recreation	医疗保健 Health Care and Medical Services	其他用品和服务 Miscellaneous Goods and Services
平均指数	**Average Index**	**100.8**	**101.9**	**101.5**	**101.6**	**102.5**	**104.5**	**101.4**
北京	Beijing	99.7	103.2	101.3	100.6	103.6	103.0	102.2
天津	Tianjin	101.1	101.3	101.1	101.3	102.4	102.6	101.1
石家庄	Shijiazhuang	102.4	101.7	102.0	101.7	102.5	109.4	99.9
太原	Taiyuan	100.3	102.8	100.7	101.5	102.2	101.6	100.4
呼和浩特	Hohhot	102.2	103.9	101.0	101.5	100.6	100.7	101.0
沈阳	Shenyang	100.4	103.1	100.0	102.0	100.7	112.7	101.1
大连	Dalian	100.2	101.3	100.6	101.3	105.5	111.5	98.0
长春	Changchun	104.0	102.4	103.4	99.9	101.1	103.2	100.6
哈尔滨	Harbin	100.1	100.7	100.8	100.9	105.9	111.3	98.6
上海	Shanghai	98.3	100.2	101.4	104.0	103.1	102.4	102.4
南京	Nanjing	101.7	102.4	104.6	101.3	101.6	100.9	102.0
杭州	Hangzhou	101.4	103.7	100.6	101.3	101.5	102.0	100.0
宁波	Ningbo	100.0	102.4	102.3	101.2	102.3	105.0	100.1
合肥	Hefei	101.5	101.2	101.9	101.8	102.1	102.1	101.5
福州	Fuzhou	99.6	101.9	99.9	100.9	101.5	101.6	99.6
厦门	Xiamen	99.4	103.0	101.2	101.0	101.7	104.0	100.2
南昌	Nanchang	98.7	102.3	100.9	102.0	102.2	110.9	101.1
济南	Jinan	103.8	103.5	100.6	102.1	99.6	104.7	99.6
青岛	Qingdao	103.8	100.9	101.3	100.8	103.1	102.4	101.3
郑州	Zhengzhou	101.1	100.6	101.6	100.0	103.0	113.0	102.7
武汉	Wuhan	101.7	102.0	102.1	102.2	101.1	103.0	100.4
长沙	Changsha	102.5	102.0	101.3	102.2	101.4	101.6	100.9
广州	Guangzhou	104.2	101.3	101.9	101.7	102.4	106.1	101.2
深圳	Shenzhen	100.4	103.4	101.5	102.3	102.3	104.3	101.9
南宁	Nanning	102.6	104.4	100.9	100.1	103.3	105.1	102.3
海口	Haikou	105.8	103.2	102.1	103.8	102.3	103.3	102.3
重庆	Chongqing	101.5	102.8	101.7	100.1	103.0	105.7	100.9
成都	Chengdu	100.4	100.2	101.1	101.2	101.9	102.8	104.4
贵阳	Guiyang	101.6	101.1	101.2	103.0	103.9	101.4	99.8
昆明	Kunming	102.6	99.8	101.1	103.5	104.2	103.7	100.8
拉萨	Lasa	102.8	100.6	100.6	101.7	100.0	102.4	100.1
西安	Xi'an	100.9	101.7	102.8	100.7	101.6	104.3	100.1
兰州	Lanzhou	101.2	102.8	100.7	100.5	100.0	108.0	100.0
西宁	Xining	101.3	102.6	101.3	100.5	109.1	103.4	99.6
银川	Yinchuan	102.0	103.5	102.6	102.2	102.2	101.6	100.2
乌鲁木齐	Urumqi	97.6	97.4	104.1	100.7	102.6	113.9	100.5

主要统计指标解释

城市居民消费价格指数 是反映城市居民购买的消费品及服务价格水平的变动趋势和变动程度的相对数。它是宏观经济分析和决策、价格总水平监测和调控以及国民经济核算的重要指标。其按年度计算的变动率通常被用来作为反映通货膨胀（或紧缩）程度的指标。

城市居民消费价格的调查范围包括城市居民购买并用于日常生活消费的商品和服务项目价格。按用途划分为8个大类，包括食品烟酒、衣着、居住、生活用品及服务、交通和通信、教育文化和娱乐、医疗保健、其他用品和服务等。

城市商品零售价格指数 是工业、商业、餐饮业和其他零售企业向城市居民、机关团体出售生活消费品和办公用品的价格水平变动趋势和变动程度的相对数。其目的在于掌握零售商品价格的变动趋势，为国家宏观调控和国民经济核算提供参考依据。

商品零售价格的调查范围涉及到各种类型的工业、商业、餐饮业和其他行业的零售商品以及农民对非农民居民出售商品的价格。包括食品、饮料烟酒、服装鞋帽、纺织品、家用电器及音响器材、文化办公用品、日用品、体育娱乐用品、交通通信用品、家具、化妆品、金银饰品、中西药品及医疗保健用品、书报杂志及电子出版物、燃料、建筑材料及五金电料等16大类。

固定资产投资价格指数 是反映一定时期内固定资产投资额价格变动趋势和程度的相对数。固定资产投资额是由建筑安装工程投资完成额、设备、工器具购置投资完成额和其他费用投资完成额三部分组成的。编制固定资产投资价格指数首先编制上述三部分投资的价格指数，然后采用加权算术平均法求出固定资产投资价格总指数。该指数可以准确地反映固定资产投资中涉及的各类商品和取费项目价格变动趋势和变动幅度，消除按现价计算的固定资产投资指标中的价格变动因素，真实地反映固定资产投资的规模、速度、结构和效益，为国家科学地制定、检查固定资产投资计划并提高宏观调控水平，为完善国民经济核算体系提供科学的、可靠的依据。

工业生产者出厂价格指数 是反映一定时期内全部工业产品出厂价格总水平的变动趋势和程度的相对数，包括工业企业售给本企业以外所有单位的各种产品和直接售给居民用于生活消费的产品。通过工业生产者出厂价格指数能观察出厂价格变动对工业总产值的影响。

工业生产者购进价格指数 是反映一定时期内全部工业企业作为生产投入，从物资交易市场和能源、原材料生产企业购买原材料、燃料和动力产品时，所支付的价格水平变动趋势和程度的相对数，是扣除工业企业物质消耗成本中的价格变动影响的重要依据。

住宅销售价格 指房产所有权转移时买卖双方实际成交的价格（合同价格）。房产买卖时，买房人购买的是房产的所有权，卖房人将房产所有权出让，同时要获得房产所有权出让的价值补偿。它主要包括新建住宅销售和二手住宅销售两部分。

新建商品住宅销售价格 指新建的、用于居住的进入房地产市场进行交易的房屋，第一次进行产权登记时的实际交易价格（合同价格）。其价格由成本、税金、利润、代收费用等组成，它受地段、层次、朝向、质量、材料差价等因素的影响。

二手住宅销售价格 指用于居住的进入房地产市场进行交易的房屋，再次进行产权登记时的实际交易价格。该指标取自《存量房屋买卖合同》。若合同中含有相关税费，则应将其扣除。

Explanatory Notes on Main Statistical Indicators

Urban Consumer Price Index reflects the trend and degree of changes in prices of consumer goods and services purchased by urban households. It is an indicator used for government decision making, price monitoring & controlling and improving the current national accounting system. The annual price index is used to reflect the degree of inflation and deflation.

Its survey field covers the prices of goods and services purchased by urban households and used for living. It is classified into 8 categories by food tobacco and liquor, clothing, residence, household facilities articles and services, transportation and communication, education, culture and recreation, health care and medical services, miscellaneous goods and services.

Urban Retail Price Index reflects the trend and degree of changes in retail prices of living consumer goods and office equipment which are sold to residents and organizations by retail enterprises. It can be used to know about the change tendency of the price of retailed goods, provides reliable data for government decision making and further improving the current national accounting system.

Its survey field covers the retail price of industry, commerce, catering trade and other sectors and prices of goods sold to non-agricultural population by farmers. Now it is classified into 16 categories by food, beverages tobacco and liquor, garments shoes and hats, textiles, household appliances music and video equipment, cultural and office appliances, articles for daily use, sports and recreation articles, transportation and communication appliances, furniture, cosmetics, gold silver and jewelry, traditional chinese and western medicines and health care articles, books newspapers magazines and electronic publications, fuels, building materials and hardware.

Price Index of Investment in Fixed Assets reflects the trend and degree of changes in prices of investment in fixed assets during a given period. The investment in fixed assets consists of three components, namely the investment in construction and installation, the investment in purchases of equipment and instrument, and the investment in other items. Price index of investment in fixed assets is calculated as the weighted arithmetic mean of the price indices of the three components of investment in fixed assets. Removing the factor of price change in the aggregates of investment at current prices, this indicator shows the changes in the prices of commodities and fees involved in the investment of fixed assets, and can be used to observe the actual size, growth, structure, and efficiency of investment in fixed assets and provides reliable and scientific date for government planning, management, decision making, and further improving the current national accounting system.

Industrial Producer Ex-factory Price Indices reflects the trend and degree of changes in general ex-factory prices of all industrial products during a given period, including sales of industrial products by an industrial enterprise to all units outside the enterprise, as well as sales of consumer goods to residents. It can be used to analyze the impact of ex-factory prices on gross industrial output value.

Industrial Producer Purchasing Price Indices reflects the trend and degree of changes in purchasing price of raw material, fuel and power paid by industrial enterprises when they purchase production as input from the market or other energy and raw material producers during a given period, and provide basis for measuring the material consumption of industrial enterprises after removing influence of price from cost.

Residential Houses Selling Price Index refers to the transfers the ownership of the property buyers and sellers of the actual clinch a deal price (the contract price). Estate sale, is the ownership of the property buyers to purchase, sellers will property ownership transfer, at the same time to obtain the value of the property ownership transfer compensation. It mainly includes two parts of the new housing sales and second-hand housing sales.

New Commodity Residential Houses Selling Price Index refers to the newly built into the real estate market, used to live in trading houses, undertake property right registration for the first time the actual transaction price of (the contract price). Its price by cost, taxes and profits, collecting fees, etc, it is location, level, orientation, quality, the factors of material price difference.

Second-hand Housing Sales Price refers to enter the real estate market for residential houses, which trade, undertake property right registration of actual transaction prices again. The index from the stock of the sale and purchase contract. If contract is contained in the relevant taxes, it should be deducted.

四、农 业

Chapter 4

AGRICULTURE

4-1 按人口平均的主要农产品产量
Per Capita Output of Major Agricultural Products (2014-2018)

指 标	Item	单位	Unit	2014	2015	2016	2017	2018
粮食总产量	Yield of Grain	千克	kilogram	117.47	119.25	128.29	136.35	134.45
#小 麦	Wheat	千克	kilogram	37.72	37.53	37.71	40.09	36.63
玉 米	Corn	千克	kilogram	67.12	69.70	75.98	76.62	70.89
水 稻	Rice	千克	kilogram	10.88	10.57	12.83	16.91	23.99
棉花总产量	Yield of Cotton	千克	kilogram	2.33	1.52	1.34	1.61	1.17
油料总产量	Yield of Oil-bearing Crops	千克	kilogram	0.30	0.23	0.86	0.81	0.46
蔬菜总产量	Yield of Vegetables	千克	kilogram	204.13	182.76	175.68	173.17	162.85
生猪出栏	Slaughtered Hogs	头	head	0.24	0.23	0.23	0.19	0.18
牛出栏	Slaughtered Cattle and Buffaloes	头	head	0.01	0.01	0.01	0.01	0.01
羊出栏	Slaughtered Sheep and Goats	只	head	0.04	0.04	0.04	0.04	0.03
家禽出栏	Slaughtered Poultry	只	head	5.13	4.84	4.70	3.94	3.49
肉类总产量	Output of Meat	千克	kilogram	29.39	28.13	27.57	23.21	21.72
#猪 肉	Pork	千克	kilogram	18.97	18.00	17.71	14.51	13.62
牛 肉	Beef	千克	kilogram	2.22	2.19	2.21	2.18	1.83
羊 肉	Mutton	千克	kilogram	0.97	0.96	0.95	0.91	0.76
禽蛋产量	Output of Poultry Eggs	千克	kilogram	12.05	12.20	12.25	12.20	12.45
奶类产量	Output of Milk	千克	kilogram	37.79	32.34	32.04	33.43	30.80
农林牧渔业产值	Output Value of Farming, Forestry, Animal Husbandry and Fishery	元	yuan	2424.50	2446.36	2532.26	2454.09	2503.85
农林牧渔业增加值	Added Value of Farming, Forestry, Animal Husbandry and Fishery	元	yuan	1075.22	1081.61	1117.39	1117.63	1157.73

注：人口数据为天津市常住人口数据。

4-2　农业经济主要指标
Major Indicators of Agricultural Economy
(2014-2018)

指　　标	Item	单位	Unit	2014	2015	2016	2017	2018
农作物总播种面积	Total Sown Area	万亩	10000 mu	664.52	649.92	665.49	662.54	643.91
#粮　食	Grain	万亩	10000 mu	520.00	528.22	543.01	527.10	525.32
棉　花	Cotton	万亩	10000 mu	41.99	25.98	19.35	31.00	25.65
油　料	Oil-bearing Crops	万亩	10000 mu	2.19	1.68	8.40	8.37	3.14
蔬　菜	Vegetables	万亩	10000 mu	85.43	77.05	70.35	73.92	74.62
粮食总产量	Yield of Grain	万吨	10000 tons	178.19	184.48	200.40	212.27	209.69
棉花总产量	Yield of Cotton	万吨	10000 tons	3.54	2.35	2.10	2.50	1.83
油料总产量	Yield of Oil-bearing Crops	万吨	10000 tons	0.45	0.36	1.34	1.26	0.72
蔬菜总产量	Output of Vegetables	万吨	10000 tons	309.63	282.72	274.43	269.61	253.98
生猪出栏	Slaughtered Hogs	万头	10000 heads	370.45	360.38	355.43	297.22	278.56
牛出栏	Slaughtered Cattle and Buffaloes	万头	10000 heads	19.43	19.62	20.07	19.49	16.69
羊出栏	Slaughtered Sheep and Goats	万只	10000 heads	62.97	63.32	63.51	55.22	49.17
家禽出栏	Slaughtered Poultry	万只	10000 heads	7776.05	7492.90	7335.77	6137.62	5435.66
肉类总产量	Output of Meat	万吨	10000 tons	44.57	43.51	43.07	36.14	33.88
禽蛋产量	Output of Eggs	万吨	10000 tons	18.28	18.87	19.13	18.99	19.41
奶类产量	Output of Milk	万吨	10000 tons	57.32	50.03	50.04	52.05	48.04
农林牧渔业总产值	Gross output Value of Farming, Forestry, Animal Husbandry and Fishery	亿元	100 million yuan	367.75	378.44	395.57	382.07	390.50
农林牧渔业增加值	Added Value of Farming, Forestry, Animal Husbandry and Fishery	亿元	100 million yuan	163.09	167.32	174.55	174.00	180.56

4-3 农作物播种面积
Sown Area of Farm Crops
(2014-2018)

单位：万亩 (10000 mu)

指　　标	Item	2014	2015	2016	2017	2018
农作物总播种面积	**Total Sown Area**	**664.52**	**649.92**	**665.48**	**662.54**	**643.91**
一、粮食作物	**Grain Crops**	**520.00**	**528.22**	**543.01**	**527.10**	**525.32**
#夏收粮食	Grain Harvested in Summer	162.00	158.95	160.94	163.15	166.26
(一)谷　　物	Cereal	509.09	519.76	534.16	517.06	513.58
#稻　　谷	Rice	33.38	33.23	39.77	45.73	59.85
小　　麦	Wheat	162.00	158.95	160.94	163.15	166.26
玉　　米	Corn	305.41	323.57	329.29	302.13	280.16
(二)豆类合计	Beans	10.18	7.65	5.76	5.66	9.79
#大　　豆	Soybean	9.58	7.12	5.31	5.06	9.31
绿　　豆	Green Gram	0.37	0.31	0.11	0.20	0.18
红 小 豆	Ormosia	0.21	0.20	0.10	0.20	0.14
(三)薯类(折粮)	Tubers (converted into grain)	0.73	0.81	3.09	4.38	1.95
二.油料作物	**Oil-bearing Crops**	**2.19**	**1.68**	**8.38**	**8.37**	**3.14**
#花　　生	Peanuts	1.40	1.17	1.90	2.20	2.15
芝　　麻	Sesame	0.10	0.09	0.07	0.05	0.03
葵 花 籽	Sunflower Seeds	0.61	0.30	6.19	5.43	0.80
三、棉　　花	**Cotton**	**41.99**	**25.98**	**19.39**	**31.00**	**25.65**
四、麻类合计	**Fiber Crops**					
五、蔬　　菜(含菜用瓜)	**Vegetables (including melon-vegetable)**	**85.43**	**77.05**	**70.34**	**73.92**	**74.62**
六、瓜　　类	**Melon**	**7.33**	**7.09**	**6.92**	**9.77**	**7.16**
#西　　瓜	Watermelon	5.83	5.86	5.49	8.55	5.65
七、其他农作物	**Other Crops**	**7.58**	**9.91**	**17.44**	**12.38**	**8.02**

4-4 农作物种植结构
Planting Structure of Farm Crops
(2014-2018)

单位：% (%)

指 标	Item	2014	2015	2016	2017	2018
农作物总播种面积	**Total Sown Area**	**100.0**	**100.0**	**100.0**	**100.0**	**100.0**
一、粮食作物	**Grain Crops**	**78.3**	**81.3**	**81.6**	**79.6**	**81.6**
#夏收粮食	Grain Harvested in Summer	24.4	24.5	24.2	24.6	25.8
(一)谷 物	Cereal	76.6	80.0	80.3	78.0	79.8
#稻 谷	Rice	5.0	5.1	6.0	6.9	9.3
小 麦	Wheat	24.4	24.5	24.2	24.6	25.8
玉 米	Corn	46.0	49.8	49.5	45.6	43.5
(二)豆类合计	Beans	1.5	1.2	0.9	0.9	1.5
#大 豆	Soybean	1.4	1.1	0.8	0.8	1.4
绿 豆	Green Gram	0.1	0.0	0.0	0.0	0.0
红小豆	Ormosia	0.0	0.0	0.0	0.0	0.0
(三)薯类(折粮)	Tubers (converted into grain)	0.1	0.1	0.5	0.7	0.3
二. 油料作物	**Oil-bearing Crops**	**0.3**	**0.3**	**1.3**	**1.3**	**0.5**
#花 生	Peanuts	0.2	0.2	0.3	0.3	0.3
芝 麻	Sesame	0.0	0.0	0.0	0.0	0.0
葵花籽	Sunflower Seeds	0.1	0.0	0.9	0.8	0.1
三、棉 花	**Cotton**	**6.3**	**4.0**	**2.9**	**4.7**	**4.0**
四、麻类合计	**Fiber Crops**	**0.0**	**0.0**	**0.0**	**0.0**	**0.0**
五、蔬 菜(含菜用瓜)	**Vegetables (including melon-vegetable)**	**12.9**	**11.9**	**10.6**	**11.2**	**11.6**
六、瓜 类	**Melon**	**1.1**	**1.1**	**1.0**	**1.5**	**1.1**
#西 瓜	Watermelon	0.9	0.9	0.8	1.3	0.9
七、其他农作物	**Other Crops**	**1.1**	**1.5**	**2.6**	**1.9**	**1.2**

4-5 农作物总产量
Yield of Farm Crops
(2014-2018)

单位：万吨 (10000 tons)

指 标	Item	2014	2015	2016	2017	2018
一、粮食作物	**Grain Crops**	**178.19**	**184.48**	**200.40**	**212.27**	**209.69**
#夏收粮食	Grain Harvested in Summer	57.21	58.06	58.90	62.41	57.13
(一) 谷 物	Cereal	176.99	183.08	198.60	209.94	207.36
#稻 谷	Rice	16.50	16.35	20.04	26.33	37.41
小 麦	Wheat	57.21	58.06	58.90	62.41	57.13
玉 米	Corn	101.80	107.82	118.69	119.29	110.55
(二)豆类合计	Beans	0.90	1.01	0.89	0.85	1.42
#大 豆	Soybean	0.83	0.95	0.83	0.78	1.35
绿 豆	Green Gram	0.04	0.04	0.01	0.02	0.02
红 小 豆	Ormosia	0.02	0.02	0.01	0.02	0.02
(三)薯类(折粮)	Tubers (converted into grain)	0.30	0.39	0.91	1.48	0.91
二. 油料作物	**Oil-bearing Crops**	**0.45**	**0.36**	**1.34**	**1.26**	**0.72**
#花 生	Peanuts	0.31	0.27	0.43	0.53	0.62
芝 麻	Sesame	0.01	0.01	0.01	0.00	0.00
葵 花 籽	Sunflower Seeds	0.11	0.05	0.86	0.61	0.08
三、棉 花	**Cotton**	**3.54**	**2.35**	**2.10**	**2.50**	**1.83**
四、蔬 菜(含菜用瓜)	**Vegetables (including melon-vegetable)**	**309.63**	**282.72**	**274.43**	**269.61**	**253.98**
五、瓜 类	**Melon**	**24.86**	**23.07**	**21.77**	**20.26**	**22.64**
#西 瓜	Watermelon	21.97	20.33	18.94	18.45	18.91

4-6 畜牧业生产情况
Production of Animal Husbandry
(2014-2018)

指标	Item	单位	Unit	2014	2015	2016	2017	2018
一、畜禽存栏	**Livestock and Poultry Stocks**							
猪	Hogs	万头	10000 heads	191.52	187.80	180.80	179.95	196.91
牛	Cattle and Buffaloes	万头	10000 heads	24.40	23.16	23.21	25.85	24.57
1. 肉牛	Beef Cattle	万头	10000 heads	12.22	12.32	12.39	13.84	13.27
2. 奶牛	Cows	万头	10000 heads	12.08	10.74	10.75	11.95	11.30
羊	Sheep and Goats	万只	10000 heads	43.87	44.63	43.82	43.48	41.93
活家禽	Poultry	万只	10000 heads	2718.39	2590.18	2601.44	2294.51	2230.98
其中：活鸡	Chickens	万只	10000 heads	2627.22	2498.61	2443.06	2158.35	2249.36
二、畜禽出栏	**Number of Slaughtered Livestock and Poultry**							
猪	Hogs	万头	10000 heads	370.45	360.38	355.43	297.22	278.56
牛	Cattle and Buffaloes	万头	10000 heads	19.43	19.62	20.07	19.49	16.69
羊	Sheep and Goats	万只	10000 heads	62.97	63.32	63.51	55.22	49.17
活家禽	Poultry	万只	10000 heads	7776.05	7492.90	7335.77	6137.62	5435.66
三、畜禽产品产量	**Output of Livestock and Poultry Products**							
猪肉	Pork	万吨	10000 tons	28.78	27.85	27.67	22.59	21.24
牛肉	Beef	万吨	10000 tons	3.36	3.39	3.45	3.39	2.85
羊肉	Mutton	万吨	10000 tons	1.47	1.49	1.49	1.42	1.18
禽肉	Poultry	万吨	10000 tons	10.91	10.73	10.39	8.67	8.55
禽蛋	Poultry Eggs	万吨	10000 tons	18.28	18.87	19.13	18.99	19.41
其中：鸡蛋	Hen's Eggs	万吨	10000 tons	17.17	16.26	17.78	17.75	19.08
牛奶	Cow Milk	万吨	10000 tons	57.31	50.03	50.04	52.05	48.04

主要统计指标解释

农作物总播种面积 指应该在本日历年度内收获农产品的作物播种面积之和。其计算公式为:

农作物总播种面积=上年秋冬播作物面积+本年春播作物面积+本年夏播作物面积=本年夏收作物播种面积+本年秋收作物播种面积

粮食总产量 指全社会的产量。包括国有经济经营的、集体统一经营的和农民家庭经营的粮食产量，还包括工矿企业家属办的农场和其他生产单位的产量。包括稻谷、小麦、玉米、高粱、谷子、其他杂粮、薯类、大豆。其计算方法，豆类按去豆荚后的干豆计算；薯类按 5 公斤鲜薯折 1 公斤粮食计算。其他粮食一律按脱粒后的原粮计算。

当年出栏头数 指农林牧渔企业生产单位饲养的，供屠宰并已出栏的全部牲畜头数。包括交售给国家，集市上出售的部分。

Explanatory Notes on Main Statistical Indicators

Sown areas of Farm Crops refer to area of land sown incurrent year. The formula is:

Sown areas of Farm Crops = area of land sown in previous autumn and winter + area of land sown in current spring + area of land sown in current summer = sown area of current summer crops + sown area of current autumn crops

Grain Output refer to the total output in the whole region including grain produced by state farms, collective units, rural households, as well as by farms affiliated to industrial and mining enterprises and other production units. Grain includes rice, wheat, corn, sorghum, millet, tubers, soybean and others. The beans are calculated according to the dried beans after the pods. Tubers are calculated according to 5 kilograms of fresh tubers folded 1 kilogram of grain. All other grains are calculated according to the original grain after threshing.

Number of Livestock Slaughtered refers to the total number of animals for butchering by farming, forestry, animal husbandry and fishery, including parts of selling to country and markets.